나만의 합격 키트

PDF 다운로드 후
태블릿 PC에서
사용 가능합니다.

캘린더

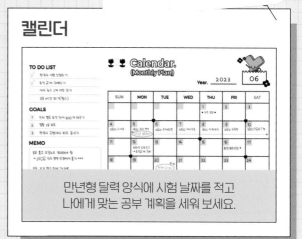

만년형 달력 양식에 시험 날짜를 적고
나에게 맞는 공부 계획을 세워 보세요.

스터디 플래너

학습에 필요한 사항을 꼼꼼하게
체크해 가면서 공부하세요.

오답노트

문제를 직접 적거나 오려 붙이고
틀린 이유, 풀이 방법을 정리해 보세요.

다꾸 스티커 패키지

추가 증정
이벤트

스티커1

스티커2

스티커3

CBT 온라인 문제집

PC와 모바일 환경에서 모의고사를 풀어보자!

CBT 온라인 문제집

바로가기

*자격증 제공 범위는 사정에 따라 변경될 수 있습니다.

이용 방법

PC 버전

① 이기적 홈페이지(license.youngjin.com)에 접속하세요.

② [CBT 서비스(온라인 문제집)]를 클릭하세요.

③ 공부할 과목을 선택하여 이용하세요.

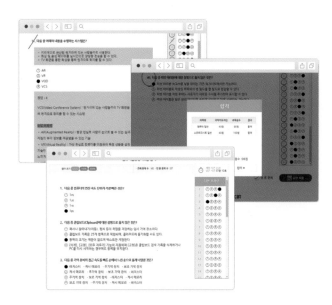

모바일 버전

① QR코드를 스캔하세요(QR코드 리더 앱 이용).

② 공부할 과목을 선택하여 이용하세요.

ADsP 데이터분석
준전문가 기본서

구매자 혜택 BIG 6

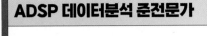

ADSP 데이터분석 준전문가
이렇게 기막힌 적중률

PART 01 - CHAPTER 01 데이터의 이해
예상문제

▶ 무료

동영상 재생 목록

이기적이 수험생들의 합격을 위해 모든 것을 드립니다.
동영상을 무료로 시청하세요.

* 도서에 따라 동영상 제공 범위가 다를 수 있습니다.

이기적 스터디 카페

이기적 스터디 카페에서 함께 자격증을 준비하세요.
다양한 시험 정보와 이벤트, 1:1 질문답변까지 해결해 드립니다.

* 이기적 스터디 카페 : cafe.naver.com/yjbooks

CBT 온라인 문제집

PC로 출제유형 문제를 풀어 보세요(모바일로도 응시 가능합니다!).
하나하나 풀다 보면 실력이 쑥쑥 올라갑니다.

핵심 요약 PDF

이 보다 더 중요할 순 없는 내용만 꽉꽉 담은 핵심 요약 PDF로 시험장까지 이기적과 함께 하세요.

* 이기적 스터디 카페에서 구매 인증을 통해 받으실 수 있습니다.

정오표

이미 출간된 도서에는 오류가 있을 수 있습니다.
출간 후 발견되는 오류는 정오표를 확인해 주세요.

* 도서의 오류는 교환, 환불의 사유에 해당하지 않습니다.

이기적 유튜브

단기 합격의 공식, 이기적 수험서!
다양한 자격증의 실전적 강의와 다채로운 영상들을 시청해보세요.

이기적 200% 활용 가이드

완벽 합격을 위한 사용 설명서

STEP 1
핵심 이론

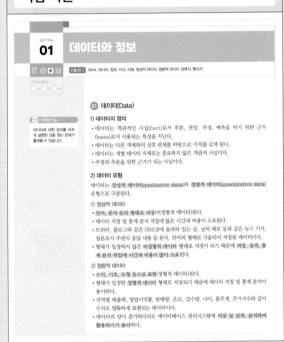

다년간 분석한 기출문제의 출제빈도, 경향을 토대로 각 섹션마다 출제 빈도를 상/중/하로 나눴습니다.

① 출제빈도 **상** 중 하

　각 SECTION을 상/중/하 등급으로 나누었습니다.

② 빈출 태그

　자주 출제되는 중요 단어를 정리했습니다. 해당 단어가 나오는 부분은 집중해서 보세요.

③ 기적의 Tip

　출제 경향이나 학습 노하우를 알려주는 기막히게 잘 맞는 내용을 제시하였습니다.

STEP 2
더 알기 Tip / 개념 체크 문제

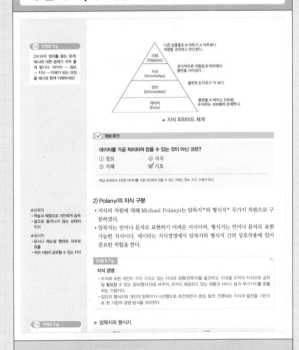

알아 두면 좋은 내용과 주요 포인트를 체크할 수 있는 문제를 제시합니다.

① 더 알기 Tip

　주요 내용은 추가 설명과 예시를 통해 이해하기 쉽도록 구성하였습니다.

② 개념 체크

　이론과 함께 출제유형을 확인할 수 있도록 문제를 제시하였습니다.

합격을 다지는 예상문제

합격을 다지는 예상문제

01 다음 중 정성적 데이터에 속하는 것은?

① 강수량   ② 온도
③ 기상특보   ④ 풍속

02 다음은 DIKW(Data Information Knowledge Wisdom) 계층 구조에 대한 설명이다. 가장 알맞은 설명은 무엇인가?

① 데이터(Data)는 존재 형식을 불문하고, 타 데이터와 상관관계가 없는 가공 전의 수치나 기호를 의미한다.
② 정보(Information)는 상호 연결된 패턴을 이해하여 이를 토대로 예측한 결과물이다.
③ 지식(Knowledge)은 타 데이터와의 상호 관계 간 이해를 통해 단순하게 의미를 부여하는 것이다.
④ 지혜(Wisdom)는 데이터 형식을 불문하고 타 데이터와의 상관관계만 확인하면 된다.

03 아래 내용은 데이터, 정보, 지식의 차이점을 예시로 설명한 것이다. 각각의 용어와 예시가 적절하게 연결된 것은?

> (가) A 마트는 500원, B마트는 400원에 볼펜을 판매한다.
> (나) A 마트는 볼펜 가격이 싸다.
> (다) 상대적으로 저렴한 A 마트에서 볼펜을 사야겠다.
> (라) A 마트의 다른 상품도 B 마트보다 저렴할 것이다.

① 데이터-(가), 정보-(라), 지식-(다)

04 다음 보기는 암묵지와 형식지의 상호작용에 관한 설명이다. 알맞게 연결된 것은?

> 1단계 : 암묵적 지식 노하우를 다른 사람에게 알려주는 것 - ( )
> 2단계 : 암묵적 지식 노하우를 책이나 교본 등 형식지로 만드는 것 - ( )
> 3단계 : 책이나 교본(형식지)에 자신이 알고 있는 새로운 지식(형식지)을 추가하는 것 - ( )
> 4단계 : 만들어진 책이나 교본(형식지)를 보고 다른 직원들이 암묵적 지식노하우을 습득 - ( )

① 공통화 → 표출화 → 연결화 → 내면화
② 표출화 → 공통화 → 연결화 → 내면화
③ 연결화 → 내면화 → 공통화 → 표출화
④ 내면화 → 공통화 → 연결화 → 표출화

05 내재된 경험을 문서나 매체에 저장하는 것은?

① 표출화   ② 공통화
③ 내면화   ④ 연결화

06 다음 DIKW 단계에 대한 설명 중에서 나머지와 다른 계층을 설명하는 것은 무엇인가?

① 수학 점수가 95점이다.
② 차의 연비는 1리터당 20km이다.
③ 저기압이기 때문에 강수량이 많다고 예측한다.
④ 오늘의 강수량은 100mm이다.

이론 학습 후 합격을 다지는 예상문제로 자신의 실력을 체크하고 복습하세요.

① ▶ **합격 강의**

풀이 강의 영상을 제공합니다. QR 코드를 스캔하거나 이기적 홈페이지에서 시청하세요.

② **오답 피하기**

상세하고 친절한 해설로 한번 더 중요 내용을 짚어 드립니다.

기출문제

기출문제 39회 (2023년 10월 시행)

Ⅰ 데이터 이해

객관식 : 8문항, 각 2점

01 다음 중 데이터베이스에 대한 설명으로 틀린 것은?

① 통합된 데이터로 데이터베이스 내에 동일한 내용이 중복될 수 있다.
② 컴퓨터 매체가 접근할 수 있는 저장 매체에 저장되어 있다.
③ 여러 사용자가 공유할 수 있다.
④ 삽입, 수정, 삭제를 통해 항상 최신의 정확한 데이터를 유지해야 한다.

02 암묵지-형식지 상호작용에 대한 용어와 설명이 바르게 연결된 것은?

> 1단계 : 암묵적 지식 노하우를 다른 사람에게 알려주는 것 - ( )
> 2단계 : 암묵적 지식 노하우를 책이나 교본 등 형식지로 만드는 것 - ( )
> 3단계 : 책이나 교본(형식지)에 자신이 알고 있는 새로운 지식(형식지)를 추가하는 것 - ( )
> 4단계 : 만들어진 책이나 교본(형식지)를 보고 다른 직원들이 암묵적 지식(노하우)을 습득 - ( )

① 공통화 → 표출화 → 연결화 → 내면화
② 표출화 → 공통화 → 연결화 → 내면화
③ 연결화 → 내면화 → 공통화 → 표출화
④ 내면화 → 공통화 → 연결화 → 표출화

03 빅데이터 가치 패러다임 변화 단계를 올바르게 나열한 것은?

① Connection → Digitalization → Agency

39회~31회 최신 기출문제를 수록하였습니다. 복원된 문제로 시험 전 마지막 테스트를 진행하세요.

① **기출문제**

기출 키워드를 바탕으로 복원된 문제입니다. 반복 학습으로 고득점을 노려보세요.

② **오답 피하기**

상세하고 친절한 해설로 한번 더 중요 내용을 짚어 드립니다.

차례

PART 01 데이터의 이해

각 섹션을 출제 빈도에 따라
상 > 중 > 하 로 분류하였습니다.

상 : 시험 전 반드시 보고 가야하는 이론
중 : 시험에 보편적으로 다루어지는 이론
하 : 시험에 잘 나오지 않지만 알고 가면 좋은 이론

▶ **합격 강의**

※ 동영상 강의가 제공되는 파트입니다.
영진닷컴 이기적 수험서 사이트
(license.youngjin.com)에 접속하여
해당 강의를 시청하세요.

▶ 본 도서에서 제공하는 동영상 시청은 1판 1쇄
기준 2년간 유효합니다.
단, 출제기준안에 따라 동영상 내용은 변경될
수 있습니다.

PART 02 데이터 분석 기획

[PDF 제공] 시험장까지 함께 가는 핵심 요약 PDF

: 이기적 스터디 카페에서 제공

시험 출제 경향

시험은 이렇게 출제된다!

ADsP 데이터분석 준전문가 시험은 90분 동안 진행되며, 객관식 50문항이 출제됩니다. 실기시험은 없으며 총점 60점 이상 맞으면 합격입니다. 계속 공부해도 이해 안되는 어려운 과목이 있다면 과감하게 우선순위를 뒤로 두고, 자신 있는 과목에 먼저 집중하는 것도 합격의 전략입니다. 마무리 체크를 원하는 수험생, 시간이 없어서 중요한 것만 공부하고 싶은 수험생은 자주 출제되는 기출 태그만이라도 꼭 짚고 넘어가세요. 우리의 목표는 100점이 아니라 합격이니까요.

▶ 데이터분석 준전문가 시험 (총 50문항, 각 2점)

과목명	문항유형		시험시간
	객관식	배점	
데이터의 이해	10문항		
데이터 분석 기획	10문항	각 2점	90분
데이터 분석	30문항		

PART 01 **데이터의 이해** 무조건 점수를 따고 들어가야 하는 기본 파트!

데이터에 대한 정의와 빅데이터 관련 전반적 개요를 다루는 과목입니다. 데이터 전문가라면 기본 소양으로 알고 있어야 하는 기초적 내용으로 구성되며 출제 난이도 역시 그다지 높은 수준을 요구하지 않고 전반적인 개념과 사례에 대해 물어보는 형태로 출제되고 있습니다. 데이터 웨어하우스, DBMS, IoT 등의 이해와 함께 빅데이터로 인한 사생활 침해 등 사회적 문제에 대해서도 출제가 자주 되고 있으니 대비해야 합니다.

빈출 태그

1. 데이터의 이해   40%

DIKW, 정성적, 정량적, 데이터베이스, 메타데이터, DBMS, 정형, 비정형, SQL, 데이터 웨어하우스, 데이터 마트, SCM, CRM, BI

2. 데이터의 가치와 미래   40%

빅데이터의 특성, 가치, 데이터 단위, 빅데이터 이전과 이후, IoT, 사생활 침해, 책임 훼손, 데이터 오용, 비식별화, 미래의 빅데이터

3. 가치 창조를 위한 데이터 사이언스와 전략 인사이트   20%

빅데이터의 전략적 통찰, 산업 분야의 데이터 분석 애플리케이션, 데이터 사이언스, 가치 패러다임 변화, 데이터 사이언티스트

PART 02 데이터 분석 기획 암기를 통해 개념을 정리하고 이해하기!

데이터 분석을 위한 기획 과정에 대해 상세히 다루는 과목입니다. 분석가에게 필요한 역량과 분석 방법론의 종류와 특징, 단계별 세부 내용 등을 이해하고 구분할 수 있어야 합니다. 과정에 대해서 단계와 순서 등을 물어보는 문제가 지속해서 출제되고 있으므로 대비할 필요가 있습니다. 또한 분석 조직의 구조와 유형별 특징에 대해서 꼭 알고 넘어 가세요.

빈출 태그

1. 데이터 분석 기획의 이해	50%	분석 기획, 분석가의 역량, 분석 방법론, 폭포수 모델, 나선형 모델, 프로토타입 모델, 데이터 마이닝, SEMMA, KDD, CRISP-DM, ETL, SOW, 애자일, 비즈니스 모델, 분석 유스 케이스, 디자인 싱킹
2. 분석 마스터 플랜	50%	ISP, 분석 마스터 플랜, 시급성, 난이도, 로드맵, 분석 거버넌스, CMMI, 분석 플랫폼, 데이터 거버넌스, 분석 조직 구조 유형

PART 03 데이터 분석 시험을 관통하는 핵심 부분, 반복 학습 필수!

본 자격증의 핵심 내용을 모두 담은 중요한 과목입니다. 분석을 어떻게 접근하고 진행하는지, 그 과정에서의 전문 용어들이 많이 등장하므로 꼼꼼히 공부해 나가야 합니다. 분석 방법에 대한 중요한 개념과 용어는 암기 학습이 필요하기도 하며, R로 직접 실습을 통해 과정을 이해하는 것도 큰 도움이 됩니다. 매우 넓은 범위를 포함하고 있으므로 빠른 다독으로 접근하는 것도 좋은 공부 방법입니다.

빈출 태그

1. R 기초와 데이터 마트	10%	R의 자료구조, vector, 연산자, 패키지, 데이터 마트, 요약 변수, 파생 변수, 결측값 처리, 이상값 판단, 박스 플롯, 사분위수
2. 통계 분석	45%	모집단, 표본, 추출법, 오차의 종류, 척도, 산포도, 분산, 표준 편차, 변동 계수, 사건, 조건부 확률, 베이즈 정리, 기댓값, 기하, 포아송, 정규, t, 카이제곱, F 분포, 구간 추정, 1,2종 오류, 귀무.대립가설, 비모수 검정, 회귀 분석, PCA, 시계열, ARIMA
3. 정형 데이터 마이닝	45%	로지스틱, 오즈비, 시그모이드, ANN, 활성화 함수, 기울기 소실, 은닉층, 역전파, 경사 하강법, 의사결정나무, 불순도, 엔트로피, 지니계수, 앙상블, 배깅, 부스팅, 랜덤 포레스트, 혼동행렬, 성능지표, 군집 분석, 거리 계산, 비계층적 군집, 연관 분석, 지지도, 향상도

시험의 모든 것

01 ADsP 응시 자격 조건

남녀노소 누구나 응시 가능

02 시험 원서 접수하기

- www.dataq.or.kr에서 접수
- 연 4회 시행

03 필기 시험

- 신분증, 검정색 필기구, 수험표 지참
- 90분 동안 진행

04 합격자 발표

www.dataq.or.kr에서 합격자 발표

1. 데이터분석 준전문가

데이터분석 준전문가(ADsP : Advanced Data Analytics Semi-Professional)란 데이터 이해에 대한 기본지식을 바탕으로 데이터분석 기획 및 데이터분석 등의 직무를 수행하는 실무자를 말한다.

2. 데이터분석 준전문가의 직무

직무	세부내용
데이터 기획	비즈니스 목표 달성을 위해 내부 업무 프로세스를 기반으로 다양한 분석기회를 발굴하여 분석의 목표를 정의하고, 분석대상 도출 및 분석 결과 활용 시나리오를 정의하여 분석과제를 체계화 및 구체화하는 빅데이터분석과제 정의, 분석로드맵 수립, 성과 관리 등을 수행한다.
데이터 분석	분석에 대한 요건을 구체적으로 도출하고, 분석과정을 설계하고, 요건을 실무담당자와 합의 하는 요건정의, 모델링, 검증 및 테스트, 적용 등을 수행한다.

3. 출제 기준

과목명	문제수	주요항목	세부항목
데이터 이해	10	데이터의 이해	데이터와 정보
			데이터베이스의 정의와 특징
			데이터베이스 활용
		데이터의 가치와 미래	빅데이터의 이해
			빅데이터의 가치와 영향
			비즈니스 모델
			위기 요인과 통제 방안
			미래의 빅데이터
		가치 창조를 위한 데이터 사이언스와 전략 인사이트	빅데이터분석과 전략 인사이트
			전략 인사이트 도출을 위한 필요 역량
			빅데이터 그리고 데이터 사이언스의 미래
데이터 분석 기획	10	데이터 분석 기획의 이해	분석 기획 방향성 도출
			분석 방법론
			분석 과제 발굴
			분석 프로젝트 관리 방안
		분석 마스터 플랜	마스터 플랜 수립
			분석 거버넌스 체계 수립
데이터 분석	30	R 기초와 데이터 마트	R 기초
			데이터 마트
			결측값 처리와 이상값 검색
		통계 분석	통계학 개론
			기초 통계분석
			다변량 분석
			시계열 예측
		정형 데이터 마이닝	데이터 마이닝 개요
			분류 분석
			군집 분석
			연관 분석

자주 질문하는 Q&A

Q 수험표는 반드시 지참해야 하나요?

수험표는 필수 준비물은 아니지만, 수험표를 통해 응시정보를 제공하니 반드시 확인이 필요합니다. 시험 전 문자 메시지를 통해 고사장 및 수험번호를 안내하고 있습니다. 아울러 신분증은 반드시 지참해야 하며 미지참 시 시험 응시가 제한됩니다.

Q 신분증은 어떤 것이 인정되나요?

주민등록증, 운전면허증, 여권, 국가기술자격증

Q 답안지에 수정테이프 사용이 가능한가요?

필기 답안지는 수정테이프나 수정액 등을 사용하여 수정할 수 없습니다. 시험 종료 5분전까지 감독관에게 요청하여 새 답안지로 교체가 가능합니다.

Q 합격 기준은 어떻게 되나요?

데이터분석 준전문가 자격검정의 합격기준은 100점 만점 중 60점 이상 득점입니다. 단 과목별 100점 만점으로 하여 40점 미만인 과목이 있으면 과락으로 불합격 처리됩니다.

Q 시험 문제나 답안을 공개하나요?

데이터분석 준전문가 자격검정은 문제 및 정답을 비공개로 시행하고 있습니다.

Q 데이터분석 준전문가 자격 취득의 유효기간은 어떻게 되나요?

데이터분석 준전문가 자격증은 영구적으로 유효합니다.

Q 자격증 신청은 어떻게 하나요? 실물 자격증이 제공되나요?

데이터분석 준전문가 자격증은 별도로 실물 자격증을 제공하지 않습니다. 합격 후 데이터자격검정 홈페이지(dataq.or.kr)에서 자격증을 직접 출력하실 수 있습니다.

※ 더욱 자세한 사항은 한국데이터산업진흥원 데이터자격검정 홈페이지(www.dataq.or.kr)를 참고하시기 바랍니다.

저자의 말

본 도서는 데이터분석 준전문가(ADsP) 및 데이터분석 전문가(ADP) 필기를 대비하는 수험생을 위한 도서로서, 시험의 기출문제를 분석하고 출제 트렌드를 반영하여 내용을 구성하였습니다.

특히, 2023년까지는 객관식과 함께 단답형 문제가 출제되었으나, 2024년부터는 단답식 문항이 사라지고, 모든 문항이 객관식으로 출제되는 만큼, 변경된 시험 유형을 최대한 반영하도록 하였습니다.

각 과목의 이론 부분에서는 출제되었거나 앞으로 출제될만한 핵심적인 내용 위주로 구성하였고, 예상문제에서는 빈번하게 출제되는 중요한 키워드를 문제로 구성하여 수록하였습니다.
더하여 빅데이터 분야에 대한 개념 이해와 함께 단기간에 시험 대비가 가능하도록 기출문제와 설명을 자세히 담기 위해 노력하였습니다.

본 도서가 완성되기까지 깊은 조언을 주신 교수님들과 임석규, 선석진, 문승천, 조규홍 님, 그리고 항상 곁에서 사랑으로 함께 있어준 딸들과 아내에게 고마운 마음을 전합니다. 또한 원고 기획과 편집 및 구성 등 도움과 노력을 아낌없이 주신 출판사 ㈜영진닷컴 관계자 분들께도 감사의 말씀드립니다.

저자 박길식

- 현) 경희대학교 테크노경영대학원 AI기술경영학과 학과교수
- 현) 건국대학교 정보통신대학원 인공지능전공 겸임교수
- 현) 국민대학교 소프트웨어융합대학원 겸임교수
- 현) 사람을위한AI(주) 대표
- 현) 경기도 기술개발사업 평가위원
- 현) 외교부, 농정원 기술자문 및 평가위원
- 전) 광운대학교 전자공학과 연구초빙교수
- 전) 정보과학경시대회 출제위원

PART 01

데이터의 이해

데이터의 이해

학습 방향

데이터 관련된 기술에 대해 공부합니다. 데이터가 단계별로 어떻게 처리되는지,
또 어떤 요소를 중요시하며 사용되는 데이터베이스 기술 등을 확인합니다.

출제 빈도

Section 01	중	30%
Section 02	상	50%
Section 03	하	20%

데이터와 정보

출제
빈도   상 **중** 하

빈출 태그   DIKW, 데이터, 정보, 지식, 지혜, 정성적 데이터, 정량적 데이터, 암묵지, 형식지

기적의 3회독
□ 1회 □ 2회 □ 3회

 기적의 Tip

데이터에 대한 정의를 바르
게 설명한 것을 찾는 문제가
출제될 수 있습니다.

01 데이터(Data)

1) 데이터의 정의

- 데이터는 객관적인 사실(fact)로서 추론, 전망, 추정, 예측을 하기 위한 근거 (basis)로서 사용되는 특성을 지닌다.
- 데이터는 다른 객체와의 상호 관계를 바탕으로 가치를 갖게 된다.
- 데이터는 개별 데이터 자체로는 중요하지 않은 객관적 사실이다.
- 추정과 추론을 위한 근거가 되는 사실이다.

2) 데이터 유형

데이터는 정성적 데이터(qualitative data)와 정량적 데이터(quantitative data) 유형으로 구분된다.

① 정성적 데이터
- 언어, 문자 등의 형태로 저장(비정형적 데이터)된다.
- 데이터 저장 및 통계 분석 작업에 많은 시간과 비용이 소요된다.
- 트위터, 블로그와 같은 SNS상에 올라와 있는 글, 날씨 예보 등과 같은 뉴스 기사, 설문조사 주관식 응답 내용 등 문자, 언어의 형태로 기술되어 저장된 데이터이다.
- 형태가 일정하지 않은 비정형적 데이터 형태로 저장이 되기 때문에 저장, 검색, 통계 분석 작업에 시간과 비용이 많이 소요된다.

② 정량적 데이터
- 수치, 기호, 도형 등으로 표현(정형적 데이터)된다.
- 형태가 일정한 정형적 데이터 형태로 저장되기 때문에 데이터 저장 및 통계 분석이 용이하다.
- 지역별 매출액, 영업이익률, 판매량, 온도, 강수량, 나이, 몸무게, 주가지수와 같이 수치로 명확하게 표현되는 데이터이다.
- 데이터의 양이 증가하더라도 데이터베이스 관리시스템에 저장 및 검색, 분석하여 활용하기가 용이하다.

▶ 데이터의 유형

구분	정성적 데이터(Qualitative Data)	정량적 데이터(Quantitative Data)
형태	언어, 문자 등의 비정형 데이터로서 비구조화된 데이터	수치, 도형, 기호 등의 구조화된 정형 데이터
특징	• 주관적 내용 • 통계 분석이 어렵다 • 저장, 검색, 분석에 많은 비용 소모	• 객관적 내용 • 통계 분석이 용이하다 • 정형화된 데이터이므로 비용 소모가 적음
예시	리뷰, 언론보도, 기상특보	별점, 풍향, 습도, 나이, 몸무게, 주가

✓ 개념 체크

다음 중 정량적 데이터가 아닌 것은?

① 도형　　　　② 기호
③ 숫자　　　　☑ 문자

- 정성적 데이터 : 문자, 언어
- 정량적 데이터 : 도형, 숫자, 기호

02 데이터, 정보, 지식, 지혜
(DIKW; Data, Information, Knowledge, Wisdom)

1) DIKW

• 데이터를 가공 및 처리하여 얻을 수 있는 것이 정보, 지식, 지혜가 된다.

▶ DIKW 구분

구분	내용
데이터(Data)	데이터의 존재 형식을 불문하고, 타 데이터와 상관관계가 없는 가공 전의 수치나 기호 예 A 마트는 500원, B 마트는 300원에 볼펜을 판매한다.
정보(Information)	데이터의 가공 및 상관 관계, 연관 관계를 바탕으로 패턴을 인식하고 의미를 부여한 데이터 예 B 마트의 볼펜이 더 싸다.
지식(Knowledge)	상호 연결된 정보 패턴을 이해하여 이를 토대로 예측한 결과물 예 상대적으로 저렴한 B 마트에서 볼펜을 사야겠다.
지혜(Wisdom)	근본적인 원리에 대한 깊은 이해를 바탕으로 도출되는 창의적 아이디어 예 B 마트의 다른 상품도 A 마트보다 저렴할 것이다.

• 데이터, 정보, 지식을 통해 최종적으로 지혜를 얻어내는 과정을 DIKW 피라미드 계층 구조로 설명한다.

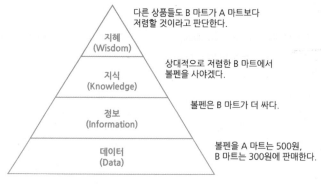

▲ 지식 피라미드 체계

개념 체크

데이터를 가공 처리하여 얻을 수 있는 것이 아닌 것은?

① 정보　　　　② 지식

③ 지혜　　　　☑ 기호

현실 세계에서 수집한 데이터를 가공 처리하여 얻을 수 있는 것에는 정보, 지식, 지혜가 있다.

---

2) Polanyi의 지식 구분

- 지식의 차원에 대해 Michael Polanyi는 암묵지★와 형식지★ 두가지 차원으로 구분하였다.
- 암묵지는 언어나 문자로 표현하기 어려운 지식이며, 형식지는 언어나 문자로 표현 가능한 지식이다. 데이터는 지식경영에서 암묵지와 형식지 간의 상호작용에 있어 중요한 역할을 한다.

더알기 Tip

지식 경영

- 조직에 속한 개인이 각자 가지고 있는 지식과 경험(암묵지)을 발견하고, 이것을 조직의 지식으로 공유 및 활용할 수 있는 정보(형식지)로 바꾸어, 조직이 제공하고 있는 제품과 서비스 등의 부가가치를 창출하는 기법이다.
- 집단의 형식지와 개인의 암묵지가 나선형으로 회전하면서 생성, 발전, 전환되는 지식의 발전을 기반으로 한 기업의 경영 방식을 의미한다.

▶ 암묵지와 형식지

구분	내용
암묵지 (Tacit Knowledge)	• 학습과 경험, 체험, 시행착오 등을 통해 개인에게 습득되는 무형의 지식 • 개인에게 체화(體化) 되어 있지만 겉으로 드러나지 않는 비밀스러운 지식 • 사회적으로 중요하지만 다른 사람에게는 공유하기 어려운 지식 ⑩ 김장김치 담그기, 자전거 타기

기적의 Tip

DIKW의 정의를 묻는 문제, 예시에 대한 문제가 자주 출제 됩니다. 데이터 → 정보 → 지식 → 지혜가 되는 과정을 예시와 함께 이해하세요!

★암묵지
- 학습과 체험으로 개인에게 습득
- 겉으로 들어나지 않는 상태의 지식

★형식지
- 문서나 매뉴얼 형태로 외부로 표출
- 여러 사람이 공유할 수 있는 지식

기적의 Tip

암묵지와 형식지의 차이점을 구분할 수 있어야 합니다.

형식지 (Explicit Knowledge)	• 문서, 매뉴얼처럼 형상화된 지식 • 체계적으로 정리되어 있고, 외부로 표출되어 여러 사람들이 공유하기 용이한 지식(전달과 공유가 용이) ⑩ 교과서, 비디오, 데이터베이스, 회계 및 재무 관련 대차대조표에 요구되는 지식 매뉴얼

3) 암묵지와 형식지의 상호작용

암묵지와 형식지의 상호작용은 공통화 → 표출화 → 결합화(연결화) → 내면화의 4단계로 이루어진다.

① 암묵지의 상호작용 : 공통화, 내면화
② 형식지의 상호작용 : 표출화, 연결화(언어, 숫자, 기호로 표출화된 지식 → 개인의 지식으로 연결화)

▶ 암묵지와 형식지 상호작용 4단계와 특성

	특성	내용
1단계	공통화(암묵지–암묵지)	다른 사람과의 상호 작용을 통해 개인이 암묵지를 습득하는 단계로서, 암묵적인 지식 노하우를 다른 사람에게 알려주는 것
2단계	표출화(암묵지–형식지)	개인에게 내재되어 있는 암묵적 지식 노하우를 책이나 교본과 같은 문서나 매체로 저장하는 등 형식지로 만드는 것
3단계	결합(연결)화(형식지–형식지)	• 형식지간 상호 결합을 통해 새로운 형식지가 만들어지는 단계 • 책이나 매뉴얼, 교본(형식지)에 자신이 알고 있는 새로운 지식(형식지)을 추가하는 것
4단계	내면화(형식지–암묵지)	• 형식지가 개인의 암묵지로 체화되어 있는 단계 • 만들어진 책이나 매뉴얼, 교본(형식지)을 보고 다른 직원들이 암묵적 지식(노하우)을 습득하는 것

✓ 개념 체크

다음 중 암묵지와 형식지의 상호작용 관계를 가장 적절하게 표현한 것은?

☑ 공통화 → 표출화 → 연결화 → 내면화
② 표출화 → 공통화 → 연결화 → 내면화
③ 연결화 → 내면화 → 공통화 → 표출화
④ 내면화 → 공통화 → 연결화 → 표출화

암묵지, 형식지 상호 작용 4단계는 공통화 → 표출화 → 연결화 → 내면화 순서로 진행된다.

데이터베이스의 정의와 특징

빈출 태그 데이터베이스 정의, 데이터베이스 특징, 데이터 유형, 릴레이션, SQL, DBMS

데이터베이스는 관련된 레코드의 집합이며, 소프트웨어 관점에서 보면 데이터베이스 관리 시스템 (DBMS)을 의미

01 데이터베이스(Database)

1) 데이터베이스의 정의

- 사용자가 데이터를 저장 및 공유하며 사용할 수 있는 데이터의 집합을 의미한다.
- 초기에는 정형 데이터로서 텍스트, 숫자 형태의 데이터를 그대로 저장하는 장치를 의미하였다.
- 정보기술이 발달한 이후에는 동영상 및 이미지가 포함된 멀티미디어 데이터와 같은 비정형 데이터가 저장된다.
- 단순한 데이터 저장에서 데이터를 처리한 결과인 정보를 저장하는 지식베이스로 진화하였다.
- 화상, 음성, 영상, 문자, 기호 등 서로 관련있는 여러 데이터를 정보처리 장치들을 통해 체계적으로 수집, 축적하여 다양한 용도와 방법으로 이용할 수 있도록 정리한 정보의 집합이다.

🎓 **기적의 Tip**

데이터베이스 정의, 특징을 설명과 함께 이해해야 합니다.

데이터베이스 정의
통합, 저장, 공용, 운영 데이터

▶ 데이터베이스 정의

구분	설명
통합된 데이터 (Integrated Data)	• 데이터베이스에 동일한 내용으로 데이터가 중복되어 있지 않음 • 데이터 중복은 관리상의 부작용을 초래
저장된 데이터 (Stored Data)	• 컴퓨터에서 접근 가능한 저장매체에 저장 • 자기 테이프 또는 자기 디스크와 같이 컴퓨터가 접근할 수 있는 저장매체에 저장되는 것 • 데이터베이스는 기본적으로 컴퓨터 기술을 기반
공용 데이터 (Shared Data)	• 여러 사용자 및 응용 시스템들이 다양한 목적으로 데이터베이스의 데이터를 공동으로 사용 • 대용량화되고 구조가 복잡
운영되는 데이터 (Operational Data)	• 사용자의 목적에 맞게 운영되는 데이터 • 여러 응용 시스템들이 공동으로 소유하고 유지하는 데이터

2) 데이터베이스의 특징

데이터베이스는 단순한 데이터 저장소에서 진화하여 첨단 정보기술을 바탕으로 데이터를 저장 및 검색할 수 있는 복합체가 되었다.

데이터베이스는 단순한 데이터 저장에서 데이터를 처리한 결과인 정보를 저장하는 지식베이스로 진화

▶ 데이터베이스 특징

구분	설명
실시간 접근성 (Real-Time Accessibility)	• 사용자로부터 데이터 검색, 질의에 대한 요청을 실시간 처리하여 응답 • 비정형적인 질의(조회)에 대하여 실시간 처리를 통한 응답이 가능해야 함
지속적 변화 (Continuous Evolution)	• 새로운 데이터의 삽입(Insert), 삭제(Delete), 갱신(Update)로 항상 최신의 데이터를 유지 • 데이터베이스의 상태는 동적
동시 공유 (Concurrent Sharing)	데이터베이스는 서로 다른 목적을 가진 여러 사용자들을 위한 것이므로 다수의 사용자가 동시에 같은 내용의 데이터를 접근하고 공유할 수 있어야 함
내용에 의한 참조 (Contents Reference)	데이터베이스에 있는 데이터를 참조할 때 데이터의 주소나 위치에 의해서가 아닌 데이터의 내용으로 검색

3) 구조적 관점에서 데이터 유형

데이터 유형은 구조적 관점에서 정형, 비정형, 반정형 데이터로 구분된다.

 기적의 Tip

앞의 정성적, 정량적 구분과 같이 차이를 알아두세요.

① 정형(Structured) 데이터
- 행과 열에 의해 데이터의 속성이 구별되는 스프레드시트 형태(표 형식)이다.
- 스키마 구조 형태가 있으며, 관계형 데이터베이스 관리 시스템(RDBMS)에 저장된다.
- 고정된 필드(속성) 형태로 저장되며 연산이 가능하다.
- 데이터 자체로 분석 가능하다.
- 주로 데이터베이스와 같은 내부 시스템에 저장되어 있어 데이터 수집이 쉽다.
- 데이터 수집 난이도가 낮고 형식이 정해져 있어 처리가 쉬운 편이다.
- ERP/CRM, Transaction Data, Demand Forecast, EIA, ETL 등을 이용한 수집 데이터이다.
- 관계형 데이터베이스(오라클, MS-SQL, MySQL 등), 엑셀, CSV 파일, ERP, CRM, SCM 등에서 발생하는 데이터, 물류창고 재고데이터 등이 해당된다.

정형 데이터는 미리 정의된 구조와 형식을 가짐

② 비정형(Unstructured) 데이터
- 형태나 구조가 정형화되지 않은 데이터로 잠재적 가치가 가장 높다.
- 스키마 구조 형태가 없으며 고정 필드 및 메타 데이터가 정의되어 있지 않다.
- 연산이 불가능하며, 유연한 구조로 주로 몽고 DB와 같은 NoSQL에 저장된다.
- 데이터 자체로 분석이 불가능하여 특정한 프로세스를 거쳐 정형 데이터로 변경 후 분석한다.
- 텍스트 마이닝 혹은 파싱(Parsing)해야 하므로 수집 데이터 처리가 어렵다.
- E-mail, SNS, voice, IoT, 보고서, news, 이미지, 동영상, 음성 데이터 등이 해당된다.

③ 반정형(Semi-structured) 데이터
- 반정형 데이터는 미리 정의된 구조는 있으나, 형식은 없는 데이터이다.
- 데이터 구조에 대한 메타정보를 포함한 데이터로, 파싱을 통해 구조를 파악하고 정보 활용이 가능하다.
- 스키마 형태의 구조가 있으며, 정형 데이터처럼 특정한 형태가 있고 연산이 불가능하다.
- 주로 파일로 저장된다.
- 주로 API 형태로 제공되기 때문에 데이터 처리기술이 요구된다.
- 데이터에 구조데이터 분석이 가능하지만 해석이 불가능해 메타정보를 해석해 정형으로 변환한다.
- XML, HTML, JSON, 웹 로그 데이터, 센서 데이터 등이 해당된다.

4) 데이터베이스 용어

▶ 데이터베이스 관련 용어

용어	설명
테이블(Table)	릴레이션이라고도 하며, 행과 열로 구성되는 데이터(정보) 집합
튜플(Tuple)	• 테이블에서 행을 의미 • 레코드(Record) 또는 로우(Row)라고 부르며, 튜플은 릴레이션에서 같은 값을 가질 수 없음
속성(Attribute)	열은 세로를 의미하며, column, attribute, field 라고도 함
도메인(Domain)	테이블의 속성이 취할 수 있는 원자 값들의 집합
차수(Degree)	테이블에서 열의 개수를 의미
카디널리티(Cardinality)	테이블에서 튜플의 개수를 의미
관계형 데이터베이스(RDB)	데이터를 참조할 때 데이터가 저장된 위치가 아닌, 내용으로 데이터를 찾음
식별자(Identifier)	• 여러 개의 집합체를 담고있는 관계형 데이터베이스에서 각각의 데이터를 구분할 수 있는 논리적인 개념 • 식별자는 유일성★과 최소성★의 특성을 가짐

★유일성
하나의 릴레이션에서 모든 행은 서로 다른 키 값을 가져야 함

★최소성
꼭 필요한 최소한의 속성들로만 키를 구성해야 함

더 알기 Tip

사원 릴레이션 예시

사원번호	전화번호	부서	이름	직위
202310010	01012345678	영업부	홍길동	과장
202310011	01023234545	총무부	임꺽정	부장
202310012	01045455656	인사부	이순신	과장

- 직위 도메인 : 대리, 과장, 차장, 부장, …
- 부서 도메인 : 영업부, 인사부, 경리부, 총무부, 사업부, …
- 사원 릴레이션 카디널리티 : 릴레이션에서 행의 개수(3개)
- 사원 릴레이션 차수 : 릴레이션에서 열의 개수(5개)

5) 데이터 사전(Data Dictionary)

- 자료에 관한 정보가 저장된 저장소이다.
- 자료의 이름, 표현 방식, 자료의 의미와 사용 방식, 다른 자료와의 관계를 저장한다.
- 데이터베이스 스키마 객체 정보, 테이블, 인덱스, 뷰 등의 정보가 저장된다.

① 개체관계도(ERD; Entity Relationship Diagram)

- 개체와 개체 사이의 관계를 도형을 이용해 나타낸 그림이다.
- 개체 관계도(ERD)는 사용자와 개발자 간의 자료를 공통적으로 이해할 수 있도록 하는 유용한 수단이다.

② 인덱스(Index)

- 데이터베이스에서 테이블에 대한 동작의 속도를 높여주는 자료구조이다.
- 테이블 내의 1개 혹은 여러 개의 컬럼을 이용해 생성될 수 있다.

③ 메타 데이터(Meta Data)

- 데이터에 관한 데이터로서, 데이터를 설명해 주는 데이터를 말한다.
- 데이터에 관한 구조화된 데이터로, 대량의 정보 가운데에서 확인하고자 하는 정보를 효율적으로 검색하기 위해 원시 데이터(Raw data)를 일정한 규칙에 따라 구조화 또는 표준화한 정보를 의미한다.
  - 예 디지털 카메라의 메타 데이터 : 카메라 정보, 촬영 시간, 플래시 사용 여부, 해상도, 사진 크기 등

더 알기 Tip

개체 관계

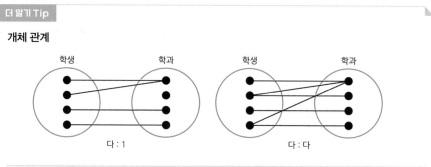

대응 관계	설명
1 : 1	하나의 개체가 하나의 개체에 대응
1 : 다	하나의 개체가 여러 개체에 대응
다 : 1	여러 개체가 하나의 개체에 대응
다 : 다	여러 개체가 여러 개체에 대응

데이터 구조에 대한 메타 정보를 포함한 데이터로, Parsing을 통해 구조를 파악하고 정보
활용 가능한 유형의 데이터는 무엇인가?

① 비정형 데이터
② 정형 데이터
③ 원시 데이터
④ 반정형 데이터

• 반정형 데이터는 형식이 지정되지 않은 데이터이다.
• 고정된 스키마가 없기 때문에 테이블 형식 데이터 모델이나 관계형 데이터베이스의 형식을 따르지 않는다.

02 DBMS

1) DBMS(DataBase Management System)

관계형, 객체지향형, 계층형, 네트워크형, NoSQL 등으로 구분

- 다수의 사용자와 데이터베이스 사이에서 사용자의 요구에 따라 정보를 처리해주고 데이터베이스를 관리해주는 소프트웨어이다.
- 데이터베이스 계정을 가진 모든 사용자의 접근이 가능하다.
- 다수의 사용자들이 동시에 트랜잭션 하는 경우에도 즉각적으로 결과값을 확인할 수 있다.
- 데이터베이스 사용자들은 데이터베이스의 정의, 조작, 제어 등 데이터베이스 관리 작업을 수행할 수 있다.

① 관계형 데이터베이스(RDBMS; Relational Database Management System)

Oracle, MS-SQL, MySQL 등이 대표적 RDBMS

- 데이터를 행(Row)과 열(Column)로 구성된 2차원 표 형식으로 관리하는 데이터베이스이다.
- 정형화된 테이블로 구성된 데이터 항목들의 집합체이다.
- 데이터를 열과 행을 구성하는 하나 이상의 테이블로 저장하며, 기본키(Primary Key)가 각 행을 식별한다.
- 테이블의 각 행은 레코드나 튜플로 부르며, 각 테이블은 하나의 엔터티 타입을 나타낸다.
- 테이블의 각 열은 엔터티 종류의 인스턴스의 속성이 되는 값을 나타낸다.

② 객체* 지향형 데이터베이스(ODBMS; Object-oriented DBMS)

★객체
유형이나 무형으로 존재하는 개체를 추상화한 것

- 사용자 정의 데이터 및 멀티미디어 데이터 등 복잡한 데이터 구조를 표현 및 관리할 수 있다.
- 객체들을 생성하여 계층에서 체계적으로 정리하며, 하위계층이 상위계층으로부터 속성과 방법들을 물려받을 수 있다.

관계형 DBMS와 객체지향 DBMS 비교

관계형 DBMS	객체지향 DBMS
테이블(행의 집합)	클래스
행(Row)	객체
테이블 정의(사용자 정의 데이터 타입)	타입
비적용(내장 프로시저)	메소드
인덱스	인덱스
비적용(내장 프로시저)	객체식별자
비적용(배열 Array)	콜렉션
비적용	상속성
비적용	캡슐화
내장 프로시저를 갖는 SQL	계산 완전성
SQL을 통한 상호 호환적 이식성	비적용
수학적 모델에 기초	비적용

③ NoSQL(Non/Non-Relational/Not-Only SQL)

- NoSQL은 SQL 또는 관계형 데이터베이스만을 사용하지 않고 여러 유형의 데이터베이스를 사용하는 확장형 데이터베이스 관리 시스템이다.
- 비관계형 데이터베이스 유형으로, 관계형 데이터베이스와는 다른 방식으로 데이터를 저장한다.
- 관계형 데이터베이스보다 덜 제한적인 일관성 모델을 이용하는 데이터의 저장 및 검색을 위한 메커니즘을 제공한다.
- NoSQL은 빅데이터와 실시간 웹 애플리케이션의 상업적 이용에 주로 사용된다.
- 관계형 데이터베이스에 있는 기능 일부를 버려서 성능(처리속도)을 높인 데이터베이스이다.
- SNS 등에서 발생하는 비정형 데이터를 보다 쉽게 저장하고 처리 가능해 최근 각광받고 있다.
- 대량의 데이터를 고속으로 처리해야 하는 웹 서비스와 잘 맞아서 최근 자주 이용된다.
- NoSQL 저장방식 도구에는 MongoDB, Apache HBase, Redis 등이 있다.
  - MongoDB : 데이터 교환 시 비슨(BSON; Binary JSON) 문서 형태로 저장하여 여러 서버에 분산 저장 및 확장이 용이하며, 방대한 데이터 처리가 빠르고 사용하기 쉬운 장점
  - Apache HBase : 하둡 플랫폼을 위한 공개 비관계형 분산 데이터베이스
  - Redis : Remote Dictionary Server는 키와 값의 쌍 구조로서, 비정형 데이터를 저장하고 관리하기 위한 오픈 소스 기반의 비관계형 DBMS

④ 계층형 DBMS(Hierachical DBMS)
- 데이터를 트리 형태로 표현한 구조이다.
- 트리로 구성한 부모 노드와 자식 노드는 일대다의 관계로 구성된다.

⑤ 네트워크형 DBMS(Network DBMS)
- 그래프 구조를 기반으로 데이터를 표현한다.
- 데이터의 관계를 다대다의 관계로 구성된다.

⑥ XML(eXtensible Markup Language) DBMS
- 데이터를 XML 형식으로 관리한다.
- RDBMS를 대체하기 위해 등장했지만 RDBMS를 넘지 못하면서 비주류로 남았다.

무결성, 일관성, 보관성, 독립성,
효율성을 고려해야 함

2) 데이터베이스 설계 및 고려사항

데이터베이스를 설계하는 절차는 요구 조건 분석 → 개념적 설계 → 논리적 설계 → 물리적 설계 → 구현 순서로 진행된다.

설계 단계	수행 작업
요구 조건 분석	• 데이터베이스 사용자 및 사용 목적, 사용 범위, 제약 조건 등을 정리 • 명세서를 작성
개념적 설계	• E-R 모델, 정보를 추상적 개념으로 표현하는 과정 • DBMS에 독립적인 E-R 다이어그램을 작성 • DBMS에 독립적이고 고차원적인 표현 기법으로 기술
논리적 설계	• 자료를 컴퓨터가 이해할 수 있도록 특정 DBMS의 논리적 자료 구조로 변환 • DBMS에 종속적으로 설계 • 현실 세계를 표현하기 위한 데이터베이스의 논리적 구조를 결정
물리적 설계	• 논리적 구조로 표현된 데이터를 DBMS에 맞는 물리적 구조의 데이터로 변환하는 과정 • 저장 레코드 양식을 설계
구현	목표 DBMS DDL로 스키마 작성

🎓 기적의 Tip

데이터베이스 장단점을 구분할 수 있어야 합니다. 잘못 설명된 것을 찾는 문제가 출제됩니다.

데이터베이스 특징
실시간 접근, 지속적 변화, 공유, 내용에 의한 참조

3) 데이터베이스의 장단점

장점	단점
• 데이터의 중복을 최소화 • 실시간 데이터 접근 용이 • 데이터 보안 유지 • 데이터 공유 • 데이터 저장공간 절약 • 데이터의 논리적, 물리적 독립성 보장 • 데이터 표준화 및 데이터 공유 • 데이터 일관성과 무결성 유지 • 데이터 통합 관리	• 데이터 백업과 복구가 복잡함 • 데이터베이스 전문가 필요 • 시스템이 복잡함 • 통합 시스템 구조 특성상, 일부에서 장애 발생시 시스템 전체에 걸쳐 문제 발생 • 데이터베이스 구축에 따른 비용 증가

4) 데이터 무결성

데이터베이스에서 데이터가 정확하고 일관되게 유지되는 것을 의미한다. 데이터 무결성은 데이터베이스의 중요한 특성으로서, 데이터베이스의 신뢰성과 유효성을 보장한다.

① 개체 무결성

- 데이터베이스의 개체가 일관되게 유지되는 것을 의미한다. 예를 들어, 고객 데이터베이스에서 고객의 이름은 고유해야 한다.

② 참조 무결성

- 데이터베이스의 두 개체 간의 관계가 일관되게 유지되는 것을 의미한다. 예를 들어, 주문 데이터베이스에서 주문의 고객 ID는 고객 데이터베이스에 있는 고객의 ID와 일치해야 한다.

③ 도메인 무결성

- 데이터베이스의 각 열에 저장되는 데이터의 유효성을 보장하는 것을 의미한다. 예를 들어, 고객 데이터베이스의 나이 열에는 숫자만 저장되어야 한다.

> ✔ **개념 체크**
>
> **다음 중 데이터베이스의 장점이 아닌 것은?**
> ① 데이터 통합 관리
> ② 데이터 공유
> ③ 데이터 일관성 유지
> ✔ 데이터 백업과 복구가 용이
>
> --
>
> 데이터베이스는 백업과 복구가 복잡하다.

03 SQL

1) SQL(Structured Query Language, 구조적 질의어)

- SQL★은 데이터베이스와의 통신을 위해 만들어진 언어이다.
- 자료 검색 및 관리, 스키마 구조 생성 및 변경, 객체 접근 관리를 하기 위한 구조적 질의어이다.
- 관계형 데이터베이스를 사용할 때, 데이터베이스에 접근할 수 있는 하부언어이다.
- 단순한 질의 기능뿐만 아니라 완전한 데이터의 정의와 조작 기능을 갖추고 있다.
- 테이블 단위로 연산을 수행하며, 영어 문장과 비슷한 구문으로 초보자들도 비교적 쉽게 사용 가능하다.

★SQL
데이터베이스를 구축하고 활용하기 위해 설계된 프로그래밍 언어

2) SQL 명령어

SQL은 데이터 정의어(DDL), 데이터 조작어(DML), 데이터 제어어(DCL), 트랜잭션 제어어(TCL)을 사용한다.

① DDL(Data Definition Language)

- 데이터베이스 테이블의 구조를 생성, 변경, 삭제하는 명령이다.
- CREATE, ALTER, DROP, RENAME, TRUNCATE 문이 있다.
  - CREATE : 테이블, 뷰를 생성할때 사용
  - ALTER : 테이블, 뷰를 변경할때 사용
  - DROP : 테이블, 뷰를 삭제할때 사용
  - RENAME : 테이블, 뷰 이름을 변경할 때 사용
  - TRUNCATE : 데이터를 삭제하는 명령

더알기 Tip

DELETE와 TRUNCATE 차이

delete table 명령	truncate table 명령
• 삭제된 데이터를 로그(log)로 저장 　→ 롤백(rollback)이 가능하여 되돌릴 수 있음 • 특정 행 삭제 가능 　→ 테이블 데이터는 삭제되지만 용량은 줄어들지 않음	• 삭제된 데이터를 로그(log)로 저장 안함 　→ 롤백(rollback)이 불가능하여 되돌릴 수 없음 • 특정 행 삭제 불가능 　→ 테이블 데이터가 삭제되며 용량도 줄어듦

② DML(Data Manipulation Languate)

- 데이터베이스에서 데이터 검색, 데이터베이스 테이블에 새로운 행 삽입, 기존 행 수정, 삭제하는 명령이다.
- SELECT, INSERT, UPDATE, DELETE 문이 있다.
  - SELECT : 데이터 내용을 조회할 때 사용
  - INSERT : 데이터를 추가할 때 사용
  - UPDATE : 데이터를 변경할 때 사용
  - DELETE : 데이터를 삭제할 때 사용

③ DCL(Data Control Language)

- 데이터베이스 관리자(DBA)가 보안, 무결성 유지, 병행 제어, 회복을 위해 사용하는 명령이다.
- GRANT, REVOKE 문이 있다.
  - GRANT : 데이터베이스 관리자가 사용자에게 데이터베이스에 대한 접근 권한을 부여
  - REVOKE : 데이터베이스 관리자가 사용자에게 데이터베이스에 대한 접근 권한을 회수

★ 트랜잭션(Transaction)
분할할 수 없는 최소 단위이며 논리적인 작업 단위

④ TCL(Transaction★ Control Language)

- 데이터 조작어(DML) 명령어 실행, 취소, 임시저장할 때 사용하는 명령이다.
- COMMIT, ROLLBACK, SAVEPOINT 명령이 있다.
  - COMMIT : 모든 작업을 최종적으로 실행
  - ROLLBACK : 모든 작업을 다시 되돌리는 명령
  - SAVEPOINT : 롤백할 때 저장 위치를 지정하는 명령

▶ SQL 명령어 분류

명령어 분류	설명
DDL	데이터베이스 테이블의 구조를 생성, 변경, 삭제
DML	데이터 검색, 테이블에 새로운 행 삽입, 기존 행 수정과 삭제
DCL	보안, 무결성 유지, 병행 제어, 회복
TCL	DML 실행, 취소 임시저장

3) SELECT 검색문

① SELECT

- SELECT : 하나 또는 그 이상의 테이블에서 데이터를 추출
- FROM : 테이블을 지정해주는 명령
- WHERE : 데이터를 추출하는 선택조건식을 지정
- GROUP BY : 속성값을 그룹 단위로 분류하여 연산할 때 사용
- HAVING : GROUP BY로 분류된 각 그룹에 대한 조건을 지정할 때 사용, 주로 SQL 집계함수에 대해 조건을 줌
- ORDER BY : 속성값을 정렬하고자 할 때 사용(asc: 오름차순, desc: 내림차순)

```
# SELECT 사용 예시
SELECT NAME, GENDER, SALARY
FROM CUSTOMERS
WHERE AGE BETWEEN 20 And 30
```

CUSTOMERS 테이블에서 AGE 값이 20에서 30 사이인 데이터의 NAME, GENDER, SALARY열을 추출

② SQL 집계함수

• 집계 함수는 여러 행으로부터 하나의 결과값을 반환하는 함수이다.
• SELECT 구문에서만 사용되며, 열(column)끼리 연산을 수행한다.
• 주로 평균, 합, 최대, 최소 등을 구하는 데 사용된다.

▶ SQL 집계함수 종류

함수명	설 명	유형별 가능여부
AVG	지정한 열의 평균값을 계산	수치형
COUNT	행의 개수를 조회할 때 사용, 테이블의 특정 조건이 맞는 것의 개수를 출력	수치형, 문자형
SUM	지정한 열의 총합을 계산	수치형
STDDEV	지정한 열의 표준편차를 계산	수치형
VARIAN	지정한 열의 분산을 계산	수치형
MIN	지정한 열의 가장 작은 값을 출력	수치형

데이터베이스 활용

빈출 태그 데이터 웨어하우스, 데이터 마트, BI, BA, EDW, SCM, CRM, ERP, OLTP, OLAP

01 데이터베이스 솔루션

1) 데이터 웨어하우스(DW; Data Warehouse)

• 기업 내의 합리적 의사결정을 위해 기업 내부 및 외부의 데이터를 하나로 통합한 데이터 저장소이다.
• 정보 검색을 위한 데이터베이스이다.

▶ 데이터 웨어하우스 4가지 특성

특성	설명
데이터의 통합성	데이터들은 전사적 차원에서 일관된 형식으로 통합
데이터의 시계열성	데이터들은 시간의 흐름에 따라 변화하는 값을 저장 및 반영
데이터의 주제 지향적	기능이나 업무 중심이 아닌, 특정 주제에 중심적으로 데이터들이 분류, 저장, 관리
비소멸성(비휘발성)	적재 완료시 읽기 전용 형태의 스냅샷 형태로 존재하며, Batch 작업에 의한 갱신 이외에 변하지 않음

더 알기 Tip

ETL(Extract, Transform, Load)
추출, 변환, 적재의 ETL 프로세스는 주기적으로 내부 및 외부 데이터베이스로부터 정보를 추출하고 정해진 규약에 따라 정보를 변환한 후에 적재하는 과정이다.

★데이터 마트
데이터 웨어하우스로부터 특정 주제, 부서 중심으로 구축된 소규모 단일 주제의 데이터 웨어하우스

① 데이터 마트(Data Mart)★

• 데이터 웨어하우스로부터 특정 주제, 부서 중심으로 구축된 소규모 단일 주제의 데이터 웨어하우스를 데이터 마트라고 한다.
• 데이터 마트는 데이터 웨어하우스의 부분이라고 할 수 있으며, 대개는 생산, 재무와 같이 특정한 조직이나 특정한 업무팀에서 사용하는 것을 목적으로 한다.
• 재무, 생산, 운영과 같이 특정 조직의 특정 업무 분야에 초점을 두고 있다.

② BI(Business Intelligence)

• 데이터 웨어하우스에 저장된 데이터에 접근하여 의사결정에 필요한 정보를 얻고 활용하는 것이다.
• 데이터를 통합/분석하여 기업 활동에 연관된 의사결정을 돕는 프로세스를 말한다.

- 기업의 데이터 웨어하우스에 저장된 데이터에 접근해 경영의사결정에 필요한 정보를 획득하고 이를 경영활동에 활용하는 것을 말한다.
- 가트너는 '여러 곳에 산재하여 있는 데이터를 수집하여 체계적이고 일목요연하게 정리함으로써 사용자가 필요로 하는 정보를 정확한 시간에 제공할 수 있는 환경'으로 정의하였다.
- 하나의 특정 비즈니스 질문에 답변하도록 설계한다.

The Gartner Group
미국의 IT 분야 리서치 기업

③ BA(Business Analytics)

- BI보다 발전된 빅데이터 분석 방법으로서, BI를 포함하면서도 미래 예측 기능과 통계분석, 확률분석을 포함한 의사결정을 가능하게 하는 방법이다.
- 경영 의사결정을 위한 통계적이고 수학적인 분석에 초점을 둔 기법이다.
- 성과에 대한 이해와 비즈니스 통찰력에 초점을 둔 분석 방법이다.
- 사전에 예측하고 최적화하기 위한 것으로 BI 보다 진보된 형태이다.

④ EDW(Enterprise Data Warehouse)

- 데이터 웨어하우스(DW)를 전사적으로 확장한 솔루션이다.
- 여러 애플리케이션의 비즈니스 정보를 중앙 집중화하고 조직 전체에서 분석 및 사용할 수 있도록 하는 데이터베이스 또는 데이터베이스 모음이다.
- 엔터프라이즈 데이터 웨어하우스는 사내 서버 또는 클라우드에 보관할 수 있다.
- 기업이 비즈니스 전략을 계획하기 위해서는 데이터 기반 의사 결정에 의존하기 때문에 EDW가 필요하다.
- 분석을 성공적으로 수행하려면 모든 데이터 소스의 데이터를 분석에 적합한 형식으로 데이터 웨어하우스에 로드해야 한다. 그런 다음 선택한 비즈니스 인텔리전스 도구를 이 데이터 웨어하우스에 연결하여 필요한 분석을 수행할 수 있다.

인터넷을 통해 액세스할 수 있는 서버와 그 환경에서 작동하는 소프트웨어 또는 데이터베이스

⑤ 데이터 레이크(Data Lake)

- 데이터 레이크는 구조화되거나 반구조화되거나 구조화되지 않은 대량의 데이터를 저장, 처리, 보호하기 위한 중앙 집중식 저장소이다.
- 제조업을 포함한 다양한 비즈니스 분야에서 생산, 구매, 재고, 주문, 공급자와의 거래, 고객 서비스 제공 등 주요 프로세스 관리를 돕는 여러 모듈로 구성된 통합 애플리케이션 소프트웨어 패키지이다.
- 데이터 레이크는 빅데이터 분석을 위한 강력한 도구로서, 다양한 소스의 다양한 데이터를 저장, 처리 및 분석할 수 있는 기능을 제공한다.

▶ 데이터 레이크 장점

특성	설명
데이터 통합	다양한 소스의 데이터를 단일 위치에 통합하여 분석의 단순화, 비용 절감 가능
데이터 탐색	• 비정형 데이터를 포함하여 모든 데이터를 탐색할 수 있는 기능 제공 • 이는 새로운 통찰력을 발견하고 새로운 비즈니스 기회를 식별하는 데 도움
데이터 관리	데이터의 무결성, 보안 및 규정 준수를 유지하는 데 도움되는 기능 제공

- 데이터 레이크 응용 분야
  - 금융 : 고객 행동을 분석하고 사기 및 위험을 식별하는 데 사용
  - 제조 : 제조 공정을 개선하고 생산 효율성을 높이는 데 사용
  - 소매 : 고객 선호도를 이해하고 맞춤형 마케팅을 제공

★SCM
원자재 조달부터 최종 고객에게 제품을 전달하는 모든 활동을 관리하는 과정

2) 조직 관리 솔루션

① SCM(Supply Chain Management)★

- 공급망 관리(SCM)는 기업의 생산, 구매, 유통 등 모든 공급망 단계를 최적화해서 고객이 원하는 제품을 원하는 시간과 장소에 제공할 수 있도록 하는 것이다.
- 제조, 물류, 유통업체 등 유통공급망에 참여하는 모든 업체들이 협력을 바탕으로 정보기술(Information Technology)을 활용, 재고를 최적화하기 위한 솔루션이다.
- 기업이 외부 공급업체 또는 제휴업체와 통합된 정보시스템으로 연계하여 시간과 비용을 최적화 시키기 위한 것이다.
- 자재구매 데이터, 생산, 재고 데이터, 유통/판매 데이터, 고객 데이터로 구성된다.
- 기업에서 원재료의 생산, 유통 등 모든 공급망 단계를 최적화해 수요자가 원하는 제품을 원하는 시간과 장소에 제공한다.
- 부품 공급업체와 생산업체, 그리고 고객에 이르기까지 거래관계에 있는 기업들 간 IT를 이용해 실시간 정보를 공유한다. → 시장이나 수요자들의 요구에 기민하게 대응하여 지원한다.

▶ SCM을 지원하는 다양한 기술

특성	설명
기업 자원 계획(ERP) 시스템	• 재무, 제조 및 판매를 포함한 모든 부서를 단일 시스템으로 통합 • 공급망 전반의 의사 소통 및 조정 개선
데이터 분석	• 기업이 공급망을 추적하고 병목 현상을 식별 • 재고 관리 및 운송에 대한 더 나은 결정 가능
공급망 관리(SCM) 소프트웨어	• 데이터 분석을 사용하여 공급망에서 데이터를 수집, 분석 및 해석 가능 • 기업이 추세와 패턴을 식별하여 성과를 개선

- SCM 주요 활동
  - 조달 : 원자재 및 기타 재료의 구매
  - 생산 : 원자재를 완제품으로 변환
  - 재고 관리 : 수요를 충족하기에 충분한 재고를 보유하는 것
  - 운송 : 제품을 한 위치에서 다른 위치로 이동
  - 창고 : 제품을 필요할 때까지 보관
  - 고객 서비스 : 고객 문의 및 불만 처리

② CRM(Customer Relationship Management)

- 고객 관계 관리는 기업이 고객 관련 자료를 분석해 상품이나 서비스를 고객이 지속적으로 구매할 수 있도록 하기 위한 전략이다.
- 고객별 구매 이력 데이터베이스를 분석하여 고객에 대한 이해를 돕고 이를 바탕으로 각종 마케팅 전략을 통해 보다 높은 이익을 창출할 수 있는 솔루션이라고 할 수 있다.
- 고객에 대한 정확한 이해를 바탕으로 고객이 원하는 제품과 서비스를 지속적으로 제공함으로써 고객의 평생가치를 극대화하여 기업의 수익성을 높이기 위한 기업 경영상의 전략적 도구이다.

③ e-CRM

- 인터넷을 통하여 e-데이터 웨어하우스로 수집된 고객과 관련된 데이터를 웹 마이닝(Web Mining)으로 분석하는 것이다.
- 고객층의 정교한 세분화와 개인 고객과의 1:1 관계형성을 실현하는 주요한 e-비즈니스 도구이다.

④ KMS(Knowledge Management System)

지식 관리 시스템은 조직 내의 인적 자원들이 축적한 개별적인 지식을 체계적으로 관리하는 시스템이다.

⑤ ERP(Enterprise Resource Planning)

- 전사적 자원 관리는 기업 내의 생산, 물류, 영업, 회계, 구매, 재고, 주문, 고객 서비스, 공급자와의 거래 등 업무 프로세스들을 통합적으로 관리한다.
- 제조업을 포함한 다양한 비즈니스 분야에서 생산, 구매, 재고, 주문, 공급자와의 거래, 고객 서비스 제공 등 주요 프로세스 관리를 돕는 여러 모듈로 구성된 통합 애플리케이션 소프트웨어 패키지이다.

⑥ RTE(Real Time Enterprise)

- 실시간으로 효과적인 전략수립 및 의사 결정을 수행하고 경영자원을 효과적으로 배분, 집행하여 경영성과를 도출하는 실시간 기업 모델이다.

- RTE를 위한 기본 전제 조건
    - 데이터 품질 관리(DQM)와 메타 데이터 관리를 통해 데이터 통합(DW, DM)
    - 통합 Data를 기반으로 프로세스 통합(BPM, BRE)
    - 통합 프로세스를 활용한 효율적인 의사결정 구축(BI)
    - 유연한 시스템 운영 및 연동(SOA, EA/ITA, Web Service)

⑦ EAI(Enterprise Application Integration)

기업 어플리케이션 통합은 전사적으로 상호 연관된 어플리케이션들을 연동하여 필요한 정보를 통합적으로 관리하는 솔루션이다.

⑧ BPR(Business Process Re-engineering)

기업/조직의 핵심적인 업무 프로세스에 대한 근본적인 사고 전환과 급진적인 재설계를 통하여 프로세스를 고객 지향적으로 최적화하며, 효율성을 제고하여 기존의 것과는 완전히 다른 새로운 구조를 정립하는 경영기법이다.

▶ 기타 데이터베이스 솔루션

솔루션	설명
Blockchain ★	네트워크에 연결되어 있는 모든 사용자 거래 내역 등의 데이터를 분산해서 저장하는 기술
Cloud Computing	주문형(On-Demand)으로 웹에 있는 공유 자원을 사용할 수 있도록 해주는 서비스
EDI (Electronic Data Interchange)	전자 통신 매체를 활용하여 조직 간에 표준화된 전자 문서로 문서를 교환하는 방식

★블록체인
금융회사의 중앙 집중형 서버에 거래 기록을 보관하는 방식에서 벗어나 거래에 참여하는 모든 사용자에게 거래 내용을 보내주며 거래 때마다 이를 대조하는 데이터 위조 방지 기술

ISP (Information Strategy Planning)	정보화 전략 계획, 기업의 비즈니스 전략을 효과적으로 지원하기 위해 정보화 전략과 비전을 정의하고 로드맵을 수립하는 활동
ITS (Intelligent Transport System)	교통 수단 및 교통 시설에 최신 기술을 적용하여 교통 상황 개선 및 안전을 증진하기 위한 정보통신 기술
RFID (Radio Frequency Identification)	• 무선주파수(RF)를 이용하여 사물을 식별할 수 있는 기술 • RF 태그에 사용 목적에 알맞은 정보를 저장하여 적용 대상에 부착한 후 판독기에 해당되는 RFID 리더를 통해 정보를 인식
SOA (Service Oriented Architecture)	기존 어플리케이션의 서비스를 조합함으로써, 새로운 어플리케이션을 구현할 수 있도록 한 통합 기술 및 아키텍처 모델

02 OLTP, OLAP

1) OLTP(On-Line Transaction Processing)

- 온라인 거래 처리 형태로 호스트 컴퓨터와 접속된 여러 단말 간의 처리 방식의 하나이다.
- 주 컴퓨터와 통신회선으로 접속되어 있는 복수의 사용자 단말에서 발생한 트랜잭션을 주 컴퓨터에서 처리하여 그 결과를 사용자에 되돌려 보내 주는 처리 방식이다.
- 여러 단말에서 보낸 메시지에 따라 호스트 컴퓨터가 데이터베이스를 액세스하고 바로 처리 결과를 돌려보낸다.
  - 예 상품주문, 회원 정보 수정

2) OLAP(On-Line Analytical Processing)

- 온라인 분석 처리로서 실시간 다차원으로 이루어진 데이터로부터 통계적인 요약 정보를 제공할 수 있는 기술이다.
- 다차원의 데이터를 대화식으로 분석하기 위한 SW이다.
- 정보 위주의 분석 처리를 의미하며, 다양한 비즈니스 관점에서 쉽고 빠르게 다차원적인 데이터에 접근해 의사결정에 활용할 수 있는 정보를 얻을 수 있게 해주는 기술이다.
  - 예 3년간 회사의 직급별 임금 상승률

▶ OLTP와 OLAP 비교

데이터 구조	복잡	단순
데이터 갱신	동적으로 순간적	정적으로 주기적
응답 시간	수초 이내	수초에서 몇 분 사이
데이터 범위	수십일 전후	오랜 기간 저장
데이터 성격	정규적인 핵심데이터	비정규적인 읽기전용데이터
데이터 크기	수 기가바이트	수 테라바이트
데이터 내용	현재 데이터	요약된 데이터
데이터 액세스 빈도	높음	보통
데이터 특성	트랜잭션 중심	주제 중심
질의 결과 예측	주기적이며 예측 가능	예측하기 어려움

01 다음 중 정성적 데이터에 속하는 것은?

① 강수량
② 온도
③ 기상특보
④ 풍속

02 다음은 DIKW(Data Information Knowledge Wisdom) 계층 구조에 대한 설명이다. 가장 알맞은 설명은 무엇인가?

① 데이터(Data)는 존재 형식을 불문하고, 타 데이터와 상관관계가 없는 가공 전의 수치나 기호를 의미한다.
② 정보(Information)는 상호 연결된 패턴을 이해하여 이를 토대로 예측한 결과물이다.
③ 지식(Knowledge)은 타 데이터와의 상호관계 간 이해를 통해 단순하게 의미를 부여하는 것이다.
④ 지혜(Wisdom)는 데이터 형식은 불문하고 타 데이터와의 상관관계만 확인하면 된다.

03 아래 내용은 데이터, 정보, 지식의 차이점을 예시로 설명한 것이다. 각각의 용어와 예시가 적절하게 연결된 것은?

> (가) A 마트는 500원, B마트는 400원에 볼펜을 판매한다.
> (나) A 마트는 볼펜 가격이 싸다.
> (다) 상대적으로 저렴한 A 마트에서 볼펜을 사야겠다.
> (라) A 마트의 다른 상품도 B 마트보다 저렴할 것이다.

① 데이터-(가), 정보-(라), 지식-(다)
② 데이터-(가), 정보-(다), 지식-(라)
③ 데이터-(가), 정보-(나), 지식-(라)
④ 데이터-(가), 정보-(나), 지식-(다)

04 다음 보기는 암묵지와 형식지의 상호작용에 관한 설명이다. 알맞게 연결된 것은?

> 1단계 : 암묵적 지식 노하우를 다른 사람에게 알려주는 것 - ( )
> 2단계 : 암묵적 지식 노하우를 책이나 교본 등 형식지로 만드는 것 - ( )
> 3단계 : 책이나 교본(형식지)에 자신이 알고 있는 새로운 지식(형식지)를 추가하는 것 - ( )
> 4단계 : 만들어진 책이나 교본(형식지)를 보고 다른 직원들이 암묵적 지식(노하우)을 습득 - ( )

① 공통화 → 표출화 → 연결화 → 내면화
② 표출화 → 공통화 → 연결화 → 내면화
③ 연결화 → 내면화 → 공통화 → 표출화
④ 내면화 → 공통화 → 연결화 → 표출화

05 내재된 경험을 문서나 매체로 저장하는 것은?

① 표출화
② 공통화
③ 내면화
④ 연결화

06 다음 DIKW 단계에 대한 설명 중에서 나머지와 다른 계층을 설명하는 것은 무엇인가?

① 수학 점수가 95점이다.
② 차의 연비는 1리터당 20km이다.
③ 저기압이기 때문에 강수량이 많다고 예측한다.
④ 오늘의 강수량은 100mm이다.

07 데이터 구조에 대한 메타 정보를 포함한 데이터, Parsing을 통해 구조를 파악하고 정보 활용 가능한 유형의 데이터는 무엇인가?

① 비정형 데이터
② 정형 데이터
③ 원시 데이터
④ 반정형 데이터

08 다음 SQL의 명령어 중에서 DML(데이터 조작어)만 선택한 것은 무엇인가?

```
㉠ SELECT          ㉡ UPDATE
㉢ INSERT          ㉣ DELETE
㉤ CREATE
```

① ㉠, ㉡, ㉢
② ㉠, ㉡, ㉢, ㉣
③ ㉠, ㉡, ㉢, ㉤
④ ㉡, ㉢, ㉣, ㉤

09 다음 중 데이터베이스의 일반적인 특징으로 가장 부적합한 것은?

① 저장된 데이터(Stored Data)
② 통합된 데이터(Integrated Data)
③ 변화되지 않는 데이터(Unchanged Data)
④ 공용 데이터(Shared Data)

10 데이터베이스 설계 단계 중에서 DBMS에 독립적인 E-R 다이어그램을 작성하는 단계는 무엇인가?

① 요구조건 분석
② 개념적 설계
③ 논리적 설계
④ 물리적 설계

11 기업 내부에 있는 정보시스템으로 OLTP 시스템에서 데이터를 추출, 정제, 적재하여 만든 통합 데이터베이스는 무엇인가?

① OLAP
② Data Mining
③ Data Warehouse
④ Data Mart

12 다음의 설명이 가리키는 것은?

자연세계의 진화과정에 기초한 계산모델로 최적화 문제를 해결하기 위한 방법 중 하나이다. 실제 진화 과정에서 많이 사용되어서 변이, 교배연산 등이 존재한다. 인구, 세대 등의 문제풀이 과정에서 많이 사용된다.

① 유전 알고리즘(Genetic Algorithm)
② 기계학습(Machine Learning)
③ 데이터마이닝(Data Mining)
④ 소셜 네트워크 분석(Social Network Analysis)

13 기업의 내부 데이터 솔루션으로 고객별 구매 이력 데이터베이스를 분석하여 고객에 대한 이해를 돕고 이를 바탕으로 각종 마케팅 전략을 펼치기 위한 시스템은 다음 중 무엇인가?

① CRM
② ERP
③ SCM
④ KMS

14 다음 중 정량적 데이터의 특징에 해당하지 않는 것은 무엇인가?

① 숫자나 수치로 표현된다.
② 주관적인 평가를 기반으로 한다.
③ 측정 가능하고 정확한 값으로 나타난다.
④ 통계적 분석이 가능하다.

15 정보(information)에 대한 정의로 옳지 않은 것은?

① 데이터를 조직하고 해석하여 의미를 부여한 결과물
② 모호함 없이 정확하고 완전한 사실
③ 의사 결정에 도움을 주는 유용한 지식
④ 컴퓨터 시스템이나 네트워크를 통해 전송되는 내용

16 다음 중 Business Intelligence(BI)에 대한 설명으로 옳은 것은 무엇인가?

① 기업의 전략적 의사 결정에 도움을 주는 데이터 분석과 시스템
② 온라인 쇼핑몰에서 판매되는 비즈니스 관련 소프트웨어
③ 기업의 회계 및 재무 데이터를 수집하는 전용 애플리케이션
④ 팀 커뮤니케이션과 프로젝트 관리를 위한 플랫폼

CHAPTER 01

01 ③	02 ①	03 ④	04 ①	05 ①
06 ③	07 ④	08 ②	09 ③	10 ②
11 ③	12 ①	13 ①	14 ②	15 ②
16 ①				

01 ③

- **정성적 데이터** : 기상특보, 설문조사의 주관식 응답 내용, SNS에 작성한 글
- **정량적 데이터** : 강수량, 풍속, 온도

02 ①

- **지식(Knowledge)** : 상호 연결된 정보 패턴을 이해하여 이를 토대로 예측한 결과물
- **지혜(Wisdom)** : 원리에 대한 깊은 이해를 바탕으로 도출되는 아이디어

03 ④

'A 마트의 다른 상품도 B 마트보다 저렴할 것이다'는 지혜에 해당된다.

04 ①

05 ①

표출화 : 암묵적 지식 노하우를 책이나 교본 등 형식지로 만드는 것

오답 피하기

- **공통화** : 암묵적 지식 노하우를 다른 사람에게 알려주는 것
- **연결화** : 책이나 교본(형식지)에 자신이 알고 있는 새로운 지식(형식지)를 추가하는 것
- **내면화** : 만들어진 책이나 교본(형식지)를 보고 다른 직원들이 암묵적 지식(노하우)을 습득

06 ③

- 1, 2, 4번은 객관적 데이터로서 데이터를 의미한다.
- 3번은 정보를 바탕으로 예측한 지식이다.

07 ④

반정형 데이터는 고정된 스키마가 없기 때문에 테이블 형식 데이터 모델이나 관계형 데이터베이스의 형식을 따르지 않는다. HTML, XML, JSON, RSS, Web Log, 보안 및 특정 센서 데이터 등이 있다.

08 ②

데이터 조작어에는 SELECT, INSERT, UPDATE, DELETE가 있다.

09 ③

데이터베이스 특징 : 통합 데이터, 저장 데이터, 변화 데이터, 공용 데이터

10 ②

개념적 설계는 E–R 모델, 정보를 추상적 개념으로 표현하는 과정으로서, DBMS에 독립적인 E–R 다이어그램을 작성하는 단계이다.

11 ③

데이터 웨어하우스는 주제지향으로 통합된 데이터베이스로 OLTP 시스템에서 데이터를 추출, 정제, 적재하여 구축된 데이터베이스이다.

12 ①

최적화 문제를 해결하기 위한 대표적 알고리즘은 유전 알고리즘이다.

13 ①

CRM(고객 관계 관리)는 기업이 고객 관련 자료를 분석해 상품이나 서비스를 고객이 지속적으로 구매할 수 있도록 하기 위한 전략이다.

14 ②

정량적 데이터는 주관적인 평가가 아니라 측정 가능하고 정확한 값을 표현한다. 나머지 보기는 정량적 데이터의 특징을 나타낸다.

15 ②

정보는 모호하지 않고 정확할 수 있지만 반드시 완전하거나 모든 사실을 포함하지는 않는다. 따라서, 모호함 없이 정확하고 완전한 사실이 정보에 대한 정의로 옳지 않다.

16 ①

Business Intelligence(BI)는 기업의 데이터를 수집하고 분석하여 전략적 의사 결정에 도움을 주는 시스템과 프로세스를 말한다.

데이터의 가치와 미래

학습 방향

빅데이터의 출현 배경 및 특성과 가치를 이해해야 합니다. 다양한 분야에서 어떠한 영향을 미치고 있으며, 사회적 위기요인에는 어떤 것들이 있는지 알아 두세요.

출제 빈도

Section 01	중	25%
Section 02	상	30%
Section 03	상	30%
Section 04	하	15%

출제
빈도   상 중 하

빈출 태그   빅데이터의 특성, Volume, Variety, Velocity, Value

데이터의 양(Volume) 및 데이터 유형과 다양성(Variety), 데이터 수집과 처리 측면에서 속도(Velocity)가 급격히 증가하면서 등장

01 빅데이터(Big Data)

- 빅데이터는 기존의 일반적인 소프트웨어로는 수집, 저장, 분석이 어려운 규모의 데이터로 정형과 비정형 데이터로 나누어지며, 대용량 데이터를 활용해 새로운 가치나 인사이트(insight)를 추출할 수 있다. 또한 이를 활용해 시장, 기업 및 시민과 정부의 관계 등 많은 분야에 변화를 가져온다.
- 빅데이터는 데이터 처리, 저장, 분석기술 및 아키텍처 클라우드 컴퓨팅의 활용, 저장장치의 가격하락 등을 포함하는 개념이다.
- 빅데이터는 다양한 종류의 대규모 데이터로부터 저렴한 비용으로 가치를 추출하고 데이터의 초고속 수집, 발굴, 분석을 지원하도록 고안된 차세대 기술 및 아키텍처이다.
- 빅데이터는 비즈니스 측면에서는 '공동 활용의 목적으로 구축된 유무형의 구조물'을 의미한다.

▶ 빅데이터 비유

비유	예상
산업혁명의 석탄, 철	제조업 뿐만 아니라 서비스 분야 생산성도 획기적으로 끌어올릴 것
21세기의 원유	경제 성장에 필요한 정보를 제공함으로써 산업 전반의 생산성을 향상
렌즈	현미경이 생물학 발전에 영향을 미쳤던 만큼 데이터가 산업 발전에 영향을 미칠 것
플랫폼	• '공동 활용의 목적으로 구축된 유무형의 구조물'로써 다양한 서드파티 비즈니스에 활용될 것 • 하둡은 대규모 분산 병렬처리의 업계 표준으로 맵리듀스 시스템과 분산 파일 시스템인 HDFS로 구성된 플랫폼 기술이며, 아마존은 S3와 B2C 환경을 제공함으로써 플랫폼을 위한 클라우드 서비스를 최초 실현

02 빅데이터 특성

빅데이터는 과거에는 구조적인 데이터 형태였으며, 최근들어 데이터는 다양하고 복잡한 구조를 띠며, 소셜 데이터, 센서 기반의 사물인터넷(IoT) 등 실시간 데이터로 변화하고 있다. 빅데이터의 특징은 3V, 4V, 5V, 7V로 분류할 수 있다.

- 3V : 데이터 양(Volume), 데이터 유형 및 다양성(Variety), 데이터 처리 속도 (Velocity)
- 4V : 3V + 데이터 가치(Value)
- 5V : 4V + 데이터 신뢰성(Veracity)
- 7V : 5V + 데이터 정확성(Validity) + 데이터 휘발성(Volatility)

▶ 빅데이터 특성(7V)

종류	설명
데이터의 규모 (Volume)	• 디지털 정보량이 기하급수적으로 생성 • IoT 센싱 데이터 및 비정형 데이터 등 정보기술의 발전과 함께 데이터의 규모가 테라바이트에서 페타/제타 바이트 시대로 진입
데이터의 다양성 (Variety)	• 데이터베이스의 정형 데이터뿐만 아니라 텍스트, 비디오, 오디오와 같은 비정형 데이터가 증가 • 시스템 로그, 위치 정보, 소셜 데이터 등 데이터의 종류가 다양해짐
데이터 속도 (Velocity)	• 대규모 데이터 수집 및 처리 측면에서 데이터 추출 및 분석 속도 증가 • 사용자에게 빠른 시간내에 데이터를 분석하여 결과를 제공 • 데이터의 속도, 사용자가 원하는 시간 내 데이터 분석 결과 제공, 업데이트 속도가 빨라짐
데이터 가치 (Value)	빅데이터는 사용자에게 새로운 가치나 통찰을 추출해 낼 수 있어야 함
데이터 신뢰성 (Veracity)	• 수집 데이터에 대한 신뢰도에 관련된 특징 • 데이터 전처리 과정에서 노이즈 등을 제거하여 데이터에 대한 신뢰도를 높일 수 있음
데이터 정확성 (Validity)	• 수집 데이터에 대한 정확성과 유효성 • 데이터의 규모가 크더라도 데이터의 품질이 높아야 정확한 분석 결과를 도출할 수 있음
데이터 휘발성 (Volatility)	• 데이터가 수집된 이후로 의미 있게 사용될 수 있는 기간 • 데이터는 장기적인 관점에서 의미있는 가치를 창출할 수 있어야 함

▶ 과거 데이터와 빅데이터의 특징 비교

구분	과거 데이터	빅데이터
데이터 규모	기가바이트(Gigabyte, GB)	테라(Terabyte, TB), 페타(Petabyte, PB)
데이터 구조	정형 데이터	비정형 데이터
데이터 저장	관계 데이터베이스(RDB)	분산 데이터베이스★(HDFS, NoSQL)
데이터 속도	시간 또는 일 단위 데이터	실시간 데이터

기적의 Tip

빅데이터 특성 4V에 대한 정의를 이해해야 합니다.

빅데이터 특성 4V
규모(Volume), 다양성(Variety), 속도(Velocity), 가치(Value)

Value는 '비즈니스 효과 요소' Volume, Variety, Velocity는 '투자비용 요소'

★분산 데이터베이스
하나의 DBMS가 여러 CPU에 연결된 저장장치들을 제어하는 형태

기적의 3회독
☐ 1회 ☐ 2회 ☐ 3회

빅데이터 활용에 필요한 요
소를 알아두세요.

01 빅데이터의 가치

1) 빅데이터의 활용

- 디지털 환경의 발전으로 대규모의 데이터가 생성되면서 빅데이터 시대에 진입하였다.
- 빅데이터를 활용하여 각종 공공기관 대국민 서비스, 비즈니스, 경제 성장에 필요한 정보를 제공할 수 있으며, 산업 전반의 생산성을 향상시킬 것으로 기대된다.
- 빅데이터 시대에는 데이터 과학자(Data Scientist) 같은 새로운 인재가 필요하며, 데이터 중심의 조직이 필요하다.

▶ 빅데이터 활용의 기본 3요소

기본 요소	설명
데이터	모든 것을 데이터화하고 축적된 데이터를 창의적 분석함으로써 새로운 가치를 부여
기술	• 대용량의 데이터를 빠르고 효율적으로 처리하기 위한 알고리즘이 발전 • 스스로 학습하고 데이터를 처리할 수 있는 인공지능 기술이 발전
인력	데이터 과학자, 인공지능 전문가, 알고리즈미스트(Algorithmist)의 역할을 통해 빅데이터의 다각적 분석이 가능해짐

2) 빅데이터 가치 산정

데이터 활용 방식, 새로운 가치 창출, 분석 기술의 발전으로 인해 빅데이터 시대에는 가치를 정확하게 측정하는 것이 어렵다.

① 데이터의 활용 방식

- 데이터의 재사용이나 재조합, 다목적용 데이터 개발 등이 일반화되면서 특정 데이터를 언제, 어디서, 누가 활용할 것인지 알 수 없다.
- 데이터의 조합이 기존에 해결할 수 없었던 문제를 해결하는데 도움이 되므로 가치 산정이 어렵다.
  예) 구글 검색시 매번 클라우드에 저장된 웹사이트 정보 활용

② 새로운 가치 창출

- 빅데이터 시대에는 기존에 존재하지 않았던 새로운 기회를 창출함에 따라 그 가치를 바로 측정하기 어렵다.
  예) 고객 성향에 맞춘 추천 서비스

③ 분석기술의 발전
- 분석 기술이 발전함에 따라 현재는 비록 가치가 없는 데이터라고 할지라도 미래에는 새로운 분석 기법의 등장으로 인해 거대한 가치를 만들어내는 재료가 될 가능성이 있다.
  예 텍스트마이닝 기반 SNS 분석

02 빅데이터의 영향

- 빅데이터를 다양한 산업 시장에서 활용함에 따라 일반인들은 개인 맞춤형 서비스를 저렴한 비용으로 이용할 수 있게 되었다.
- 빅데이터를 이용하는 기업 및 일반인들은 적절한 시기에 필요로 하는 정보를 얻어냄으로써 다양한 방식으로 기회 비용을 절약할 수 있다.
- 빅데이터의 활용이 확산되면서 생활 전반에 걸쳐 다양한 방식으로 스마트화 되고 있으며, 각종 사용자 데이터나 M2M 센서 등에서 수집된 데이터를 가공, 처리, 저장해 두고, 이 데이터에 접근할 수 있도록 API를 공개하였다.
  - 구글 'Ngram Viewer' 등을 통해 수천만 권의 도서에 실린 내용을 디지털화한 데이터가 산업 전반에 영향을 미칠 것이다.
  - 페이스북은 자신들의 소셜 그래프 자산을 외부 개발자들에게 공개하였고 서드파티(third party) 개발자들이 페이스북 기반 위에서 동작하는 어플리케이션을 만들기 시작했다.

▶ 주체별 빅데이터 영향

주체	영향
기업	• 빅데이터를 이용하여 고객들의 행동을 분석하고, 시장 변동성을 예측하여 비즈니스 모델을 혁신하거나 신사업 발굴하는데 활용 • 원가절감, 제품 차별화, 기업 활동의 투명성 제공 등에 활용함으로써 경쟁사보다 강한 경쟁력을 확보 • 기업들의 운용 효율성이 증가하면 산업 전체의 생산성이 향상하며 국가 전체로서는 GDP가 올라가는 효과
정부	• 환경탐색, 상황분석, 미래대응에 활용 • 기상, 인구이동, 각종 통계, 법제 데이터 등을 수집해 사회 변화를 추정, 각종 재해 관련 정보를 추출 • 미래 사회 도래에 대비한 법 제도 및 거버넌스 시스템 정비 방향, 미래 성장 전략, 국가 안보 등에 대한 정보를 빅데이터가 제공
개인	• 맞춤형 서비스를 저렴한 비용으로 이용 • 적시에 필요한 정보를 얻어냄으로써, 다양한 형태로 기회 비용을 절약

데이터 단위 및 크기

기호(이름)	크기
KB(킬로바이트)	10^3 byte
MB(메가바이트)	10^6 byte
GB(기가바이트)	10^9 byte
TB(테라바이트)	10^{12} byte
PB(페타바이트)	10^{15} byte
EB(엑사바이트)	10^{18} byte
ZB(제타바이트)	10^{21} byte
YB(요타바이트)	10^{24} byte

1) 빅데이터 출현 배경 및 변화

빅데이터는 기존의 데이터 및 저장, 처리 방식 등에 있어 기술 발전과 함께 확산된 현상이다.

① 빅데이터 출현 배경

- 빅데이터는 디지털화, 저장기술 및 인터넷 보급, 모바일 혁명, 클라우드 컴퓨팅 등 관련 기술 발전과 관련이 있다.
- 클라우드 컴퓨팅은 빅데이터 분석에 경제적 효과를 제공해준 결정적인 중요한 기술이며, 클라우드 분산 병렬처리 컴퓨팅 기술로 대용량 데이터를 처리하는데 소요되는 비용을 획기적으로 줄일 수 있었다.
- 소셜 미디어 서비스, 영상 등 비정형 데이터의 확산과 데이터 처리 기술 발전이 있었다.
- 기업의 고객 데이터 축적 및 활용 증가, 인터넷 확산, 저장 기술의 발전, 모바일 시대의 도래, 스마트 단말기 보급 증가, 클라우드 컴퓨팅 기술 발전, SNS, IoT 확산 등이 맞물려 데이터 생산이 폭발적으로 증가하면서 빅데이터 시대는 대세가 되었다.

② 빅데이터 현상

- 산업계에서 일어난 변화를 보면 빅데이터의 현상은 양질 전환 법칙*으로 설명할 수 있다. 즉, 기업들이 보유한 데이터가 '거대한 가치 창출이 가능할 만큼 충분한 규모'에 도달하였다.
- 학계에서 빅데이터를 다루는 사례들이 늘어나고 있다. 대표적으로는 인간 게놈 프로젝트, 스마트 팜, 스마트 팩토리, 스마트 홈네트워크와 같은 연구가 진행되었다.
- 빅데이터 현상은 없었던 것이 새로 등장한 것이 아니라 기존의 데이터, 처리 방식, 다루는 사람과 조직 차원에서 일어나는 변화이다.

★양질 전환 법칙
일정한 양이 누적되면 어느 순간 질적인 비약이 이루어 지는 것

▶ 빅데이터 이전과 이후 변화

빅데이터 이전	빅데이터 이후	변화 내용
사전처리	사후처리	꼭 필요한 정보만 모으던 시스템에서, 가능한 많은 양의 데이터를 모아서 다양하게 활용하는 시스템으로 변화
표본조사	전수조사	• 표본(sample)을 조사하던 기존의 지식 발견 방식에서 전체를 조사하는 전수 조사 방식으로 변화 • 데이터 수집 비용이 감소하였고, 클라우드 컴퓨팅 기술이 발전함에 따라 데이터 처리 비용 또한 감소하여 전수 조사가 가능해짐
질(Quality)	양(Quantity)	• 데이터 양이 많아질수록 양질의 정보가 오류 정보보다 많아짐 • 전체적으로 좋은 결과를 산출한다는 추론에 바탕을 둔 변화
인과관계	상관관계	• 자료들이 인과관계에서 연관성이 존재하는 상관관계로 변화 • 상관관계를 통해 특정 현상 발생 가능성이 포착되고 대처 방안을 추천하는 방식으로 변화

사전처리 – 표준화된 문서 포맷
사후처리 – 데이터를 계속해서 모은 뒤 그 안에서 숨은 insight를 찾아냄

2) IoT(Internet of Thing, 사물 인터넷)

• 인터넷으로 연결된 기계마다 통신 장치를 갖추고 있는 환경에서 사람 또는 기계끼리 자동으로 통신하는 기술로써 사물과 사람, 사물과 사물 간의 정보를 상호 소통하는 방식이다.

• 인터넷에 연결되어 IoT 애플리케이션이나 네트워크에 연결된 장치, 또는 산업 장비 등의 다른 사물들과 데이터를 공유할 수 있다.

• 인터넷에 연결된 장치는 센서를 사용하여 데이터를 수집, 처리하고 분석하여 상황에 맞게 적절하게 반응한다.

• 미래의 빅데이터 관점에서 볼 때 사물인터넷은 궁극적으로 모든 사물에 대해 데이터화 하는 것이라고 할 수 있다.

– 구글의 인터넷에 연결된 네스트(Nest Product)는 날씨와 기온 정보 그리고 집 주인의 평소 온도 설정데이터를 기반으로 사용자의 Context를 인식해 자동으로 온도를 설정한다.

– 아마존의 Dash라는 작은 장치는 WiFi가 내장된 바코드 인식기로 상품에 인쇄된 바코드를 Dash로 비추게 되면 그 상품을 아마존 장바구니에 저장할 수 있도록 해 준다.

– 나이키의 경우 애플과 제휴하여 스마트한 운동 관리를 할 수 있도록 해주는 서비스를 제공한다.

3) 빅데이터 활용 분야

① 연관분석(Association Analysis)

• 아이템 간에 의미있는 상관관계가 있는지를 찾아내는 방법이다.

– 우유 구매자가 기저귀도 같이 구매하는가?

– 치킨을 구매하는 사람이 맥주를 더 많이 사는가?

– 빵을 사는 사람들이 우유도 많이 구매하는가?

시스템 로그 분석을 통해 연관규칙을 생성하여, 네트워크 침입자나 유해 행위자 색출도 가능

② 분류분석(Classification Analysis)

- 문서를 분류하거나 조직을 그룹으로 나눌 때와 같은 문제 해결에 사용되는 분석 기법이다.
  - 사용자는 어떤 특성을 가진 집단에 속하는가?
  - 온라인 수강생들을 특성에 따라 분류할 수 있는가?

③ 유전 알고리즘

- 최적화가 필요한 문제의 해결책을 자연선택, 돌연변이 등과 같은 메커니즘을 통해 점진적으로 진화시켜 나가는 알고리즘이다.
  - 응급실에서 의사를 어떻게 배치하는 것이 가장 효율적인가?
  - 택배차량을 어떻게 배치하는 것이 비용 측면에서 가장 효율적인가?
  - 최대의 시청률을 얻으려면 어떤 프로그램을 어떤 시간대에 방송해야 하는가?

④ 기계학습

- 훈련 데이터(Training Data)로부터 학습을 통해 데이터가 가지고 있는 패턴을 학습해 '예측' 또는 '분류'하는 업무에 활용하는 알고리즘이다.
  - 넷플릭스 시청 기록을 바탕으로 시청자가 어떤 영화를 가장 보고 싶어할 지 예측한다.
  - 암 분류기, 날씨 예측, 주가 예측 등 각종 분류 및 예측 시스템에 활용한다.

⑤ 회귀분석

- 데이터를 구성하는 독립변수 값이 변경됨에 따라 종속변수 값이 어떻게 변하는지를 통해 두 변수 관계를 파악하는 방법이다.
- 선형 함수로 나타낼 수 있는 수치 데이터 분석에 사용된다.
  - 나이가 구매하는 차량 타입에 어떤 영향을 미치는가?
  - 고객의 제품 만족도는 브랜드 충성도에 어떤 영향을 미치는가?

⑥ 감정분석

- 커뮤니티, 카페, 블로그 등 특정 글을 작성한 사람의 긍정, 부정, 슬픔, 기쁨 등의 감정을 분석한다.
- 소셜 미디어 서비스 사용자가 남긴 텍스트 등을 바탕으로 고객이 원하는 것이 무엇인지를 찾아낼 때 활용한다.
  - 숙박업소, 음식점 등에서 고객이 남긴 서비스에 대한 평가를 받아 서비스를 개선하기 위해 활용한다.
  - 새로운 환불정책에 대한 고객 평가 분석, 온라인 쇼핑몰에서 사용자의 상품평을 분석한다.

⑦ 소셜 네트워크 분석(사회관계망분석, SNA)

- 특정인과 다른 사람이 어느 정도의 관계인가를 파악할 때 사용하는 방법이다.
- 영향력 있는 사람을 찾아낼 수 있으면, 사람들 간 소셜 관계를 파악할 수 있다.

기적의 Tip

빅데이터가 활용되는 분야는 매우 자주 출제되고 있습니다. 각 활용 기법 및 설명과 함께 이해하기 바랍니다.

- 사회관계망분석(SNA)에서의 중심성 분석 종류
  - 중심성(Centraility)은 한 행위자가 전체 연결망에서 중심에 위치하는 정도를 의미한다.
  - 연결 정도(Degree), 근접(Closeness), 매개(Betweenness), 위세(Eigen-vector) 중심성 등이 있다.
- 사회관계망분석에서 관계망을 표현하는 분석 방법의 종류
  - 네트워크 그래프
  - 영향력 분석
  - 노드/엣지 리스트
  - 인접 행렬

▶ 인공지능 용어

용어	설명
전문가 시스템	특정 응용 분야 전문가의 지식 및 능력을 체계적으로 잘 조직하여 컴퓨터 시스템에 입력시켜 해당 분야의 비전문가라도 전문가에 상응하는 능력을 발휘할 수 있도록 쉽고 빠르게 도움을 주는 시스템
딥러닝	• 머신러닝의 하위 분야로 인간의 뇌에서 신경 세포를 사용하는 방식과 유사한 알고리즘을 사용 • 딥러닝은 인간의 뇌가 학습하는 방식을 기반으로 인공 신경망과 계층을 생성
RNN (Recurrent Neural Network)	• 히든 노드가 방향을 가진 엣지로 연결돼 순환구조(directed cycle)를 이루는 인공신경망의 종류 • 반복적이며, 순차적인 데이터 학습에 특화 • 음성, 문자 등 순차적으로 등장하는 데이터 처리에 적합한 모델
LSTM (Long Short Term Memory Network)	• RNN의 Vanishing Gradient Problem★을 극복하기 위해 고안 • 기존의 RNN이 출력과 먼 위치에 있는 정보를 기억할 수 없다는 단점을 보완하여 장/단기 기억을 가능하게 설계한 신경망 구조 • Input Gate, Forget Gate, Outpu Gate 구성
GRU (Gated Recurrent Unit)	• GRU는 Update Gate와 Reset Gate를 사용하는 LSTM보다 간단한 구조 • Update Gate는 과거의 상태를 반영하는 Gate

★Vanishing Gradient Problem
• 긴 시퀀스(배열된 데이터의 집합)를 처리할 때 발생하는 문제
• 기울기(gradient)는 가중치를 업데이트하는 데 사용되는데, RNN은 이전 단계로부터 의존성을 가지는 계산을 수행하기 때문에 기울기가 작아지면 정보가 이전 단계로 전달되지 않고 소실되어 버림

(✓) 개념 체크

아이템 간에 의미있는 상관관계가 있는지를 찾아내는 방법은 무엇인가?

① 회귀분석   ② 감정분석
☑ 연관분석   ④ 유형분석

연관분석은 '치킨을 구매하는 사람이 맥주를 더 많이 사는가?'와 같이 아이템 간에 의미있는 상관관계가 있는지를 찾아내는 방법이다.

빅데이터 위기요인과 통제방안

01 빅데이터 위기요인

빅데이터 위기요인의 종류에는 사생활 침해, 책임 훼손의 원칙, 데이터의 오용이 있다.

1) 사생활 침해

강도가 여행 사실을 SNS에 올린 사람의 집을 노림

- 우리를 둘러싼 정보 수집 센서들의 수가 점점 늘어나고 있고, 특정 데이터가 본래 목적 외에 가공 처리되어 2차, 3차적 목적으로 재활용될 가능성이 증가하고 있다.
- 개인 정보가 포함된 데이터를 목적 이외에 활용할 경우, 사생활 침해를 넘어 사회 및 경제적 위협으로 변형될 수 있다.
  - 동의제에서 책임제로 전환해야 한다.
  - 개인정보의 활용에 대해 개인이 매번 동의하는 것은 경제적으로도 매우 비효율적이다.
  - 사생활침해 문제를 개인정보 제공자의 동의를 통해 해결하기보다 개인정보 사용자에게 책임을 지움으로써 개인정보 사용 주체가 보다 적극적인 보호장치를 강구하게 하는 효과가 발생할 것으로 기대된다.

2) 책임 훼손의 원칙

범죄 예측 프로그램을 통해 범죄 전 체포

- 빅데이터 기반 분석과 예측 기술이 발전하면서 정확도가 증가한 만큼, 분석 대상이 되는 사람들은 예측 알고리즘의 희생양이 될 가능성이 증가한다.
- 잠재적 위험 사항에 대해서도 책임을 추궁하는 사회로 변질될 가능성이 높아 민주주의 사회 원칙을 크게 훼손할 수 있다.
  - 기존의 책임 원칙을 강화할 수 밖에 없다.

3) 데이터의 오용

- 빅데이터는 일어난 일에 대한 데이터에 의존한다. 따라서, 빅데이터를 바탕으로 미래를 예측하는 것은 적지 않은 정확도를 가지지만, 항상 맞을 수는 없다.
- 데이터에 대해 잘못된 insight를 얻어 비즈니스에 직접 손실을 불러 올 수도 있다.
  - 📷 베트남 전쟁 당시, 미국의 맥나마라 장군은 적군 사망자 수를 전쟁의 진척 사항을 나타내는 지표로 활용했는데, 그 수가 과장되어 보고되는 경향으로 인해 결과적으로 상황을 오판하는 결과를 일으켰다.
  - 📷 스티브 잡스는 일반적으로 사람들이 현실에 대한 인식을 바탕에 두고 있으므로, 신제품 개발시 의견을 묻지 않았다. 그는 '포드가 차를 만들 때, 사람들에게 의견을 물었다면 더 빠른 말이 필요하다는 대답을 들었을 것'이라는 비유를 들었다.
  - 데이터 알고리즘에 대한 접근권 허용 및 객관적 인증방안 도입이 필요하다.

02 개인정보 비식별화 기법

개인정보 비식별 기술은 데이터셋(data set)에서 특정 개인을 식별할 수 있는 요소를 전부 또는 일부를 삭제하거나 다른 값으로 대처하는 등의 방법으로 개인을 식별할 수 없도록 하는 방법이다.

▶ 빅데이터 비식별화 기법

비식별화 기법	설명
데이터 범주화	• 변수가 가질 수 있는 가능한 값들을 여러 개의 구간으로 나누어 범주화 • 데이터 값을 범주로 변환하여 값을 숨김 ⑩ 홍길동, 35세 ⇒ 홍씨, 30~40세
데이터 마스킹 (Masking)	• 다양한 유형으로 저장되어 있는 정보를 보호하기 위해 사용 • 데이터의 유형, 형식, 길이와 같은 속성은 유지한 상태에서, 데이터를 익명으로 생성하는 기술 ⑩ 카드 번호 뒤 4자리 숨기기, 주민번호 뒤 6자리 숨기기 ⑩ 홍길동, 22세, 여의도 거주, 한국대 ⇒ 홍**, 22세, 여의도 거주, **대
가명 처리	• 개인 식별에 중요한 데이터를 식별할 수 있는 다른 값으로 변경하는 기술 • 다른 값으로 대체 시 일정한 규칙이 노출되지 않도록 주의, 난수화(random number) ⑩ 홍길동, 영진대 재학 ⇒ 임꺽정, 진영대 재학 ⑩ 홍길동, 20세, 여의도 거주, 한국대 재학 ⇒ 이순신, 20세, 여의도 거주, 국내대 재학
잡음 첨가	자료값에 잡음을 추가하여 원래 자료에 대해 약간의 변경을 가하여 공개
총계 처리/평균값 대체	• 데이터의 총합 값을 보여주고 개인 데이터의 값은 보이지 않도록 함 • 단, 특정 속성을 지닌 개인으로 구성된 단체의 정보를 공개하는 것은 개인정보 공개와 동일한 결과를 초래할 수 있으므로 주의 ⑩ 홍길동 180cm, 임꺽정 170cm, 이순신 170cm, 정조대왕 160cm ⇒ 인물들 신장의 합 680cm, 평균 키 170cm
데이터 값 삭제	데이터 공유, 개방 목적에 따라 데이터셋에 구성된 값 중에 필요없는 값 또는 개인식별에 중요한 값을 삭제 ⑩ 홍길동, 25세, 여의도 거주, 한국대 재학 → 25세, 여의도 거주 ⑩ 자격 취득 일자, 출생일 등 날짜와 관련된 개인 정보를 연 단위로 표현

범주는 동일한 성질을 가진 부류나 범위로 설정

✅ **개념 체크**

빅데이터 시대의 위기 요인으로 가장 관련이 없는 것은?

① 사생활 침해
② 책임 원칙 훼손
③ 데이터 오용
☑ 익명화

• 빅데이터 위기요인의 종류에는 사생활 침해, 책임 훼손의 원칙, 데이터의 오용이 있다.
• 익명화(Anonymization)는 사생활 침해를 방지하기 위해 데이터에 포함된 개인 식별정보를 삭제하거나 알아볼 수 없는 형태로 변환하는 것이다.

미래의 빅데이터

01 미래 사회와 빅데이터

1) 미래 사회의 특성
- 다양한 기술들의 융합과 관련하여 창조력이 요구된다.
- 다양한 위험 사항(리스크)에 대해 대응력이 요구된다.
- 불확실성에 대한 통찰력이 요구된다.
- 스마트한 경쟁력이 요구된다.

2) 미래 빅데이터의 활용
- 최근 사회경제적 환경은 단순한 세계에서 복잡한 세계로 변화하고 있다.
  - 다양성과 각 사회의 정체성, 연결성, 창조성 키워드가 대두되었다.
  - 제품 생산에서 얼마나 뛰어난 서비스를 제공할 수 있는지로 비즈니스의 중심이 이동하고 있다.
  - 경제와 산업의 논리가 생산에서 시장 창조로 바뀌며 무형자산이 중요해졌다.
- 신속한 의사결정이 필요한 비즈니스에서는 실시간으로 데이터 간 상관관계 분석에서 도출된 인사이트를 기반으로 수익을 창출할 수 있는 기회가 점점 늘어나고 있다.
- 데이터 간 상관관계를 통해 특정 현상의 발생 가능성에 따라, 그에 상응하는 행동을 하도록 추천되는 일이 점점 늘어날 것이다.
- 데이터 간 상관관계 분석이 주는 인사이트가 인과관계에 의한 미래 예측을 더욱 압도해가는 시대가 도래하고 있다.

02 빅데이터 활용 사례

- 구글, 애플 등의 기업에서는 정형화된 데이터뿐만 아니라 비정형 데이터를 수집하여 인터넷과 스마트폰의 서비스에 활용하고 있다.
- 미국 국가안보국에서는 소셜미디어, 통화기록 등의 모니터링과 데이터 분석으로 국가 안전을 확보하기 위해 노력하고 있다.
- 소비자의 구매 패턴 데이터를 수집하고 분석하여 소비자 맞춤형 다양한 제품을 추천하는데 활용하고 있다.
- 고객 맞춤형 서비스를 제공하고, 교통 패턴 및 지역 인구기반 상권 분석, 물류 등 유통 효율성 제고를 위해 활용하고 있다.

▶ 사용 주체에 따른 빅데이터 활용 사례

기업	• 구글 : 수천 만권 이상의 도서를 디지털화한 후 데이터베이스 검색할 수 있는 서비스 　　　　특정 단어 또는 구문이 검색 가능하도록 함 　　　　기존 페이지랭크 알고리즘 개선을 위해 사용자의 로그 데이터를 활용 　　　　실시간 자동 번역 시스템을 통한 의사소통 불편 해소 • IBM : 인공지능 컴퓨터 왓슨을 병원에서 활용 • 자라 : 일일 의류 판매량을 실시간 데이터 분석하여 상품에 대한 수요를 예측 • 아마존 : 전자책 데이터를 분석해 저자에게 패턴 정보를 제공 　　　　　도서 구매 데이터를 분석하여 추가 구매가 예상되는 도서를 추천하는 시스템 개발 • 라쿠텐 : 슈퍼 데이터베이스를 구축해 다양한 마케팅 활동 수행 • 넷플릭스 : 이용자의 영화, 드라마 등 선호하는 컨텐츠를 파악해 새로운 컨텐츠를 추천 • 월마트 : 소셜미디어를 통해 고객 소비 패턴을 분석하고 상품 진열에 활용 • 병원 : 질병 예후 진단 및 제약, 처방전에 빅데이터 활용 • 스포츠 용품 : 헬스케어 플랫폼 개발 및 개인 건강 정보 수집 및 공유 • 정보보안 기업 : 해킹 등의 보안사고에 대한 징후 파악 및 대응, 탐지 시스템 개발 구축
정부	• 기후 정보, 지질 활동, 소방 서비스 등 다양한 국가 안전 확보 활동을 위해 실시간 모니터링 • 의료 인프라, 교육 시스템 개선 • 실시간 교통 정보를 통해 교통체증 구간, 교통량 예측, 안전관리
개인	• 가수 : 팬들의 음악 청취 기록 분석을 통해 실제 공연에서 부를 노래 순서 구성에 활용 • 정치인 : 사회관계망 분석을 통해 유권자에게 영향을 줄 수 있는 선거 활동 수행

01 빅데이터의 성공 사례 중 구글의 자동번역 시스템은 빅데이터의 어떤 특징에 해당하는가?

① 규모(Volume)
② 가치(Value)
③ 속도(Velocity)
④ 다양성(Variety)

02 빅데이터가 만든 본질적인 변화에 대한 설명 중 적절하지 않은 것은?

① 사전 처리에서 사후 처리 시대로의 변화
② 표본조사에서 전수조사로의 변화
③ 질보다 양을 강조하는 변화
④ 상관관계에서 인과관계로의 변화

03 다양한 데이터 유형 중 정형 데이터 – 반정형 데이터 – 비정형 데이터 순서로 가장 알맞은 것은?

① RFID – IoT 센서데이터 – 동영상 데이터
② 인스타그램 게시물 – HTML – 이메일 전송 데이터
③ CRM 데이터 – 카카오톡 대화 데이터 – Twitter 상태 메시지
④ SCM 데이터 – 기상청 날씨 데이터 – QR 코드

04 다음 중 빅데이터의 특징을 설명할 수 있는 4V에 속하지 않는 것은 무엇인가?

① 규모(Volume)
② 다양성(Variety)
③ 정확성(Validity)
④ 속도(Velocity)

05 감정분석에 대한 설명으로 옳지 않은 것은?

① 특정 주제에 대해 말하거나 글을 쓴 사람의 감정을 분석한다.
② 소셜 미디어에 나타난 의견을 바탕으로 고객이 원하는 것을 찾아낼 때 활용한다.
③ 영향력 있는 사람을 찾아낼 수 있으면, 사람들 간 소셜 관계를 파악할 수 있다.
④ 새로운 환불정책에 대한 고객 평가 분석, 온라인 쇼핑몰에서 사용자의 상품평 분석한다.

06 다음의 설명이 가리키는 것은?

> 인터넷으로 연결된 기계마다 통신 장치를 갖추고 있는 환경에서 사람 또는 기계끼리 자동으로 통신하는 기술로써 사물과 사람, 사물과 사물 간의 정보를 상호 소통하는 방식

① IoT
② 데이터 마스킹
③ 데이터 마이닝
④ RFID

07 다음 중 빅데이터 활용 기술에 관한 설명이다. 적절하지 않은 것은?

① 택배 차량을 어떻게 배치하는 것이 비용에 효율적인가? – 분류 분석
② 응급실에서 의사를 어떻게 배치하는 것이 가장 효율적인가? – 유전자 알고리즘
③ 우유 구매자가 기저귀를 더 많이 구매하는가? – 연관 분석
④ 사용자의 만족도가 충성도에 어떤 영향을 미치는가? – 회귀 분석

08 빅데이터 시대의 위기 요인으로 가장 관련이 없는 것은?

① 사생활 침해   ② 책임 원칙 훼손
③ 데이터 오용   ④ 익명화

09 다음 중 빅데이터 위기 요인과 해결 방법을 연결한 것 중 잘못된 것은?

> ㉠ 사생활 침해 → 동의제를 책임제로 전환
> ㉡ 책임 훼손의 원칙 → 알고리즘 허용
> ㉢ 데이터의 오용 → 결과 기반 책임 원칙

① ㉡, ㉢   ② ㉠, ㉡
③ ㉠, ㉢   ④ ㉠, ㉡, ㉢

10 다음 중 빅데이터의 위기 용인 중 사생활 침해에 따른 포괄적인 해결책은 무엇인가?

① 알고리즘 접근 허용
② 결과 기반 책임 원칙
③ 정보사용자의 책임 강화
④ 데이터 사이언티스트의 육성

11 미래 사회 특성으로 보기 어려운 것은?

① 다양한 기술들의 융합과 관련하여 창조력이 요구된다.
② 다양한 위험 사항(리스크)에 대해 대응력이 요구된다.
③ 확실성에 대한 통찰력이 요구된다.
④ 스마트한 경쟁력이 요구된다.

12 다음 중 빅데이터 관점에서 사물인터넷 시대를 바라볼 때 사물인터넷과 가장 관련이 깊은 것은 무엇인가?

① 데이터화   ② 인공지능
③ 지능적 서비스   ④ 스마트 데이터

13 다음의 설명이 가리키는 것은?

> • 대출 상환을 잘하는 집단에 속하는지 그렇지 않은 집단에 속하는지 해결하려 할 때 사용한다.
> • 문서를 분류하거나 조직을 그룹으로 나눌 때, 또는 온라인 수강생들을 특성에 따라 분류할 때 사용한다.

① 상관분석   ② 시계열분석
③ 연관분석   ④ 분류분석

14 커뮤니티, 카페, 블로그 등 특정 글을 작성한 사람의 긍정, 부정, 슬픔, 기쁨 등의 감정을 분석하는 기법을 무엇이라 하는가?

① 상관분석   ② 감성분석
③ 연관분석   ④ 분류분석

15 구글 글라스, 나이키의 퓨얼밴드와 같이 인터넷을 기반으로 모든 사물이 연결되어 사람과 사물, 사물과 사물 간의 정보를 소통하는 지능형 기술 및 서비스 또는 환경을 의미하는 용어는 무엇인가?

① 소셜네트워크   ② 뉴럴네트워크
③ 사물인터넷   ④ 상황인지

16 포털 사이트에서 페이지 순위가 뒤로 밀렸거나, 검색이 제대로 안되는 경우와 같이 알고리즘으로 부당한 피해를 보는 사람(기업)을 방지하기 위해서 생겨난 직업으로, 알고리즘을 해석하여 피해를 입은 사람이나 기업을 구제하는 역할을 하는 인력을 무엇이라 하는가?

① 인공지능전문가   ② 알고리즈미스트
③ 빅데이터분석가   ④ 웹개발자

CHAPTER 02

01 ①	02 ④	03 ④	04 ③	05 ③
06 ①	07 ①	08 ④	09 ①	10 ③
11 ③	12 ①	13 ④	14 ②	15 ③
16 ②				

01 ①

데이터 웨어하우스는 주제지향으로 통합된 데이터베이스로 OLTP 시스템에서 데이터를 추출, 정제, 적재하여 구축된 데이터베이스이다.

02 ④

빅데이터의 변화로는 사후처리, 전수조사, 질보다 양, 상관관계로의 변화가 있다.

03 ④

- **정형 데이터** : 데이터베이스 구조와 형식에 맞게 저장되도록 구성하여 고정된 필드에 저장되는 데이터. ERP, SCM, CRM 등
- **비정형 데이터** : 정의된 구조가 없는 동영상, 텍스트, 오디오, 사진 등과 같이 정형화 되지 않은 데이터. 온도, RFID, QR코드, 이메일 등
- **반정형 데이터** : 데이터 형식과 구조가 변경될 수 있는 데이터. XML, JSON, HTML, 웹 로그, 모바일 데이터 등이 대표적인 반정형 데이터

04 ③

빅데이터 4V : 규모(Volume), 다양성(Variety), 속도(Velocity), 가치(Value)

05 ③

영향력 있는 사람을 찾아 사람들 간 소셜 관계를 파악하는 것은 소셜 네트워크 분석(사회관계망분석, SNA)에 해당된다.

06 ①

IoT(Internet of Thing)는 인터넷에 연결되어 IoT 애플리케이션이나 네트워크에 연결된 장치, 또는 산업 장비 등의 다른 사물들과 데이터를 공유할 수 있는 수많은 '사물'을 말한다.

07 ①

유전 알고리즘은 최적화가 필요한 문제의 해결책을 자연선택, 돌연변이 등과 같은 메커니즘을 통해 점진적으로 진화시켜 나가는 알고리즘으로서, 택배 차량을 어떻게 배치하는 것이 비용에 효율적인가는 유전 알고리즘에 속한다.

08 ④

빅데이터 위기요인의 종류에는 사생활 침해, 책임 훼손의 원칙, 데이터의 오용이 있다.

09 ①

책임 훼손의 원칙 → 결과 기반 책임 원칙, 데이터의 오용 → 알고리즘 허용

10 ③

사생활 침해는 동의제에서 책임제로 전환해야 하며, 사생활침해 문제를 개인정보 제공자의 동의를 통해 해결하기 보다는 개인 정보 사용자에게 책임을 지움으로써 개인정보 사용 주체가 보다 적극적인 보호장치를 강구하게 하는 효과가 발생할 것으로 기대된다. 또한, 개인 정보가 포함된 데이터를 목적 이외에 활용할 경우, 사생활 침해를 넘어 사회 및 경제적 위협으로 변형될 수 있다.

11 ③

미래 사회는 불확실성에 대한 통찰력이 요구되는 시대가 될 것이다.

12 ①

사물인터넷 환경에서는 다양한 기기(Things)의 센서로부터 데이터가 수집되므로, 데이터화에 대한 필요가 있을 것이다.

13 ④

분류분석은 문서를 분류하거나 조직을 그룹으로 나눌 때 사용된다.

14 ②

감성(감정) 분석은 소셜 미디어 서비스 사용자 글, 고객이 남긴 서비스에 대한 평가 등 사람의 긍정, 부정, 슬픔, 기쁨 등의 감정을 분석한다.

15 ③

사물인터넷은 인터넷을 기반으로 모든 사물을 연결하는 기술이다.

16 ②

알고리즈미스트는 데이터 사이언티스트, 분석가, 인공지능 전문가 등이 만들어낸 알고리즘으로 인해 피해를 본 사람(기업)을 구제하기 위해 생겨난 직업군이다.

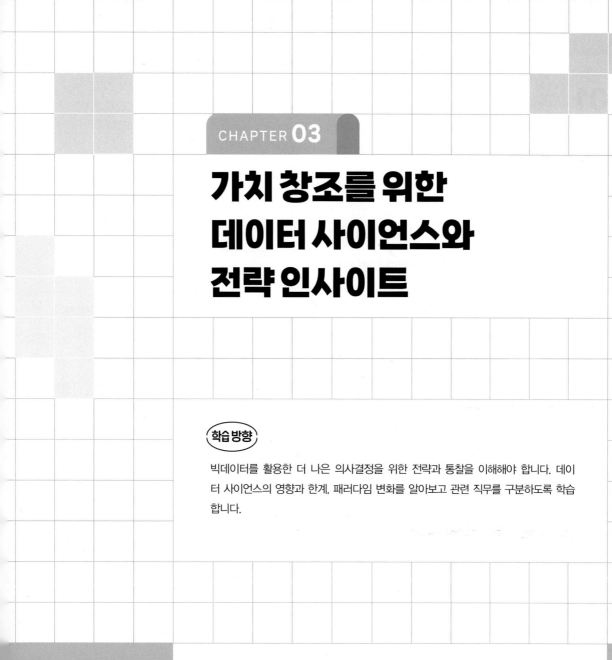

CHAPTER 03

가치 창조를 위한
데이터 사이언스와
전략 인사이트

 학습 방향

빅데이터를 활용한 더 나은 의사결정을 위한 전략과 통찰을 이해해야 합니다. 데이터 사이언스의 영향과 한계, 패러다임 변화를 알아보고 관련 직무를 구분하도록 학습합니다.

 출제 빈도

Section 01	하		30%
Section 02	중		70%

빅데이터 분석과 전략

빈출 태그   빅데이터의 전략적 통찰, 산업 분야의 데이터 분석 애플리케이션

01 데이터 분석과 사이언스

1) 데이터의 양보다 다양성

- 빅데이터 분석에서는 데이터의 양보다 유형의 다양성이 중요하다.
- 대용량 데이터를 관리하는 것보다 다양한 데이터를 분석할 수 있는 능력이 중요하다.
- 음성, 텍스트, 이미지, 비디오 등 데이터에 대한 다양한 정보 원천을 활용한다.

2) 전략적 통찰

- 우리나라의 경영 문화는 아직까지도 분석을 국소적인 문제 해결 용도로만 사용하는 단계이다.
- 기업의 핵심 가치에 대한 전략적인 통찰력을 가져다주는 데이터 분석을 내재화하는 것이 어렵다.
- 기업에서는 양질의 데이터 인프라를 구축하고 경영자는 이를 활용해 더 나은 의사결정을 수행해야 한다.

3) 빅데이터 분석 성과가 높은 기업의 특징

- 전체 조직에서 데이터 분석을 활용하며, 자체적으로 데이터 분석 역량을 갖추고 있다.
- 의사결정에 데이터 분석을 적극 활용한다.
- 데이터 분석에 따른 통찰력으로 업무를 추진한다.

02 빅데이터 전략

- 전략 도출을 위하여 가치 기반 분석을 수행한다.
  - 일차적 분석을 통해 부서나 업무 영역에서 상당한 효과를 얻을 수 있다.
  - 일차적 분석 경험이 증가하면 분석의 활용 범위를 더 넓고 전략적으로 변화시켜야 한다.
  - 전략적 가치기반 분석을 위해 사업 성과에 있어서 중요한 요소들을 분석 프레임워크로 설정하고, 중요 요소들을 분석한다.

▶ 산업 분야 데이터 분석 애플리케이션의 사례

산업 분야	사례
금융서비스	신용점수 산정, 금융 트레이딩, 사기 탐지, 고객 수익성 분석
정부	범죄 방지, 사기 탐지
서비스	콜센터 직원 관리, 서비스 사슬 관리
병원	고객 로열티, 수익관리
헬스케어	약품 관리, 질병 관리, 예비 진단
운송업	일정 관리, 노선 배정
소매업	재고 보충, 수요예측
제조업	맞춤형 상품 개발, 신상품 개발
에너지	트레이딩, 공급, 수요예측
온라인	웹 매트릭스, 사이트 설계, 고객 추천

✓ 개념 체크

다음 중 금융서비스 산업 분야에서 데이터 분석 애플리케이션의 사례라고 보기에 가장 어려운 것은?

☑ 일정 관리
② 신용점수 산정
③ 사기 탐지
④ 고객 수익성 분석

일정 관리는 운송업의 대표적 데이터 분석 사례라고 할 수 있다.

01 데이터 사이언스

- 데이터 사이언스는 데이터로부터 의미 있는 정보를 추출해내는 학문이다.
- 정형, 반정형, 비정형의 다양한 유형의 데이터를 대상으로 한다.
- 분석뿐만 아니라 효과적으로 구현하고 전달하는 과정까지 포함한 포괄적 개념이다.
- 데이터 공학, 수학, 통계학, 컴퓨터 공학, 시각화, 해커의 사고방식, 해당 분야의 전문 지식을 종합한 학문으로서 총체적(holistic) 접근법을 사용한다.
- 데이터 사이언스는 과학과 인문의 교차로이며, 특히 시각화와 효과적 커뮤니케이션이 중요하다.

1) 데이터 사이언스의 한계

사람의 해석에는 주관적 관점이 따라옴에 유의

- 분석 과정에서 가정 등 인간의 해석이 개입되어 사람마다 전혀 다른 의미와 해석을 내릴 수 있다.
- 아무리 정량적인 분석이라도 모든 분석은 가정에 근거한다. 즉, 분석의 정확성에 초점을 맞춰 분석하는 것이 아니다.
- 모델의 능력에 대해 항상 의구심을 갖고, 가정과 현실의 불일치에 대해 계속 고찰하며, 분석 모델이 예측할 수 없는 위험을 살펴야 한다.

2) 빅데이터 가치 패러다임 변화

- 가치 패러다임이 디지털화(Digitalization, 과거) → 연결(Connection, 현재) → 에이전시(Agency, 미래) 순서로 변화하였다.
- 미래의 가치 패러다임에서 빅데이터, 데이터 사이언스는 중요한 역할을 담당하게 된다.

▶ 가치 패러다임 변화

가치 패러다임 변화	설명
디지털화(Digitalization, 과거)	아날로그 시대에서 디지털 시대로의 가치 창출
연결(Connection, 현재)	디지털화된 데이터들이 서로 연결되어 가치를 창출
에이전시(Agency, 미래)	복잡하게 연결된 네트워크를 신뢰성 있게 관리하는 에이전트를 이용한 가치 창출

- 데이터 사이언스 구성요소에는 IT, 분석, 비즈니스 컨설팅이 있다.

▶ 데이터 사이언스의 핵심 구성요소

구성요소	설명
IT(Data Management)	• 데이터 처리와 관련된 영역 • 신호처리(시그널 프로세싱), 데이터 엔지니어링, 데이터 웨어하우스, 프로그래밍(파이썬 프로그래밍), 고성능 컴퓨터(분산 컴퓨팅)
분석	• 수학, 분석학, 패턴인식과 학습, 불확실성 모델링, 확률모델, 머신러닝 등
비즈니스 컨설팅	• 스토리텔링, 시각화, 커뮤니케이션, 프레젠테이션 등

3) 데이터 분야 직무

① 데이터 분석가

• 데이터 분석 보고서 및 시각화 자료를 통해 비즈니스 결정에서 인사이트를 제공한다.
• 추측에 의한 결정을 없앨 수 있도록 해주고, 서로 다른 팀 간의 중재자 역할을 한다.
• 데이터 경향, 이상치 등 인식을 위한 시각화 및 보고서를 작성한다.
• 조직의 성장에 대한 정확한 지표를 확인한다.
• 데이터 기반 의사 결정을 위해 통계적 데이터 분석 및 시각화를 수행한다.
• 비즈니스 및 도메인 지식, 데이터 시각화 역량, 데이터 분석을 위한 통계적 지식, SQL 능력을 갖추어야 한다.

② 데이터 사이언티스트

• 머신러닝 모델을 구축하기 위한 기본적인 코딩 스킬이 필요하다.
• 머신러닝 모델을 통해 정형, 비정형 데이터로부터 인사이트를 추출할 수 있어야 한다.
• 빅데이터의 다각적 분석을 통해 인사이트를 도출하고 이를 조직의 전략 방향 제시에 활용할 줄 아는 기획자이다.
• 데이터 분석을 위한 통계적 지식, 머신러닝, AI에 대한 지식을 갖추어야 한다.

▶ 데이터 사이언티스트에 요구되는 인문학적 사고의 특성과 역할

	과거	현재	미래
정보 (information)	무슨 일이 일어났는가? 예 리포팅(보고서)	무슨 일이 일어나고 있는가? 예 경고	무슨 일이 일어날 것인가? 예 추출
통찰력 (insight)	어떻게 왜 일어났는가? 예 모델링, 실험설계	차선 행동은 무엇인가? 예 권고	최악, 최선의 상황은? 예 예측, 최적화

③ 데이터 엔지니어

• 데이터 플랫폼과 데이터 파이프라인 아키텍처를 개발하고 운영한다.
• 대규모 데이터를 처리하기 위해 하둡, 스파크 등 분산처리에 대한 기술적 이해도가 필요하다.
• 소프트웨어 개발에 필요한 프로그래밍 능력이 있어야 한다.

02 데이터 사이언티스트

1) 데이터 사이언티스트 필요 역량

- 데이터 사이언티스트는 데이터 해커, 애널리스트, 커뮤니케이션, 신뢰받는 어드바이저 등의 조합이라 할 수 있다.
- 데이터 사이언티스트에게는 주로 데이터 처리나 분석 기술과 관련된 스킬뿐만 아니라 통찰력 있는 분석, 설득력 있는 전달, 협력 등의 스킬도 필요하다.
- 데이터 사이언티스트는 하드 스킬★과 소프트 스킬★ 능력을 동시에 갖추고 있어야 한다.

★하드 스킬(hard skill)
특정 업무를 수행하는데 필요로 하는 스킬
빅데이터의 처리 및 분석에 필요한 이론적 지식과 기술적 숙련에 관련된 능력

★소프트 스킬(soft skill)
모든 직무에서 사용할 수 있는 스킬
데이터 속에 숨겨진 가치를 발견하고 새로운 발전 기회를 만들어 내기 위한 능력

▶ 하드 스킬과 소프트 스킬 비교

구분	설명
하드 스킬	• 머신러닝, 모델링, 데이터 다루는 기술 • 빅데이터에 대한 이론적 지식, 관련 기법에 대한 이해와 방법론 습득 • 분석 기술에 대한 숙련, 목적에 따른 최적의 분석 설계 및 노하우 축적
소프트 스킬	• 통찰력 있는 분석, 창의적 사고, 호기심, 논리적 비판 • 호기심, 문제의 이면을 파고들어 질문을 찾고, 검증 가능한 가설을 세울 수 있는 능력 • 설득력 있는 전달, 스토리텔링 및 시각화 • 다분야 간 협력, 커뮤니케이션 능력

2) 효과적 분석모델 개발을 위해 고려해야 하는 사항

- 데이터 분석의 객관성에 항상 의문을 제기하고 분석 모델에 포함된 가정과 해석의 개입 등의 한계를 고려한다.
- 분석 모델 범위를 벗어나는 외부 요인은 판단하지 않는다.
- 분석 모델이 예측할 수 없는 위험을 살펴보기 위해 현실 세계를 돌아보고 분석을 경험과 세상에 대한 통찰력과 함께 활용한다.
- 가정과 현실의 불일치에 대해 계속해서 고찰하고, 모델의 능력에 대해 끊임없는 의구심을 갖는다.

▶ 범할 수 있는 의사 결정 오류

오류	설명
로직(논리) 오류	부정확한 가정을 하고 테스트를 하지 않는 것
프로세스 오류	• 결정에서 분석과 통찰력을 고려하지 않은 것 • 데이터 수집이나 분석이 너무 늦어 사용할 수 없게 되는 것 • 대안을 진지하게 고려하지 않은 것

01 다음은 특정 산업의 일차원적 분석 사례를 나열한 것이다. 어떤 산업의 분석 애플리케이션 사례인가?

> 트레이딩, 공급 및 수요예측

① 운송업   ② 에너지
③ 금융서비스   ④ 소매업

02 빅데이터 분석에 대한 설명으로 올바르지 않은 것은?

① 소량의 데이터로는 데이터 분석이 불가능하다.
② 데이터 유형의 다양성이 중요하다.
③ 대용량 데이터를 관리하는 것보다 다양한 데이터를 분석할 수 있는 능력이 중요하다.
④ 음성, 텍스트, 이미지, 비디오 등 데이터에 대한 다양한 정보 원천을 활용한다.

03 빅데이터 분석 성과가 높은 기업의 특징이라고 보기 어려운 것은?

① 전체 조직에서 데이터 분석을 활용할 수 있다.
② 데이터 분석 컨설팅 업체를 통해서만 데이터 분석에 따른 통찰력을 얻을 수 있다.
③ 의사결정에 데이터 분석을 활용할 수 있다.
④ 전체 조직에서 데이터 분석 역량을 갖추고 있다.

04 데이터 사이언티스트가 갖춰야 할 역량중에 하드 스킬에 해당되지 않는 것은?

① 머신러닝(Machine Learning)
② 모델링(Modeling)
③ 스토리텔링(Storytelling)
④ 데이터 다루는 기술(Data Technical Skill)

05 데이터 사이언스 구성요소에 해당되지 않는 것은?

① IT
② 분석
③ 비즈니스 컨설팅
④ RFID

06 데이터 사이언스의 한계에 대한 설명으로 잘못된 것은?

① 분석 과정에서 가정 등 인간의 해석이 개입되어 사람마다 전혀 다른 해석을 내릴 수 있다.
② 모든 분석은 가정에 근거하므로, 잘못된 분석은 안 좋은 결과를 가져올 수 있다.
③ 분석 결과가 의미하는 것은 모든 사람들이 동일한 해석을 내리게 된다.
④ 모델의 능력에 대해 항상 의구심을 갖고, 가정과 현실의 불일치에 대해 계속 고찰하고, 분석 모델이 예측할 수 없는 위험을 살펴야 한다.

07 의사 결정 오류 중에 프로세스 오류에 해당되지 않는 것은?

① 결정에서 분석과 통찰력을 고려하지 않은 것
② 데이터 수집이나 분석이 너무 늦어 사용할 수 없게 되는 것
③ 부정확한 가정을 하고 테스트를 하지 않는 것
④ 대안을 진지하게 고려하지 않은 것

CHAPTER 03

01 ②	02 ①	03 ②	04 ③	05 ④
06 ③	07 ③			

01 ②

산업 분야 데이터 분석 애플리케이션의 사례에서 트레이딩, 공급 및 수요 예측은 에너지에 속한다.

02 ①

소량의 데이터로도 분석을 할 수 있으나, 데이터는 많으면 많을수록 분석하기에 더 용이하다.

03 ②

분석 성과가 높은 기업은 자체적으로 데이터 분석에 따른 통찰력을 가지고 있다.

04 ③

스토리텔링(Storytelling), 시각화(Visualization) 등 설득력 있는 전달을 위한 스킬은 소프트 스킬에 해당된다.

05 ④

데이터 사이언스 구성요소에는 IT, 분석, 비즈니스 컨설팅이 있다.

06 ③

분석 결과가 의미하는 바는 사람에 따라 전혀 다른 해석을 내릴 수 있다.

07 ③

데이터 수집이나 분석이 너무 늦어 사용할 수 없게 되는 것은 로직(논리) 오류에 해당된다.

자격증은 이기적!

이기적으로 공부하면
단기간에 합격할 수 있습니다.

PART 02

데이터 분석 기획

2과목 소개

데이터 처리 및 분석을 통한 데이터 활용은 기업과 국가의 생산성 향상에 기여하는 혁신적
도구입니다. 비즈니스 목표 달성을 위해 분석 기회를 발굴하여 목표를 정의하는 과정에 대
해 알아봅니다.

데이터 분석 기획의 이해

학습 방향

목표 달성을 위해 어떤 방식으로 접근하는지 일련의 과정에 대해 공부합니다. 다양한 분석 방법론을 비교하고 분석 과제를 도출하기 위해 어떤 과정이 있는지 알아봅니다.

출제 빈도

Section 01	하		10%
Section 02	상		50%
Section 03	중		30%
Section 04	하		10%

분석 기획 방향성 도출

01 분석 기획

1) 분석 기획의 정의 및 특징

• 실제 데이터 분석을 수행하기 전에 분석을 수행할 과제의 정의 및 의도했던 결과를 도출할 수 있도록 이를 적절하게 관리할 수 있는 방안을 사전에 계획하는 일련의 작업이다.

• 어떤 목표(what)를 달성하기 위해 어떤 데이터를 가지고 어떤 방식(how)으로 수행할지에 대한 일련의 계획을 수립하는 작업으로서, 성공적인 분석 결과 도출을 위한 중요 사전 작업이다.

• 해당 문제 영역에 대한 전문성 역량 및 통계학적 지식 등을 활용한 분석 역량과 분석 도구인 데이터 및 프로그래밍 기술 역량에 대한 균형 잡힌 시각을 가지고 방향성 및 계획을 수립해야 한다.

▶ 의미 있는 데이터 분석을 위해 분석가에게 요구되는 역량

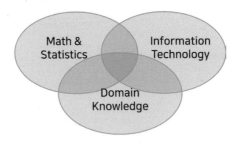

 – 통계학적 지식을 활용한 분석 역량, IT 및 프로그래밍 기술
 – 분석 주제에 대한 도메인 전문성
 – 의사소통 능력, 프로젝트 관리, 리더십 역량

2) 분석 주제 유형

분석 주제 및 기법의 특성상 4가지 유형을 넘나들면서 분석을 수행, 결과를 도출하는 과정을 반복하게 됨

최적화로 문제를 접근했지만, 새로운 유형의 주제를 발견, 새로운 솔루션을 도출하게 되는 경우가 자주 발생

분석의 대상(what), 분석의 방법(how)에 따라 4가지로 구분한다.

		분석대상(what)	
		Known	UnKnown
분석방법 (how)	Known	최적화(Optimization)	통찰(Insight)
	UnKnown	솔루션(Solution)	발견(Discovery)

① 최적화(Optimization)
- 분석 대상이 무엇인지 인지하고 이해하며, 현 문제를 최적화의 형태로 수행한다.

② 솔루션(Solution)
- 분석 대상이 무엇인지 인지하고 있지만, 분석 방법을 알지 못하는 경우에는 솔루션을 찾는 방식으로 분석 과제를 수행한다.

③ 통찰(Insight)
- 분석 대상이 불분명하고, 분석 방법을 알고 있는 경우에 사용하는 방법이다.

④ 발견(Discovery)
- 분석 대상과 분석 방법을 모두 모르는 경우에는 발견을 통해 분석 대상 자체를 새롭게 도출한다.

> ✓ 개념 체크
>
> **데이터 분석을 위해 분석 수행 시 분석가에게 요구되는 역량으로 가장 거리가 먼 것은?**
> ① 통계학적 지식을 활용한 분석 역량
> ② 분석 주제에 대한 도메인 전문성
> ③ 프로젝트 감리 역량
> ④ 프로젝트 관리 역량
>
> 프로젝트 감리는 데이터 분석가 보다는 시스템 감리원이 수행하게 되므로, 데이터 분석가의 역량과는 거리가 멀다.

02 분석 기획 방안 및 고려사항

1) 목표 시점별 분석 기획 방안

- 과제를 빠르게 수행하는 과제 중심적인 접근방식의 단기방안과 장기적인 마스터플랜 단위의 방안으로 구분할 수 있다.
- 과제 중심적인 접근방식의 단기방안과 장기적인 마스터플랜 중장기 방안을 융합적으로 적용하는 것이 바람직하다.

▶ 분석 기획 방안

구분	과제 중심적인 접근방식의 단기 방안	마스터플랜 단위의 중장기 방안
1차 목표	• Speed & Test • 과제 단위로 당면한 분석 주제 해결	• Accuracy & Deploy • 장기적 마스터 플랜을 세워 지속적인 분석 문화를 내재화
과제의 유형	• Quick-Win 방식, 프로세스 진행 과정에서 일반적인 상식과 경험으로 원인이 명백한 경우 바로 개선함으로써 과제를 단기로 달성하고, 추진하는 과정 • 즉각적인 실행을 통한 성과 도출	Long Term View로 분석 과제 도출 및 계속적인 과제 수행에 따른 데이터 분석 문화 내재화
접근 방식	문제 해결(Problem Solving)을 위한 단기적인 접근 방법	문제 정의(Problem Definition)를 위한 장기적인 마스터플랜 접근 방법

2) 분석 기획시 고려사항

분석 기획시 고려사항으로는 가용한 데이터, 적절한 유스케이스 탐색, 장애 요소들에 대한 사전 계획 수립이 있다.

① 가용한 데이터(Available Data)에 대한 고려
- 분석을 위한 데이터 확보는 필수적이다.
- 데이터 유형(정형, 비정형, 반정형)에 따라 적용 가능한 솔루션 및 분석 방법이 다르므로 데이터의 유형 분석이 선행적으로 이루어져야 한다.

② 분석 수행시 발생하는 장애요소들에 대한 사전계획 수립(Low Barrier of Execution)
- 분석 수행시 장애 요소들에 대한 사전계획 수립이 필요하다.
- 조직 역량을 내재화하기 위해서는 일회성 분석이 아닌 충분하고 지속적인 교육 및 활용 방안 등의 변화 관리가 고려되어야 한다.
- 비용 대비 효과가 고려된 적절한 비용 산정이 필요하다.

③ 분석을 통해 가치가 창출될 수 있는 적절한 유스케이스 탐색(Proper Use-case)
- 유사분석 시나리오 및 솔루션이 있다면 최대한 활용한다.
- "바퀴(wheel)를 재발명(reinvent) 하지마라"라는 격언처럼 기존에 잘 구현되어 활용되고 있는 유사분석 시나리오 및 솔루션을 최대한 활용하는 것이 중요하다.
- Pipeline Management, Plant and Facility Management, Customer Analytics, Social Media Analytics 등에서 활용한다.

데이터 유형
Mobile Data,
Machine and Sensor Data,
Transaction Data,
Human-Generated Data 등

✓ 개념 체크

다음 중 데이터 분석 기획시 고려 사항이 아닌 것은?
☑ 알고리즘 복잡도 계산
② 가용한 데이터
③ 적절한 유스케이스 탐색
④ 장애 요소들에 대한 사전 계획 수립

분석 기획시 고려사항으로는 가용한 데이터, 적절한 유스케이스 탐색, 장애 요소들에 대한 사전 계획 수립이 있다.

빈출 태그 폭포수, 나선형, 프로토타입 모델, SEMMA, KDD, CRISP-DM

01 데이터 분석 방법론

1) 데이터 분석 방법론 개요

- 데이터 분석 방법론은 체계적인 절차와 그 처리 방법을 정리한 것이다.
  - 분석 방법론은 데이터 분석이 효과적으로 기업 내에 정착하기 위해 필수적으로 수립해야 한다.
  - 분석 방법론은 업무 수행에 대한 최소한의 품질 보증이라고 할 수 있으며, 역량과 경험에 의존하지 않고 수행하는 사람과 관계없이 일정 수준의 질과 양이 보장될 수 있는 시스템이어야 한다.
  - 분석 방법론은 경험과 느낌에 따른 의사결정이 아닌 데이터 기반의 의사결정을 가능하게 한다.
- 데이터 분석을 효과적으로 기업에 정착하기 위해 데이터 분석을 체계화하는 절차와 방법이 정리된 데이터 분석 방법론 수립이 필요하다.

▶ 데이터 분석 방법론의 구성요소

구성요소	설명
상세한 절차(Procedures)	데이터 분석 수행시 각 작업 단계별 활동 및 세부 작업 내용
실행 방법(Methods)	세부 작업에 대해 언제, 어떻게 수행하는지 기술
도구와 기법(Tools & Technology)	작업 수행시 사용하는 도구 및 기법
템플릿과 산출물(Templates & Output)	각 작업 단계별로 제작해야 하는 템플릿과 산출물 양식

- 기업의 합리적 의사결정에 장애가 되는 요소로는 고정 관념, 편향된 생각, 프레이밍 효과★ 등이 있다.

★프레이밍 효과
동일한 사건이나 상황임에도 불구하고 사람들의 선택이나 판단이 달라지는 현상으로, 특정 사안을 어떤 시각으로 바라보느냐에 따라 해석이 달라진다는 이론

2) 분석 방법론의 적용 업무 특성에 따른 모델

① 폭포수 모델(Waterfall Model)
- 단계를 순차적으로, 즉 이전 단계가 완료되어야 다음 단계로 진행하는 하향식 진행이다.
- 문제점이 발견되면 이전 단계로 돌아가는 피드백을 수행한다.
- 이전 단계로 돌아갈 수 없다는 전제하에 각 단계를 확실히 매듭짓고, 그 결과를 철저히 검토해 승인과정을 거친 후 다음 단계를 진행한다.
- 기존 IT의 SW공학에서 가장 오래되고 폭넓게 사용된 전통적인 모델이다.

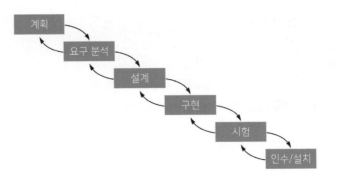

▲ 폭포수 모델

② 나선형 모델(Spiral Model)
- 반복을 통해 점층적으로 개발하는 방법으로 처음 시도하는 프로젝트에 용이하다.
- 반복에 대한 관리 체계가 효과적으로 갖춰지지 못한 경우 복잡도가 상승하여 프로젝트 진행이 어려울 수 있다.

▲ 나선형 모델

③ 프로토타입 모델(Prototype Model)

사용자 요구사항의 도출이나 데이터를 정확히 규정하기 어렵고 데이터 소스도 명확히 파악하기 어려운 상황에서 사용

- 고객의 요구사항을 완전히 이해하고 있지 못하거나 완벽한 요구사항 분석의 어려움을 해결하기 위한 방식이다.
- 일단 분석을 시도해보고 그 결과를 확인해가면서 반복적으로 개선해 나가는 상향식 접근 방법이다.
- 특정 가설을 갖고 서비스를 설계하고 디자인에 대한 실험도 실행한다.
  예 '사용자들이 이렇게 만들면 편하게 사용할거야'라는 가설을 생성하고 완성한 산출물을 통해 가설을 확인
- 빠르게 해결책 모델을 제시할 수 있으며, 프로토타입을 보고 완성시킨 결과물을 통해 가설을 확인할 수 있다.
- 시제품이 나오기 전 제품의 원형이라고 할 수 있으며, 개발 검증과 양산 검증을 거쳐야 시제품이 될 수 있다.

- 개발이 완료되는 시점에서 오류가 발생되는 폭포수 모델의 단점을 보완하기 위해 점진적으로 시스템을 개발한다.
- 정보시스템의 미완성 버전 또는 중요한 기능들이 포함되어 있는 시스템의 초기 모델이다.
- 일부분을 먼저 개발한 Prototype을 통해 고객의 요구사항을 정확하게 분석하는 방식이다.
  - 완전하지 않더라도 신속하게 모델을 제시하며 이를 바탕으로 문제를 좀 더 명확히 인식하고 필요한 데이터를 식별하여 구체화할 수 있게 한다.
  - 지속적인 반복 과정을 통해 의도했던 결과에 더욱 가까워지는 형태로 프로젝트를 진행한다.
  - 데이터 분석가는 모델의 정확도를 높이고 고객 요구사항을 만족시키기 위해 프로젝트 관리를 실시한다.
  - 프로토타이핑 방법론의 기본적인 프로세스는 가설 생성, 디자인에 대한 실험, 실제 환경에서의 테스트, 테스트 결과에서의 통찰 및 가설 확인으로 구성된다.

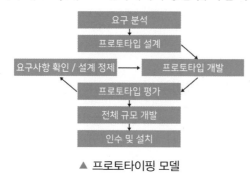

▲ 프로토타이핑 모델

3) 분석 방법론의 종류

데이터 분석 방법에는 통계적 분석 방법론, 데이터 마이닝 분석 방법론, 빅데이터 분석 방법론으로 구분할 수 있다.

① 통계적 분석 방법론

- 전통적인 통계 분석을 위한 방법론으로 주로 학술연구에 많이 이용되는 방법론이다.
- 통계적 이론을 발굴하는데 중점을 두기 때문에 비즈니스 목적으로는 적합하지 않다.
- 모집단을 대표할 수 있는 표본 집단에서 정보를 수집하고 가설 검증 등 추론 과정을 거쳐 분석한다.

② 데이터 마이닝 분석 방법론

- 분석을 통해 비즈니스 활용을 위한 절차와 방법이 정리되어 있는 데이터 분석 방법론이다.
- 통계적 분석기법과 분산 병렬처리, DB 및 기계학습, 알고리즘, 신호처리이론 등을 바탕으로 비즈니스 활용 목적으로 만들어진 방법론이다.
- 대용량의 자료로부터 패턴을 파악해 유의미한 데이터를 추출한다.
- 데이터가 크고 다양할수록 보다 활용하기 유리한 분석 방법이다.

데이터 마이닝 방법론의 종류에는 SEMMA, KDD, CRISP-DM 등이 있음

- 성능에 집착하면 분석 모델링의 주목적인 실무 적용에 반하여 시간을 낭비할 수 있으므로 훈련 및 테스트 성능에 큰 편차가 없고 예상 성능을 만족하면 중단한다.
- 일정 성과가 나오면 해석과 활용 단계로 진행할 수 있도록 의사결정 해야한다.

③ 빅데이터 분석 방법론
- 빅데이터 출현으로 인한 비정형 데이터 활용을 위한 새로운 분석 방법론이다.
- 데이터 마이닝 방법론이 관계형 데이터베이스(RDBMS)기반인 반면에 빅데이터 방법론은 RDBMS+NoSQL기반이다.

> ✓ 개념 체크
>
> **데이터 분석 방법론의 모델 중, 반복을 통해 점층적으로 개발하는 방법으로 처음 시도하는 프로젝트 적용에 용이한 방법은 무엇인가?**
> ① 폭포수 모델　　　✓ 나선형 모델
> ③ 프로토타입 모델　④ 의사결정 모델
>
> 나선형 모델(Spiral Model)은 반복을 통해 점층적으로 개발하는 방법으로 처음 시도하는 프로젝트 적용에 용이한 방법이다.

02 데이터 마이닝 분석 방법론

- 데이터 마이닝을 잘 수행하기 위해 체계적인 절차와 방법을 정리한 것이다.
- 통계 및 수학적 방법 뿐만 아니라 패턴인식 기법들을 사용하여 데이터 저장소에 저장된 대용량 데이터를 조사함으로써 의미있는 상관관계, 패턴, 추세 등을 발견하는 과정이 데이터 마이닝이다.(가트너)
  - 대용량의 자료로부터 관계, 패턴, 규칙 등을 탐색하고 모형화함으로써 이전에 알려지지 않은 유의미한 지식을 추출하는 과정이다.
  - 데이터 마이닝은 통계 분석과 달리 가설이나 가정에 따른 분석이나 검증, 통계학 전문가가 사용하는 도구는 아니다. 데이터 마이닝은 다양한 알고리즘을 이용해 DB의 데이터로부터 의미있는 정보를 찾아내는 방법이다.

1) SEMMA 분석 방법론

- SAS사에서 만든 방법론으로 문제 정의 자체가 어려운 경우 데이터를 기반으로 문제의 재정의 및 해결방안을 탐색하여 개선하는 방식이다.
- 일반적으로 대량의 센서 데이터에서 많이 요구된다.
- 데이터 탐색의 5개 프로세스를 기반으로 하는 데이터 마이닝 기법이다.

① Sampling
- 분석 데이터를 추출하는 단계로 적절한 양의 표본을 원래 자료로부터 추출한다.

② Exploration
- 분석 대상 데이터를 탐색하는 단계로 여러 가지 자료의 탐색을 통해 기본적인 정보를 획득한다.

③ Modification

- 최적의 모델을 구축할 수 있도록 다양한 형태로 **변수를 생성**하거나 선택 및 변환, 그룹화한다.

④ Modeling

- 분석 목적에 따라 적절한 기법을 사용해 **예측 모형**을 만든다.

⑤ Assessment

- 모형화 결과에 대한 신뢰성, 유용성 등을 **평가**하는 단계이다.

2) KDD(Knowledge Discovery in Database, 지식 탐색 중심)* 분석 방법론

데이터로부터 insight 추출을 위한 절차와 단계를 정의한 데이터 마이닝 기법으로 1996년 미국의 데이터 사이언티스트 Usama Fayyad가 정리하였다.

① 데이터셋 선택(Selection)

- 데이터베이스 또는 원시 데이터에서 분석에 필요한 데이터 선택하고 필요한 경우에는 추가적으로 데이터셋을 생성하는 단계이다.
- 데이터셋 선택에 앞서 분석 대상의 비즈니스 도메인에 대한 이해와 프로젝트 목표 설정이 필수이다.
- 데이터마이닝에 필요한 목표 데이터(Target Data)를 구성해 분석에 활용한다.

② 데이터 전처리(Preprocessing)

- 데이터셋에 포함되어 있는 잡음(Noise), 이상값(Outlier), 결측치(Missing Value)를 식별하고 필요시 제거하거나 의미있는 데이터로 처리하는 단계이다.
- 데이터 전처리 단계에서 추가로 요구되는 데이터셋이 필요한 경우 Selection 과정에서 재실행한다.

③ 데이터 변환(Transformation)

- 데이터 마이닝을 효율적으로 적용할 수 있도록 데이터셋을 변경하는 작업이다.
- 데이터 전처리 과정을 통해 정제된 데이터에 분석 목적에 맞는 변수를 선택하거나 데이터의 차원을 축소하는 단계이다.
- 데이터 마이닝 프로세스 진행을 위해 학습용 데이터와 검증용 데이터로 데이터를 분리한다.

④ 데이터 마이닝(Mining)

- 분석 목적에 맞는 데이터 마이닝 기법 및 알고리즘을 선택한다.
- 데이터의 패턴을 검색하거나 분류 또는 예측 등의 데이터 마이닝 작업을 수행한다.
- 적절한 데이터 마이닝 기법과 알고리즘을 적용한 데이터 마이닝 실행 단계이다.
- 학습용 데이터를 이용해 분석 목적에 맞는 데이터 마이닝 기법 및 알고리즘 선택한다.
- 필요에 따라 전처리(Preprocessing)와 변환(Transformation)과정을 추가로 실행해 최적의 결과를 도출한다.

★KDD 분석 방법론
- 프로파일링 기술을 기반
- 통계적 패턴이나 지식을 찾기 위해 활용
- 데이터베이스에서 의미 있는 지식을 탐색

⑤ 데이터 마이닝 결과 평가(Interpretation/Evaluation)
- 데이터 마이닝 결과에 대해 해석하고 평가 및 활용하는 단계이다.
- 데이터 분석 목적과의 일치성을 확인한다.
- 데이터마이닝을 통해 발견한 지식을 업무에 활용하기 위한 방안을 마련한다.
- 필요에 따라 데이터 선택(Selection) 단계에서 데이터 마이닝(Data Mining) 단계까지 반복 수행한다.

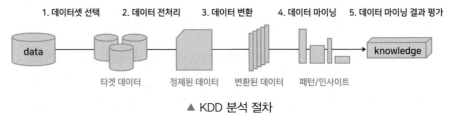

▲ KDD 분석 절차

3) CRISP-DM(Cross-Industry Standard Process for Data Mining) 분석 방법론

- 전 세계 비즈니스 현장에서 가장 많이 사용되는 데이터 마이닝 표준 분석 방법론이다.
- 4개 레벨과 6단계의 프로세스로 구성된 계층적 프로세스 모델이다.
- CRISP-DM의 6단계 프로세스들은 순차적으로 진행되는 것이 아니라, 필요에 따라 단계 간의 반복 수행을 통해 분석의 품질을 향상시킨다.
- 단방향으로 구성되어 있지 않고 단계간 피드백을 통하여 완성도를 높이게 구성된다.

▶ 4개 레벨 : 단계 – 일반화 작업 – 세부 작업 – 프로세스 실행

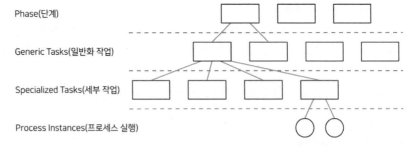

구성	설명
Phases(단계)	• 최상위 레벨 • 여러 개의 단계로 구성 • 각 단계는 Generic Task(일반화 작업)를 포함
Generic Tasks(일반화 작업)	• 데이터 마이닝에서 단일 프로세스가 완전하게 수행되는 단위
Specialized Tasks(세부 작업)	• 일반화 작업을 세부적으로 수행하는 레벨
Process Instances(프로세스 실행)	• 데이터 마이닝의 구체적 수행

▶ 6단계 : 업무 이해 – 데이터 이해 – 데이터 준비 – 모델링 – 평가 – 전개

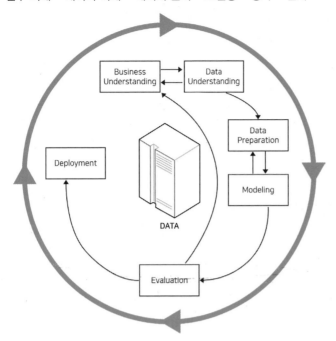

① 업무 이해(Business Understanding)
• 비즈니스 관점에서 프로젝트의 목적과 요구사항을 이해하기 위한 단계이다.
• 도메인 지식(분석 대상 분야에 대한 지식)을 데이터 분석을 위한 문제 정의로 변경하고 초기 프로젝트 계획을 수립하는 단계이다.
• 업무 목적 파악, 상황 파악, 데이터 마이닝 목표 설정, 프로젝트 계획 수립 과정을 수행한다.

② 데이터 이해(Data Understanding)
• 데이터 분석을 위한 데이터 수집과 데이터 속성의 이해를 위한 과정이다.
• 데이터 품질에 대한 문제점을 식별하고, 숨겨져 있는 인사이트를 발견하는 단계이다.
• 초기 데이터 수집, 데이터 기술 분석, 데이터 탐색, 데이터 품질 확인 과정을 수한다.

③ 데이터 준비(Data Preparation)
• 분석을 위해 수집된 데이터에서 분석 기법에 적합한 데이터셋을 준비하는 단계이다.
• KDD 분석 방법론의 변환(Transformation) 단계와 같은 과정이다.
• 분석용 데이터셋 선택, 데이터 정제, 데이터 통합, 데이터 포맷팅을 수행하며 많은 시간이 소요될 수 있다.

④ 모델링(Modeling)
• 다양한 데이터 분석 모델링 기법과 알고리즘을 선택하는 단계이다.
• 모델링 과정에서 사용되는 파라미터(Parameter, 인수)를 최적화해 나간다.
• 모델링 단계를 통해 찾아낸 모델은 테스트용 데이터셋으로 평가하여 모델 과적합(Overfitting) 등의 문제를 발견하고 대응 방안을 마련한다.

- 데이터 분석 방법론, 머신러닝을 이용한 수행 모델을 만들거나 데이터를 분할한다.
- 모델링 기법 선택, 모델링 작성, 모델의 성능 측정을 수행한다.

⑤ 평가(Evaluation)
- 모델링 단계에서 얻어낸 모델이 프로젝트의 목적에 부합하는지 평가하는 단계이다.
- 데이터 마이닝 결과를 수용할 것인지 최종적으로 판단하는 과정이다.
- 분석 결과 평가, 모델링 과정 평가, 모델 적용성 평가를 수행한다.

⑥ 전개(Deployment)
- 완성된 모델을 실제 업무에 적용하기 위한 계획 수립 단계이다.
- 전개 계획 수립, 모니터링과 유지보수 계획 수립, 프로젝트 종료 보고서 작성, 프로젝트 리뷰를 수행한다.
- 모델에 적용되는 비즈니스 도메인 특성, 입력 데이터의 품질 편차, 운영모델의 평가 기준에 따라 생명주기가 다양하므로 상세한 전개 계획이 필요하다.

✅ 개념 체크

데이터마이닝 표준 분석 방법론 중에 CRISP-DM 6단계 순서를 올바르게 나열한 것은?
① 업무 이해 – 데이터 준비 – 데이터 이해 – 모델링 – 전개 – 평가
②✓ 업무 이해 – 데이터 이해 – 데이터 준비 – 모델링 – 평가 – 전개
③ 데이터 이해 – 업무 이해 – 데이터 준비 – 모델링 – 평가 – 전개
④ 데이터 준비 – 업무 이해 – 데이터 이해 – 모델링 – 전개 – 평가

CRISP-DM 6단계는 업무 이해 – 데이터 이해 – 데이터 준비 – 모델링 – 평가 – 전개 순서로 진행된다.

---

03 빅데이터 분석 방법론

단계, 태스크, 스탭으로 구성되는 3계층 빅데이터 분석 방법론이다.

▶ 빅데이터 분석 방법론 3계층 구조

3계층	설명
단계(Phase)	• 빅데이터를 분석하기 위한 절차 • 각 단계에는 고객에게 제공될 산출물의 기준선(Baseline)을 설정 • 각 단계는 여러 개의 태스크로 구성
태스크(Task)	• 각 단계별로 수행해야 하는 단위 활동 • 각 태스크는 물리/논리 단위로 품질 검토의 항목이 될 수 있음
스탭(Step)	• WBS(작업 분할 구조도)★ 에서 1~2주 이내에 완료 가능한 산출물을 의미하는 Work Package에 해당 • 입력자료 → 도구 → 출력자료로 구성된 단위 프로세스

★WBS(Work Breakdown Structure)
- 프로젝트 목표를 달성하기 위해 필요한 활동과 업무를 세분화하는 작업
- 각 요소를 평가하고 일정별로 계획하며 그것을 완수할 수 있는 사람에게 할당해주는 역할

- 빅데이터 분석 절차는 분석 기획(Planning) → 데이터 준비(Preparing) → 데이터 분석(Analyzing) → 시스템 구현(Developing) → 평가 및 전개(Deploying) 과정으로 진행된다.

1) 분석 기획(Planning)

① 비즈니스 이해 및 프로젝트 범위 설정

- 분석 대상인 업무 도메인을 이해하기 위해 내부 업무 매뉴얼과 관련 자료, 외부의 관련 비즈니스 자료 조사 및 프로젝트 진행을 위한 방향을 설정한다.
- 프로젝트 목적에 부합하는 범위를 명확히 설정한다.
- 프로젝트에 참여하는 관계자들의 이해를 일치시키기 위하여 구조화된 프로젝트 범위 정의서 SOW(작업 기술서/명세서)★를 작성한다.

② 데이터 분석 프로젝트 정의 및 수행 계획 수립

- 상세 프로젝트 정의서를 작성하고 프로젝트의 목표를 명확하게 하기 위해 모델 이미지 및 평가 기준을 설정한다.
- 프로젝트의 목적, 배경, 기대효과, 수행 방법, 일정, 추진 조직이 포함된 프로젝트 수행 계획서, WBS를 작성한다.

③ 프로젝트 위험 계획 수립

- 빅데이터 분석 프로젝트를 진행하면서 발생 가능한 모든 위험을 식별한다.
- 프로젝트 위험을 식별하기 위한 위험관리 계획서를 작성한다.

▶ 위험에 대한 대응 방법

대응 방법	내용
회피(Avoid)	계획 변경 등 원인 제거 (기간 연장, 범위 축소)
전이(Transfer)	보험, 사후 보증
완화(Mitigate)	허용 가능한 임계치까지 절감 노력
수용(Accept)	적극적 수용(긴급 대책), 소극적 수용(조치 안함), Fallback Plan(위험의 영향이 클 경우)

2) 데이터 준비(Preparing)

① 필요 데이터 정의

- 데이터 분석을 수행하기 위해 필요한 데이터를 정의한다.
  - 정형, 비정형, 반정형의 모든 내외부 데이터를 포함하고 데이터의 속성, 데이터 오너, 데이터 관련 시스템 담당자 등을 포함하는 데이터 정의서를 작성한다.
  - 메타데이터 정의서, ERD(Entity Relationship Diagram)를 포함한다.

★SOW(Statement of Work)
- 프로젝트 작업 요구 사항에 대한 설명서
- 고객의 요구사항 및 프로젝트의 결과 등을 상세히 기술
- 상호 기대 사항을 공유하고 의사소통을 증진

▶ 데이터 획득 방안 수립

구분	내용
내부 데이터	부서 간 업무 협조와 개인 정보보호 및 정보보안과 관련한 문제점 사전 점검
외부 데이터	시스템 간 다양한 인터페이스 및 법적인 부분의 문제점을 고려한 계획 수립

② 데이터 스토어 설계

• 데이터가 저장될 저장소를 설계한다.

▶ 데이터 스토어 설계

구분	내용
정형 데이터 스토어	관계형 데이터베이스를 사용하고, 데이터의 효율적 저장과 활용을 위해 데이터 스토어의 논리적, 물리적 설계를 구분
비정형 데이터 스토어	하둡, NoSQL 등을 이용하여 비정형 또는 반정형 데이터를 저장하기 위한 논리적, 물리적 데이터 스토어 설계

③ 데이터 수집 및 정합성 점검

• 크롤링★, ETL★, API★, 스크립트 프로그램 등으로 데이터를 수집한다.
• 수집된 데이터를 설계된 데이터 저장소에 저장한다.
• 데이터 저장소의 품질 점검을 통해 데이터의 정합성(무결성)을 확보한다.
• 데이터 품질 개선이 필요한 부분에 대해 보완 작업을 진행한다.

3) 데이터 분석(Analyzing)

① 분석용 데이터 준비

• 비즈니스 규칙을 확인한다.
• 분석용 데이터셋을 준비한다.
• 데이터 저장소에 저장된 정형 및 비정형 데이터를 추출하는 단계이다.

② 텍스트 분석

• 텍스트 데이터를 확인 및 추출하고 분석한다.
• 오피니언 마이닝(Opinion Mining), 텍스트 마이닝(Text Mining), 사회 연결망 분석(Social Network Analysis) 등을 수행한다.

③ 탐색적 분석

• 탐색적 데이터 분석(EDA; Exploratory Data Analysis)은 다양한 각도에서 데이터를 관찰하고 이해하는 과정을 의미한다.
• 데이터 시각화 등의 다양한 방법으로 분포를 비교하고, 결측치, 이상치 등을 확인한다.
• 주어진 데이터만 가지고도 충분한 정보를 찾을 수 있도록 개발한 방법이다.
• 데이터에서 특이한 점이나 의미 있는 사실을 도출하는 과정이다.
• 데이터 탐색의 결과물로는 데이터 탐색 보고서, 데이터 시각화 보고서가 있다.

★크롤링
웹사이트, 하이퍼링크, 데이터 등을 자동화되니 방법으로 수집, 분류, 저장하는 것

★ETL
데이터 수집을 위해 다양한 데이터 원천으로부터 데이터를 추출하고 변환하여 데이터베이스에 적재하는 작업

★API
Application Programming Interface
라이브러리에 접근하기 위한 규칙들을 정의한 것

④ 모델링
- 훈련 데이터와 테스트 데이터로 분할한다.
- 빅데이터 분석 프로세스에서 데이터를 이용한 분류, 예측, 군집 등의 기능을 수행하는 것을 만드는 과정이 데이터 모델링이다.
- 모델의 적용 및 안정적 운영을 모니터링하기 위한 방안을 수립한다.

⑤ 모델 평가 및 검증
- 모델을 객관적으로 평가하고 품질을 관리한다.
- 검증용 데이터를 이용하여 모델의 품질을 최종적으로 검증하고 모델링 검증 보고서를 작성한다.

4) 시스템 구현(Developing)

① 시스템 분석 설계 및 구현
- 분석 기획 및 설계에 따른 모델을 도출하고 이를 운영중인 가동시스템에 적용하거나 시스템 개발을 위한 사전 검증으로 프로토타입 시스템을 구현한다.

② 시스템 테스트 및 운영
- 단위 테스트, 통합 테스트, 시스템 테스트를 수행하고 운영 계획을 수립한다.

5) 평가 및 전개(Deploying)

① 모델 발전 계획
- 모델의 생명주기를 설정하고 유지보수, 발전계획을 수립한다.

② 프로젝트 평가 보고, 종료
- 프로젝트 성과를 평가하고 정리하여 차기분석 기획으로 전달하고 프로젝트를 종료한다.

✓ 개념 체크

고객의 요구사항 및 프로젝트의 결과 등을 상세히 기술해 놓은 명세서를 무엇이라 하는가?
① Metadata Definition Document
✅ Statement of Work
③ Work Breakdown Structure
④ Data Analysis Planning

- SOW(작업 기술서)는 프로젝트 작업 요구 사항에 대한 설명서로서, 고객의 요구사항 및 프로젝트의 결과 등을 상세히 기술해 놓은 명세서이다.
- 작업 기술서는 상호 기대 사항을 공유하고 의사소통을 증진시키기 위한 것이다.

분석 과제 도출

분석 프로젝트는 데이터 영역과 비즈니스 영역에 대한 이해뿐만 아니라 지속적인 반복이 요구되는 분석 프로세스의 특성을 이해한 프로젝트 관리방안 수립이 중요

01 데이터 분석 과제 도출

1) 데이터 분석 과제 도출 개요

- 풀어야 할 다양한 문제를 분석 문제로 변환한 후 관련자들이 그 문제를 이해하고 프로젝트로 수행할 수 있는 분석 과제 정의서 형태로 도출한다.
- 데이터 분석의 지속적인 반복 및 개선을 통해 의도했던 결과에 더욱 가까워지는 형태로 프로젝트가 진행될 수 있도록 적절한 관리방안 수립이 사전에 필요하다.
- 분석 프로젝트는 분석 과제 정의서를 기반으로 프로젝트를 시작하되 지속적인 개선 및 변경을 염두에 두고 기간 내 가능한 최선의 결과를 도출할 수 있도록 프로젝트 구성원들과 협업한다.
- 분석 프로젝트는 분석 과제 도출 결과의 재해석을 통한 지속적인 반복 및 정교화가 수행되는 경우가 대부분이므로, 프로토타입 방식의 애자일(Agile) 프로젝트 관리 방식에 대한 고려도 필요하다.

> **더 알기 Tip**
>
> **애자일 기법**
> - 빠르게 반복 작업을 통해 실제 작동 가능한 소프트웨어를 개발하여 지속적으로 제공하기 위한 소프트웨어 개발 방식이다.
> - 데이터 분석에서도 하이퍼 파라미터 튜닝 등 최적화된 값을 찾기까지 반복 수행할 수 있다.
> - 반복적인 데이터 추출, 시각화, 통찰을 통한 제품화에 애자일 기법이 적용될 수 있다.

2) 분석 과제 도출 방법

분석 과제를 도출하기 위한 방식으로는 크게 하향식 접근방법과 상향식 접근방법이 있다.

▶ 분석 과제 도출 방법

구분	설명
하향식 접근 방법	• 분석 문제가 확실할 때 사용 • 분석 문제가 주어지고 해법을 찾기 위해 체계적으로 분석 • 전통적인 문제 도출 접근 방법 • 지도 학습
상향식 접근 방법	• 문제의 정의 자체가 어려운 경우 사용 • 많은 양의 데이터 자체의 분석을 통한 통찰력과 지식을 얻는 방법 　– 답을 도출하는게 아닌 데이터 자체를 그대로 인식하는 관점으로 접근 • 비지도 학습

| 디자인 싱킹
(Design Thinking) | • 기존의 논리적인 단계별 접근법에 기반한 문제 해결 방식은 최근 복잡하고 다양한 환경에서 발생하는 문제에 적합하지 않을 수 있음
• 상향식 접근의 발산(Diverge) 단계와 하향식 접근의 수렴(Converse) 단계를 반복적으로 수행하는 등 상호보완적 동적 환경을 통해 분석가치를 높이는 의사결정 방식 | 상향식 방식의 발산단계와 도출된 옵션을 분석하고 검증하는 하향식 방식의 수렴단계를 반복하여 과제를 발굴 |

✓ **개념 체크**

빠르게 반복 작업을 통해 실제 작동 가능한 소프트웨어를 개발하여 지속적으로 제공하기 위한 소프트웨어 개발 방식은 무엇인가?

① 비지도 학습
☑ 애자일 기법
③ 디자인 싱킹
④ 분석 유스케이스

데이터 분석에서는 하이퍼 파라미터 튜닝 등 최적화된 값을 찾기까지의 반복적인 과정이 수행되므로, 애자일 기법이 적용될 수 있다.

---

02 하향식 접근 방식(Top-Down Approach)

분석 문제가 주어지고 해법을 찾기 위해 체계적으로 분석하는 방법이다.

1) 문제 탐색 단계(Problem Discovery)

① 비즈니스 모델★ 기반 문제 탐색

• 비즈니스 모델 기반 문제 탐색 방법에는 비즈니스 모델 캔버스 기반 문제 탐색, 거시적 관점 분석 모델(STEEP), 경쟁자 확대 관점 분석 모델, 시장의 니즈 탐색 관점 분석 모델이 있다.

★비즈니스 모델
기업이 어떤 제품이나 서비스를 어떻게 소비자에게 제공하고 어떻게 마케팅하며 수익을 얻을 것인지에 대한 계획 또는 사업 아이디어

1. 비즈니스 모델 캔버스 기반 문제 탐색

기업 내부 및 외부 환경을 포괄하고 있는 비즈니스 모델이라는 틀을 활용해 비즈니스 모델 캔버스의 9가지 블록을 단순화하여 업무(Operation), 제품(Product), 고객(Customer) 단위로 문제를 발굴하고, 규제 및 감사 영역, 지원 인프라 영역을 통해 발굴한 문제에 대한 관리 작업을 수행한다.

비즈니스 모델 캔버스
9개로 구성된 중요한 비즈니스 영역들의 유기적인 연결을 통해 기업이 어떻게 수익을 창출하는지, 즉 가치를 창출하고 전달하고 획득하는 원리를 분석

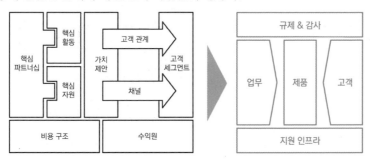

▲ 비즈니스 모델 캔버스를 활용한 5가지 과제 발굴 영역

▶ 9가지 비즈니스 영역

구분	내용
고객 세그먼트 (Customer Segments)	가치를 전달할 대상인 고객에 대해 분석이 이뤄지는 부분
가치 제안 (Value Propositions)	• 고객의 니즈를 찾고, 해당 니즈에 대해 어떤 형태로 고객을 만족시킬 것인 지에 대한 부분 • 고객의 니즈를 찾기 위해서는 고객이 처한 상황을 알아야 하고, 해결할 수 있는 창의적인 방법이 필요
채널 (Channel)	• 고객과 기업의 의사소통 방법 • 기업이 고객 니즈를 충족시키기 위해 가치를 전달할 방법 • 고객 세그먼트에 따라 어떤 채널을 사용해야 고객에게 효과적으로 가치를 전달하고 기업 입장에서는 수익을 극대화할 수 있는지에 대한 부분
고객 관계 (Customer Relationships)	• 채널을 통해 고객과의 관계를 어떻게 만들 것인가에 해당하는 부분 • 수익을 끌어올리기 위해 기존 고객 유지, 새로운 고객 확보가 중요
핵심 자원 (Key Resources)	• 고객에게 가치를 전달하기 위한 필수적인 자원(채널/고객관계/수익원을 위한 자원이 포함) • 자원의 종류에는 물적자원(H/W), 지적자산(저작권, 브랜드 등), 인적자원, 재무자원이 있음
수익원(Revenue Streams)	• 고객에게 가치를 전달하고 기업이 받는 수익 • 고객이 어떻게 지불하기 원하는지에 대한 것과 기업은 어떤 수익원을 통해 최대의 수익을 창출할 수 있을지 고려
핵심 활동(Key Activities)	• 고객에게 가치를 전달하기 위한 활동(채널/고객관리/수익원을 위한 활동들) • S/W개발과 같은 생산활동, 고객이 처한 문제에 대한 해결방안을 제시하는 컨설팅활동, 플랫폼/네트워크 등
핵심 파트너십 (Key Partnerships)	비즈니스 모델의 최적화, 시장의 경쟁상황에 대한 리스크 감소, 자원/활동의 공유, 획득을 위한 파트너십
비용 구조 (Cost Structure)	• 비즈니스 모델을 운영하는데 발생하는 모든 비용(고정비, 변동비, 규모의 경제, 범위의 경제 요소로 구성) – 가치 주도적 : 가치를 만드는데 초점을 둬 많은 비용이 드는 비용구조 – 비용 주도적 : 최소한의 비용구조

▶ 과제 발굴 영역

구분	내용	과제 예시
업무 (Operation)	제품 및 서비스를 생산하기 위해서 운영하는 내부 프로세스 및 주요 자원 관련하여 주제 도출	• 생산 공정 최적화 • 재고량 최소화 등
제품 (Product)	생산 및 제공하는 제품 및 서비스를 개선하기 위한 관련 주제 도출	• 서비스 모니터링 지표 도출 • 제품의 주요 기능 개선 등
고객 (Customer)	제품 및 서비스를 제공받는 사용자 및 고객, 이를 제공하는 채널의 관점에서 관련 주제 도출	• 고객 Call 대기 시간의 최소화 • 영업점 위치 최적화 등
규제 & 감사 (Regulation & Audit)	제품 생산 및 전달 과정 프로세스중에서 발생하는 규제 및 보안의 관점에서 주제 도출	• 제공 서비스 품질 이상 징후 관리 • 새로운 환경 규제시 예상되는 제품 추출 등
지원 인프라 (IT & Human Resource)	분석을 수행하는 시스템 영역 및 이를 운영 및 관리하는 인력의 관점에서 주제 도출	• EDW★ 최적화 • 적정 운영인력 도출 등

2. 거시적 관점 분석 모델(STEEP)

사회(Social), 기술(Technological), 경제(Economic), 환경(Environmental), 정치(Political) 영역으로 나누어 비즈니스를 분석한다.

분류	분석 내용
사회 영역	사회문화, 교육수준, 행동양식 등 분석
기술 영역	기술 혁신, 자동화 등 분석
경제 영역	환율, 금리, 경제 성장률 등 분석
환경 영역	날씨, 기후 등 분석
정치 영역	투표율, 여론, 정당 정책 등 분석

3. 경쟁자 확대 관점 분석 모델

대체재, 경쟁자, 신규 진입자의 관점에서 분석하는 모델이다.

분류	분석 내용
대체재	제품에 대한 대체제를 파악하여 분석 기회 도출
경쟁자	시장에서 제품에 대한 경쟁자를 파악하여 분석
신규 진입자	시장에 영향을 줄 수 있는 신규 진입자를 파악하여 분석

4. 시장의 니즈 탐색 관점 분석 모델

고객, 채널, 영향자들의 관점에서 분석하는 모델이다.

분류	분석 내용
고객	고객의 구매 동향 등을 이해하고, 제품 및 서비스 개선에 필요한 분석
채널	제품 및 서비스가 고객에게 전달되는 모든 경로를 파악하여 분석
영향자	기업의 의사 결정에 영향을 주는 모든 이해 관계자의 관심 사항을 파악하고 분석

5. 역량의 재해석 관점 분석 모델

내부 역량, 파트너 네트워크 관점에서 분석하는 모델이다.

분류	분석 내용
내부 역량	지적 재산권, 기술력, 지식, 스킬 등 유형 자산 및 노하우에 대해 전체적으로 폭넓게 재해석하는 과정에서 해당 영역에 대한 분석 기회 도출
파트너 네트워크	네트워크를 형성하고 있는 관계사 또는 공급사 등의 역량을 활용해 수행가능한 기능을 파악하고 이를 통해 분석 기회 도출

② 외부 참조 모델 기반 문제 탐색

- 유사하거나 동종 업계의 사례를 벤치마킹하여 분석 기회를 도출한다.
- 분석 기회에 대한 아이디어를 산업별, 업무 서비스별로 분석 주제의 후보 그룹을 구성하여 Quick&Easy 방식으로 얻어내고, 기업에 적용할 분석 주제의 후보 목록을 브레인스토밍★ 기법으로 빠르게 도출한다.

★브레인스토밍
회의 구성원의 아이디어 제시를 요구하여 창의적 발상을 찾아내려는 방법

③ 분석 유스 케이스

- 도출한 분석 기회들에 대해 구체적인 과제로 만들기 전에 분석 유스 케이스로 정의하는 것이 필요하다.
- 분석 유스 케이스는 해결해야 할 문제에 대한 상세한 설명과 해당 문제를 해결했을 때 발생하는 효과를 명시함으로써 향후 데이터 분석 문제로의 전환 및 적합성 평가에 활용한다.

▶ 분석 유스 케이스 사례

업무	분석 유스 케이스	설명	효과
재무	자금 시재 예측	일별로 예정된 자금 지출과 입금을 추정	자금의 과부족 현상 예방, 자금 운용 효율화
	구매 최적화	구매 유형과 구매자별로 과거 실적과 구매 조건을 비교 및 분석하여 구매 방안을 도출	구매 비용 절감
고객	서비스 수준 유지	서비스 단위로 달성 수준을 측정 및 평가	고객 만족
	고객 만족 달성	고객별로 만족 수준을 측정하고, 수준에 미달할 시 원인을 분석하고 대처	
판매	파이프라인 최적화	파이프라인의 각 단계별로 고객 상태 파악 및 수주 규모 예상	영업 촉진
	영업 성과 분석	영업 직원별 사용 원가와 실적을 분석하여 영업 정책에 반영	영업 정책 개선

2) 문제 정의 단계(Problem Definition) : 데이터 분석 문제 변환

- 문제 탐색을 통해 식별된 비즈니스 문제를 데이터 분석 문제로 변환하여 정의하는 단계이다.
  - 앞서 수행한 문제 탐색의 단계는 무엇을(What), 어떤 목적으로(Why) 수행해야 하는지에 대한 관계이며, 문제 정의 단계는 이를 달성하기 위해 필요한 데이터 및 기법(How)을 정의하기 위한 데이터 분석의 문제로의 변환을 수행한다.
- 데이터 분석은 분석을 수행하는 당사자뿐만 아니라 해당 문제가 해결되었을 때, 효용을 얻을 수 있는 최종 사용자 관점에서 이루어져야 한다.
- 데이터 분석 문제가 잘 정의되었을 때, 필요한 데이터의 정의 및 기법 발굴이 용이하기 때문에 가능한 정확하게 분석의 관점으로 문제를 재정의할 필요가 있다.

▶ 비즈니스 문제의 데이터 분석 문제 변환 예시

비즈니스 문제	데이터 분석 문제
예상치 못한 설비 장애로 인한 판매량 감소	설비의 장애를 발생시킨 신호를 감지하여 설비 장애 요인으로 식별하고, 장애 발생 시점 및 가능성을 예측
기존의 판매 정보를 기반으로 영업사원이 판단 시 재고 관리 및 적정 가격 판매 어려움	내부 판매 정보뿐만 아니라 수요 예측을 수행할 수 있는 인자의 추출 및 모델링을 통한 수요 예측

3) 해결 방안 탐색 단계(Solution Search) : 수행 옵션 도출

- 정의된 데이터 분석 문제를 해결하기 위한 다양한 방안이 모색되는 단계로서 어떤 데이터 또는 분석 시스템을 사용할 것인지를 검토하는 단계이다.
- 데이터 및 분석 시스템에 따라 소요되는 예산 및 활용 가능한 도구가 다르다.
- 기존 정보시스템의 단순한 보완으로도 데이터 분석이 가능한지, 엑셀 등의 간단한 도구로 분석이 가능한지를 고려한다.
- 하둡 등 분산병렬처리를 활용한 빅데이터 분석도구를 통해 보다 체계적이고 심도 있는 방안을 고려한다.
- 분석 역량을 기존에 가지고 있는지의 여부를 파악하여 보유하고 있지 않는 경우에는 교육이나 전문인력 채용을 통해 역량을 확보하거나 분석 전문업체를 활용하여 과제를 해결하는 방안을 검토한다.

분석 역량 (who) / 분석 기법 및 시스템	확보	미확보
기존 시스템	기존 시스템 개선 활용	교육 및 채용을 통한 역량 확보
신규 도입	시스템 고도화	전문업체(Sourcing)

4) 타당성 검토 단계(Feasibility Study) : 타당성 평가 → 과제 선정

- 도출된 분석문제나 가설에 대한 대안을 과제화하기 위해서는 다각적인 타당성 분석이 수행되어야 한다.
- 경제적 타당도는 비용 대비 편익(효익) 분석 관점의 접근이 필요하다.
  - 비용 항목은 데이터, 시스템, 인력, 유지보수 등과 같은 분석 비용으로 구성한다.
  - 편익으로는 분석 결과를 적용함으로써 추정되는 실질적 비용 절감, 추가적 매출, 수익 등과 같은 경제적 가치로 산출한다.
- 데이터 및 기술적 타당도에는 분석을 위한 데이터의 존재 여부, 분석 시스템 환경, 분석 역량이 필요하다.
  - 기술적 타당성 분석시 분석 역량 확보 방안을 사전에 수립하며 이를 효과적으로 평가하기 위해서는 비즈니스 지식과 기술적 지식이 요구된다.
- 타당성 검토를 위해 도출된 대안을 다양하게 활용할 수 있다.
  - 평가 과정을 거쳐 가장 우월한 대안을 선택한다.
  - 도출한 데이터 분석 문제 및 선정된 솔루션 방안을 포함한다.
  - 분석 과제 정의서의 형태로 명시하는 후속 작업을 시행한다.
  - 프로젝트 계획의 입력물로 활용한다.

✅ 개념 체크

분석 기회 발굴 범위 확장에서 거시적 관점 분석 모델(STEEP)의 영역에 해당되지 않는 것은?

① 사회　　　② 환경　　　③ 기술　　　✅ 채널

채널은 시장의 니즈 탐색 관점에 해당된다.

03 상향식 접근 방식(Bottom-Up Approach)

분석 과제의 문제 정의가 어려운 경우에 데이터를 기반으로 문제의 재정의 및 해결방안을 탐색하고 이를 지속적으로 개선하는 방식이다.

1) 상향식 접근 방식의 등장

- 상향식 접근 방식은 기존 하향식 접근 방식의 한계를 극복하기 위한 분석 방법론이다.
  - 하향식 접근 방식은 문제가 주어져 있는 상태에서 답을 구하는 전통적인 분석 과제 발굴 방식으로서, 대규모의 데이터가 생성되고 빠르게 변하는 기업 환경에서는 문제 자체의 변화가 심해져 문제를 사전에 정확히 정의하는 것이 어렵다.
  - 이에 문제 정의 자체가 어려워 이를 데이터 기반으로 탐색하고 지속적으로 개선해 나가는 방식인 상향식 접근 방식이 등장하게 되었다.
- 상향식 접근 방식으로 분석 과제를 도출하는 방법론에는 디자인 싱킹(Design Thinking), 프로토타이핑 모델(Prototyping), 비지도 학습(Unsupervised Learning)이 있다.

2) 상향식 접근 방식의 수행

- 상향식 접근 방식의 데이터 분석은 비지도 학습* 방법에 의해 수행된다.
- 디자인 싱킹의 아이디어 도출 과정에서 발산 단계는 상향식 접근 방식을 포함할 수 있다.
- 인사이트 도출 후 반복적인 시행착오를 통해 수정하며 문제를 도출하는 일련의 과정이다.
- 상향식 접근 방식은 다양한 원천 데이터를 대상으로 분석을 수행해 가치있는 모든 문제를 도출하는 일련의 과정이다.
  - 예 의약품 제조사는 특허 기간이 만료된 의약품들의 데이터를 분석 및 상호 결합하여 새로운 의약품을 개발한다. 조합할 수 있는 경우의 수가 매우 많기 때문에 후보군을 줄이기 위해 다양한 기법을 적용해 데이터를 분석한다.
- 새로운 상품 개발이나 전략수립 등 중요한 의사 결정을 할 때, 하향식 접근 방식과 상향식 접근 방식을 혼용해 사용하며 분석의 가치를 높일 수 있는 최적의 의사결정은 두 접근 방식이 상호보완 관계에 있을 때 가능하다.
- 통계적 분석에서는 인과관계를 분석하기 위해 가설을 설정하고 이를 검정하기 위해 모집단으로부터 표본을 추출하고 그 표본을 이용한 가설 검정을 실시하는 방식으로 문제를 해결한다.
- 빅데이터 환경에서는 논리적인 인과관계 분석뿐만 아니라 상관관계 분석 또는 연관분석을 통해 다양한 문제를 해결한다.

★비지도 학습
입력값만 있는 훈련 데이터를 사용하여 패턴이나 구조를 발견

3) 디자인 싱킹(Design Thinking)

- 인간과 사물을 관찰하고 공감, 이해하고 다양한 방법을 찾는 창의적 문제 해결 방법이다.
- 사람과 사물에 대한 공감적 관찰(empathic observation)을 통해 문제를 재해석(reframing issues)하고, 시각적 아이디어 도출을 통해 직접적인 고객(사용자)을 포함한 이해 관계자를 이끌어내, 빠른 시일 내에 가시적인 프로토 타입을 공동 제작하는 액션전략(action strategy)이다.

▶ 디자인 싱킹 5단계 과정

단계	설명
공감하기(Empathize)	해결해야 할 문제들이 무엇인지 고민하는 단계
정의하기(Define)	명확하게 어떤 것이 문제인지 정의함
아이디어 내기(Ideate)	브레인 스토밍을 통해 가능한 많은 대안들을 나열함
프로토타입 만들기(Prototype)	아이디어 중 실현가능한 것들을 골라 시안/시제품 작성
테스트하기(Test)	생산된 시제품과 시안을 적용

4) 프로토타이핑 모델

- 사용자 요구사항을 정확히 파악하기 어렵고 데이터를 규정하기 어려운 상황에서 먼저 분석을 시도해보고 결과를 확인해가며 반복적으로 모델을 개선해나가는 방법이다.
- 계속적인 반복 과정을 통해 목표했던 결과에 가까운 형태로 프로젝트를 진행한다.
- 가설의 생성 → 디자인에 대한 실험 → 실제 환경에서의 테스트 → 테스트 결과에서의 통찰 도출 및 가설 확인의 프로세스로 진행한다.

5) 비지도 학습

학습 알고리즘의 결과물이라고 할 수 있는 레이블(정답)을 제공하지 않고 인공지능(AI)이 입력 데이터셋에서 패턴과 상관관계를 찾아내는 머신러닝 알고리즘이다. 즉, 입력만 제시되고, 결과 값이 제시되지 않은 데이터로 학습을 수행한다.

군집화(Clustering), 연관(Association) 분석 등이 있음

▶ 상향식 접근 방식의 절차

단계	내용
1. 프로세스 분류	가치 사슬 → 메가 프로세스 → 메이저 프로세스 → 프로세스 단계로 업무 프로세스 구조화
2. 프로세스 흐름 분석	프로세스별로 프로세스 맵을 통해 업무 흐름을 상세하게 표현
3. 분석요건 식별	각 프로세스 맵 상의 주요 의사 결정 포인트 식별
4. 분석요건 정의	각 의사결정 시점에 무엇을 알아야 의사결정을 할 수 있는지 분석의 요건을 정의

상향식 접근 방식의 절차에서 각 프로세스 맵 상의 주요 의사 결정 포인트 식별하는 단계는 무엇인가?
① 프로세스 분류
② 프로세스 흐름 분석
③ 분석요건 식별
④ 분석요건 정의

상향식 접근 방식의 절차는 프로세스 분류 → 프로세스 흐름 분석 → 분석요건 식별 → 분석요건 정의 순서로 진행되며, 각 프로세스 맵 상의 주요 의사 결정 포인트를 식별하는 단계는 분석요건 식별에 해당된다.

04 분석 프로젝트 특징

★ 분석 과제 5가지 주요 특성
• 데이터 크기
• 데이터 복잡도
• 속도
• 분석 복잡도
• 정확도와 정밀도

- 분석 프로젝트는 다른 프로젝트 유형처럼 품질, 리스크, 의사소통, 범위, 일정 등 영역별 관리가 수행되어야 한다.
- 다양한 데이터에 기반한 분석 기법을 적용하기 때문에 5가지 주요 특성★을 고려하여 추가적 관리가 필요하다.
- 분석 프로젝트는 도출된 결과의 재해석을 통한 지속적인 반복 및 정규화가 수행되기도 한다.
- 분석 과제 정의서를 기반으로 분석 프로젝트를 진행하게 된다.

더 알기 Tip

분석 과제 정의서
- 분석 과제 정의서는 앞으로의 프로젝트 수행 계획에서 입력물로 사용되며, 수행하는 관계자가 프로젝트의 방향을 설정하고 성공 여부를 판별할 수 있도록 해주는 중요한 자료이다.
- 분석 과제 정의서를 통해 분석별로 필요한 소스 데이터, 분석 방법, 데이터 입수 및 분석의 난이도, 분석 수행 주기, 분석 결과에 대한 검증, 상세 분석 과정 등을 정의한다.
- 분석 데이터 소스는 내부 및 외부의 비구조적인 데이터와 소셜미디어 및 오픈 데이터까지 범위를 확장하여 고려하고 분석 방법 또한 상세하게 정의한다.

분석 프로젝트 관리 방안

01 분석 과제 관리 영역

1) 데이터 크기(Data Size)

• 분석하고자 하는 데이터의 양을 고려하는 관리 방안 수립이 필요하다.
• 하둡★ 분산 프레임워크 환경에서의 대규모 데이터를 기반으로 분석하는 것과 기존의 정형 데이터베이스에 있는 데이터를 분석할 때의 관리 방식 간의 차이가 필요하다.

★하둡(Hadoop)
여러 컴퓨터를 하나인 것처럼 묶어 대용량 데이터를 처리하는 기술

2) 데이터 복잡도(Data Complexity)

• 비정형 데이터 및 다양한 시스템에 산재되어 있는 데이터들을 통합해서 분석 프로젝트를 진행할 때는 해당 데이터에 잘 적용될 수 있는 분석 모델 선정에 대한 고려가 필요하다.
• 텍스트, 오디오, 비디오 등의 비정형 데이터 및 다양한 시스템에 있는 원천 데이터들을 통합해서 분석 프로그램을 진행할 때는 초기 데이터 확보 및 통합뿐만 아니라 해당 데이터에 잘 적용될 수 있는 분석 모델의 선정 등에 대한 사전 고려가 필요하다.

3) 속도(Speed)

• 분석 결과가 도출된 다음, 분석 결과를 활용하는 시나리오 측면에서의 속도가 고려되어야 한다.
• 일 단위, 주 단위 실적의 경우에는 배치(Batch) 형태로 일괄 작업되어도 무방하나, 실시간 사기(Fraud)를 탐지하거나 고객에게 개인화된 맞춤형 상품 또는 서비스를 추천하는 시스템의 경우에는 분석 모델이 실시간으로 수행되어야 하기 때문에 프로젝트 수행 시 분석 모델의 성능 및 속도를 고려한 개발 및 테스트가 수행되어야 한다.

4) 분석 복잡도(Analytic Complexity)

분석 모델의 정확도(Accuracy)와 복잡도(Complexity)는 트레이드 오프(Trade Off)★ 관계가 존재하므로 이에 대한 기준점을 사전에 정의해두어야 한다.
예 고객의 신용을 평가하는 마케팅 시나리오에서 분석 모델을 활용해 신용점수가 낮게 나올 때, 어떠한 변수로 인해 나온 결과인지를 모델에서 설명해 줄 수 없으면 영업 및 마케팅 직원 입장에서는 해당 고객과의 소통이 어려워지는 문제가 있다.

★트레이드 오프
두 목표 가운데 하나를 달성하려고 하면 다른 목표의 달성이 늦어지거나 희생되는 관계

분석 모델이 복잡할수록 정확도는 올라가지만, 해석이 어려워지므로, 해석이 가능하면서도 정확도를 올릴 수 있는 최적 모델을 찾는 방안을 사전에 모색

5) 정확도와 정밀도(Accuracy & Precision)

① 정확도(Accuracy)

- 모델의 예측 값과 실제 값의 차이를 나타내며, 데이터 분석의 활용적인 측면에서 중요한 척도이다.
  - 정확도가 높을수록 예측 값과 실제 값의 차이가 작다.
    $$Accuracy = (TP+TN) / (TP+FP+TN+FN)$$

② 정밀도(Precision)

- 모델을 반복적으로 수행했을 때 예측 값과 실제 값 사이의 편차의 수준을 의미한다.
  - 모델이 True라고 분류한 것 중에서 실제 값도 True인 것의 비율을 나타낸다.
    $$Precision = TP / (TP + FP)$$
- 정확도와 정밀도는 트레이드 오프 관계로, 모델의 해석 및 적용시에 사전에 고려해야 한다.
  - 분석의 활용적인 측면에서는 Accuracy, 안정성 측면에서는 Precision이 중요하다.

혼동행렬(Confusion Matrix)

		현실	
		Positive	Negative
예	Positive	TP	FP
측	Negative	FN	TN

T: True, F: False

✓ **개념 체크**

다음 중 분석 과제의 5가지 특성 관리 영역에 해당되지 않는 것은?

☑ 데이터 분석 기법 　② 정확도 및 정밀도
③ 속도 　④ 데이터 크기

분석 과제의 5가지 특성에는 데이터 크기, 데이터 복잡도, 속도, 정확도 및 정밀도, 분석 복잡도가 있다.

---

02 주제별 프로젝트 관리 체계(방안)

데이터 분석가가 분석 프로젝트에서 프로젝트 관리자의 역할을 수행하는 경우가 많아 프로젝트 관리 영역에 대한 주요한 사항들을 체크 포인트 형태로 관리하여, 발생할 수 있는 이슈와 리스크를 사전에 숙지하고 방지할 필요가 있다.

▶ 분석 프로젝트 관리 요소

관리 요소	내용
시간 (Time)	• 데이터 프로젝트 활동의 일정을 수립하고, 일정 통제의 진척 상황을 관찰해야 함 • 데이터 분석 프로젝트는 초기 의도했던 결과가 쉽게 나오지 않고 분석 범위도 빈번하게 변경하게 되므로, 프로젝트 과정이 지속적으로 반복되어 많은 시간이 소요됨 • 분석 결과에 대한 품질이 보장된다는 전제로 타임박싱(Time Boxing)★ 기법으로 일정 관리 진행이 필요 　- 분석 전문가의 상상력이 요구되므로 일정을 제한하는 일정계획은 적절하지 못함
범위 (Scope)	• 작업과 산출물(인도물)을 식별하고 정의하는데 요구되는 프로세스 • 분석 기획 단계에서의 프로젝트 범위가 분석을 진행하면서 데이터의 형태와 양 또는 적용되는 모델의 알고리즘에 따라 프로젝트 범위가 빈번하게 변경되므로 범위 관리가 중요 • 분석의 최종 결과물이 분석보고서 형태이거나 시스템 형태에 따라 투입되는 자원 및 범위가 변경되므로 사전에 충분한 고려가 필요함

분석 프로젝트의 경우 관리 영역에서 일반 프로젝트와 다르게 관리해야 할 요소들이 존재

★타임박싱
업무 스케줄링을 최대한 세분화하여 우선순위에 따라 업무 시간을 할당하는 방법

품질 (Quality)	• 프로젝트 품질을 품질 통제(Quality Control)와 품질 보증(Quality Assurance)로 나눠 수행 • 품질 보증과 품질 통제를 계획하고 확립하는 데 요구되는 프로세스 • 분석 프로젝트를 수행한 결과에 대한 품질 목표를 사전에 수립해 확정해야 함 • 데이터 분석 모델 품질 평가를 위해 SPICE 모델★ 사용
통합 (Integration)	• 프로젝트와 관련된 다양한 활동 및 프로세스를 도출, 정의, 결합, 단일화, 조정, 통제, 종료에 필요한 프로세스 • 프로젝트 관리 프로세스들이 통합적으로 운영될 수 있도록 관리해야 함
이해관계자 (Stakeholder)	• 프로젝트 스폰서, 고객사, 이해관계자에 대한 식별 및 관리에 필요한 프로세스 • 데이터 분석 프로그램은 다양한 전문가가 참여하므로 이해관계자의 식별과 관리가 필요
자원 (Resource)	• 인력, 기반 시설, 장비, 자재 도구와 같은 적절한 프로젝트 자원을 식별하고 확보하는 데 필요한 프로세스 • 고급 빅데이터 분석 및 디자인 및 설계를 수행할 인력공급이 부족하므로, 프로젝트 수행 전에 전문가 확보에 대한 검토가 필요
원가 (Cost)	• 개발 예산과 원가통제의 진척 상황을 관찰하는데 요구되는 프로세스 • 오픈 소스 도구 외에 프로젝트 수행 시 의도한 결과 달성을 위해 상용버전 도구가 필요할 수 있음 • 외부 데이터를 활용한 데이터 분석 작업의 경우에는 많은 비용이 소요될 수 있으므로 충분한 사전 조사가 필요
리스크 (Risk)	• 위험과 기회를 식별하고 관리하는 프로세스 • 데이터 및 분석 알고리즘의 한계로 초기에 목표로 설정한 품질을 달성하지 못한 경우에는 그에 따른 대응 방안을 수립할 필요가 있음 • 분석에 필요한 데이터 미확보로 인해 데이터 분석 프로젝트 진행이 어려울 수 있으므로 관련 위험 식별 및 대응 방안에 대한 사전 수립이 필요
조달 (Delivery)	• 계획에 요구되는 프로세스를 포함하며, 제품 및 서비스 또는 인도물을 인수하고 공급자와의 관계를 관리하는 데 요구되는 프로세스 • 다양한 데이터 확보를 위해 조달 관리가 중요함 • 프로젝트 목적성에 맞는 외부 소싱★을 적절히 운영할 필요가 있음 • PoC(Proof of Concept)★ 형태의 프로젝트는 인프라 구매가 아닌 클라우드 등의 다양한 방안을 검토할 필요가 있음
의사소통 (Communication)	• 프로젝트와 관련된 정보를 계획하고 관리하며, 배포하는 데 요구되는 프로세스 • 전문성이 요구되는 데이터 분석 결과를 모든 프로젝트 이해관계자가 공유할 수 있도록 해야 함 • 프로젝트의 원활한 진행을 위해 다양한 의사소통 체계 마련

★SPICE 모델
소프트웨어 프로세스 성숙도 평가 모델

★외부 소싱
제3자에게 위탁해 운영

★PoC
기존에 없었던 신기술을 도입하기 전 검증하기 위해 사용

✔️ **개념 체크**

다음 중 분석 프로젝트의 관리 영역에 해당하지 않는 것은?

① 이해관계자   ② 범위
③ 품질   ✔️ 프로세스 관리

분석 프로젝트의 관리 영역에는 의사소통, 조달, 리스크, 원가, 자원, 이해관계자, 통합, 품질, 범위, 시간이 있다.

01 데이터 분석 주제 유형을 대상과 방법에 따라 4가지로 구분했을 때, 분석 대상이 불분명하고, 분석 방법을 알고 있는 경우에 사용하는 방법은 무엇인가?

① 최적화
② 솔루션
③ 통찰
④ 발견

02 다음 중 목표 시점별로 당면한 과제를 빠르게 해결해 나가는 과제 중심적인 접근 방식의 특징이 아닌 것은?

① Accuracy & Deploy
② Problem Solving
③ Speed & Test
④ Quick – Win

03 빅데이터 분석 절차를 순서대로 올바르게 나열한 것은?

① 분석 기획(Planning) → 데이터 준비(Preparing) → 데이터 분석(Analyzing) → 시스템 구현(Developing) → 평가 및 전개(Deploying)
② 데이터 분석(Analyzing) → 분석 기획(Planning) → 데이터 준비(Preparing) → 시스템 구현(Developing) → 평가 및 전개(Deploying)
③ 데이터 준비(Preparing) → 분석 기획(Planning) → 데이터 분석(Analyzing) → 시스템 구현(Developing) → 평가 및 전개(Deploying)
④ 평가 및 전개(Deploying) → 데이터 준비(Preparing) → 분석 기획(Planning) → 데이터 분석(Analyzing) → 시스템 구현(Developing)

04 프로젝트 위험 대응 계획을 수립할 때 예상되는 위험에 대한 대응 방법으로 가장 부적절한 것은 무엇인가?

① 회피(Avoid)
② 실행(Execution)
③ 완화(Mitigate)
④ 수용(Accept)

05 문제의 정의 자체가 어려워 데이터를 기반으로 문제의 재정의 및 해결방안을 탐색하고 이를 지속해서 개선하는 분석 과제 발굴 방식은 다음 중 무엇인가?

① 상향식 접근 방식
② 하향식 접근 방식
③ 프로토타이핑 접근법
④ 단계별 선택 방식

06 빅데이터 분석은 분석 주제 유형의 구분 기준에 따라 4가지로 나눌 수 있다. 이때 분석 주제 유형의 구분 기준은 다음 중 무엇인가?

① What, How
② Where, What
③ How, Why
④ What, Why

07 하향식 접근법의 프로세스 단계는 무엇인가?

① 타당성 평가 → 문제 정의 → 문제 탐색 → 해결방안 탐색
② 문제 정의 → 문제 탐색 → 해결방안 탐색 → 타당성 평가
③ 문제 탐색 → 문제 정의 → 해결방안 탐색 → 타당성 평가
④ 타당성 평가 → 문제 탐색 → 문제 정의 → 해결방안 탐색

08 분석 기회 발굴의 범위 확장에 있어, 니즈 탐색 관점 영역에 해당되지 않는 것은?

① 채널
② 고객
③ 사회
④ 영향자들

09 비즈니스 모델 관점에서 기업의 사업 모델을 도식화 해놓은 비즈니스 모델 캔버스의 구성 단위로만 묶여진 것은?

① 채널
② 고객
③ 사회
④ 영향자들

10 다음 중 분석 과제에 대한 접근 방법이 잘못된 것은?

① 문제가 확실할 때는 상향식 접근 방식을 사용한다.
② 디자인 싱킹의 경우에는 상향식과 하향식을 반복적으로 사용하기 쉽다.
③ 문제의 정의 자체가 어려운 경우에는 상향식 접근 방식을 사용한다.
④ 문제의 해법을 찾기 위해 하향식 접근 방식을 사용한다.

11 데이터 분석 과제 수행시 고려하는 5요소가 아닌 것은?

① 데이터 크기
② 데이터 복잡성
③ 속도
④ 데이터 분석 방법

12 정확도와 정밀도에 대한 설명 중 가장 부적합한 것은?

① 정확도와 정밀도는 상충관계인 경우가 많다.
② 모델의 안정성 측면에서는 정확도가 중요하고, 분석의 활용 측면에서는 정밀도가 중요하다.
③ 정밀도는 모델을 지속적으로 반복했을 때 편차의 수준을 의미한다.
④ 정확도와 정밀도는 모델의 해석 및 적용시 사전에 고려가 필요하다.

13 다음 중 정밀도를 계산하기 위한 올바른 수식은 무엇인가?

① (TP + FP) / FP
② (TP + FP) / TP
③ FP / (TP + FP)
④ TP / (TP + FP)

14 전체 업무를 분류하여 구성 요소로 만든 것으로서 각 요소를 평가하고 일정별로 계획하며 그것을 완수할 수 있는 사람에게 할당해주는 역할을 수행하는 것은?

① ERD
② WBS
③ FP
④ TP

15 다음 설명에 해당하는 데이터 분석 방법론의 적용 업무 특성에 따른 모델은 무엇인가?

> – 반복을 통해 점증적으로 개발
> – 반복에 대한 관리 체계가 효과적으로 갖춰지지 못한 경우 복잡도가 상승하여 프로젝트 진행이 어려울 수 있음
> – 반복을 통해 점증적으로 개발하는 방법으로 처음 시도하는 프로젝트 적용에 용이
> – 관리체계를 효과적으로 갖추지 못한 경우, 복잡도가 상승해 프로젝트 진행이 어려울 수 있음

① 나선형 모델
② 프로토타입 모델
③ 폭포수 모델
④ CMMI 모델

16 통계 및 수학적 기술뿐만 아니라 패턴인식 기술들을 이용해 데이터 저장소에 저장된 대용량 데이터를 조사함으로써 의미있는 새로운 상관관계, 패턴, 추세 등을 발견하는 과정을 무엇이라 하는가?

① 데이터 마이닝   ② 데이터 크롤링
③ 데이터 스크래핑   ④ 데이터 전처리

17 데이터 분석 방법론 중 KDD는 데이터 전처리(preprocessing)에 분석 대상용 데이터셋에 포함되어 있는 잡음(noise)과 이상치(outlier), 결측치(missing value)를 식별하고 필요시 제거하거나 의미 있는 데이터로 처리하는 데이터셋 정제작업을 시행한다. 또 다른 분석 방법인 CRISP–DM 분석 방법론 중 이와 유사한 프로세스 단계는 무엇인가?

① 데이터 차원 축소
② 데이터 수집
③ 데이터 준비
④ 데이터 검증

18 인간에 대한 관찰과 공감을 바탕으로 다양한 대안을 찾는 확산적 사고와 주어진 상황에 대한 제일 나은 방법을 찾는 수렴적 사고의 반복을 통해 혁신적 결과를 도출하는 창의적 문제 해결하는 상향식 접근 방법은 무엇인가?

① 프로토타이핑
② 브레인스토밍
③ 디자인 싱킹
④ 리터러시

19 먼저 분석을 시도해 보고 그 결과를 확인해 가면서 반복적으로 개선해 나가는 방법으로, 시행착오를 겪어가면서 문제 해결을 위해 사용하는 방법은 무엇인가?

① 디자인 싱킹   ② 비지도 학습
③ 프로토타이핑   ④ 리터러시

CHAPTER 01

01 ③	02 ①	03 ①	04 ②	05 ①
06 ①	07 ③	08 ③	09 ③	10 ①
11 ④	12 ②	13 ④	14 ②	15 ①
16 ①	17 ③	18 ③	19 ③	

01 ③

통찰(insight)은 분석 대상이 불분명하고, 분석 방법을 알고 있는 경우에 사용하는 방법이다.

02 ①

Accuracy & Deploy는 마스터플랜 단위의 중장기 방안으로서, 장기적 마스터 플랜을 세워 지속적인 분석 문화를 내재화하는 접근 방법이다.

03 ①

04 ②

프로젝트 위험 대응 방법으로는 회피, 전이, 완화, 수용이 있다.

05 ①

- **상향식 접근 방식** : 문제에 대한 정의가 어려운 경우에 데이터를 바탕으로 문제를 지속적으로 개선해 나가는 접근 방식
- **하향식 접근 방식** : 분석 과제가 정해져 있는 상태에서 과제를 체계적으로 분석하는 방법

06 ①

분석의 대상(What)과 방법(How)에 따라 4가지로 분류된다.

07 ③

하향식 접근법의 프로세스 단계 : 문제 탐색 → 문제 정의 → 해결방안 탐색 → 타당성 평가

08 ③

고객은 거시적 관점 분석 모델 영역에 해당된다.

09 ③

고객은 거시적 관점 분석 모델 영역에 해당된다.

10 ①

문제가 확실할때는 하향식 접근 방법을 사용한다.

11 ④

분석 과제의 주요 5가지 특성 관리 영역 : Data Size, Data Complexity, Speed, Analytic Complexity, Accuracy & Precision이 있다.

12 ②

정확도(Accuracy)는 모델과 실제 값 사이의 차이가 적다는 정확도를 의미하고 정밀도(Precision)은 모델을 지속적으로 반복했을 때의 편차의 수준으로써 일관적으로 동일한 결과를 제시한다는 것을 의미한다.

13 ④

정밀도 = TP / (TP + FP)

14 ②

WBS는 전체 업무를 분류하여 구성 요소로 만든 것으로서, 프로젝트 계획을 시각적 형태로 표현한 것이라고 할 수 있다.

15 ①

나선형 모델은 폭포수 모형과 프로토타입 모형의 장점을 수용하고 위험 분석을 추가한 점증적 개발 모델이며,
프로젝트 수행 시 발생하는 위험을 관리하고 최소화하려는 것이 목적이다.

16 ①

데이터 마이닝은 통계분석과 달리 가설이나 가정에 따른 분석이나 검증, 통계학 전문가가 사용하는 도구는 아니며, 다양한 수학 알고리즘을 이용해 DB의 데이터로부터 의미 있는 정보를 찾아내는 방법이다. 데이터 마이닝 방법론의 종류로는 SEMMA, KDD, CRISP-DM 등이 있다.

17 ③

KDD와 CRISP-DM 간 유사한 프로세스 단계

KDD	CRISP-DM
데이터셋 선택	데이터 이해
데이터 변환	데이터 준비

18 ③

디자인 싱킹은 인간과 사물을 관찰하고 공감, 이해하고 다양한 방법을 찾는 창의적 문제 해결 방법이다. 또한, 사람과 사물에 대한 공감적 관찰(empathic observation)을 통해 문제를 재해석(reframing issues)하고, 시각적 아이디어 도출을 통해 직접적인 고객(사용자)를 포함한 이해 관계자를 이끌어내, 빠른 시일 내에 가시적인 프로토타입을 공동 제작하는 액션 전략(action strategy)이다.

19 ③

프로토타이핑 접근법은 사용자 요구사항을 정확히 파악하기 어렵고 데이터를 규정하기 어려운 상황에서 먼저 분석을 시도해보고 결과를 확인해 가며 반복적으로 모델을 개선해 나가는 방법이다.

자격증은 이기적!

분석 마스터 플랜

학습 방향

분석 과제의 우선순위를 결정하는 데 있어서 어떤 요소들을 고려해야 하는지 확인합니다. 단계별 세부 계획과 데이터 거버넌스의 개념에 대해 학습하고 분석 조직 유형에 대해 알아두세요.

출제 빈도

Section 01	하	25%
Section 02	중	50%
Section 03	하	25%

마스터 플랜 수립

빈출 태그 분석 마스터 플랜 프레임워크, ROI, ISP, 분석 과제 우선순위 평가기준

★ROI
Return On Investment
투자 혹은 비용에 대한 순수익

01 분석 마스터 플랜

- 기업에서 필요로 하는 데이터 분석 과제를 모두 도출한 후, 제한된 자원과 예산을 효율적으로 사용하기 위해 과제의 우선순위를 결정하고 단기 및 중장기로 나누어 계획을 수립하는 것이다.
- 분석 마스터 플랜 과정에서는 전략적 중요도, 비즈니스 성과와 ROI★ 및 분석 과제의 실행 용이성을 고려하여 과제의 우선순위를 설정한다.
- 분석 마스터 플랜을 수립할 때는 중장기적 마스터 플랜 수립 과제를 도출한 뒤 적용 우선순위를 설정하고 다양한 요소들을 종합적으로 고려해 데이터 분석 구현을 위한 단계별 로드맵(과제별 이행계획)을 수립한다.
  - 분석 과제 수행의 선후행 관계, 분석 과제의 적용 범위 및 방식에 대해서도 종합적으로 고려하여 우선순위를 결정한다.
- 분석 마스터 플랜은 일반적인 ISP 방법론을 활용하되 데이터 분석 기획의 특성을 고려하여 수행한다.

> **더 알기 Tip**
>
> **ISP(Information Strategy Planning, 정보 전략 계획)**
> - 기업의 경영목표 달성에 필요한 전략적 주요 정보를 포착하고, 주요 정보를 지원하기 위해 전사적 관점의 정보 구조를 도출하며, 이를 수행하기 위한 전략 및 실행 계획을 수립하는 전사적인 종합추진 계획이다.
> - 정보기술, 정보시스템을 전략적으로 활용하기 위해 조직 내외부 환경을 분석하여 기회나 문제점을 도출하고 사용자의 요구사항을 분석하여 시스템 구축 우선순위를 결정하는 등 중장기 마스터플랜을 수립하는 절차이다.

기업의 경영목표 달성에 필요한 전략적 주요 정보를 포착하고, 주요 정보를 지원하기 위해 전사적 관점의 정보 구조를 도출하며, 이를 수행하기 위한 전략 및 실행계획을 수립하는 전사적인 종합추진 계획을 무엇이라 하는가?

① Enterprise Resource Planning
② On-line Analytical Processing
③ Return on Investment
④ Information Strategy Planning

정보 전략 계획(ISP)은 정보시스템 구축의 출발점인 계획 단계를 의미한다. 정보 전략 계획은 기업이 수립한 중장기 경영 전략과 계획을 토대로 사업 전개에 필요한 총체적인 정보 체계를 제시하고 향후 단위 또는 통합 정보 체계의 개발을 계획하고 통제함으로써 경영 요구에 의한 정보 기술 체계를 구축하는 과정이다.

02 분석 마스터플랜 수립 프레임워크

1) 분석 마스터플랜 수립

▶ 분석 마스터플랜 수립 기준

분석 과제
↓
우선순위 고려 요소
↓
적용 우선순위 결정 고려 요소
↓
분석 구현 로드맵 수립

구분	내용
우선순위 고려 요소	실행 용이성, ROI, 전략적 중요도
적용 우선순위 결정 고려 요소	기술 적용 수준, 분석 데이터 적용 수준, 업무 내재화 적용 수준

▶ 빅데이터 특징을 고려한 ROI 요소

측면	요소	내용
투자비용 측면의 요소	크기	데이터 규모 및 양
	다양성	데이터의 다양한 종류와 형태
	속도	데이터 생성 속도 또는 처리 속도
비즈니스 효과 측면의 요소	가치	데이터 분석 결과를 바탕으로 추구하는 목표 가치

2) 분석 과제 도출 및 우선순위 평가 방법과 절차

• 분석 과제에 대한 실행 순서를 정하는 방법이다.
• 업무별 도출된 분석 과제를 우선순위 평가 기준에 따라 평가한 다음, 분석 과제 수행의 선후행 관계를 고려해 적용순위를 조정한다.

▶ 분석 과제 우선순위 평가기준

평가기준	내용
시급성	• 전략적 중요도와 목표 가치에 부합하는지에 따라 시급성이 가장 중요한 기준 • 시급성 판단 기준은 전략적 중요도가 핵심 • 현재의 관점에서 전략적 가치를 둘 것인지, 미래의 중장기적 관점에서 전략적인 가치를 둘 것인지를 고려 • 분석 과제의 목표 가치를 함께 고려하여 시급성 여부를 판단
난이도	• 데이터 생성, 저장, 가공에 따른 비용, 분석 적용 비용, 기업의 분석 수준(Volume, Variety, Velocity, 투자 비용 요소(Investment))을 고려 • 난이도는 현 시점에서 과제를 추진하는 것이 적용 비용 및 범위 측면에서 고려했을 때 바로 적용하기 쉬운 것인지 또는 어려운 것인지를 판단 • 분석 난이도는 분석 준비도와 성숙도 진단 결과에 따라 기업의 분석 수준을 파악하고 이를 바탕으로 결정

▶ 난이도와 시급성에 따른 분석 과제 우선순위 선정

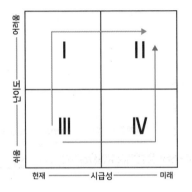

I	• 전략적으로 중요도가 높아 경영에 미치는 영향이 커서 시급히 추진할 필요가 있음 • 난이도가 높아 현재 수준에서 과제를 바로 적용하기에 어려움
II	• 현재 시점에서는 전략적 중요도가 높지 않지만 중장기적 관점에서 반드시 추진되어야 함 • 분석 과제를 바로 적용하기에는 난이도가 높음
III	• 전략적 중요도가 높아 현재 시점에 전략적 가치를 두고 있음 • 과제 추진의 난이도가 어렵지 않아 우선적으로 바로 적용 가능
IV	• 현재 시점에서는 전략적 중요도가 높지 않아 중장기적 관점에서 과제 추진이 바람직함 • 과제를 바로 적용하는 것은 어렵지 않음

• 우선순위를 '시급성'에 둔다면 Ⅲ → Ⅳ → Ⅱ 순서로 진행한다.
• 우선순위를 '난이도'에 둔다면 Ⅲ → Ⅰ → Ⅱ 순서로 진행한다.
• 시급성이 높고(현재), 난이도가 높은(어려움) 영역(1사분면)은 경영진 또는 실무 담당자의 의사결정에 따라 난이도를 변경하여 적용함으로써, 우선순위를 조정할 수 있다.
  예 Ⅰ사분면에서 위치한 분석 과제의 난이도를 어려움 → 쉬움으로 변경하여 Ⅲ사분면에 위치시킬 수 있다.
• 분석을 위한 기술적 요소, 분석 범위에 따라서도 우선순위를 조정할 수 있다.

3) 로드맵 수립

- 결정된 분석 과제별 적용 범위 및 방식을 고려해 최종적인 실행 우선순위를 결정한 다음, 단계적 구현 로드맵을 수립한다.
- 분석 과제에 대한 포트폴리오 사분면 분석을 통해 과제의 우선순위를 결정한다.
- 단계별로 추진하고자 하는 목표를 정의하고, 추진 과제별 선후행 관계를 고려해 단계별 추진 내용을 정렬한다.

▶ 추진 단계별 목표 및 과제

추진 단계	단계별 추진 목표	추진 과제
1단계: 데이터 분석체계 도입	빅데이터의 성공적인 도입을 위해 비즈니스 페인 포인트(Pain Point)★가 무엇인지 식별하고, 이를 해결해 나가는 관점에서 분석 기회를 발굴하여 과제로 정의하고 마스터 플랜을 수립	• 분석 기회 발굴 및 분석 과제 정의 • 마스터플랜 수립
2단계: 데이터 분석 유효성 입증	• 분석 과제에 대해 파일럿(Pilot)을 수행한 다음, 비즈니스적인 유효성과 타당성을 검증하고, 기술적인 실현 가능성을 검증 • 파일럿 수행에 필요한 분석 알고리즘 및 아키텍처 설계	• 분석 알고리즘 및 아키텍처 설계 • 분석 과제 파일럿 수행
3단계: 데이터 분석 확산과 고도화	• 파일럿을 통해 검증된 분석 과제를 업무 프로세스에 내재화하기 위한 변화 관리 수행 • 파일럿 검증 결과를 전사에 확산하는 관점에서 빅데이터 분석 활용 시스템을 구축하고 유관 시스템을 고도화	• 업무 프로세스 내재화 • 빅데이터 분석 활용시스템 구축 • 유관 시스템 고도화

지속적으로 고객들에게 불편을 초래하는 상품 또는 서비스

★페인 포인트
지속적으로 고객들에게 불편을 초래하는 상품 또는 서비스

4) 세부 이행계획 수립

- 데이터 분석 체계는 데이터 수집 및 확보와 분석 데이터를 준비하는 단계를 순차적으로 진행하고, 모델링 단계는 반복적으로 수행하는 혼합형을 적용한다.
- 프로젝트의 세부 일정계획은 데이터 분석 체계를 고려해 작성한다.

▶ 세부 이행계획 수립 단계

단계	설명
데이터 분석 과제 정의	• 분석 과제 정의서를 기준으로 프로젝트 전체 일정에 맞게 준비 • 세부 단위별 일정 수립, 전체 일정이 예측되도록 일정 수립
데이터 준비 및 탐색	• 세부 일정 수립 • 데이터 수집 및 정리 일정 수립 • 데이터에 대한 변수를 탐색하고 도출하는 일정 수립
데이터 분석 모델링 및 검증	• 데이터 분석 모델링 과정에 대한 실험 방법 및 절차 구분 • 기획 및 검증에 대한 상세 일정 수립
산출물 정리	데이터 분석 단계별 산출물 정리

분석 거버넌스 체계

거버넌스(Governance)
기업, 비영리 기관 등에서 규칙,
규범 및 행동이 구조화, 유지, 규
제되고 책임을 지는 프로세스

기업에서 데이터를 이용한 의사결
정 시에 데이터 분석과 활용을 위
한 체계적인 관리가 중요함

분석 비용, 예산은 구성 요소에 해
당되지 않음

01 분석 거버넌스

1) 분석 거버넌스 체계 정의

- 어떤 목적으로 분석을 수행하며, 분석을 위해 데이터를 어떻게 활용할 것인지 결정
하는 즉, 기업의 문화로서 데이터 분석을 정착시켜 분석 업무를 지속적으로 고도화
하기 위한 데이터 관리 체계를 의미한다.
- 분석 거버넌스 체계를 수립하기 위해서는 기업의 전체적인 분석 기준과 환경을 파
악하여, 가지고 있는 현재 자원이 타 경쟁사 및 유사 업종과 비교해 어느 정도 수준
에 있는지를 평가해야 한다.
- 분석 거버넌스에서 데이터 분석 효과를 유지하려면 분석조직 및 인력, 제도적 준비
가 필요하다.

▶ 분석 거버넌스 체계 구성 요소(POSHD)

구성 요소	설명
프로세스(Process)	과제 기획 및 운영 프로세스
조직(Organization)	분석기획 관리 및 추진 조직
시스템(System)	분석 관련 IT 기술과 프로그램
인적 자원(Human Resource)	분석 관련 교육
자료(Data)	데이터 거버넌스

2) 데이터 분석 준비도

기업의 데이터 분석 도입의 수준을 파악하기 위한 진단 방법으로서, 6가지 영역을 대
상으로 현 수준을 파악한다.

① 6가지 영역
- 분석 업무 파악, 인력 및 조직, 분석 기법, 분석 데이터, 분석 문화, IT 인프라(분석
인프라)

② 진단 과정
- 영역별로 세부 항목에 대한 수준을 파악한다.
- 진단 결과 전체 요건 중 일정 수준 이상을 충족하면 분석업무를 도입하고, 충족하
지 못할 경우에는 분석환경을 조성한다.

▶ 6가지 영역별 데이터 분석 준비도

분석 업무 파악	인력 및 조직	분석 기법
• 발생한 사실 분석 업무 • 예측 분석 업무 • 시뮬레이션 분석 업무 • 최적화 분석 업무 • 분석 업무 개선	• 분석 전문가 직무 존재 • 분석 전문가 교육 훈련 프로그램 • 관리자의 기본적 분석 능력 • 전사 분석 업무 총괄 조직 존재 • 경영진 분석 업무 이해 능력	• 업무별 적합한 분석 기법 사용 • 분석 업무 도입 방법론 • 분석 기법 라이브러리 • 분석 기법 효과성 평가 • 분석 기법 정기적 개선
분석 데이터	분석 문화	IT 인프라(분석 인프라)
• 분석 업무를 위한 데이터의 충분성 및 신뢰성 • 적시성 • 비구조적 데이터 관리 • 외부 데이터 활용 체계 • 기준 데이터 관리	• 사실에 근거한 의사 결정 • 관리자의 데이터 중시 • 회의 등에서 데이터 활용 • 경영진의 직관보다 데이터의 활용 • 데이터 공유 및 협업 문화	• 운영 시스템 데이터 통합 • EAI, ETL 등 데이터 유통 체계 • 분석 전용 서버 및 스토리지 • 통계 분석 환경 • 빅데이터 분석 환경 • 비주얼 분석 환경

3) 데이터 분석 성숙도

• 시스템 개발 업무 능력과 조직의 성숙도 파악을 위해 CMMI★ 모델을 기반으로 분석 성숙도를 평가한다.

• 비즈니스 부문, 조직/역량 부문, IT 부문을 대상으로 성숙도 수준에 따라 도입, 활용, 확산, 최적화의 4단계로 구분해 살펴볼 수 있다.

더 알기 Tip

데이터 분석 수준 진단
• 데이터 분석 기법을 구현하기 위해 무엇을 준비하고 보완해야 하는지 알 수 있다.
• 분석의 유형 및 분석의 방향성 결정에 도움이 된다.
• 분석 준비도와 분석 성숙도를 함께 평가함으로써 수행될 수 있다.

▶ 분석 성숙도 모델

부문 단계	비즈니스 부문	조직역량 부문	IT 부문
도입 단계	• 실적 분석 및 통계 • 정기 보고 수행 • 운영 데이터 기반	• 일부 부서에서 수행 • 담당자 역량에 의존	• 데이터 웨어하우스 • 데이터 마트 • OLAP • ETL / EAI
활용 단계	• 미래 결과 예측 • 시뮬레이션 • 운영 데이터 기반	• 분석 기법 도입 • 관리자가 분석 수행 • 담당 부서에서 수행	• 통계 분석 환경 • 실시간 대시보드
확산 단계	• 전사 성과 실시간 분석 • 프로세스 혁신 3.0 • 분석 규칙 관리 • 이벤트 관리	• 전사 모든 부서 수행 • 분석 전문가 조직 운영 • 데이터사이언티스트 확보	• 빅데이터 관리 환경 • 시뮬레이션/최적화 • 비주얼 분석 • 분석 전용 서버
최적화 단계	• 외부 환경 분석 활용 • 최적화 업무 적용 • 실시간 분석 • 비즈니스 모델 진화	• 데이터 사이언스 그룹 • 경영진 분석 활용 • 전략 연계	• 분석 협업 환경 • 분석 샌드박스★ • 프로세스 내재화 • 빅데이터 분석

★CMMI
Capability Maturity Model Integration
능력 성숙도 통합 모델
소프트웨어 개발 및 전산장비 운영 업체들의 업무 능력 및 조직의 성숙도를 평가하기 위한 모델

분석 성숙도 4단계
도입 단계 → 활용 단계 → 확산 단계 → 최적화 단계

★분석 샌드박스(Sandbox)
데이터 사용자, 분석가들이 자유롭게 데이터를 연결, 분석할 수 있게 안전하게 구성된 분석 환경으로서, 외부 접근 및 영향을 차단하여 제한된 영역 내에서만 프로그램을 동작시키는 보안 모델

① 도입 단계
- 분석을 시작하여 환경과 시스템이 구축된 단계이다.

② 활용 단계
- 분석 결과를 실제 업무에 적용할 수 있는 단계이다.

③ 확산 단계
- 전사 차원에서 분석을 관리하고 공유하는 단계이다.

④ 최적화 단계
- 분석을 진화시켜 혁신 및 성과향상에 기여할 수 있는 단계이다.

▶ 사분면 분석

분석 수준 진단 결과를 구분하여 향후 고려해야 하는 데이터 분석 수준에 대한 목표 방향을 정의하고 유형별 특성에 따라 개선 방안을 수립할 수 있음

```
                      높은 성숙도
                          ↑
┌─────────────────────────┼─────────────────────────┐
│ 정착형                   │ 확산형                    │
│ 준비도는 낮으나 기업 내부 │ 기업에 필요한 6가지 분석   │
│ 에서 제한적으로 사용하고  │ 구성요소를 갖추고 있고,    │
│ 있어 1차적으로 정착이     │ 부분적으로도 도입되어 지   │
│ 필요한 기업               │ 속적 확산이 필요한 기업    │
│                          │                           │
├─────────────────────────┼─────────────────────────┤→ 높은 준비도
│ 준비형                   │ 도입형                    │
│ 기업에 필요한 데이터, 인력,│ 기업에서 활용하는 분석 업무,│
│ 조직, 분석 업무 등이 적용  │ 기법 등은 부족하지만 적용  │
│ 되어 있지않아 사전 준비가 │ 조직 등 준비도가 높아 바로 │
│ 필요한 기업               │ 도입할 수 있는 기업        │
└─────────────────────────┼─────────────────────────┘
```

4) 분석 플랫폼

- 분석 마스터 플랜을 기획하는 단계부터 장기적, 안정적으로 활용할 수 있는 확장성을 고려한 플랫폼 구조를 도입하는 것이 적절하다.
- 분석 플랫폼은 데이터 분석에 필요한 환경과 실행 및 서비스 환경을 제공한다.

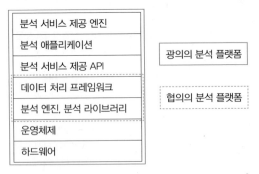

▲ 분석 플랫폼 구성요소

기업에서 의사 결정을 위한 데이터의 분석과 활용을 위한 관리 체계를 무엇이라 하는가?

✔ 분석 거버넌스   ② 데이터 마이닝

③ 분석 옵티마이제이션   ④ 데이터 웨어하우스

> 거버넌스(Governance)는 기업, 비영리 기관 등에서 규칙, 규범 및 행동이 구조화, 유지, 규제되고 책임을 지는 프로세스를 지칭하며, 분석 거버넌스 체계는 기업에서 의사 결정을 위한 데이터의 분석과 활용을 위한 관리 체계를 의미한다.

02 데이터 거버넌스

1) 데이터 거버넌스 개념

데이터 표준 및 정책에 따라 데이터를 생성 및 변경하고 데이터의 품질과 보안 등 전사적 차원에서 데이터 관리 체계를 구축하는 활동이다.

▶ 데이터 거버넌스의 주요 관리 대상

관리 대상	내용
데이터 사전	• 자료에 관한 정보를 모아두는 저장소 • 자료의 이름, 표현 방식, 자료의 의미와 사용 방식, 그리고 다른 자료와의 관계를 저장
마스터 데이터	• 전사 업무에 동일한 기준으로 사용되는 핵심 업무 데이터로서 여러 부서가 사용하는 데이터 • 자주 변하지 않고 자료처리 운용에 기본 자료로 제공되는 자료의 집합
메타 데이터	• 구조화된 데이터로 다른 데이터를 설명해주는 데이터 • 주로 데이터를 표현하기 위한 목적 또는 데이터를 빨리 찾기 위한 목적으로 사용

• 데이터의 품질 보장, 프라이버시 보호, 데이터 수명 관리, 전담 조직과 규정 정립, 데이터 소유권과 관리권 명확화 등을 통해 데이터가 적시에 필요한 사람에게 제공되도록 체계를 확립한다.

   – 데이터 거버넌스가 확립되지 못하면 빅브라더★의 우려가 현실화될 가능성이 높다.

★빅브라더
정보의 독점으로 사회를 통제하는 관리 권력 혹은 그러한 사회체계

2) 데이터 거버넌스 구성요소

• 데이터 거버넌스는 원칙, 조직, 프로세스로 구성된다.

• 구성 요소를 유기적으로 결합하고 효과적으로 관리하여 데이터를 비즈니스 목적에 부합되도록 하며, 최적의 정보서비스를 제공할 수 있도록 한다.

구성요소	설명
원칙(Principle)	• 데이터를 유지 및 관리하기 위한 지침과 가이드 • 보안, 품질 기준, 변경 관리
조직(Organization)	• 데이터를 관리할 조직의 역할과 책임 • 데이터 관리자, 데이터베이스 관리자, 데이터 아키텍트
프로세스(Process)	• 데이터 관리를 위한 활동과 체계 • 작업 절차, 모니터링 활동, 측정 활동

▶ 데이터 거버넌스 체계 요소

체계 요소	설명
데이터 표준화	• 데이터 표준화는 데이터 표준용어 설정, 명명 규칙 수립, 메타 데이터 구축, 데이터 사전 구축, 데이터 생명주기 관리 등의 업무로 구성 • 데이터 표준 용어는 표준 단어 사전, 표준 도메인 사전, 표준 코드 등이며 사전 간 상호검증이 가능하도록 점검 프로세스를 포함해야 함 • 명명 규칙은 필요시 언어별로 작성되어 매핑 상태를 유지해야 됨
데이터 관리 체계	• 데이터 정합성 및 활용의 효율성을 위해 표준데이터를 포함한 메타 데이터와 데이터 사전의 관리 원칙을 수립 • 수립된 원칙에 근거하여 항목별 상세한 프로세스를 만들고 관리와 운영을 위한 담당자 및 조직별 역할과 책임을 상세하게 준비 • 데이터의 생명주기 관리방안을 수립하지 않으면 데이터 양의 급증 시 데이터 가용성 및 관리비용 증대 문제에 직면하게 될 수 있음
데이터 저장소 관리	• 메타 데이터 및 표준 데이터를 관리하기 위한 전사 차원의 저장소를 구성 • 데이터 저장소는 데이터 관리체계 지원을 위한 워크플로우(Work Flow) 및 관리용 응용 소프트웨어를 지원하고 관리 대상 시스템과의 인터페이스를 통한 통제가 이뤄져야 함 • 데이터 구조 변경에 따른 사전 영향 평가도 수행되어야 효율적으로 활용이 가능
표준화 활동	• 데이터 거버넌스 체계를 구축한 후, 표준 준수 여부를 주기적으로 점검하고 모니터링 실시 • 거버넌스의 조직 내 안정적 정착을 위한 계속적인 변화 관리 및 주기적인 교육 진행 • 지속적인 데이터 표준화 개선 활동을 통해 실용성을 높여야 함

3) 빅데이터 거버넌스 특징

• 기업이 가진 과거 및 현재의 모든 빅데이터를 분석하여 비즈니스 인사이트를 찾는 노력은 비용면에서 효율적이지 못하다.
 − 분석 대상 및 목적을 명확히 정의하고, 필요한 데이터를 수집, 분석하여 점진적으로 확대해 나가는 것이 바람직하다.
• 빅데이터 분석에서 품질 관리도 중요하지만, 데이터 수명주기 관리방안을 수립하지 않으면 데이터 가용성 및 관리 비용 증대 문제에 직면할 수 있다.
• ERD(개체 관계도)는 운영 중인 데이터베이스와 일치하기 위해 계속해서 변경 사항을 관리하여야 한다.
• 산업 분야별, 데이터 유형별, 정보 거버넌스 요소별로 구분하여 작성한다.
• 적합한 분석 업무를 도출하고 가치를 높여줄 수 있도록 분석 조직 및 인력에 대해 지속적인 교육과 훈련을 실시한다.
• 개인정보보호 및 보안에 대한 방법을 마련해야 한다.

Servitization
서비스업과 제조업의 융합을 통해 새로운 가치와 경쟁력을 창출해내는 새로운 비즈니스 유형, 제품의 서비스화

CoE(Center of Excellence)
구성원들이 비즈니스, IT 및 분석 역량을 고루 갖추고 있으면서, 협업 부서 및 IT 부서와의 지속적인 커뮤니케이션을 수행하는 조직 내 분석 전문조직

03 소프트웨어 프로세스

1) 소프트웨어 프로세스 품질

- 개발자의 개발 경험이 부족한 경우, 제대로 된 소프트웨어 개발 프로세스 및 관리 체계가 없어 소프트웨어 품질 저하가 초래된다.
  - 개발 비용 상승, 납기일 지연 등으로 프로젝트 실패를 초래할 수 있다.
  - 인력, 기술, 절차, 도구가 어우러져 통합된 프로세스를 바탕으로 개발 경험이 잘 반영되어야만 높은 품질의 소프트웨어 개발이 가능하다.
- 대표적인 소프트웨어 개발 표준으로 미 국방성의 CMM과 ISO의 SPICE 그리고 ISO/IEC 12207이 있다.
  - 최근에는 소프트웨어 개발 모델에 한정된 영역을 가지는 CMM 대신 시스템과 소프트웨어 영역을 하나로 통합시킨 CMMI를 많이 사용한다.

▶ CMMI 모델 5단계

단계	프로세스	특징
초기(Initial)	정의된 프로세스가 없는 상태	• 작업자 능력에 따라 성공 여부 결정 • 소프트웨어 개발 프로세스가 거의 없는 상태
관리(Managed)	규칙화된 프로세스	• 특정한 프로젝트 내의 프로세스 정의 및 수행 • 일정 및 비용 등과 같은 관리 프로세스 중심
정의(Defined)	표준화된 프로세스	조직의 표준 프로세스를 활용해 업무 수행
정량적 관리 (Quantitatively Managed)	예측 가능한 프로세스	• 프로젝트를 정량적으로 관리 및 통제 • 소프트웨어 프로세스 및 품질에 대한 정량적인 측정이 가능
최적화(Optimizing)	지속적 개선 프로세스	프로세스 역량 향상을 위해 지속적인 프로세스 개선

2) SPICE(Software Process Improvement and Capability dEtermination)

- 정보 시스템 분야에서 소프트웨어의 품질 및 생산성 향상을 위해 소프트웨어 프로세스를 평가 및 개선하는 국제 표준이다.
- SPICE는 5개의 프로세스 범주와 40개의 세부 프로세스로 구성된다.

▶ SPICE의 5개 프로세스 범주

프로세스 범주	특징
고객–공급자 (Customer–Supplier) 프로세스	소프트웨어를 개발해 고객에게 전달하는 것을 지원하고 소프트웨어의 정확한 운용 및 사용을 위한 프로세스로 구성 – 구성요소 : 인수, 공급, 요구 도출, 운영
공학(Engineering) 프로세스	시스템과 소프트웨어 제품의 명세화, 구현, 유지보수를 하는데 사용되는 프로세스로 구성 – 구성요소 : 개발, 소프트웨어 유지보수
지원(Support) 프로세스	소프트웨어 생명주기에서 다른 프로세스에 의해 이용되는 프로세스로 구성 – 구성요소 : 문서화, 형상, 품질보증, 검증, 확인, 리뷰, 감사, 품질 문제 해결
관리(Management) 프로세스	소프트웨어 생명주기에서 프로젝트 관리자에 의해 사용되는 프로세스로 구성 – 구성요소 : 관리, 프로젝트 관리, 품질 및 위험 관리
조직(Organization) 프로세스	조직의 업무 목적 수립과 조직의 업무 목표달성을 위한 프로세스로 구성 – 구성요소 : 조직배치, 개설 활동 프로세스, 인력관리, 기반관리, 측정도구, 재사용

SPICE 모델 사용 목적
- 프로세스 개선을 위해 기관이 스스로 평가
- 기관에서 지정한 요구조건의 만족 여부를 개발조직이 스스로 평가
- 계약 체결을 위해 수탁기관의 프로세스를 평가

- SPICE는 프로세스 수행 능력 단계를 불완전, 수행, 관리, 확립, 예측, 최적화의 6단계로 구분한다.

▶ SPICE의 프로세스 수행 능력 단계

단계	특징
불완전(Incomplete)	프로세스가 구현되지 않았거나 목적을 달성하지 못한 단계
수행(Performed)	프로세스가 수행되고 목적이 달성된 단계
관리(Managed)	정의된 자원의 한도 내에서 그 프로세스가 작업산출물을 인도하는 단계
확립(Estabilished)	소프트웨어 공학 원칙에 기반해 정의된 프로세스가 수행되는 단계
예측(Predictable)	프로세스가 목적 달성을 위해 통제되고, 양적인 측정을 통해서 일관되게 수행되는 단계
최적화(Optimizing)	프로세스 수행을 최적화하고, 지속적인 개선을 통해 업무 목적을 만족시키는 단계

3) ISO/IEC 12207

- ISO(International Organization for Standardization)에서 만든 표준 소프트웨어 생명 주기 프로세스로서 소프트웨어의 개발, 운영, 유지보수 등을 체계적으로 관리하기 위한 소프트웨어 생명주기 표준을 제공한다.
- 기본 생명주기 프로세스, 지원 생명주기 프로세스, 조직 생명주기 프로세스로 구분된다.

▶ ISO/IEC 12207 프로세스 종류

종류	내용
기본 생명주기 프로세스	획득, 공급, 개발, 운영, 유지보수 프로세스
지원 생명주기 프로세스	품질보증, 검증, 확인, 활동 검토, 감사, 문서화, 형상관리, 문제해결 프로세스
조직 생명주기 프로세스	관리, 기반구조, 훈련, 개선 프로세스

01 분석 조직

1) 분석 조직 개요

• 빅데이터 등장에 따라 기업의 비즈니스도 많은 변화를 겪고 있으며, 이러한 비즈니스 변화를 인식하고 기업의 차별화된 경쟁력을 확보하는 수단으로서, 데이터 과제 발굴, 기술 검토 및 전사업무 적용계획수립 등 데이터를 효과적으로 분석 및 활용하기 위해 기획, 운영 및 관리를 전담할 수 있는 전문 분석조직의 필요성이 제기되고 있다.

• 데이터 분석 조직은 기업의 경쟁력을 확보하기 위해 데이터 분석의 가치를 발견하고, 이를 활용해 비즈니스를 최적화하는 목표를 갖고 구성된다.
  - 기업의 업무 전반에 걸쳐 다양한 분석 과제를 발굴해 정의한다.
  - 데이터 분석을 통해 의미있는 인사이트를 찾아 실행하는 역할을 수행한다.
  - 다양한 분야의 지식과 경험을 가진 인력과 업무담당자 등으로 구성된 전사 또는 부서 내 조직으로 구성한다.

▶ 분석 조직의 개요

구분	내용
목표	기업의 경쟁력 확보를 위하여 비즈니스 질문(Question)과 이에 부합하는 가치(Value)를 갖고 비즈니스를 최적화(Optimization)하는 것
역할	전사 또는 부서의 분석 업무를 발굴하고 전문적인 기법과 분석 도구를 활용해 기업 내 존재하는 빅데이터 속에서 인사이트를 전파하고 이를 수행
구성	기초 통계학 및 분석 방법에 대한 지식과 분석 경험을 가지고 있는 인력으로 전사 또는 부서 내 조직으로 구성하여 운영

2) 분석 조직 및 인력구성 시 고려사항

① 조직 구조에 대한 고려사항

• 비즈니스 질문을 선제적으로 찾아낼 수 있는 구조인가?
• 분석 전담 조직과 타 부서간 유기적인 협조와 자원이 원활한 구조인가?
• 효율적인 분석업무를 수행하기 위한 분석 조직의 내부 조직 구조는?

② 인력 구성에 대한 고려사항

• 비즈니스 및 IT 전문가의 조합으로 구성되어야 하는가?
• 통계적 기법 및 분석 모델링 전문 인력을 별도 구성해야 되는가?
• 전사분석업무에 대한 적합한 인력 규모는 어느 정도인가?

▶ 분석 조직 구조 유형

구조 유형	특징
집중형 조직 구조	• 조직내 별도 독립적인 분석 전담 조직 구성, 분석 전담 조직에서 회사의 모든 분석 업무를 담당 • 전사분석 과제의 전략적 중요도에 따라 우선순위를 정해 추진 • 일부 현업 부서와 분석 업무가 중복 또는 이원화될 가능성이 있음
기능 중심 조직 구조	• 일반적인 분석 수행구조로 별도 분석 조직을 구성하지 않고 각 해당 업무부서에서 직접 분석 • 특정 업무 부서에 국한된 분석 수행의 가능성이 높고 일부 중복된 분석 업무를 수행할 수 있음 • 전사적 핵심분석이 어려우며, 부서현황 및 실적통계 등 과거 실적에 국한된 분석수행 가능성이 높음
분산 조직 구조	• 분석 조직의 인력들이 현업부서에 배치되어 업무를 수행 • 전사 차원에서 분석 과제의 우선순위를 선정해 수행이 가능, 분석 결과를 신속하게 실무적용 가능 • 분석 결과에 따른 신속한 Action 가능 • 베스트 프랙티스 공유 가능 • 부서 분석 업무와 역할 분담을 명확히 해야함(업무 과다 이원화 가능성)

▶ 분석 조직의 인력 구성

분석 조직 인력	요구 능력
비즈니스 인력	해당 비즈니스를 잘 이해하고 분석 요소를 찾고 협의할 수 있는 능력
IT 기술 인력	분석에 필요한 IT기술 동향을 파악하고, 필요한 기술 아키텍처를 수립할 수 있는 능력
분석 전문 인력	고급 통계 분석기법을 이해하고 다양한 예측 모델링을 설계 및 검증할 수 있는 능력
변화 관리 인력	경영층 대상으로 분석문화 확산을 위한 변화 관리를 담당하는 인력
교육 담당 인력	분석 조직에게 다양한 분석기법에 대한 심도있는 교육을 할 수 있는 능력

02 분석 과제 기획 및 운영

1) 분석 과제 관리 프로세스 수립

• 분석 마스터플랜이 수립되고 초기 데이터 분석 과제가 성공적으로 수행되는 경우, 지속적인 분석 니즈 및 기회가 분석 과제 형태로 도출될 수 있다. 이런 과정에서 분석 조직이 수행할 중요한 역할 중 하나가 분석 과제의 기획 및 운영이므로 이를 체계적으로 관리하기 위한 프로세스를 수립해야 한다.

• 분석 조직이 지속적이고 체계적인 분석 관리 프로세스를 수행함으로써 조직 내 분석 문화 내재화 및 경쟁력을 확보할 수 있다.

• 해당 과제를 진행하면서 만들어진 시사점을 포함한 결과물을 풀(Pool)에 잘 축적하고 관리함으로써 향후 유사한 분석 과제 수행시 시행착오를 최소화하고 프로젝트를 효율적으로 진행할 수 있다.

2) 분석 조직의 변화 관리

- 기업 내 데이터 분석가가 담당했던 일을 모든 구성원이 데이터를 분석하고 업무에 활용할 수 있도록 조직 전반에 문화를 정착시키고 변화시키려는 시도가 있다.
- 분석 조직 및 인력에 대한 지속적인 교육과 훈련이 필요하다.

▶ 과제 발굴 및 수행 과정

구분	설명
과제 발굴 (과제 제안자)	• 개별 조직이나 개인이 도출한 분석 아이디어를 발굴하고 이를 과제화하여 분석 과제 풀로 관리하면서 분석 프로젝트를 선정하는 작업 수행 • 확정된 분석 과제를 풀로 관리하는 것이 아니라 분석 과제 중 발생된 시사점과 분석 결과물을 풀로 관리 • 분석 아이디어 발굴 → 분석 과제 후보 제안 → 분석 과제 확정
과제 수행 (과제 추진팀)	• 분석을 수행할 팀을 구성하고 분석 과제 실행시 지속적인 모니터링과 과제 결과를 공유하고 개선하는 절차를 수행 • 팀 구성 → 분석 과제 실행 → 분석 과제 진행 관리 → 결과 공유 및 개선

3) 분석 교육

- 빅데이터의 등장은 비즈니스 영역에서 많은 변화를 불러일으키며 새로운 체계를 도입하는 계기가 되었다.
- 새로운 체계의 도입시에는 저항 및 기존 형태로 되돌아가는 관성이 존재하기 때문에, 분석 가치를 극대화하고 내재화하는 안정적인 추진기로 접어들기 위해서는 분석 관련 교육 및 마인드 육성을 위한 적극적인 변화 관리가 필요하다.

① 비즈니스 영역에서의 빅데이터 활용에 대한 올바른 대응 방법

- 기업에 맞는 적합한 분석 업무를 도출 및 수행한다.
- 빅데이터 가치를 극대화하기 위해 분석 조직 및 인력에 대한 지속적인 교육과 훈련을 실시한다.
  - 단순한 데이터 분석 도구 기반의 교육이 아닌 분석 역량 확보 및 강화에 초점을 둔다.
- 경영진들이 사실(Data) 기반 의사결정을 할 수 있는 문화를 정착한다.
- 지속적인 변화 관리를 계획하고 분석 역량 강화를 위한 체계적인 계획을 실행한다.

② 비즈니스 영역에서의 빅데이터 활용에서 조직역량의 방해요인

  - 분석 전문가의 부족
  - 섀도우(Shadow) IT(개인 혹은 조직 단위로 회사에서 허용하지 않는 IT 도구)
  - 사일로(Silo) 조직(회사 안에서 다른 부서와 소통하지 않는 부서)

▶ 분석 내재화 단계

준비기	도입기	안정추진기
분석 중심 문화가 미도입된 현재의 균형을 이루는 단계	많은 조직이 분석 과제를 성공시키기 못하고 포기하는 단계	분석 활용이 일상화된 균형을 이루는 단계

- 분석 교육은 단순한 툴 교육이 아닌 분석역량을 확보하고 강화하는 것에 초점을 맞춰 진행되어야 한다.
  - 분석 기획자 : 데이터 분석 큐레이터 교육
  - 분석 실무자 : 데이터 기법 및 툴에 대한 교육
  - 업무 수행자 : 분석 기회 발굴, 구체화, 시나리오 작성법 등
  - 분석적인 사고를 업무에 적용할 수 있도록 다양한 교육을 통해 조직구성원 모두에게 분석기반의 업무를 정착시키고 이를 통해 데이터를 바라보는 관점, 데이터 분석과 활용 등이 기업문화로 자연스럽게 확대되어야 한다.

✅ 개념 체크

분석 조직구조의 유형 중 기업 내 별도의 분석 조직이 없고 해당 업무부서에서 분석을 수행하는 방식은?

① 집중형 구조
✅ 기능형 구조
③ 분산형 구조
④ 복합형 구조

- 집중 구조는 전사 분석 업무를 별도의 분석 전담 조직에서 담당한다.
- 기능 구조는 해당 업무 부서에서 분석을 수행한다.
- 분산 구조는 분석조직 인력을 현업부서로 직접 배치, 전사적 차원에서 수행한다.

01 다음 설명에 해당하는 데이터 거버넌스 체계의 항목은 무엇인가?

> 메타 데이터 관리, 데이터 사전 관리, 데이터 생명주기 관리

① 데이터 저장소 관리
② 데이터 관리 체계
③ 표준화 활동
④ 데이터 표준화

02 다음 중 데이터 거버넌스의 구성요소가 아닌 것은?

① 원칙
② 절차
③ 조직
④ 방법론

03 다음 중 SPICE는 프로세스 수행능력단계에서 정의된 자원의 한도 내에서 그 프로세스가 작업산출물을 인도하는 단계는 무엇인가?

① 수행(Performed)
② 확립(Estabilished)
③ 예측(Predictable)
④ 관리(Managed)

04 분석 조직 구조 유형에 해당되지 않는 것은?

① 집중형 조직 구조
② 상속형 조직 구조
③ 기능 중심 조직 구조
④ 분산 조직 구조

05 다음의 내용이 설명하는 빅데이터 조직 구조 유형은 무엇인가?

> • 분석 조직 인력들을 현업부서로 직접 배치해 분석 업무를 수행
> • 전사 차원의 우선순위를 수행하고 신속한 업무에 적합
> • 분석 결과에 따른 신속한 피드백이 나오고 베스트 프랙티스 공유가 가능

① 복합 구조
② 집중 구조
③ 기능 구조
④ 분산 구조

06 다음 괄호 ( ) 안에 들어갈 용어로 적절한 것을 작성하시오.

> 데이터 표준화는 데이터 표준 용어 설정, 명명 규칙 수립, ( )구축, 데이터 사전 등의 업무로 구성된다. 데이터 표준 용어는 표준 단어 사전, 표준 도메인 사전, 표준 코드 등으로 구성되며 사전 간 상호 검증이 가능하도록 점검 프로세스를 포함해야 한다.

① 데이터 사전   ② 데이터 거버넌스
③ 마스터 데이터   ④ 메타 데이터

07 소프트웨어공학에서 소프트웨어 개발 및 전산 장비 운영 업체들에 대한 업무 능력, 조직의 성숙도에 대한 평가를 하는 모델을 무엇이라 하는가?

① SPICE   ② ISO 12000
③ ISO/IEC 12207   ④ CMMI

CHAPTER 02

01 ②	02 ④	03 ④	04 ②	05 ④
06 ④	07 ④			

01 ②

데이터 거버넌스 체계의 항목에서 데이터 관리 체계는 표준 데이터를 포함한 메타 데이터와 데이터 사전의 관리 원칙을 수립한다.

02 ④

데이터 거버넌스의 구성요소에는 원칙, 조직, 절차가 있다.

03 ④

SPICE는 프로세스 수행능력단계를 불완전, 수행, 관리, 확립, 예측, 최적화의 6단계로 구분한 것이며, 관리단계는 정의된 자원의 한도 내에서 그 프로세스가 작업산출물을 인도하는 단계이다.

04 ②

분석 조직 구조 유형에는 집중형, 기능형, 분산형이 있다.

05 ④

분산 구조는 분석 조직 인력을 현업 부서로 배치해서 수행하기 때문에 신속한 업무에 적합하다.

06 ④

데이터 표준화는 데이터 사전 및 메타 데이터 구축, 데이터 표준 용어 설정, 명명 규칙 수립 등의 업무로 구성된다.

07 ④

CMMI(Capability Maturity Model Integration)는 소프트웨어 프로세스 품질을 평가하는 대표적인 소프트웨어 개발 표준 중에 하나이다.

자격증은 이기적!

이기적으로 공부하면
단기간에 합격할 수 있습니다.

PART 03

데이터 분석

가장 핵심이 되면서도 방대한 내용입니다. 확률과 각종 검정, 분석, 데이터 마이닝의 개념을
이해하고 응용문제에 대비하여야 합니다. 주요 키워드를 도서에서 설명하는 흐름을 따라가
며 이해해보세요.

R 기초와 데이터 마트

데이터 분석에서 R이 어떻게 활용되고 어떤 데이터 구조를 가지는지 알아두세요.
기초적인 사용법만 이해하면 쉽게 활용할 수 있는 강력한 도구입니다.

		출제 빈도
Section 01	하	20%
Section 02	중	40%
Section 03	중	40%

R 프로그래밍 기초

빈출 태그 R 데이터 구조, 데이터 마트, 자료형, 자료구조, 이상값 처리, 벡터

01 R 설치

① R Project 홈페이지에서 R 다운로드
- https://www.r-project.org/

② 통합 개발 환경 R Studio 다운로드
- https://posit.co/

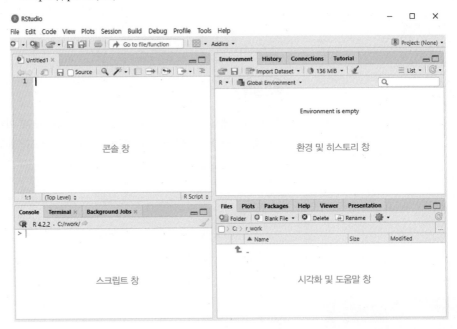

▲ R Studio 실행 화면

▶ R의 특징

특징	설명
오픈소스	자유롭게 사용 가능
인터프리터	한 줄씩 프로그램 소스 코드를 번역하고 실행
범용성	다양한 운영체제에서 사용 가능
대소문자 구분	식별자 등이 대문자와 소문자가 구분되어 사용
다양한 기능	최신 통계분석 및 데이터 마이닝, 시각화를 위한 다양한 도구 지원

02 R의 자료구조

- R에서 사용하는 데이터의 기본 타입으로는 숫자형, 문자형, 논리형이 있다.
- R에서 제공하는 자료구조는 변수에 의해서 메모리에 할당된다.
- R은 모든 변수가 객체 형태로 생성되기 때문에 하나의 변수에 자료와 함수★ 그리고 차트와 같은 이미지까지 모두 저장 가능하다.
- 할당된 기억공간에 자료가 어떻게 저장되어 있는지에 따라 여러 가지 형태로 분류된다.
- 자료구조에서 벡터(vector), 행렬(matrix), 배열(array)은 한 가지 타입의 데이터로 이루어진 원소들만 저장할 수 있고 데이터 프레임(data.frame)은 다양한 타입의 데이터로 이루어진 원소들도 저장할 수 있다.

변수 이름은 값을 저장하는 메모리 영역의 이름으로 할당

★함수
- 프로그래밍 언어에 따라 프로시저(Procedure), 메소드(Method) 등으로 불림
- 동작에 필요한 입력 데이터를 함수 외부로부터 전달 받아, 내부에서 연산을 수행하고 결과를 출력하는 명령어들의 모임

1) R의 자료형

R의 데이터 형은 기본형, 구조형, 복합형으로 나눌 수 있다.

① R 기본형

유형	설명
numeric	정수, 실수, 복소수, 수학적 연산 및 통계적 계산
character	• 문자, 단어로 구성 • 겹따옴표("") 또는 홑따옴표('') 내에 표현
logical	• TRUE, FALSE 값 • 산술 연산 시 TRUE는 1, FALSE는 0으로 변환되어 사용

② R 구조형 : scalar, factor, vector, matrix, array
③ R 복합형 : data.table, data.frame, list

▶ 데이터 형에 따른 R 구조

데이터 타입	차원	원소	원소 타입
scalar	단일	수치/문자/논리	단일
factor	1차원	수치/문자	단일, 범주형
vector	1차원	수치/문자/논리	단일
matrix	2차원		단일
data.frame	2차원		복합 가능
array	2차원 이상		단일
list	2차원 이상		복합 가능

2) 자료구조

① factor

- 문자형 데이터가 저장된 벡터의 일종이다.
  - 📌 성별, 혈액형, 학점 등과 같이 저장할 문자의 값들이 여러 종류로 정해져 있을 때 사용한다.

② vector

Vector

• 동일한 자료형을 갖는 값들의 집합으로, 일반적으로 하나의 속성을 저장하는 단위로 사용한다.

★스칼라
길이가 1인 벡터

• 하나 이상의 스칼라★ 원소들을 갖는 1차원 구조의 단순한 형태의 집합이다.
• 숫자, 문자, 논리형 데이터를 원소(element)로 사용한다.
• 동일한 자료형을 갖는 값들의 집합으로 하나의 열(column)로 구성된다.
• 벡터에 저장된 각 요소 단위로 연산을 수행할 수도 있고, 벡터 전체 단위로 연산을 수행할 수도 있다.
• 벡터간 연산이 가능하다.

더알기 Tip

벡터 생성 함수 : c(), seq(), rep()
• c() 함수의 경우에는, 함수명 'c' 이후 소괄호( ) 사이에 벡터를 구성하는 원소들을 콤마(,)로 구분하여 입력으로 사용하고, 출력으로는 입력에 사용된 자료들로 구성된 벡터를 반환한다.
  – 각 데이터에 접근은 데이터가 저장된 위치 번호를 사용한다.
• 벡터 생성 연산자에서 콜론(:) 기호를 사용하여, 시작값 : 종료값의 형태로 작성하면, 시작값부터 종료값까지 1씩 더하거나 빼서 벡터가 생성된다.
  – 예를 들어, c(1 : 5) 라고 작성하면, [1 2 3 4 5] 벡터가 생성된다.

---

③ matrix

Matrix

• 동일한 데이터 타입을 갖는 데이터의 2차원 구조이다.
• 각 데이터에 대한 접근을 행, 열 번호로 한다.
• 데이터는 기본적으로 열 우선으로 채우기 수행하며, 행 우선의 채우기도 가능하다.

▶ matrix 구조 연관 함수

함수	설명
rbind()	행(row)으로 벡터, 행렬 또는 데이터 프레임을 결합 에 두 개의 벡터를 rbind()로 결합하면 첫 번째 벡터가 첫 번째 행이 됨
cbind()	열(column)로 벡터, 행렬 도는 데이터 프레임을 결합 에 두 개의 벡터를 cbind()로 결합하면 첫 번째 벡터가 첫 번째 열이 됨
apply()	행 도는 열에 특정 함수를 적용하는 데 사용

④ data.frame

- 행과 열로 구성된 2차원 테이블 구조이다.
- 데이터베이스의 테이블 구조와 유사하며 숫자, 문자 등 다양한 자료의 저장이 가능하다.

⑤ array

Array

- 동일한 데이터 타입*을 갖는 데이터의 다차원 구조이다.
- 3차원 array는 행, 열, 면을 가지고 있으며 구조는 (행, 열, 면)의 순서로 기술한다.

⑥ list

Key	Value
name	영진
age	36
address	서울
number	02

- 하나의 메모리 영역에 키(Key)와 값(Value)을 한 쌍으로 저장하는 자료구조이다.
- 자료구조를 중첩해서 표현할 수 있다.
- 함수 내에서 여러 값을 하나의 키로 묶어서 반환할 경우 유용하다.
- 리스트 내부에 벡터, 리스트, 데이터 프레임과 같이 다양한 자료구조를 저장할 수 있다.

03 R 자료구조 생성

1) vector 생성

① c(데이터, 데이터, …)

② seq(시작, 끝, 증감)

③ rep(데이터, times, each)
 − times : 전달된 벡터 x의 전체 반복 횟수
 − each : 전달된 벡터 x의 개별 원소들의 반복 횟수

list와 vector가 혼합된 형태

데이터 프레임을 생성하는 방법
- vector, matrix로부터 생성
- txt/excel/csv 파일은 기본적으로 데이터 프레임 형식으로 불러와짐

★데이터 타입
integer, float, logical, character 등

1차원 array 대신 vector를 주로 사용
2차원 array 대신 matrix를 주로 사용

C 언어의 구조체, Python의 dict 자료구조와 비슷

기적의 Tip

R 스튜디오에서 직접 실습하는 것을 권장합니다.

r 소스 코드	실행 결과	설명
c(1, 2, 3)	1 2 3	1, 2, 3으로 구성된 벡터 생성
1:5	1 2 3 4 5	1부터 5까지 1씩 증가하는 벡터 생성
5:1	5 4 3 2 1	5부터 1까지 1씩 감소하는 벡터 생성
c(1, 2, 3, c(4, 5, 6))	1 2 3 4 5 6	c() 함수 안에 또 다른 벡터를 넣을 경우 하나의 벡터가 됨
seq(from=1, to=5, by=2)	1 3 5	1부터 5까지 2씩 증가하는 벡터 생성
rep(1:2, time=3)	1 2 1 2 1 2	1부터 2를 3번 반복한 벡터 생성
rep(1:2, each=3)	1 1 1 2 2 2	1부터 2를 각각 3번 반복한 벡터 생성

2) matrix 생성

• matrix 함수를 이용하여 행렬을 생성한다.

r 소스 코드	실행 결과
m <- matrix(c(1:5)) # 열 기준으로 행렬 생성	[,1] [1,] 1 [2,] 2 [3,] 3 [4,] 4 [5,] 5
m <- matrix(c(1:10), nrow=2) # 열 우선 2행 2열 생성	[,1] [,2] [,3] [,4] [,5] [1,] 1 3 5 7 9 [2,] 2 4 6 8 10
m <- matrix(c(1:10), nrow=2, byrow=TRUE) # byrow=T : 행 우선 옵션 # 행 우선 2행 5열 생성	[,1] [,2] [,3] [,4] [,5] [1,] 1 2 3 4 5 [2,] 6 7 8 9 10

3) array 생성

• array 함수를 이용하여 다차원 배열을 생성한다.

r 소스 코드	array 구조
a <- array(1:4, c(4)) # 1차원 array 구조 # a[2]는 2 출력	1 2 3 4
a2 <- array(1:4, c(1, 4)) # 2차원 array 구조(1행 4열) # a2[1, 2]는 2 출력	1 2 3 4
a3 <- array(1:6, c(2, 3)) # 2차원 array 구조(2행 3열) # a3[1, 2]는 3 출력	1 3 5 2 4 6
a4 <- matrix(1:6, nrow=2) # 2차원 matrix 구조(2행 3열) # a4[1, 3]는 5 출력	1 3 5 2 4 6

```
a5 <- matrix(1:6, nrow=2, byrow=TRUE)
# 행(row) 우선 데이터 채우기
# a5[1, 3]는 3 출력
```

1	2	3
4	5	6

```
a6 <- array(1:24, c(3,4,2))
# 3차원 array 구조(3행, 4열, 2면)
# a6[2, 3, 2]는 20 출력
```

1면

1	4	7	10
2	5	8	11
3	6	9	12

2면

13	16	19	22
14	17	20	23
15	18	21	24

기적의 Tip

구글 코랩에서도 R을 실습해 볼 수 있습니다.
colab.research.google.com

4) list 생성

• list 함수를 이용하여 리스트를 생성한다.

r 소스 코드	list 구조(Key, Value)

member <- list(name="영희", age=35, address="서울",
            gender="여자", htype="아파트")
	$name
	    "영희"
	$age
	    35
	$address
	    "서울"
	$gender
	    "여자"
	$htype
	    "아파트"

ds <- c(20, 30, 40, 50)
my.info <- list(name='Tom', age=60, status=TRUE, score=ds)
my.info[[1]]   # 리스트의 첫 번째 값 'Tom' 출력
my.info$name   # 리스트에서 Key 이름이 name인 'Tom' 출력
my.info[[4]]   # 리스트의 네 번째 값(score) 20 30 40 50 출력
	$name
	    'Tom'
	$age
	    60
	$status
	    TRUE
	$score
	    20 30 40 50

5) factor 생성

• factor 함수를 이용하여 범주형 자료를 생성한다.

r 소스 코드	실행 결과
bt <- c('A', 'B', 'B', 'O', 'AB', 'A') # 문자형 벡터 bt 정의	[1] 'A', 'B', 'B', 'O', 'AB', 'A'
bt.new <- factor(bt) # 팩터 bt.new 정의	[1] A, B, B, O, AB, A Levels: A AB B O
levels(bt.new) # 팩터에 저장된 값의 종류를 출력	'A' 'AB' 'B' 'O'
as.integer(bt.new) # 팩터의 문자값을 숫자로 바꾸어 출력(A=1, AB=2, B=3, O=4)	1 3 3 4 2 1

03 R 기초

1) 연산자

- R 언어에는 산술 연산자 및 비교, 논리 연산자가 있다.

▶ R 연산자 및 우선순위

연산자	의미	예시	우선순위
^, **	지수	2^3	높음
+, −	양수, 음수 부호	+3, −2	
:	수열 생성	1:3	
%any%	특수 연산자	%/% : 몫, %% : 나머지, %*% : 행렬곱	
*, /	곱셈, 나눗셈	2*4, 10/3	
+, −	덧셈, 뺄셈	4+2, 5−2	
==	같음 비교	3 == 5 # FALSE	
!=	다름 비교	3 != 5 # TRUE	
>=, <=, <, >	이상, 이하, 작다, 크다	3>=5, 3<=5 # FALSE, TRUE	
!	논리 부정	!(3==5)	
&, &&	논리 AND	& : 연산 데이터가 하나 이상인 경우 사용 && : 연산 데이터가 하나인 경우 사용	
|, ||	논리 OR	논리 AND와 같은 규칙	
~	식(formula)	종속변수1+종속변수2… ~ 독립변수1 + 독립변수2…	
−>, −>>	왼쪽에서 오른쪽	3 −> a, 3 −>> a	
=	오른쪽에서 왼쪽	a = 3	
<−, <<−		a <− 3, a <<− 3	낮음

2) 변수 관련 함수

① rm(변수명) : 특정 변수를 삭제
② ls() : 사용 중인 변수 목록을 확인
③ cat() : 괄호 속 내용을 하나로 연결해 화면에 출력
④ print() : 괄호 속 한 개 값을 화면에 출력

rm(list=ls( ))
모든 변수 삭제

'\n'
줄바꿈

> **더 알기 Tip**
>
> **변수명 작성 규칙**
> - 변수명은 대소문자를 구분한다.
> - 숫자, 문자, 언더바(_), 마침표(.)를 이용하여 변수명을 생성할 수 있다.
> - 첫 글자는 문자 또는 마침표로 시작해야 한다.
> - 대시(−) 기호는 변수명으로 사용할 수 없다.

▶ 특수값

특수값	의미
NULL	변수 값이 초기화 안 된 상태
NA	데이터 값 누락(결측값)
NaN	계산 불가능
INF	무한대

3) 패키지

- 함수, 데이터, 코드 등을 모아놓은 집합이다.
- 패키지를 사용하기 위해서는 install.packages("패키지명")과 같은 명령어를 실행하여 패키지를 설치한 다음, library() 함수나 require() 함수로 불러오기를 수행해야 한다.
  - 패키지 설치 후 확인 : installed.packages()
  - 패키지 삭제 : remove.packages("패키지명")
- 데이터 웨어하우스에서 데이터 마트로의 변환에 다양한 패키지들이 사용될 수 있다.
  - reshape 패키지, plyr 패키지, dplyr 패키지, data.table 등

4) plyr 패키지

- 데이터를 분석하기 용이한 형태로 변경해주는 함수들로 구성되어 있다.
  - 데이터 분할(split) → 함수를 적용(apply) → 재결합(combine)
- plyr 패키지에 포함되어 있는 함수명은 일반적으로 접미어가 ~ply로 끝나며, 접두어 첫 번째 글자에는 입력 데이터의 타입, 두 번째 글자에는 출력 데이터의 타입을 기술한다.
  - 예 ldply 함수는 입력 데이터 타입은 리스트(list), 출력 데이터 타입은 데이터 프레임(data frame)이다.

▶ plyr 패키지 함수

입력 자료형 \ 출력 자료형	데이터프레임 (data frame)	리스트 (list)	배열 (array)
데이터프레임 (data frame)	ddply	dlply	daply
리스트 (list)	ldply	llply	laply
배열 (array)	adply	alply	aaply

① apply(x, margin, 함수)
- x 변수 데이터를 margin 방향으로 함수를 적용하여 수행한 결과를 벡터, 배열, 리스트 형태로 반환한다.
  - margin 값이 1이면 행, margin 값이 2이면 열이다. c(1,2)는 행, 열 방향을 의미한다.

▶ 행렬 생성 예시

```
a <- matrix(1:6, ncol=2)
print(a)
```

```
     [,1]  [,2]
[1,]    1     4
[2,]    2     5
[3,]    3     6
```

▶ apply 함수 적용 예시

```
apply(a, 1, sum)
# a 행렬에서 각 행의 합을 출력
```

```
[1] 5 7 9
```

★iris dataset
R에 기본적으로 포함된 데이터셋으로 꽃받침과 꽃잎의 길이, 너비를 기록한 데이터를 포함하며 품종 분류에 사용

▶ iris dataset★ Species 열을 제외한 나머지 열 데이터에 대한 합계 계산 예시

```
apply(iris[,-5], 2, sum)
# iris 데이터의 5번째을 제외한 나머지 열들에 대해 열 방향(2)으로 합계(sum) 함수를 수행한 결과를 출력
# colSums 함수를 사용하여도 동일한 결과를 낼 수 있음
colSums(iris[,-5])
```

Sepal.Length	Sepal.Width	Petal.Length	Petal.Width
876.5	458.6	563.7	179.9

② lapply(x, 함수)
- x 변수에는 벡터, 리스트 또는 데이터 프레임이 위치하며, 함수를 적용한 결과를 리스트 형태로 반환한다.

▶ lapply 함수 적용 예시

```
x <- list(c(1:5), c(1,3,5,7,9), c(6,7,8,9,10))
x[[1]]
```

```
[1] 1 2 3 4 5
# x[[2]]이면 1 3 5 7 9, x[[3]]이면 6 7 8 9 10
```

```
lapply(x[1], mean)
```

```
[1] 3
# x[2]이면 5, x[3]이면 8
```

③ sapply(x, 함수)
- sapply()는 lapply()와 유사하지만 리스트 대신 행렬, 벡터 등으로 결과를 반환하는 함수이다.
  - 입력으로는 벡터, 리스트, 데이터 프레임 등이 올 수 있다.

▶ sapply 함수 적용 예시

```
x <- list(c(1:5), c(1,3,5,7,9), c(6,7,8,9,10))
sapply(x, mean)
```

```
[1] 3 5 8
```

④ tapply(데이터, 색인, 함수)
- 그룹 단위로 함수를 수행하기 위한 apply 함수이다.
- 색인은 factor를 의미한다.

▶ tapply 함수 적용 예시1(iris dataset)

```
tapply(iris$Sepal.Length, iris$Species, mean)
# iris Species(범주형) 3가지 종류별 Sepal.Length의 평균 출력
```

```
  setosa    versicolor    virginica
   5.006        5.936         6.588
```

▶ tapply 함수 적용 예시2

```
tapply(1:5 , 1:5 %% 2 == 1, sum)
# 1:5 %% 2는 1부터 5까지 각각의 수를 2로 나눈 나머지를 구함 → 1 0 1 0 1
# 1부터 5까지 수에 대해 1에 해당되는 그룹과 0에 해당되는 그룹에 대한 합계 연산 수행
```

```
FALSE      TRUE
  6          9
# FALSE(0) 그룹 : 2+4=6
# TRUE(1) 그룹 : 1+3+5=9
```

5) 데이터 형 및 자료구조 변환

▶ 데이터 형(타입) 간의 변환 수행 함수

함수명	설명
as.factor(x)	x에 저장된 데이터를 요인으로 변환
as.numeric(x)	숫자를 저장한 벡터로 변환
as.character(x)	문자열을 저장한 벡터로 변환
as.matrix(x)	행렬로 변환
as.array(x)	배열로 변환
as.data.frame(x)	데이터프레임으로 변환
as.Date(x, format)	날짜로 변환

▶ as.Date 함수 적용 예시

```
as.Date('12312023', format='%m%d%Y')
```

"2023-12-31"

더 알기 Tip

as.Date 함수의 format

format	의미	예시
%d	일 숫자(01-31)	31
%a	요일 약자	Mon
%A	요일	Monday
%m	월 숫자(01-12)	12
%b	월 약자	Jan
%B	월	January
%y	2자리 연도	07
%Y	4자리 연도	2007

기적의 Tip

R 언어에서 제공하는 주요 자료구조는 vector(1차원 배열), matrix(2차원 배열), array(다차원 배열), list(자료구조 중첩), data.frame(2차원 테이블 구조) 등이 있습니다. 각 자료구조와 차원 구분을 해주세요!

▶ 자료구조를 변환하는 함수

함수명	설명
as.vector(x)	x 데이터를 벡터로 변환 - x 데이터는 같은 타입의 자료가 저장되어 있어야 함
as.matrix(x)	x 데이터를 행렬로 변환
as.list(x)	x 데이터를 리스트로 변환
as.data.frame(x)	x 데이터를 데이터프레임으로 변환

6) 데이터 관련 함수

함수명	설명 및 사용 예
paste()	• 입력 받은 객체들의 같은 위치 요소를 하나의 문자열로 붙임 • number <- 1:5 • alpha <- c('a', 'b', 'c') • paste(number, alpha) # "1 a" "2 b" "3 c" "4 a" "5 b"
substr()	• 주어진 문자열에서 특정 문자열 추출 • substr(대상, 시작 위치, 끝 위치) • 예시 - fruit <- c("apple", "banana", "orange") - substr(fruit, 1, 2) # "ap" "ba" "or"
split()	• 데이터를 분리할 때 사용 • split(데이터, 분리조건) • split(iris, iris$Species) # 3개 data frame을 갖는 List로 생성됨

subset()	특정 부분만 추출하는 용도 예 subset(iris, Species=='setosa' & Sepal.Length 〉 5.0) # iris 데이터에서 종류가 setosa 이면서 Sepal.Length 값이 5.0보다 큰 자료 추출
select()	subset에 select 인자를 지정하면 특정 열을 선택하거나 제외 용도로 사용 예 subset(iris, select = c(Sepal.Length, Species))
is.numeric(x)	객체 유형이 numeric인지 판단
is.character(x)	객체 유형이 logical인지 판단
is.character(x)	객체 유형이 character인지 판단
is.integer(x)	객체 유형이 정수인지 판단
is.double(x)	객체 유형이 실수인지 판단
is.factor(x)	객체 유형이 factor인지 판단
is.null(x), is.na(x)	객체가 NULL/NA인지 판단
length(x)	객체 원소의 개수 반환 – matrix의 경우에는 행과 열의 곱셈 결과가 길이를 나타냄
nrow(x)	행의 개수 반환(벡터, 스칼라에서는 사용 불가)
NROW(v)	행의 개수 반환(스칼라에서도 사용 가능)

✅ **개념 체크**

1 R 프로그램에서 제공하는 자료구조가 아닌 것은?

① Vector   ② Matrix
③ Data Frame   ✅ Point

R에서 제공하는 주요 자료구조는 Vector, Matrix, Array, List, Data Frame 등이 있다.

2 R에서 a<-c(1,2,3,NA)일 때 2*a를 실행한 결과는?

① 에러가 발생하고 결과가 출력되지 않는다.
② 2 4 6 0
③ 2 4 6 2
✅ 2 4 6 NA

벡터를 구성하는 각 요소값에 2가 곱해져 2 4 6 NA가 출력된다.

빈출 태그 데이터 웨어하우스, 데이터 마트, 데이터 레이크, reshape, melt, cast, sqldf

01 데이터 저장소

1) 데이터 마트

데이터 마트를 사용해 데이터에 빠르게 액세스하고, 인사이트를 신속히 얻을 수 있음

- 데이터 마트는 단일 주제에 초점을 맞춘 단순한 형태의 데이터 웨어하우스이다.
- 기업 내 특정 팀이 요청한 데이터에 대한 보다 손쉬운 액세스를 제공한다.
- 데이터 마트는 필요한 데이터가 보고서, 대시보드 및 시각화 자료로 생성되기 전에 수집 및 정리되는 중앙화된 공간으로 널리 활용된다.
- 데이터 마트는 데이터 웨어하우스와 사용자 사이의 중간층에 위치한다.
- 데이터 웨어하우스로부터 data를 복제하거나 자체 수집하는 것도 가능하다.

CRM 업무 핵심은 고객 데이터 마트 구축으로 이에 따라 분석 효과에 차이가 있음

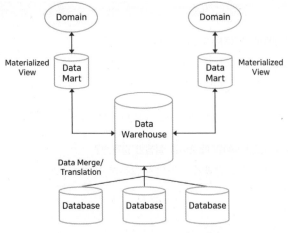

▲ 데이터 웨어하우스와 데이터 마트 관계

- R의 reshape 패키지를 활용하여 데이터 마트를 개발할 수 있다.

다양한 요약변수와 파생변수를 쉽게 생성하여 데이터마트 구성

▶ reshape 활용

함수	설명
melt()	데이터를 DB 구조로 녹이는 함수 예) melt(data, id=c(고정변수1, 고정변수2))
cast()	새로운 구조로 데이터를 만드는 함수 예) cast(melt_data, 고정변수1+고정변수2 ~ column이 되게하고 싶은 변수명, 함수)

① 요약 변수
- 데이터 마트에서 가장 기본이 되는 변수이다.
- 수집된 정보를 분석에 맞게 요약한 변수이다.
- 많은 모델에 공통으로 사용될 수 있어서 재활용성이 높다.
- 간단한 구조이므로 자동화가 가능하다.
  - 예 기간 및 상품별 구매 금액, 횟수, 구매 여부 등

② 파생 변수
- 기존 변수에 특정 조건 혹은 함수 등을 사용하여 새롭게 재정의한 변수이다.
- 데이터에 들어 있는 변수를 조합하거나 함수를 적용해서 새로운 변수를 생성한다.
- 단위변환, 표현형식의 변환으로 생성할 수 있다.
- 주관적이므로 논리적 타당성이 필요하다.
  - 예 특정시간 구매지수, 선호하는 가격대 변수 등

2) 데이터 저장소 종류

▶ 데이터 웨어하우스와 데이터 마트의 특징 비교

특징	데이터 웨어하우스	데이터 마트
범위	함께 통합된 중앙 집중식의 여러 주제 영역	분산된 특정 주제 영역
사용자	전사적	단일 커뮤니티 또는 부서
데이터 원본	여러 소스	단일 또는 몇 개의 소스, 또는 데이터 웨어하우스에 이미 수집된 데이터의 일부
크기	대규모이며 수백 기가바이트에서 페타 바이트에 이를 수 있음	소규모이며 최대 수십 기가바이트
설계	하향식	상향식

▶ 데이터 저장소 구분

구분	설명
데이터 마트 (data mart)	• 영업, 재무, 마케팅 등 단일 주제에 중점을 둔 단순한 형태의 데이터 웨어하우스 • 데이터 웨어하우스보다 적은 소스로부터 데이터를 수집
데이터 웨어하우스 (data warehouse)	• 의사결정에 도움을 줄 수 있도록 기업 전체에 대한 비즈니스 인텔리전스 및 분석을 지원하도록 설계된 데이터 관리 시스템 • 보통 기록 데이터를 포함한 방대한 데이터가 담겨 있음 • 일반적으로 데이터 웨어하우스 내에 저장된 데이터는 애플리케이션 로그 파일, 트랜잭션 어플리케이션 등 광범위한 소스로부터 추출된 것들
데이터 레이크 (data lake)	• 사전 정의된 구조 없이 방대한 양의 원시 데이터가 그대로 저장됨 • 기업이 많은 양의 정형 및 비정형 데이터를 저장하고, 이를 실시간 분석, 데이터 사이언스 및 머신러닝 사용 사례에 즉시 이용 가능하게 함 • 데이터 레이크 사용 시 형식의 변경 없이 데이터를 원본 형식 그대로 수집 가능

② 데이터 분석 패키지

① sqldf 패키지 : R에서 SQL 명령어를 사용하게 해주는 패키지

```
install.packages("sqldf")
library(sqldf)
sqldf('SELECT * FROM 테이블명')        # 테이블로부터 모든 자료를 가져옴
```

② plyr 패키지 : 데이터 프레임의 행과 열을 분할, 함수 적용, 재조합 등을 수행하는
　유용한 함수들을 제공
• ply() 함수 : 데이터의 각 그룹에 대해 지정된 함수를 적용한 후 결과를 다시 합치는
　일련의 작업을 자동화한다.
• ddply() 함수 : ply() 함수와 유사하며 데이터 프레임의 행을 기준으로 함수를 적용
　한다.
• mply() 함수 : ply() 함수와 유사하며 데이터 프레임의 열을 기준으로 함수를 적용
　한다.
③ data.table 패키지 : 대규모의 데이터를 탐색, 연산, 병합하는데 유용한 데이터 핸들
　링 패키지
• data.frame 방식보다 빠르다.
• 특정 column을 key 값으로 색인을 지정한 후 데이터를 처리한다.
• data.table() 함수 : data.table 객체를 생성한다.

```
library(data.table)
data <- data.table(x = c(1, 2, 3, 4, 5), y = c(6, 7, 8, 9, 10))
data[1]
```

x	y
1	6

data[1:2]

x	y
1	6
2	7

data[x == 1]

x	y
1	6

④ dplyr 패키지 : 데이터 프레임을 효율적으로 처리할 수 있는 기능을 제공
• select() 함수 : 데이터 프레임의 열을 선택한다.

```
library(dplyr)
data <- data.frame(x = c(1, 2, 3, 4, 5), y = c(6, 7, 8, 9, 10))

data %>% select(x, y)
```

x	y
1	6
2	7
3	8
4	9
5	10

• filter() 함수 : 데이터 프레임의 행을 선택한다.

```
data %>% filter(x > 2)
```

x	y
3	8
4	9
5	10

• mutate() 함수 : 데이터 프레임에 새로운 변수를 추가한다.

```
data %>% mutate(z = x + y)
```

x	y	z
1	6	7
2	7	9
3	8	11
4	9	13
5	10	15

• arrange() 함수 : 데이터 프레임의 순서를 정렬한다.

```
data[x == 1]
```

x	y
1	6
2	7
3	8
4	9
5	10

• summarize() 함수 : 데이터 프레임의 요약 통계량을 계산한다.

```
data %>% summarize(mean_x = mean(x), mean_y = mean(y))
```

mean_x	mean_y
3	8

⑤ tidyr 패키지 : 데이터를 정리할 수 있는 기능을 제공
• gather() 함수 : 여러 열을 하나의 열로 모은다.

```
library(tidyr)
data <- data.frame(x = c("a", "b", "c"), y = c(1, 2, 3))

data %>% gather(key, value, x, y)
```

key	value
x	a
x	b
x	c
y	1
y	2
y	3

• spread() 함수 : 하나의 열을 여러 열로 분산한다.

```
data <- data.frame(x = c("a", "b", "c"), y = c(1, 2, 3), z = c(4, 5, 6))

data %>% spread(key=x, value=y)
```

z	a	b	c
4	1	NA	NA
5	NA	2	NA
6	NA	NA	3

• separate() 함수 : 하나의 열을 여러 열로 분리한다.

```
data <- data.frame(x = c('John, Mae', 'Solen, Aebowski', 'Mia, Amy', 'Andy, James'))
data %>% separate(x, c('Name', 'Surname'))
```

Name	Surname
John	Mae
Solen	Aebowski
Mia	Amy
Andy	James

- unite() 함수 : 여러 열을 하나의 열로 결합한다.

```
data <- data.frame(a = c("a1", "b2", "c3"), b = c("d4", "e5", "f6"), c = c("g7", "h8", "i9"))

data %>% unite(x, a, b, c, sep = "")
```

x
a1d4g7
b2e5h8
c3f6i9
Andy

⑥ ggplot2 패키지 : 다양한 그래프를 생성할 수 있는 기능을 제공
- ggplot() 함수 : 그래프의 기본 구조를 정의한다.

```
library(ggplot2)
data <- data.frame(x = c(1, 2, 3), y = c(4, 5, 6))

ggplot(data, aes(x, y))
```

- aes() 함수 : 그래프의 속성(aesthetics)을 정의한다.

```
ggplot(data, aes(x, y)) + aes(color = "red")
```

- geom_() 함수 : 그래프의 요소(geoms)를 정의한다.

```
ggplot(data, aes(x, y)) + aes(color = "red") + geom_point()
# geom_point는 각 데이터 포인트를 점으로 나타냄
```

- scale_() 함수 : 그래프의 스케일(scales)을 정의한다.

```
ggplot(data, aes(x, y)) + aes(color = "red") + geom_point() + scale_x_continuous(breaks = c
(1, 2, 3))
# scale_x_continuous는 x 축의 특성을 지정 (breaks는 눈금 위치)
```

⑦ forecast 패키지 : 시계열 분석을 수행할 수 있는 기능을 제공
- auto.arima() : 시계열 데이터에 적합한 ARIMA 모델을 자동으로 선택한다.

```
install.packages("forecast")
library(forecast)

data <- ts(c(1, 2, 3, 4, 5), frequency = 12)
model <- auto.arima(data)
```

⑧ caret 패키지 : 머신러닝 알고리즘을 사용하여 분류, 회귀, 이상 탐지 등을 수행할
  수 있는 기능을 제공
• train() 함수 : 데이터를 사용하여 기계 학습 모델을 학습한다.

```
data <- read.csv("data.csv")

model <- train(
    y ~ x1 + x2,
    data = data,
    method = "lm"
)
```

• trainControl() 함수 : 교차 검증 방법을 설정한다.

```
control <- trainControl(
 method = "cv",
 number = 10
)
```

• tune() 함수 : 하이퍼파라미터를 최적화한다.

```
model <- tune(
 train,
 y ~ x1 + x2,
 data = data,
 method = "lm",
 tuneGrid = expand.grid(alpha = c(0, 0.1, 0.2, 0.3, 0.4, 0.5, 0.6, 0.7, 0.8, 0.9, 1))
)
```

• predict() 함수 : 기계 학습 모델을 사용하여 예측을 수행한다.

```
predictions <- predict(model, newdata = data)
```

결측값 처리와 이상값 검색

빈출 태그   결측값, is.na(), 평균 대치법, 이상값, ESD, Box plot, EDA, 데이터 마이닝

01 결측값 처리

1) 데이터 탐색

• 데이터의 특성을 파악하기 위해 다양한 방식으로 데이터를 탐색한다.

• 데이터 탐색에 사용되는 함수

```
# 데이터 로드
data <- read.csv("data.csv")

# 데이터의 구조를 요약
str(data)

# 데이터의 요약 통계량을 계산
summary(data)

# 데이터의 처음 몇 행을 표시
head(data)

# 데이터의 마지막 몇 행을 표시
tail(data)

# 데이터의 시각화
plot(data$x, data$y)
```

2) 결측값 처리

• 결측값(missing value)은 표기되지 않은 값 또는 존재하지 않는 값을 의미한다.

• 결측값은 주로 NA, ' '(공백), Unknown, Not Answer 등으로 표현된다.

• **결측값이 발생하는 원인**

　– 측정 오류 : 측정 과정에서 값을 정확하게 측정하지 못하여 발생

　– 데이터 누락 : 데이터 수집 과정에서 데이터를 누락하여 발생

　– 의도적인 누락 : 데이터 분석을 방해하기 위해 값을 누락하여 발생

• 결측값 자체에도 의미가 있을 수 있다.

　– 가입자 중 특정 거래가 없을 경우

　– 부정 사용 방지 시스템에서 부정 사용이 발생되지 않는 경우

　– 부도 예측 시스템에서 부도가 발생되지 않는 경우

3) 결측값 처리 방법

① 단순 대치법(Single Imputation)
- 불완전 자료는 모두 무시한다.
- 결측값이 존재하는 행을 삭제한다.
- 부분적으로 관측된 자료를 무시하므로 생기는 효율성 상실, 통계적 추론의 타당성 문제가 존재한다.

② 평균 대치법(Mean Imputation)
- 관측 또는 실험을 통해 얻어진 데이터의 평균으로 결측값을 대치한다.
- 비 조건부 평균 대치법 : 관측 데이터의 평균값으로 대치한다.
- 조건부 평균 대치법 : 회귀분석을 활용하여 예측한 값으로 대치한다.

③ 단순 확률 대치법(Single stochastic Imputation)
- 결측값을 관측된 데이터의 확률 분포를 사용하여 대체하는 방법이다.
- 평균 대치법에서 추정한 표준오차의 과소 추정 문제를 보완하고자 고안된 방법이다.
- 단순 확률 대치법은 다음과 같은 단계로 수행된다.
  - 결측값을 포함하는 변수의 관측된 데이터의 확률 분포를 추정한다.
  - 각 결측값에 대해 확률 분포에서 추출한 값으로 대체한다.

④ 다중 대치법(Multiple Imputation)
- 단순 대치법을 여러 번 수행한다.
- 단순 대치법을 한 번이 아닌 m번 수행하여 m개의 가상적 완전 자료를 만든다.
- 추정량 표준오차의 과소 추정 또는 계산의 난해성 문제를 가지고 있다.
- 1단계 : 대치 → 2단계 : 분석 → 3단계 : 결합

▶ R의 결측값 처리 함수

구분	종류
탐색	complete.cases(), is.na()
단순 대치	DMwR::centralImputation(), DMwR::knnImputation()
다중 대치	Amelia::amelia()

▶ R의 결측값 관련 함수 설명

함수	설명
is.na(x)	• x의 포함된 값이 NA인지 아닌지 각각에 대해 TRUE 또는 FALSE 값을 반환 • logical 형의 값은 산술 연산이 가능하기 때문에 is.na 함수를 적용한 다음, sum 함수를 사용하여 결측치 개수를 파악할 수 있음 예 sum(is.na(x))
complete.cases(x)	• x가 결측치를 가지고 있지 않은 완전한 데이터인지 여부를 확인 • 행별로 결측치가 없으면 TRUE, 1개라도 있으면 FALSE를 반환
x[!complete.cases(x),]	불린 참조를 통한 데이터 인덱싱으로 결측치(NA) 행만 추출
x[complete.cases(x),]	불린 참조를 통한 결측치(NA)를 포함하지 않은 행 추출
na.omit(x)	결측치(NA)가 있는 행 전체 삭제
na.replace()	결측값을 다른 값으로 대체
mice()	데이터의 분포를 기반으로 결측값을 보정

02 이상값 검색

1) 이상값 정의

- 관측된 데이터 범위에서 크게 벗어난 아주 큰 값 또는 작은 값을 의미한다.
- 의도하지 않은 잘못된 입력, 데이터 처리 오류의 이유로 범위에서 벗어난 데이터 값이다.

2) 이상값 판단 방법

① ESD★ 알고리즘
- 일변량 데이터에서 하나 이상의 이상치를 탐지하는 데 사용되는 방법이다.
- ESD 알고리즘은 다음과 같이 수행된다.
  - 데이터의 평균과 표준편차 계산
  - 데이터의 각 관측치와 평균의 절대 편차 계산
  - 계산된 절대 편차의 최대값 검색
  - 최대값이 임계값보다 크면 해당 관측치를 이상치로 판단
- 평균으로부터 3×표준편차 떨어진 값을 이상치로 간주한다.
- 기하평균보다 2.5×표준편차 떨어진 값을 이상치로 간주한다.

② 상자 그림(Box plot)
- IQR×1.5 밖의 값을 이상치로 간주한다.

> ★ESD
>
> Extreme Studentized Deviate 이상값 탐지를 위한 통계적 방법 중 하나로 정규 분포를 따르는 데이터에서 유용함

더 알기 Tip

상자 그림(Box plot)

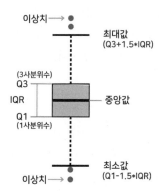

- Q1(1사분위수)는 25%, Q3(3사분위수)는 75% 위치의 데이터를 의미한다.
- IQR(Interquartile Range, 사분위 범위)는 Q1과 Q3 사이의 거리이다.
- 상위 경계(Upper Fence)는 박스플롯의 Q3 + (1.5 * IQR)한 값이다.
  - 상위 경계보다 더 큰 값들은 모두 이상치로 간주
- 하위 경계(Lower Fence)는 박스플롯의 Q1 − (1.5 * IQR)한 값이다.
  - 하위 경계보다 더 작은 값들은 모두 이상치로 간주
- 이상치들은 작은 점으로 표시한다.

③ summary() 평균과 중앙값과 IQR을 보고 판단
- 결과적으로 이상값이 분석 대상이 될 수 있어 무조건 삭제는 안된다.

3) 이상값 처리

① 절단 : 이상값을 포함하는 행 전체를 삭제
② 조정 : 이상값을 상한 또는 하한값으로 조정

이상값도 분석 대상이 될 수 있으므로 무조건 삭제하는 것은 지양해야 함

03 기초 분석 및 데이터 관리

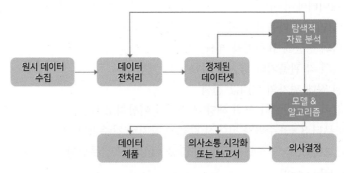

▲ 데이터 분석 과정

1) 데이터 처리

- DW(데이터 웨어하우스)나 DM(데이터 마트)을 통해 분석을 위한 데이터를 구성한다.
- 신규 데이터 또는 DW에 없는 데이터는 기존 운영 시스템에서 가져오기 보다는, 스테이징 영역★에서 데이터를 전처리해 운영 데이터 저장소(ODS)에 저장된 데이터를 DW, DM과 결합해 데이터를 구성한다.

★스테이징(staging) 영역
원시, 처리되지 않은 데이터가 변환되기 전에 임시로 있는 영역

2) 시각화 기법

- 가장 낮은 수준의 분석 방법이다.
- 복잡한 분석을 보다 효율적으로 해석할 수 있다.
- 여러 차트 형식, 트리 구조, 다이어그램 맵, 워드 클라우드 등으로 나타낸다.

3) 공간 분석

- 공간적 차원과 관련된 속성들을 시각화한다.
- 지도 위에 관련된 속성들을 생성하고 크기, 모양, 선 굵기 등으로 데이터를 구분한다.

4) 탐색적 자료 분석(EDA)

- 다양한 차원과 값을 조합해 특이점이나 의미 있는 사실을 도출하고 분석의 최종 목적을 달성해가는 과정을 말한다.
- 데이터의 주요 특성을 요약, 패턴을 발견하고, 변수 간 잠재적 관계를 찾아내는 프로세스이다.

- EDA는 데이터 분석의 초기 단계에서 수행되며, 데이터에 대한 기본적인 이해를 얻고, 데이터 분석의 방향을 설정하는 데 도움이 된다.
- 데이터의 특징과 내재하는 구조적 관계를 알아내기 위한 기법이다.

5) 통계 분석

- 통계는 어떤 현상을 종합적으로 한눈에 알아보기 쉽게 일정한 체계에 따라 숫자와 표, 그림의 형태로 나타내는 것을 말한다.
- 기술통계는 데이터의 특성을 요약하는데 사용되는 반면, 추측통계는 데이터를 기반으로 모집단에 대한 추론을 하는 데 사용되며, 주어진 데이터를 이해하기 쉽게 만들기 위해 숫자 또는 그래프의 형태로 표현한다.
- 기술통계는 다음과 같은 종류로 나눌 수 있다.
  - 요약통계 : 데이터의 전체적인 특성을 요약하는 통계, 평균, 표준편차, 분산, 최빈값, 중위수, 사분위수 등
  - 분포통계 : 데이터의 분포를 나타내는 통계, 히스토그램, 분포표, 밀도함수 등
  - 상관관계통계 : 두 변수 간의 관계를 나타내는 통계, 상관계수, 공분산 등
- 추측통계는 모집단으로부터 추출된 표본의 표본 통계량에서 모집단의 특성인 모수에 관해 통계적으로 추론한다.
- 추측통계는 다음과 같은 종류로 나눌 수 있다.
  - 추정 : 모집단의 특성을 추정하는 통계로서 평균, 표준편차, 분포 등
  - 검정 : 모집단의 특성에 대한 가설을 검정하는 통계로서 평균, 분산, 상관관계 등

특징	기술통계	추측통계
목적	데이터의 특성을 요약	모집단에 대한 추론
데이터	표본	모집단
결과	데이터의 특성	모집단의 특성
오류	없음	존재

6) 데이터 마이닝

대용량의 자료로부터 정보를 요약하고 미래에 대한 예측을 목표로 자료에 존재하는 관계, 패턴, 규칙 등을 탐색, 모형화해 이전에 알지 못한 유용한 지식을 추출한다.

① 데이터 마이닝 방법론
  - **데이터베이스에서의 지식탐색** : DW에서 DM을 생성하며 데이터들의 속성을 사전 분석을 통해 지식 얻음
  - **기계학습** : 컴퓨터가 학습할 수 있도록 다양한 기계학습 알고리즘과 기술을 활용하여 모델을 개발
  - **패턴인식** : 원자료를 이용해 사전지식과 패턴으로부터 추출된 통계정보를 기반으로 자료 또는 패턴을 분류(연관규칙, 장바구니 분석)

② 데이터 마이닝 활용 분야
- 금융 : 투자, 대출, 보험, 신용평가 등
- 제조 : 생산, 품질 관리, 마케팅 등
- 유통 : 고객 분석, 마케팅, 재고 관리 등
- 의료 : 질병 진단, 치료, 예방 등
- 정부 : 공공 정책 수립, 범죄 예방 등

▶ 데이터 마이닝 관련 용어

용어	설명
시뮬레이션 모델링	처리시간에 대한 분포 파악
최적화	목적함수와 계수 값을 프로세스별로 산출
데이터 마이닝 분류	인구통계, 요약변수, 파생변수 산출
비정형 데이터	텍스트 마이닝을 거쳐 데이터 마트와 통합
관계형 데이터	사회 신경망 분석을 거쳐 통계값이 데이터 마트와 통합

7) 시뮬레이션

- 복잡한 실제 상황을 단순화해 컴퓨터상의 모델로 만들어 재현하거나 변경한다.
- 현상을 보다 잘 이해하고 미래의 변화에 따른 결과를 예측한다.
  예 미사일 궤적, 댐의 물 수용량 예측, 고속도로 요금정산소의 창구 수 계산 등

8) 최적화

- 목적함수 값을 최대화 또는 최소화 하는 것을 목표로 한다.
- 제약조건 하에서 목표값을 개선해 나가는 방식이다(목적함수와 제약조건을 정의해 문제 해결).
  예 납기 지연의 최적화, 산업 및 국방 영역, 최대 수익 등

01 R에서 서로 다른 데이터 타입을 담을 수 있는 구조는 무엇인가?

① 행렬(Matrix)
② 벡터(Vector)
③ 리스트(List)
④ 배열(Array)

02 다음 중 코드의 결과로 적절한 것은 무엇인가?

```
s <- c("Monday", "Tuesday", "Wednesday")
substr(s, 1, 2)
```

① "Monday", "Tuesday""
② "Mo", "Tu", "We"
③ "Mo", "Tu"
④ "ay", "ay", "ay"

03 다음 중 아래의 프로그램을 통해 생성된 벡터 z에 대한 설명중 올바르지 않은 것은?

```
x<-c(1:4)
y<-c('apple', 'banana', 'orange')
z<-c(x,y)
```

① z는 문자형 벡터이다.
② z의 길이는 7이다.
③ z[1]+z[2]의 결과는 3이다
④ z[5:7]은 y와 동일하다.

04 다음 중 결과가 다른 R 코드는?

① a<-seq(1,10,1)
② b<-c(1,10)
③ c<-1:10
④ d<-seq(10,100,10)/10

05 R에서 새로운 패키지를 설치 및 사용하고자 할 때 명령어와 순서로 적절한 것은?

① install.packages("패키지명")
 → library(패키지명)
② setup.packages("패키지명")
 → library(패키지명)
③ library(패키지명)
 → install.packages("패키지명")
④ lirary(패키지명)
 → setup.packages("패키지명")

06 대용량 데이터 속에서 숨겨진 지식 또는 새로운 규칙을 추출해 내는 과정을 무엇이라 하는가?

① 데이터 마이닝
② 데이터 마트
③ 데이터 웨어하우징
④ 의사결정 시스템

07 KDD 분석 절차 중 데이터 세트에 포함되어있는 잡음과 이상값, 결측치를 식별하고 필요시 제거하거나 의미 있는 데이터로 처리하는 데이터 세트 정제 작업 단계를 무엇이라 하는가?

① 데이터 전처리
② 데이터 변환
③ 데이터 마이닝
④ 데이터 마이닝 결과 평가

08 최소값, 1사분위수, 중위수, 3사분위수, 최대값, 평균값을 구할 수 있는 함수는?

① str
② summary
③ head
④ inform

09 프로그래밍에서 연산 혹은 분석에 필요한 자료(Data)를 일시적으로 저장하거나 처리 결과를 담을 수 있는 기억장소를 무엇이라 하는가?

① 상수   ② 변수
③ 함수   ④ 클래스

10 R의 가장 기본이 되는 자료구조 중에서 동일한 자료형을 갖는 값들의 집합으로, 일반적으로 하나의 속성을 저장하는 단위를 무엇이라 하는가?

① 함수   ② 배열
③ 벡터   ④ 객체

11 데이터 분석에 앞서 전체적으로 데이터의 특징을 파악하고 데이터를 다양한 각도로 접근하는 과정을 무엇이라 하는가?

① PCA   ② EDA
③ ERD   ④ LDA

12 이상값(Outlier) 검색 기법의 하나로 평균으로부터 표준편차의 k배보다 떨어진 값들을 이상값으로 판단하는 방법은 무엇인가?

① ESD   ② MICE
③ OMIT   ④ PCA

CHAPTER 01

01 ③	02 ②	03 ③	04 ②	05 ①
06 ①	07 ①	08 ②	09 ②	10 ③
11 ②	12 ①			

01 ③

- 벡터, 배열, 행렬은 모두 한 가지 데이터 타입을 가진 원소만 저장할 수 있다.
- 데이터 프레임과 리스트는 다양한 타입을 가진 원소를 저장할 수 있다.

02 ②

- substr 함수는 문자열에서 일부를 추출하는 함수이다.
- substr(문자열, 시작위치, 끝위치) 이므로, substr(s, 1, 2)는 s에 저장된 각각의 문자열에 대해 1번째 위치부터 2번째 위치의 문자까지를 추출하라는 의미가 된다.

03 ③

z는 문자형 벡터로서 서로 연산할 수 없으므로 에러가 발생한다.

04 ②

1, 2, 4번은 결과가 1 2 3 4 5 6 7 8 9 벡터가 생성되지만, 3번은 1 10 벡터가 생성된다.

05 ①

패키지 설치 : install.packages("패키지명")
패키지 불러오기 : library(패키지명)

06 ①

데이터마이닝, 또는 자료채굴은, 대규모로 저장된 데이터안에서 체계적이고 자동적으로 통계적 규칙이나 짜임을 분석하여, 가치있는 정보를 빼내는 과정이다.

07 ①

데이터 전처리 유형
- **데이터 정제** : 이상치, 결측치를 파악해 제거하거나 적절한 값으로 대치
- **데이터 통합** : 여러 테이블에 있는 데이터를 병합 + 통합하여 적절한 데이터셋 생성
- **데이터 축소** : 변수 선택, 요약변수 생성 등을 통해 데이터의 차원을 줄임
- **데이터 변환** : 정규화, 표준화 등의 작업 수행, 데이터의 형식 변환

08 ②

summary 함수는 최솟값, 1사분위수, 중위수, 3사분위수, 최대값, 평균값을 구할 수 있는 함수이다.

09 ②

프로그래밍에서 연산 혹은 분석에 필요한 자료(Data)를 일시적으로 저장하거나 처리 결과를 담을 수 있는 기억장소를 변수라 한다.

10 ③

벡터 데이터 구조는 하나의 스칼라 값, 혹은 하나 이상의 스칼라 원소를 갖는 자료구조이다.

11 ②

EDA는 탐색적 데이터분석은 데이터의 기초 통계량 값을 확인하고 다양한 관점에서 데이터를 바라보기 위해 시각화를 수행하는 등의 작업을 의미한다.

12 ①

ESD는 평균으로부터 표준편차의 K배보다 떨어진 값을 이상치로 판별하는 방법이다.

자격증은 이기적!

통계 분석

학습 방향

통계학에 익숙해지는 것이 중요합니다. 용어에 친숙해지고 개념을 이해하도록 노력하세요. 정리된 내용을 흐름을 따라가며 다독한다면 충분히 좋은 점수를 받을 수 있습니다.

출제 빈도

Section 01	상		30%
Section 02	상		30%
Section 03	상		40%

통계학 개론

빈출 태그 척도, 확률변수, 확률분포, 표본추출, 가설검정

★통계
특정 집단을 대상으로 수행한 조사나 실험을 통해 나온 결과에 대한 요약된 형태의 표현

01 통계학

1) 통계 분석

- 통계학은 수집된 자료에서 다양한 수학적 방법을 통해 정보를 추출하는 방법을 연구하는 수학의 한 분야이고, 통계 분석은 수집된 데이터를 이용하여 의미있는 정보를 추출하는 행위를 의미한다.
- 통계적 추론(추측통계)은 통계 분석 과정을 통해 모집단에 대한 모수추정, 가설검정, 예측 등 의사결정을 수행하는 과정이다.
- 기술통계는 여러 특성을 평균, 표준편차 등으로 수량화하는 통계분석 방법론이다.
- 통계자료는 조사 및 실험으로 확보한다.
  - 총 조사 : 대상 집단 전체에 대한 조사를 통해 획득하므로 비용과 시간 소비가 큼
  - 표본 조사 : 조사하기 위해 추출한 모집단의 일부를 조사

2) 모집단(Population)

- 조사하고자 하는 대상 집단 전체를 의미한다.
- 잘 정의된 연구목적과 이와 연계된 명확한 연구대상이다.
  - 예 "대한민국 남자와 여자의 평균 키를 알고싶다."라고 한다면 모집단은 대한민국 모든 남자 및 여자의 키

① 원소(Element)

- 모집단을 구성하는 개체이다.
- 정보 수집 및 분석의 기본 단위이다.

② 모수(Parameter)

- 모집단의 특성을 나타내는 수치들로서 모집단의 평균(μ), 분산(σ^2) 같은 수치이다.
- 표본을 통해 모수를 추정하는 작업이 필요하다.

③ 표본(Sample)

- 모집단의 개체 수가 많아 전부 조사하기 힘들 때 모집단에서 추출한 것이다.
- 추출(sampling)한 표본으로 모집단의 특성을 추론(inference)한다.
  - 예 여론조사에 참여한 유권자로 선거 예측

④ 통계량(Statistic)

- 표본의 평균($\bar{x}$), 분산(s^2) 같은 특성을 나타내는 수치들이다.

▶ 모집단의 모수를 추정하는 과정 : 모집단(population) → 표본 추출(sampling) → 표본(sample) → 통계량(statistic) → 추론(inference) → 모수(parameter)

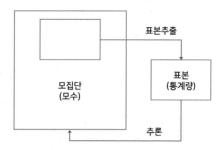

02 표본 추출

1) 표본 추출의 종류

표본 추출은 모집단의 일정 부분을 선택하는 과정으로, 단순 랜덤 추출, 계통 추출, 층화 추출, 군집 추출 등으로 구분할 수 있다.

▶ 확률적 표본 추출법의 종류

표본 추출법	설명
단순 랜덤 추출법 (Simple random sampling)	• 모집단의 각 개체가 표본으로 선택될 확률이 동일하게 추출되는 경우 • 모집단의 개체 수 N, 표본 수 n일 때, 개별 개체가 선택될 확률은 n/N ◎ 10개의 공 중에서 랜덤하게 5개의 공 추출
계통 추출법 (Systematic sampling)	모집단 개체에 1, 2, …, N이라는 일련번호를 부여한 후, 첫 번째 표본을 임의로 선택하고 일정 간격으로 다음 표본을 선택 ◎ 1~100까지 번호를 부여한 다음, 끝자리가 1로 끝나는 번호를 10개 선택한다면, [1, 11, 21, 31, … , 91]번 선택
층화 추출법 (Stratified sampling)	• 모집단을 서로 겹치지 않게 여러 개의 집단 또는 층★으로 나누고, 각 집단 내에서 원하는 크기의 표본을 단순 랜덤 추출법으로 추출 • 이질적인 원소로 구성된 모집단에서 각각의 계층을 골고루 대표할 수 있게 추출하는 방법 ◎ 비례 층화 추출법, 불비례 층화 추출법 등
군집(집단) 추출법 (Cluster sampling)	모집단을 차이가 없는 여러 개의 집단(cluster)으로 나눈 후, 그 중 일부를 선택한 다음에 선택된 군집 내에서 필요한 만큼의 표본을 임의로 선택 ◎ 지역 표본 추출, 다단계 표본 추출 등

★층
성별, 나이대, 지역 등 차이가 존재하는 각 그룹

유사한 원소끼리 층을 생성한 다음, 각각의 층에서 랜덤하게 추출

2) 표본 추출 오차

• 표본 추출 오차는 표본을 추출하는 과정에서 발생하는 오차를 의미한다.
• 모집단의 일부를 추출하여 조사한 결과를 가지고 모집단 전체를 추론하는 과정에서 생기는 오차이다.
• 표본크기, 표본의 특성, 표본추출방법 등에 의해 영향을 받는다.

▶ 표본 추출 관련 오차의 종류 및 특징

종류	특징
표본 오차/ 표본 추출 오차 (Sampling Error)	• 모집단을 대표하지 못하는 표본을 추출하여 발생하는 오차 • 모집단을 전수 조사하는 것이 아니라 표본을 추출하기 때문에 발생 • 표본 오차는 표본의 크기가 커지면 작아지며, 전수조사에서는 0이 됨
비표본 추출 오차 (Non-Sampling Error)	• 표본 오차를 제외한 조사, 집계, 분석 과정에서 발생할 수 있는 모든 오차 　예 설문/측정 방식이 잘못됨, 자료기록 및 처리의 오류, 무응답/오응답 등 • 비표본 추출 오차는 표본의 크기에 비례하여 커지므로 표본의 크기가 크다고 반드시 좋은 것은 아님
표본 편의(편향) (Sampling Bias)	• 표본 추출 과정에서 발생하는 추정값의 기댓값과 모수의 차이 　예 일반인으로부터 피험자를 모집했을 때, 참여자들은 내용에 관심이 높은 사람일 가능성이 있어 표본이 어느 한쪽으로 치우칠 수 있음 • 확률화(randomization)에 의해 최소화하거나 없앨 수 있음

• 다음의 방법으로 표본 추출 오차를 줄일 수 있다.
　- 표본의 크기를 늘리기
　- 무작위 추출 방법을 사용
　- 층화 추출법, 군집 추출법 등 특수한 추출 방법을 사용

03 자료 형태

1) 척도(Scale)

측정된 변수의 값을 표현하는 수준을 의미하며 척도에 따라 적용 가능한 통계 분석 방법이 달라진다.

① 명목 척도(Nominal scale)
• 단순히 측정 대상의 특성을 분류하거나 확인하기 위한 목적으로 사용한다.
• 숫자로 바꾸어도 그 값이 크고 작음을 나타내지 않고 범주를 표시한다.
• 측정값이 같고 다름을 말할 수 있으며, 측정값들 사이에 순서가 없다.
• 사칙연산이 불가능하므로, 종류에 따른 빈도만 계산한다.
　예 성별, 혈액형, 출생지 등

② 서열(순위) 척도(Ordinal scale)
• 대소관계 또는 높고 낮음 등의 순위만 제공할 뿐 양적인 비교는 할 수 없다.
• 항목들 간에 서열이나 순위가 존재하며, 측정값들 사이에 순서가 있다.
• 측정값들의 간격이 동일하지 않다.
• 사칙연산이 불가능하다.
　예 금, 은, 동메달, 선호도, 만족도, 학년 등
　예 직급(부장, 과장, 대리, ...) : 부장이 과장보다, 과장이 대리보다 높지만, 부장과 과장의 차이가 과장과 대리의 차이와 같다라고 볼 수 없음

③ 등간(구간) 척도(Interval scale)

- 측정값들 사이에 순위를 부여하되 순위 사이의 간격이 일정하여 양적인 비교가 가능하다.
- 절대 0이 존재하지 않는다(영점의 기준이 임의적).
  - 온도의 0은 온도가 없음이 아니라 영상, 영하의 중간 지점 즉 상대적 기준을 표시
    - **예** 온도계 수치, 물가 지수

④ 비율 척도(Ratio scale)

- 절대 0이 존재하여 측정값 사이의 비율 계산이 가능한 척도이다.
- 등간 척도+절대 0점의 개념이다.
  - **예** 금액, 길이, 몸무게, 나이, 소득, 강수량 등

2) 중심 경향치(Central Tendency Measures)

자료의 중심을 나타내는 숫자를 의미하며, 자료 전체를 대표하는 값으로 평균, 중앙값, 최빈값이 있다.

① 평균(Mean)

- 산술 평균, 값들의 무게 중심이 어디인지를 나타내는 값이다.

② 중앙값(Median)

- 자료를 크기 순서대로 배열했을 때, 중앙에 위치하는 값이다.

③ 최빈값(Mode)

- 어떤 값이 가장 많이 관찰되는지 나타낸 값으로 주로 범주변수(명명척도, 서열척도)에 사용된다.

> 평균은 양 꼬리 값의 크기가 변할 때 영향을 크게 받지만, 중앙값은 그러한 변화에 영향을 거의 받지 않음

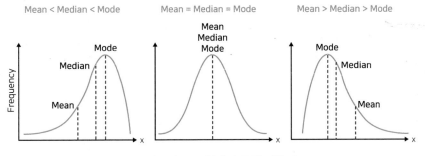

▲ 자료의 분포 형태와 중심 경향치

3) 변산성(산포도, 데이터 퍼짐의 정도) 측정치

- 변산성★은 자료가 흩어져 있는 정도 또는 개체에 따라 변할 수 있는 정도를 의미하며, 산포도(Dispersion)라고도 한다.
- 중심 경향치가 자료가 무엇을 중심으로 모여있는가를 나타내는 것이라면, 변산성 측정치는 그 모여있는 정도를 의미한다.
- 변산성에는 범위, 사분위수 범위, 분산, 표준 편차, 절대 편차, 변동 계수 등이 있다.
- 변산성이 크면 변량들이 평균으로부터 멀리 흩어져 있으며, 변동성이 커진다.
- 변산성이 작으면 변량들이 평균 주위에 밀집되어 있고, 변동성이 작아진다.

> ★변산성
> 자료의 변량들이 흩어져 있는 정도를 하나의 수로 나타낸 값

① 편차(Deviation)
- 어떤 자료의 변량에서 평균을 뺀 값이다.
- 편차의 총합은 항상 0이다.
- 편차의 절댓값이 클수록 그 변량은 평균에서 멀리 떨어져 있고, 편차의 절댓값이 작을수록 평균에 가까이 있다.

② 분산(s^2, Variance)
- 편차의 제곱의 합을 n−1로 나눈 것이다.
- 데이터 집합이 얼마나 퍼져 있는지 알아볼 수 있는 수치이다.
- 평균이 같아도 분산은 다를 수 있다.

③ 표준 편차(s, Standard Deviation)
- 자료의 산포도를 나타내는 수치로서 분산의 양의 제곱근이다.
- 평균으로부터 각 데이터의 관찰 값까지의 평균 거리이다.

④ 변동 계수(CV, coefficient of variation)
- 단위가 다른 두 그룹 또는 단위는 같지만 평균 차이가 클 때의 산포 비교에 사용한다.
- 변동계수는 관측되는 자료가 모두 양수일 때 사용한다.

> **더 알기 Tip**
>
> **변동 계수**
>
> A 학생은 평균 3시간 공부하고 표준편차는 0.4, B 학생은 평균 6시간 공부하고 표준편차가 0.9라면 어떤 학생이 꾸준하게 공부했을까?
>
> CV(변동계수) = 표준편차 / 평균
>
> A=0.4/3=0.133, B=0.9/6=0.15이므로 변동 계수가 작은 A가 더 꾸준히 공부하였다.
> 만약, B 학생의 표준편차가 0.8이라면 A, B 학생의 변동계수는 같다.
> 즉 공부시간 평균에 대한 표준편차의 비율이 변동계수이다.

⑤ 범위(Range)
- 최소값과 최대값의 차이, 즉 자료가 얼마나 퍼져있는가를 나타낸다.
  - 예 데이터가 [2, 4, 5, 7, 10]인 경우 범위는 8

04 사건

▶ 사건 용어 정리

용어	설명
표본점	어떤 행위를 했을 때 나올 수 있는 값 例 주사위 굴리는 행위를 했다면 1, 2, 3, 4, 5, 6 중 하나
표본공간	모든 표본점의 집합 例 주사위 굴리는 행위에 대한 표본공간 S = {1, 2, 3, 4, 5, 6}
사건	표본점의 특정한 집합 例 주사위를 한 번 굴렸을 때 홀수가 나오는 사건을 A라고 하면 A = {1, 3, 5}
확률	• 사건이 일어날 수 있는 가능성을 수로 나타낸 것 • 어떤 사건을 A라고 했을 때, A가 발생할 확률은 P(A)와 같이 표기함 • 확률 = 사건/표본공간 • 확률값 : $0 <= P(A) <= 1$

① 독립 사건

• A의 발생이 B가 발생할 확률을 바꾸지 않는 사건, 즉 서로 영향이 없는 사건이다.
• 두 사건 A, B가 독립이면 $P(B|A)=P(B)$, $P(A|B)=P(A)$, $P(A \cap B)=P(A) \cdot P(B)$ 성립한다.

例 주사위 던져서 나오는 눈의 값, 동전을 던져 나오는 앞/뒤, 서로 다른 사람이 총을 쏘아 과녁에 명중할 사건

② 배반 사건

• 교집합이 공집합인 사건을 의미하며, 동시에 일어날 수 없는, 한쪽이 일어나면 다른 쪽이 일어나지 않을 때의 두 사건이다.
• $P(A \cap B)=0$, $P(A \cup B)=P(A)+P(B)$

例 동전 하나를 던져 앞면이 나오는 사건과 뒷면이 나오는 사건

③ 종속 사건

• 두 사건 A와 B에서 한 사건의 결과가 다른 사건에 영향을 주는 사건이다.
• $P(A \cap B)=P(A|B) \cdot P(B)$

例 음주와 교통사고 사건

✔ 개념 체크

서비스의 만족도를 조사하고자 하는 설문에서 사용되는 척도는?

☑ 순서 척도   ② 명목 척도
③ 등간 척도   ④ 비율 척도

서비스 만족도는 측정 대상의 대소 관계를 표현하는 것이므로 순서 척도에 해당된다.

확률 및 확률 분포

01 확률과 확률분포

1) 확률(Probability)

확률은 특정 사건이 일어날 가능성의 척도이며, 0~1 사이의 숫자로 표현한다.
- 표본 공간 : 측정 가능한 모든 수행 결과들의 집합
- 사건 : 관찰자가 관심있는 사건(표본공간의 부분집합)
- 원소 : 개개의 사건에 대한 결과들

2) 조건부 확률(Conditional probability)

사건 B가 먼저 발생했다는 조건 아래서 사건 A가 일어날 확률이다.
- $P(A|B) = P(A \cap B)/P(B)$, 단 $P(B) > 0$
- 두 사건 A, B가 독립 사건인 경우 :
  $P(B|A) = P(B)$, $P(A|B) = P(A)$, $P(A \cap B) = P(A)P(B)$

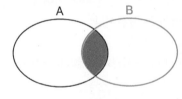

▲ 조건부 확률

> **더 알기 Tip**

조건부 확률

▶ 환자/일반인 검사 데이터

	환자	일반인	합계
양성	190	490	680
음성	10	9,310	9,320
합계	200	9,800	10,000

전체 인원수는 10,000명, 환자는 200명, 일반인은 9,800명
- P(양성 | 환자) = 환자 중에서 양성이 나올 확률, 190/200 = 95%
- P(양성 | 일반인) = 일반인 중에서 양성이 나온 수는 490명, 음성은 9,310명
- P(환자 | 양성) = 양성이 나왔을 때 환자일 확률, 190/680 = 약 27%

양성일 때 환자일 확률과 환자일 때 양성일 확률은 다름

3) 베이즈 정리(Bayes' theorem)

두 확률 변수의 사전 확률과 사후 확률 사이의 관계를 나타낸 것으로, 사전 확률로부터 사후 확률을 구할 수 있다. 즉, 어떤 사전 지식이 있을 때 이 지식을 이용하여 관심 있는 사건이 발생할 확률을 구하는데 사용되는 개념이다.

예 '암 발생률은 10%', '암 진단 정확도는 95%'라는 사전지식이 있다면, '암으로 진단 받은 환자가 실제로도 암일 확률'을 알 수 있다.

$$P(A|B) = \frac{P(B|A) \times P(A)}{P(B)}$$

▲ 베이즈 정리 수식

① P(A)

• 사전 확률(Prior probability), 사건 B가 발생하기 전, 사건 A의 확률을 의미한다.

　예 환자가 암일 확률을 P(A)로 나타낼 수 있다.

② P(B|A)

• 우도, 가능도(Likelihood), A라는 사건이 발생했을 때 원래의 모집단이 B일 확률이다.

③ P(A|B)

• 사후 확률(Posterior probability), 사건 B가 발생한 후 A의 확률을 의미한다. '사전 확률'인 사건 A가 B라는 사건에 영향을 받은 경우를 표현하기 위해 '사후 확률'이라는 명칭이 사용된다.

　예 환자가 검사 결과로 양성반응을 받은 경우, 실제 암일 확률을 P(A|B)로 나타낼 수 있다.

4) 확률 분포

① 확률 변수★(Random variable)

• 확률 변수는 하나의 실험에서 나타날 수 있는 결과를 수치로 표현한 것이다. 일반적으로 대문자 X로 표기한다.

• 표본공간에 발생하는 원소를 정의역으로 하고 이에 대응되는 실수값을 치역으로 한다.

　– 확률 현상 : 어떤 결과들이 나올지는 알지만, 가능한 결과들 중 어떤 결과가 나올지 모르는 것

　– 이산 확률 변수 : 분리된 값으로 존재하는 변수로서 인원수, 개수 등이 해당

　– 연속 확률 변수 : 연속된 값으로 존재하는 변수로서 연속적인 구간(거리 등)에서의 수치 값을 갖는 확률 변수

② 확률 분포

• 확률 분포는 확률 변수가 특정 값을 가질 확률을 나타내는 분포이다.

• 어떤 확률 변수가 취할 수 있는 모든 값들과 그 값을 취할 확률의 대응관계로 표시하는 것이다.

• 확률분포는 이산확률분포와 연속확률분포로 나누어진다.

★확률 변수
확률 현상에 기인해 결과값이 확률적으로 정해지는 변수

③ 이산 확률 분포
- 확률 변수가 분리된 값을 가질 때 이산 확률 변수라고 하며, 이산 확률 변수가 가지는 확률 분포이다.
- 각 사건은 서로 독립이어야 한다.
  예 이항 분포, 베르누이 분포, 기하 분포, 포아송 분포 등

- 이산 확률 분포의 특징
  - 확률 변수가 취할 수 있는 값은 유한 개
  - 확률 변수가 특정한 값을 가질 확률은 0과 1 사이의 값
  - 확률 변수의 모든 값에 대한 확률의 합은 1

④ 연속 확률 분포
- 확률변수가 실수와 같이 연속적인 값을 가질 때 연속 확률 변수라고 하며, 연속 확률 변수가 가지는 확률 분포이다.
  예 정규 분포, 지수 분포, 연속균일 분포, 카이제곱 분포, F 분포 등

- 연속 확률 분포의 특징
  - 확률 변수가 취할 수 있는 값은 실수 구간
  - 확률 변수가 특정한 값을 가질 확률은 0
  - 확률 변수의 특정 구간에 있을 확률은 그 구간의 넓이로 표현

- 연속 확률 분포 표현 방법
  - 확률 밀도 함수(probability density function) : 확률 변수가 특정 구간에 있을 확률을 그 구간의 넓이로 표현한 함수
  - 누적 분포 함수(cumulative distribution function) : 확률 변수가 특정 값보다 작거나 같은 확률을 나타내는 함수

- 연속 확률 분포의 예시
  - 키, 몸무게, IQ 등과 같은 신체적 특성
  - 온도, 압력, 시간 등과 같은 물리적 양
  - 주식 가격, 환율 등과 같은 경제적 변수

⑤ 확률 함수
- 확률 함수는 확률 변수의 값이 특정 범위에 속할 확률을 나타내는 함수이다.
- 확률 함수는 확률 변수가 이산 값을 가질 때는 확률 질량 함수(probability mass function)로 표현되고, 확률 변수가 연속 값을 가질 때는 확률 밀도 함수(probability density function)로 표현된다.
- 확률 질량 함수 : 이산 확률 변수에서 특정 값에 대한 확률을 나타낸 함수
- 확률 밀도 함수 : 확률 변수가 연속 값을 가질 때의 확률 함수로서, 연속 확률 변수 값의 분포를 나타낸 함수

확률 질량 함수 예시
주사위를 던져 나오는 값
동전의 앞면이 나올 확률
시험의 합격 여부

5) 확률 변수의 기댓값
- 확률 분포에서 평균적으로 기대되는 값이다.

- 기댓값은 확률 변수 값에 확률을 곱한 다음, 모두 합한 값이며, $E(X)$로 표기한다.
  - 확률 변수 X에 대한 확률 질량 함수가 f(x)일 때, 이산 확률 변수 X의 기댓값은
  $$E(X) = \sum x f(x)$$
  X : 확률 변수, x : 확률 변수 X의 값, f(x) : 확률 질량 함수

  - 확률 변수 X에 대한 확률 밀도 함수가 f(x)일 때, 연속 확률 변수 X의 기댓값은
  $$E(X) = \int x f(x) dx$$
  X : 확률 변수, x : 확률 변수 X의 값, f(x) : 확률 밀도 함수

① 평균과 유사성
- 기댓값은 확률 변수의 값에 대한 평균을 나타낸다. 따라서 확률 변수의 기댓값은 확률 변수의 대푯값으로 생각할 수 있다.

② 가중 평균
- 연속 확률 변수의 경우, 기댓값은 확률 밀도 함수로 가중 평균을 구하는 것으로 생각할 수 있다. 이산 확률 변수의 경우, 각 값에 대한 확률을 가중치로 사용한 평균으로 이해할 수 있다.

③ 분포의 중심
- 확률 변수의 기댓값은 해당 확률 변수의 분포를 나타내는 중심 경향성을 제공한다. 즉, 분포를 하나의 대표값으로 설명하는 데 사용될 수 있다.

6) 확률 변수의 분산
- 분산은 평균으로부터 얼마나 떨어져 있는지를 나타낸 값이며, $V(X)$로 표기한다.
  - 확률 변수 X에 대한 확률 질량 함수가 f(x)일 때, 이산 확률 변수 X의 분산은
  $$\sigma^2 = V(X) = E[(x - E[X])^2] = E[X^2] - E[X]^2$$
  X : 확률 변수, x : 확률 변수 X의 값, f(x) : 확률 질량 함수

  - 확률 변수 X에 대한 확률 밀도 함수가 f(x)일 때, 연속 확률 변수 X의 분산은
  $$V(X) = \int (x - E[X])^2 f(x) dx = E[(x - E[X])^2]$$
  X : 확률 변수, x : 확률 변수 X의 값, f(x) : 확률 밀도 함수
- 확률 변수가 기대값으로부터 멀리 떨어져 있을수록 분산이 커진다.
- 확률 변수의 분산은 0보다 크거나 같으며, 0이 되는 경우는 확률 변수가 항상 기대 값을 취하는 경우이다.

✔ 개념 체크

햄버거집에서 고객들의 취향을 조사한 결과 75%는 겨자를 사용하고, 80%는 케첩을 사용하며, 65%는 두 가지를 모두 사용한다는 사실을 발견했다. 겨자 사용자가 케첩을 사용할 확률은?

① 0.69   ② 0.75   ③ 0.81   ✔ 0.87

사건 A : 겨자를 사용한다, 사건 B : 케첩을 사용한다.
P(B|A) = P(B∩A) / P(A) = (둘 다 사용하는 사용자) / (겨자 사용자) = 0.65 / 0.75

1) 베르누이 분포★(Bernoulli distribution)

- 결과가 두 가지 중 하나로만 나오는 실험이나 시행을 베르누이 시행이라고 한다.
- 베르누이 시행의 결과를 실수 0 또는 1로 바꾼 것이 베르누이 확률 변수이다.
  - 베르누이 확률 변수는 두 값 중 하나만 가질 수 있으므로 이산 확률 변수이다.

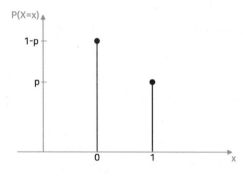

▲ 베르누이 분포

더 알기 Tip

베르누이 분포

실험 결과 두 가지 중의 하나로 나오는 시행의 결과를 0 또는 1로 대응시키는 확률 변수 X에 대해 아래 식을 만족하는 확률 변수 X가 따르는 확률 분포

$P(X=0) = p, P(X=1) = q, 0 \leq p \leq 1, q = 1-p$

- 베르누이 분포의 기댓값 : $E(x) = p$
- 베르누이 분포의 분산 : $V(x) = p(1-p)$
- 베르누이 분포의 예
  - 동전을 던져서 앞면이 나올 확률 $p = 1/2, q = 1/2$
  - 주사위를 던져서 4의 눈이 나올 확률 $p = 1/6, q = 5/6$
  - 주사위를 던져서 4, 5의 눈이 나올 확률 $p = 1/3, q = 2/3$

---

① 베르누이 분포의 특징

- 실험의 결과는 두 가지로 구성된다.
- 성공의 확률은 항상 일정하다.
- 실험을 반복하면 성공의 횟수의 분포는 베르누이 분포를 따른다.

② 베르누이 분포의 예시

- 동전던지기의 경우, 성공은 앞면이 나오는 경우이고, 실패는 뒷면이 나오는 경우로서, 동전의 앞면이 나오는 확률은 일반적으로 1/2이다.
- 카드 뽑기의 경우, 성공은 원하는 카드가 나오는 경우이고, 실패는 원하는 카드가 나오지 않는 경우이다. 원하는 카드가 나오는 확률은 카드의 갯수에 따라 달라진다.
- 시험의 합격 여부의 경우, 성공은 합격하는 경우이고, 실패는 불합격하는 경우이다. 합격하는 확률은 시험의 난이도에 따라 달라진다.
- 제품의 불량 여부의 경우, 성공은 불량이 없는 경우이고, 실패는 불량이 있는 경우이다. 불량이 없는 제품의 비율은 제품의 품질에 따라 달라진다.

2) 이항 분포(Binomial distribution)

베르누이 시행을 n번 반복했을 때 k번 성공할 확률이다.

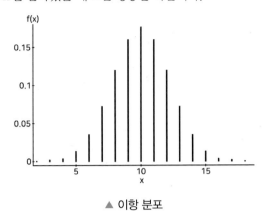

▲ 이항 분포

n=1일 때 이항 분포가 베르누이 분포

> **더 알기 Tip**
>
> **이항 분포**
>
> 서로 독립된 베르누이 시행을 n회 반복할 때 성공한 횟수를 x라 하면, 성공한 x의 확률 분포
> - 확률변수 K가 n, p 두 개의 모수를 가지며, $K \sim B(n, p)$로 표기
> - 이항 분포의 기댓값 : $E(x) = np$
> - 이항 분포의 분산 : $V(x) = np(1-p)$
> - 이항 분포의 예
> – 동전을 50번 던져서 앞면이 나올 경우는? n = 50, p = 1/2
> – 주사위를 10번 던져서 나오는 눈이 5일 경우는? n = 10, p = 1/6
> – 타율 3할인 타자가 100번 타석에 들어서면 안타를 얼마나 칠 것인가? n = 100, p = 0.3

① 이항 분포의 특징

- 실험의 결과는 두 가지로만 나뉜다.
- 성공의 확률은 항상 일정하다.
- 실험을 반복하면 성공의 횟수의 분포는 이항 분포를 따른다.

② 이항 분포의 예시

- 동전던지기의 경우, 동전의 앞면이 나오는 확률은 일반적으로 1/2이다. 동전을 10번 던졌을 때, 앞면이 6번 나오는 확률은 이항 분포를 따른다.
- 카드 뽑기의 경우, 성공은 원하는 카드가 나오는 경우이고, 실패는 원하는 카드가 나오지 않는 경우이다. 원하는 카드가 나오는 확률은 카드의 개수에 따라 달라진다.
- 그 밖에 시험에서의 합격 여부, 제품의 불량, 고객의 만족과 불만족 등이 있다.

3) 기하 분포(Geometric distribution)

성공 확률이 p인 베르누이 시행에서 첫 번째 성공이 있기까지 실패 횟수(x)를 나타내는 확률 분포이다.

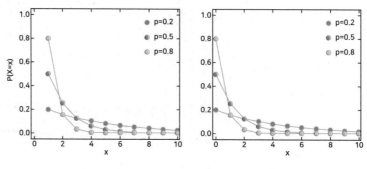

▲ 기하 분포

기하 분포

- 베르누이 시행에서 처음 성공까지 시도한 횟수 X의 분포
  지지 집합 (x) = {1, 2, 3, ⋯ }
- 베르누이 시행에서 처음 성공할 때까지 실패한 횟수 Y = X–1의 분포
  지지 집합 (x) = {0, 1, 2, … ,}
- x번 시행 후 첫 번째 성공을 얻을 확률로 X ~ G(p) 표기

확률 질량 함수는 $P(X=x) = (1-p)^{x-1} p$ $(x = 1, 2, 3, \cdots)$
실패 횟수에 대해서는 $P(Y=x) = (1-p)^{x}p$ $(x = 0, 1, 2, \cdots)$

📖 야구선수 A가 홈런 칠 확률이 5%일 때, 이 선수가 x번째 타석에서 홈런을 칠 확률분포

X	1	2	3	4	5	...
확률	0.0500	0.0475	0.0451	0.0428	0.0407	

4) 포아송 분포(Poisson distribution)

주어진 시간 및 영역에서 발생하는 사건(events)의 횟수에 대한 확률 분포로서, 단위 시간이나 영역에서 어떤 사건이 몇 번 발생할 것인지를 표현하는 분포이다.

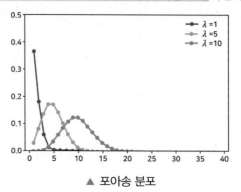

▲ 포아송 분포

포아송 분포

- 특정 기간 동안 사건 발생의 확률을 구할 때 사용

$$P(X = x) = \frac{\lambda^{X} e^{-\lambda}}{x!}$$

λ : 정해진 시간 안에 어떤 사건이 일어날 횟수에 대한 기댓값
- 기댓값과 분산이 λ로 동일, $E(x) = V(x) = \lambda$
- 확률은 x = λ에서 최대이며, x가 커질수록 0에 접근함

① 포아송 분포의 특징
- 사건의 발생은 무작위이며, 서로 독립적이다.
- 사건의 발생률은 일정하다.

② 포아송 분포 예시
- 전화 통화 수신의 경우, 무작위이며, 서로 독립적이다. 특정 기간 동안 전화 수신 횟수가 일정하면 포아송 분포를 따를 수 있다.
- 자동차 사고의 수의 경우, 자동차 사고는 무작위이며, 서로 독립적이다. 특정 지역에서 일정 시간 동안 발생하는 횟수가 포아송 분포를 따를 수 있다.
- 그 밖에 고객의 방문 횟수, 상품의 판매량, 자연 재해 발생 횟수 등이 있다.

03 연속형 확률 분포

1) 정규 분포(Normal distribution)

- 가우스 분포(Gaussian distribution)라고도 불리어지며, 수집된 자료의 분포에 근사하는데 사용되는 개념이다.
- 정규 분포 그래프는 평균을 중심으로 대칭인 종 모양을 띠게 된다.
  - 정규 분포의 모양과 위치는 분포의 평균과 표준 편차로 결정된다.
  - 분산이 클수록 모양이 양 옆으로 넓게 퍼진다.

분포의 평균과 표준 편차가 어떤 값을 갖더라도 정규곡선과 X축 사이의 전체면적은 1

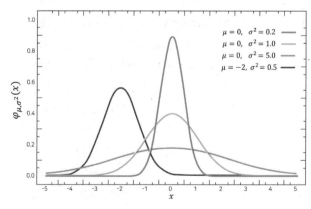

▲ 정규 분포와 표준 정규 분포

정규 분포

• 정규 분포 확률 밀도 함수 :

$$f(x) = \frac{1}{\sqrt{2\pi}\,\sigma} e^{-\frac{(x-m)^2}{2\sigma^2}}$$

정규 곡선은 X 축에 맞닿지 않으므로 확률 변수 X가 취할 수 있는 값의 범위는 $-\infty < X < +\infty$

• 일반적인 정규 분포상에서 확률 변수가 특정 구간 내의 값을 갖게 될 확률을 직접 구하기는 매우 어렵다.
• 일반 정규 분포를 표준 편차를 단위로 하는 표준 정규 분포★로 변환시키면 구하고자 하는 확률값을 비교적 용이하게 구할 수 있다.

★표준 정규 분포
평균이 0, 표준편차가 1인 정규 분포

t 분포는 표본의 크기가 작은 경우에 사용

2) t 분포(t-distribution)

• 두 집단 평균이 동일한지 여부를 확인하기 위한 검정 통계량이다.
• 모집단의 표준 편차(σ)를 모를 때 사용하는 분포로, 표본을 이용하여 모집단의 정보(평균과 분산)를 추측하는 분포이다.
• 모분산이 알려지지 않은 경우에 표본 평균의 분포를 추정할 때, 두 표본의 평균을 비교할 때, 두 표본의 표준편차를 비교할 때 사용된다.
• 자유도★(Degree of Freedom, df)에 따라 분포의 모양이 변한다.

★자유도
통계적인 추정을 할 때 표본 자료 중에서 모집단에 대한 정보를 주는 독립적인 자료의 수

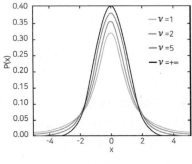

▲ t 분포

t 분포

• t 분포는 표준 정규 분포와 마찬가지로 평균이 0이며, 대칭형이다.
• 자유도<30이면 양쪽 끝이 평평하고 두터운 꼬리 모양이다.
• 자유도가 커질 수록 분산은 1에 가까워진다.
• 표본이 30개 이상일 경우, 표준 정규 분포와 비슷한 분포가 된다.

3) 카이제곱 분포(x^2, Chi-square distribution)

- 모평균과 모분산이 알려지지 않은 모집단의 모분산에 대한 가설 검정과 동질성 검정에 사용된다.
- 평균이나 비율에 대한 검정에는 t분포를 사용하나, 분산(σ^2)에 대한 검정을 할 경우에는 카이제곱 분포나 F분포를 사용한다.

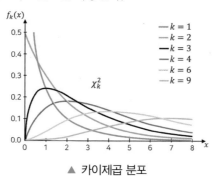

▲ 카이제곱 분포

더알기 Tip

카이제곱 분포

- 단일 모집단에서 추출한 표본 분산과 모집단 분산의 비 $\left[\dfrac{(n-1)s^2}{\sigma^2}\right]$를 나타내는 확률변수는 카이제곱 분포를 따른다.
- 서로 다른 모집단에서 추출한 표본분산의 비 $\left[\dfrac{s_1^2}{s_2^2}\right]$를 나타내는 확률변수는 F 분포를 따른다.
- 확률 변수는 연속 확률 변수로서 항상 양(+)의 값이다.
- 오른쪽 꼬리를 가진 비대칭 분포이다.
- 자유도(k)에 따라 모양이 변하며 자유도가 커질수록 정규분포에 가까워진다.

4) F 분포

- 모집단 분산이 동일하다고 가정한 경우에 두 모집단으로부터 표본 크기가 각각 n1, n2인 2개의 표본을 추출했을 때, 표본 분산 S_1^2, S_2^2의 비율(S_1^2/S_2^2)을 나타낸다.
- 두 모집단 간 분산, 평균, 비율의 동일성 검정에 사용한다.

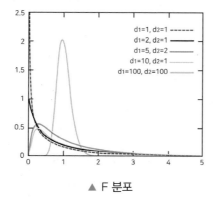

▲ F 분포

기적의 Tip

분포를 보고 이산형인지 연속형인지 구분하는 문제가 자주 출제되었습니다. 분포 종류별 이산형과 연속형을 기억해두세요.

04 추정과 가설

1) 통계적 추론

- 모집단의 표본(sample)으로 통계량(statistic)을 계산하여 해당 모집단(population)의 모수(parameter)를 추정하고, 추정 결과에 대한 신뢰성을 검정하는 통계적 방법을 의미한다.
- 모집단에 대한 가정 여부에 따른 통계적 추론은 모수적 추론과 비모수적 추론으로 분류된다.
  - 모수적 추론(Parametric Inference) : 모집단에 특정 분포를 가정하고 모수에 대해 추론
  - 비모수적 추론(Non-parametric Inference) : 모집단에 대해 특정 분포 가정을 하지 않음
- 통계적 추론 과정은 추정과 검정으로 나누어진다.

① 추정(Estimation)

- 표본으로부터 표본의 통계량(평균, 분산, 표준편차)을 가지고 모집단의 모수를 추측하여 결정하는 것이며, 점 추정과 구간 추정으로 구분된다.

② 검정(Testing)

- 어떤 현상을 밝히기 위해 설정한 명제에 대한 증거가 자료에서 나타나는지를 판단하는 방법론이다.
  - 가설 검정(Hypothesis Testing)은 연구자가 주장하고 싶은 가설을 세우고, 특정 분포를 따른다고 알려진 모집단에서 표본을 추출하여 이 표본의 정보를 통해 가설에 대한 검정을 하는 과정을 의미한다.

▶ 관련 용어 정리

용어	설명
확률 표본 (Random Sample)	• 확률 분포는 분포를 결정하는 모수를 가짐 • 특정한 확률 분포로부터 독립적으로 반복해 표본을 추출 • 관찰값들은 서로 독립적이고 동일한 분포
표준 편차 (Standard Deviation)	한 표본에서 전체 개체가 가지는 값들의 차이가 얼마나 큰지 나타냄
표준 오차 (Standard Error)	• 표본 집단의 평균값이 실제 모집단의 평균값과 얼마나 차이가 있는지 나타냄 • 모집단에서 샘플을 무한번 뽑아서 각 샘플마다 평균을 구했을 때, 그 평균들의 표준 편차 • 모평균에 대해 추론할 때 표본 평균의 표준 오차를 사용 $SE(\text{Standard Error}) = \dfrac{\sigma}{\sqrt{n}}$ (σ : 모표준편차, n : 표본 수)
표본 오차 (Sampling Error)	• 표본을 샘플링할 때, 모집단을 대표할 수 있는 전형적인 구성 요소를 선택하지 못함으로써 발생하는 오차 • 조사 결과가 실제와 얼마나 다를 수 있는지 보여주는 지표 예 표본 오차 ±3%p(신뢰수준 80%)일 때 A 브랜드에 대한 인지도가 70%라면, (같은 조사를 100번 했을 때 80번은) 67%~73% 사이의 인지도가 나올 것이라고 기대할 수 있다.
오차 한계 (Margin of Error)	• 추정할 때 모평균 추정구간의 중심으로부터 최대한 허용할 최대 허용 오차 • 오차한계는 임계값(critical value)와 표준오차(SE)를 곱한 값

표본 평균이 모평균과 얼마나 떨어져 있는가 나타냄

표본의 크기를 증가시키고, 표본 선택 방법을 엄격히 하여 표본 오차를 줄일 수 있음

2) 점 추정(Point Estimation)

- 모수가 특정 값이라고 추정하여 하나의 값으로 모수의 값이 얼마인지 추측한다.

  예 A 과목을 수강한 전체 학생 중에서 임의로 30명을 추출하여 측정한 결과 평균 점수가 70점이면, A 과목을 수강한 전체 학생들의 점수를 하나의 값 70점으로 추정한다.

- 점 추정할 수 있는 추정치에는 표본평균, 표본분산, 중위수, 최빈수 등이 있다.

① 적률법
- 표본의 기댓값을 통해 모수를 추정하는 방법이다.
- 적률법은 모집단의 분포에 대한 가정이 없는 경우, 모집단의 분포가 알려져 있지 않은 경우, 모집단의 분포가 복잡한 경우 등에 사용한다.

② 최대 가능도 추정법(최대 우도법)
- 함수를 미분해서 기울기가 0인 위치에 존재하는 MLE(Maximum Likelihood Estimator)를 찾는 방법이다.
- 최대 우도법은 모집단의 분포에 대한 가정이 가능한 경우, 모집단의 분포가 알려져 있는 경우, 모집단의 분포가 간단한 경우 등에 사용한다.

③ 최소 제곱법
- 회귀분석에서 많이 사용하며, 함수값과 측정값의 차이인 오차를 제곱한 합이 최소가 되는 함수를 구하는 방법이다.

▶ 바람직한 점 추정 조건

기준	설명
일치성 (Consistency)	표본의 크기가 커짐에 따라 표본 오차가 작아져 추정량이 모수와 거의 비슷해짐
비편향성, 불편성 (Unbiasedness)	추정량의 기댓값이 모수의 값과 차이가 없음 (편향=0)
효율성 (Efficiency)	• 추정량의 분산이 가능한 작아야 한다는 특성 (최소분산 추정량) • MSE(Mean Square Error)가 작아야 함
충분성 (Sufficiency)	추정량이 모수에 대해 많은 정보를 제공할 수 있어야 함

3) 구간 추정

- 구간 추정은 추정값에 대해 신뢰도를 제시하고 범위로 모수를 추정하는 방법으로, 모수를 포함할 것으로 기대되는 구간(신뢰 구간)을 확률적으로 구한다.
- 구간 추정은 모수가 특정 구간에 있을 것이라고 선언하는 것으로서, 추정량의 분포에 대한 전제가 필요하며, 점 추정의 정확성을 보완할 수 있다.
  - 구해진 구간 안에 모수가 있을 가능성에 대한 신뢰수준이 주어져야 한다.

점 추정은 신뢰도를 나타낼 수 없어 주로 구간 추정을 사용

최대 우도법
모집단의 모수 중에서 표본 데이터가 발생할 가능성이 가장 높은 모수를 추정

편향(bias) = 추정량의 기댓값−실제값(모수의 값)

MSE = (실제값−추정값)의 제곱에 대한 합의 평균
MSE 값이 작을수록 실제값과 추정값이 비슷함

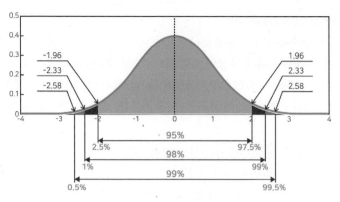

▲ 표준 정규분포 신뢰 구간

① 신뢰 수준

• 모수값이 정해져 있을 때 다수 신뢰구간 중 모수값을 포함하는 신뢰구간이 존재할 확률이다.

　　예 신뢰수준 95%는 n번 반복 추출하여 산정하는 신뢰 구간들 중에서, 평균적으로 95%는 모수 값을 포함하고 있을 것이라는 의미이다.

② 신뢰 구간

• 신뢰 수준으로 추정된 통계적으로 유의미한 모수의 범위를 의미한다.

　　예 90%의 신뢰 구간은 100번 중 90번은 구간 내에 모평균이 포함된다는 의미이다.

• 표본의 크기가 커지면 신뢰 구간의 길이는 줄어든다.

4) 가설 검정(Hypothesis Test)

통계적 추론의 가장 기본은 추정과 가설 검정

• 가설은 모집단의 특성에 대한 가정이며, 통계적 가설을 모집단으로부터 추출한 표본을 사용하여 검토하는 통계적인 추론이다.

• 연구자가 주장하고 싶은(밝히고 싶은) 가설을 세우고 특정 분포를 따른다고 알려진 모집단에서 표본을 추출하여 이 표본의 정보를 통해 가설에 대한 검정을 하는 과정이다.

• 모집단에 대한 가설 설정 후 표본 관찰을 통해 가설의 채택 여부를 결정하는 분석 방법이다.

★통계적 유의성
모집단에 대한 가설이 가지는 통계적 의미

• 통계적 유의성★을 검정하는 것으로 유의성 검정(Significance Test)이라고도 한다.

　－ '통계적으로 유의하다'는 것은 어떤 실험결과가 확률적으로 봐서 단순한 우연이라고 생각되지 않을 정도로 의미가 있다.

　－ '통계적으로 유의하지 않다'라는 것은 실험 결과가 단순한 우연일 수도 있다.

▶ 가설 종류

가설 종류	설명
귀무가설(H₀, null hypothesis)	• 가설 검정의 대상이 되는 가설, 연구자가 부정하고자 하는 가설 • 알고 있는 것과 같음, 변화, 영향력, 연관성, 효과 없음에 대한 가설 • 영가설이라고도 함
대립가설(H₁, anti hypothesis)	• 연구자가 연구를 통해 입증 또는 증명되기를 기대하는 예상이나 주장 • 귀무가설이 기각되면 채택되는 가설 • 알고 있는 것과 다름, 변화, 영향력, 연관성, 효과 있음에 대한 가설

- 모집단에서 추출된 표본으로 모집단에 대한 추정을 하므로 통계적인 오류가 발생할 가능성이 항상 존재한다.
- 가설 검정 오류에는 제1종 오류와 제2종 오류가 있다.

① 제1종 오류
- 귀무가설이 참인데 잘못하여 이를 기각하게 되는 오류로서 알파(α) 오류라고도 한다.
  - 유의 수준 : 허용되는 1종의 오류를 범할 최대 확률로서 α로 표기
  - 신뢰 수준 : 귀무가설이 사실일 때 이를 사실이라고 판단하는 확률로서 $1-\alpha$

② 제2종 오류
- 귀무가설이 거짓인데 잘못하여 이를 채택하게 되는 오류로서 베타(β) 오류라고도 한다.
  - 베타 수준 : 허용되는 2종 오류를 범할 최대 확률로서 β로 표기
  - 검정력 : 귀무가설이 거짓일 때 이를 기각할 수 있는 확률로서 $1-\beta$

▶ 가설검정 절차

검정 단계	설명
가설 설정	귀무가설(H_0)과 대립가설(H_1) 설정 ⑩ 귀무가설 : 남학생과 여학생의 성적 평균은 같다. 　　대립가설 : 남학생과 여학생의 성적 평균은 다르다
유의 수준의 결정	• 제1종 오류의 최대 허용 한계 설정 • 0.05로 설정하는 경우가 일반적
표집(sampling) 및 검정 통계량 설정	검정 통계량(test statistics)은 관찰된 표본으로부터 구하는 통계량으로서, 가설의 진위를 판단하는 기준
기각역의 설정	• 귀무가설이 맞다는 전제하에 구한 검정 통계량의 분포에서 확률이 유의수준인 부분 (반대 : 채택역) • 제1종 오류 : 생산자 입장에서 정상 제품을 불량품으로 판정하는 생산자 위험 오류 • 제2종 오류 : 소비자 입장에서 불량품을 정상품으로 판정하는 소비자 위험 오류

		사실(참)	
		H_0	H_1
채택	H_0	올바른 결정($1-\alpha$)	제2종 오류(β)
	H_1	제1종 오류(α)	올바른 결정($1-\beta$)

α = P(제1종 과오를 범함) = P(H_0 기각 | H_0 참)
β = P(제2종 과오를 범함) = P(H_0 채택 | H_0 거짓)

| 검정 통계량 계산 및 귀무가설 확인 | • 검정 통계량으로 p-value★ 구함
• p-value는 귀무가설과 관측된 데이터의 일치도를 나타내므로 낮을수록 귀무가설과 데이터의 일치성이 낮아 대립가설을 지지하는 증거가 강해짐 |
| 기각/채택 판단 (의사결정) | • p-value 〈 유의수준(α) → 귀무가설 기각, 대립가설 채택
• p-value 〉 유의수준(α) → 귀무가설 채택 |

🎓 기적의 Tip

가설검정의 전반적 이해와 제1종 오류, 제2종 오류의 의미를 묻는 문제가 자주 출제되었습니다.

귀무가설을 기각하게 되는 확률의 크기 결정

제1종 오류
귀무가설이 옳은데도 귀무가설을 기각하게 되는 오류

제2종 오류
귀무가설이 옳지 않은데도 귀무가설을 채택하는 오류

★ p-value
관찰된 데이터가 귀무가설과 얼마나 일치하는지 신뢰성을 0~1 사이의 수치값으로 표현한 것

5) 모수 검정과 비모수 검정

① 모수 검정(Parametric Test)

- 연구에서 궁극적으로 알고자 하는 전체 집단인 모집단을 전부 조사하는 것이 불가능하여 샘플(표본)을 추출해 도출된 평균, 표준편차, 분산 등의 통계량으로 모집단을 추정하는 것을 말한다.
  - 모집단의 모평균, 모표준편차, 모분산은 모수(Parameter)라고 하며, 모수는 모집단을 설명하기 위한 여러가지 지표로 사용된다.
  - 통계적 검정을 위해 계산된 검정통계량도 통계량의 일종이다.
  - 무작위로 복원추출된 연속형 자료는, 중심극한정리에 의해서 본래의 분포에 상관없이 평균의 분포가 정규 분포를 띄게 되며, 비교하고자 하는 집단이 모두 정규 분포를 띈다면, 두 집단 간의 차이를 알 수 있다.
  - 이처럼 정규성을 갖는 모수적 특징을 이용한 방법이 모수적 검정이다.

② 비모수 검정(Non-parametric Test)

> 모집단의 분포에 제약(정규성)을 가하지 않는 방법

- 비모수 검정은 모수에 대한 가정을 전제로 하지 않고, 모집단의 형태와 관계없이 주어진 데이터에서 직접 확률을 계산하여 통계적으로 검정하는 방법이다.
  - 관측된 수가 적거나, 정규분포를 따르지 않는다고 증명이 되었을 경우에는 모수적 방법을 사용할 수 없다.
- 일반적으로 rank(순위)를 이용하여 비교하며 데이터 샘플 간 동일한 분포에서 나온 것인지를 검정할 수 있다.
- 비모수 검정으로 부호 검정(Sign test)★, 윌콕슨의 순위합 검정(Wilcoxon rank sum test), 윌콕슨의 부호 순위합 검정(Wilcoxon signed rank test), 만-위트니의 U 검정, 런 검정(Run test), 스피어만 순위 상관계수 등이 있다.

> ★부호 검정
> 표본들이 서로 관련된 경우, 짝지어진 관찰치들의 크고 작음을 +와 -로 표시하여 그 개수를 가지고 두 그룹의 분포 차이가 있는가에 대한 가설을 검정

▶ 모수 검정과 비모수 검정의 차이점

특징	모수 검정	비모수 검정
모수에 대한 가정	필요	필요 없음
검정력	높음	낮음
신뢰구간	계산 가능	계산 불가
사용	모수에 대한 가정이 만족되는 경우	모수에 대한 가정이 만족되지 않는 경우

✓ 개념 체크

연구자가 연구를 통해 입증 또는 증명되기를 기대 하는 예상이나 주장을 무엇이라 하는가?

☑ 대립 가설 ② 귀무 가설
③ 유의 확률 ④ 검정 통계량

연구자가 주장하고자 하는 가설로서 연구자가 참으로 증명되기를 기대하는 가설이다.

01 기술 통계

데이터 분석을 목적으로 자료 특성을 표, 그림, 통계량 등으로 정리 및 요약한 것으로, 자료를 쉽게 파악할 수 있도록 하는 기초적 통계이다.

① 통계량에 의한 자료 정리

- 중심위치 측도에는 표본 평균, 중앙값이 있다.
- 산포의 측도에는 분산, 표준편차, 사분위수범위, 사분위수, 평균의 표준오차가 있다.
- 자료의 집중화 경향에 사용되는 측도는 평균, 중위수(중앙값), 최빈수, 사분위수가 있다.
- 분포의 형태에 관한 측도에는 왜도, 첨도가 있다.

더 알기 Tip

왜도와 첨도

왜도는 데이터 분포가 기울어진 정도를 나타내는 통계량으로서, 관측값들이 어느쪽으로 치우쳐있는가를 측정할 때 사용한다.

> **기적의 Tip**
>
> 왜도에 따른 평균, 중위수, 최빈수의 위치를 기억하세요.

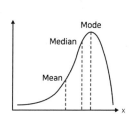

왜도〈0, 평균〈중위수〈최빈수

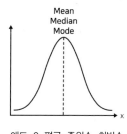

왜도=0, 평균=중위수=최빈수

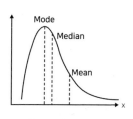

왜도〉0, 평균〉중위수〉최빈수

첨도는 데이터 분포가 어느정도 뾰족한지를 나타내는 통계량으로서, 관측값들이 평균에 어느정도 몰려 있는지를 측정할 때 사용한다.

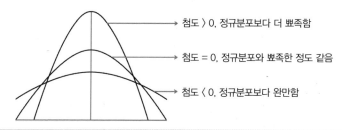

→ 첨도 〉 0, 정규분포보다 더 뾰족함

→ 첨도 = 0, 정규분포와 뾰족한 정도 같음

→ 첨도 〈 0, 정규분포보다 완만함

---

② 그래프를 이용한 자료 정리
- 히스토그램(연속형), 막대 그래프(범주형), 줄기-잎 그림, 상자 그림 등이 있다.

③ R에서 사용되는 기술통계 함수
- summary(요약), mean(평균), median(중위수), sd(표준편차), var(분산), quantile(사분위수) 등이 있다.

🎓 기적의 Tip

summary, quantile 함수를 묻는 문제가 자주 출제되었습니다. 반드시 알아두세요.

02 회귀 분석

1) 회귀 분석 개념
- 독립변수들이 종속변수에 미치는 영향을 추정하는 통계기법이다.
- 독립변수와 종속변수 사이의 인과 관계를 분석하고 모형을 적합하여 관심있는 변수를 예측 및 추론하기 위한 분석 방법이다.
- 독립변수가 변할 때, 종속변수가 어떻게 변하는지를 수식으로 표현하는 과정이다.
- 회귀 분석은 독립변수가 하나인 단순 회귀(Simple Regression)와 독립변수가 두 개 이상인 다중 회귀(Multiple Regression)로 구분된다.
  y : 종속변수(반응변수, 결과변수)
  x : 독립변수(설명변수, 예측변수)

더알기 Tip

오차항(Error Term)
- 회귀 분석에서 오차항은 종속변수의 실제값과 예측값의 차이를 의미하며, 회귀 모형의 추정량을 부정확하게 만드는 요인이다.
- **오차항의 특성**
  - 평균이 0
  - 분산이 일정
  - 독립적
- 오차항의 평균이 0이 아니면 회귀 모형은 종속변수의 평균을 정확하게 예측하지 못하고, 오차항의 분산이 일정하지 않으면 회귀 모형의 추정량의 정확도가 표본 크기에 따라 달라진다. 또한, 오차항이 독립적이지 않으면 회귀 모형의 추정량이 부정확해질 수 있다.
- 회귀 분석에서 오차항의 가정이 만족되지 않는 경우, 회귀 모형의 추정량은 부정확해질 수 있으므로 오차항의 가정을 검정하고, 만족되지 않는 경우 회귀 모형을 개선하는 방법을 고려해야 한다.
- **오차항의 가정을 검정하는 방법**
  - 잔차의 평균을 검정
  - 잔차의 분산의 등분산성을 검정
  - 잔차의 자기상관을 검정
- 자기상관(autocorrelation)은 시간에 따라 측정된 변수의 값이 서로 관련되어 있는 것을 의미하며, 과거의 값이 현재의 값에 영향을 미치는 것을 말한다.

▶ 회귀 분석 종류

회귀 분석	설명
단순 선형 회귀 분석	독립변수가 1개인 경우에 대한 종속변수와의 선형 관계를 분석
다중 선형 회귀 분석	독립변수가 k개인 경우에 대한 종속변수와의 선형 관계를 분석
다항 회귀 분석	독립변수가 k개인 경우에 독립변수의 차수를 높여, 보다 복잡한 데이터 패턴을 포착하여 단순 선형 회귀 분석에 대한 한계를 어느정도 극복할 수 있는 방법
비선형 회귀 분석	독립변수와 종속변수 간의 비선형 관계를 분석

• 회귀 계수(coefficient) 추정에는 최소 제곱법(최소 자승법)이 사용된다.
  – 데이터를 가장 잘 설명하는 회귀 방정식을 찾기위해 최소 제곱법을 사용한다.
  – 최소 제곱법을 이용하여 오차의 제곱에 대한 합이 최소가 되는 추세선을 찾아내고, 이를 이용하여 회귀 분석을 실시한다.

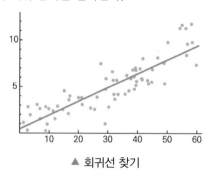

▲ 회귀선 찾기

산점도
두 개의 수치형 변수를 가로축과 세로축에 배치하여 점으로 나타내는 그래프

• 최소 제곱법은 위 그림처럼 실제 데이터(점)와 회귀선(직선)과의 거리의 합을 최소가 되도록 하는 회귀선을 찾는데 사용된다.

▶ 선형 회귀 분석의 가정 5가지

특성	설명
선형성	• 독립변수의 변화에 따른 종속변수의 선형적인(직선형) 변화가 있어야 함 • 가장 중요한 특성으로 산점도를 통해 확인할 수 있음
등분산성	잔차의 분산이 독립변수와는 상관없이 일정, 즉 오차의 분산이 일정
독립성	• 잔차와 독립변수 값이 서로 독립적 • 독립변수 간에 상관성이 없이 독립적 • 더빈-왓슨 검정을 통해 독립성 확인
비상관성	• 잔차 간에 서로 독립 • 관측값과 잔차 간에는 서로 상관이 없어야 함
정상성(정규성)	• 잔차항이 정규분포를 띄어야 함 • R에서는 Q-Q 플롯을 이용해 그래프를 출력하여 정규성을 띄는지 확인가능

잔차
실제 데이터(관찰값)와 회귀선(예측값)의 차이

▶ 선형 회귀 모델 평가 방법

평가 지표	설명
MAE (Mean Absolute Error)	• MAE는 실제 값과 예측 값의 절대 차이의 평균을 나타낸다. **예** 실제 값이 10이고 예측 값이 8이면 MAE는 2이다. • $MAE = (1/n) * \Sigma \|yi - \hat{yi}\|$ yi : 실제 값, $\hat{yi}$: 예측 값, n : 데이터 포인트의 수 • 실제 값과 예측 값의 차이를 단순히 평균으로 계산하므로 이해하기 쉽다. • 실제 값과 예측 값의 단위가 동일하므로 비교하기 쉽다. • 이상치에 덜 민감하다.
MAPE (Mean Absolute Percentage Error)	• MAPE는 실제 값과 예측 값의 절대 차이의 평균을 실제 값으로 나눈 백분율로 나타낸다. **예** 실제 값이 10이고 예측 값이 8이면 MAPE는 20%이다. • $MAPE = (1/n) * \Sigma \|(yi - \hat{yi}) / yi\| * 100\%$ • 백분율로 나타내므로 데이터의 분포에 관계없이 비교하기 쉽다. • 이상치에 민감하다. • 실제 값이 0에 가까운 경우 해석하기 어렵다.
MSE (Mean Squared Error)	• MSE는 실제 값과 예측 값의 차이의 제곱의 평균을 나타낸다. **예** 실제 값이 10이고 예측 값이 8이면 MSE는 4이다. • $MSE = (1/n) * \Sigma (yi - \hat{yi})^2$ • MAE와 달리 실제 값과 예측 값의 차이를 제곱하므로 이상치에 민감하다. • MAE보다 수학적으로 처리하기 쉽다.
RMSE (Root Mean Squared Error)	• MSE의 제곱근이다. • $RMSE = \sqrt{MSE}$
MLSE (Mean Logarithmic Squared Error)	• MLSE는 실제 값과 예측 값의 로그 차이의 제곱의 평균을 나타낸다. • $MLSE = (1/n) * \Sigma (\log(yi) - \log(\hat{yi}))^2$ • MSE와 달리 이상치에 덜 민감하다. • 실제 값과 예측 값의 차이를 로그 단위로 나타내므로 비교하기 쉽다.
RMSLE (Root Mean Logarithmic Squared Error)	• RMSLE는 MLSE의 제곱근이다. • $RMSLE = \sqrt{MLSE}$

2) 다중 선형 회귀 분석

• 설명(독립) 변수가 2개 이상인 선형 회귀 분석이다.
  – 일반적으로 설명(독립) 변수가 k개이면 매개변수는 k+1개 존재한다.
• R에서는 lm() 함수로 단순 선형 회귀 분석과 다중 선형 회귀 분석을 구성할 수 있다.
  – 모형의 유의성은 F 통계량으로 확인하며, 회귀계수 유의성은 해당 계수의 t 통계량으로 확인한다.
  – 적합성 판단은 잔차와 종속변수에 대해 산점도를 그려서 확인한다.
• 다중 선형 회귀 분석에서는 독립변수 간에 종속 관계인 다중 공선성 문제가 발생할 수 있다.

① 다중 선형 회귀식

$$Y = \beta_0 + \beta_1 X_1 + \ldots + \beta_n X_n + \epsilon$$

Y : 종속변수, X : 독립변수

β_0 : 상수항, 회귀식 절편

$\beta_1, \ldots, \beta_n$: 독립변수의 기울기

ϵ : 오차항

② 다중 공선성

- 공선성(multicollinearity)은 회귀분석에서 독립변수들 간에 상관관계가 존재하는 것을 의미한다.
- 데이터에 공선성이 존재하면 회귀 모형의 추정량이 불안정해질 수 있으며, 회귀 모형의 설명력이 떨어질 수 있다.

- 공선성 검정 방법
  - 공차(tolerance) 계수 : 공차 계수는 독립변수의 분산을 설명하는 다른 독립변수의 분산의 비율을 나타낸다. 공차 계수가 0.1 미만이면 공선성이 존재할 가능성이 높다.
  - 분산 팽창 요인(VIF)★ : VIF는 독립변수의 분산을 공선성으로 인해 얼마나 팽창시켰는지를 나타내는 지표이다. VIF가 5 이상이면 공선성이 존재할 가능성이 높다.
  - 상태 지수(condition number) : 상태 지수는 독립변수의 공선성 정도를 나타내는 지표이다. 상태 지수가 30 이상이면 공선성이 존재할 가능성이 높다.
- 연봉과 직급, 시험 점수와 학점처럼 강한 상관관계가 있을 때 모두 독립변수로 포함하면 공선성이 존재할 가능성이 높다.
- 다중 공선성은 독립변수들 간에 강한 상관관계가 발생하여 데이터 분석에 부정적인 영향을 미치는 현상이다.
  - 다중 공선성이 있으면 회귀 계수에 대한 정확한 추정이 어렵다.
  - 분산팽창요인(VIF), 상태지수를 통하여 다중 공선성 여부를 확인할 수 있다.
- 다중 공선성을 해결하기 위해서는 선형관계가 있는 변수를 제거하거나 주성분 회귀를 수행하여 차원을 줄인다.

③ 회귀 분석 결과에 대한 해석 방법

- R에서는 lm() 함수를 이용하여 잔차 및 회귀 계수에 대해 확인할 수 있다.
  - 회귀 분석 : result 〈- lm(y ~ x1 + x2 + ... , data)
    data 변수에 저장된 독립변수 x1, x2로 종속변수 y 값을 예측할 수 있는 선형 회귀 모델을 작성하여 result 변수에 저장한다.
  - 결과 확인 : summary(result)

★분산팽창요인
Variation Inflation Factor
값이 1에 가까울수록 다중 공선성이 낮고, 10보다 크면 다중 공선성이 심각하게 존재한다고 판단

공선성 감소 방법
독립변수를 제거
독립변수의 변환을 수행
회귀 모형을 다른 방법으로 설계

cars 데이터셋

R에 내장된 데이터셋으로 자동차
의 속도, 제동거리에 관한 총 50
개 관측치로 구성

▶ summary(model) 결과 예시

```
m <- lm(dist ~ speed, data = cars)
summary(m)
```

```
Call:
lm(formula = dist ~ speed, data = cars)

Residuals:
    Min      1Q  Median      3Q     Max
-29.069  -9.525  -2.272   9.215  43.201

Coefficients:
            Estimate  Std. Error  t value  Pr(>|t|)
(Intercept) -17.5791      6.7584   -2.601    0.0123  *
speed         3.9324      0.4155    9.464  1.49e-12  ***
---
Signif. codes:  0 '***' 0.001 '**' 0.01 '*' 0.05 '.' 0.1 ' ' 1

Residual standard error: 15.38 on 48 degrees of freedom
Multiple R-squared: 0.6511,    Adjusted R-squared: 0.6438
F-statistic: 89.57 on 1 and 48 DF,  p-value: 1.49e-12
```

▶ 해석 방법

회귀 모델 구성	설명
Call	회귀 분석 모델 수식
Residuals(잔차)	회귀선의 예측값과 실제값 사이의 차이를 분위수로 표시
Intercept(절편)	회귀식의 y 절편 값
Estimate(추정치)	절편과 계수에 대한 회귀 계수 추정치 distance = −17.5791 + 3.9324 * speed
Std.Error(표준 오차)	잔차의 표준 오차
t-value	회귀식에서 계수의 유의성을 판단하기 위해 t 값을 사용

Pr(>|t|)	• t 값을 사용하여 각각의 변수가 얼마나 유의한지를 판단할 수 있는 p-value를 알려줌
	  − 귀무가설 H0 : 계수(또는 절편)는 0이다.
	  − 대립가설 H1 : 계수(또는 절편)는 0이 아니다.
	• speed는 p-value가 1.49e-12로 0.05보다 작으므로, 귀무가설을 기각하고 speed의 계수 3.9324는 0이 아니라고 판단. 만약에 p-value가 0.05보다 크다면 계수가 0이라는 귀무가설을 기각할 수 없으므로 이때는 계수를 0으로 판단해야 함

Pr(>|t|)의 별(*) 개수	*** : p값이 0 ~ 0.001 사이, 회귀 계수에 대한 통계적 유의성이 매우 높음 ** : p값이 0.001 ~ 0.01 사이, 회귀 계수에 대한 통계적 유의성이 높음 * : p값이 0.01 ~ 0.05 사이, 회귀 계수가 통계적으로 유의함 . (점) 또는 아무 표시 없음 : 회귀 계수가 통계적으로 유의하지 않음
Residual standard error (잔차 표준오차)	잔차에 대한 표준오차와 자유도

Multiple R-squared (결정계수)	• 회귀 모델이 실제 데이터를 어느정도 잘 설명하고 있는지를 나타내는 통계량
	• 결정계수는 일반적으로 R2으로 표시하고 0~1 사이 값을 가지며, 1에 가까울수록 회귀 모델이 데이터를 잘 표현하는 것을 의미
	• $R^2 = \dfrac{SSR}{SST} = 1 - \dfrac{SSE}{SST}$
	  – SSR : 회귀 제곱 합, X에 대해 Y를 회귀분석 함으로써 설명되는 부분
	  – SSE : 오차 제곱 합, X에 대해 Y를 회귀분석 함으로써 설명되지 않는 부분
	  – SST : 총변동, SSR + SSE
	
	▲ 회귀 모델 결정계수
	
	  – 점선 : 예측값
	  – 실선 : 실제값의 평균값
	  – 점 : 실제값
	  실제값에서 예측값을 뺀 값(SSE) + 예측값에서 실제값들의 평균값을 뺀 값(SSR) = 실제값에서 실제값들의 평균값을 뺀 값(SST)

Adjusted R-squared (수정된 결정계수)	• 다중 회귀분석에서 독립변수 개수가 많아지면 결정계수가 증가하는 문제점을 보완한 통계량 • 일반적으로 결정계수보다 작은 값을 가짐 • 설명력이 낮은 독립변수가 추가될 때, 수정된 결정계수 값은 작아지는 성질이 있음
F-statistic (F 통계량)	• 모델이 통계적으로 얼마나 유의미한지(유의성)를 나타냄 • 계수 중에서 하나라도 0이 아닌 것이 있다면 그 모형은 유의미하다고 판단 • F 통계량의 p-value가 0.05보다 작으면 회귀 모델은 통계적으로 유의미하다고 판단(귀무가설 H0를 기각하고, 대립가설 H1을 채택)
p-value	• 회귀 모델에서 각각의 독립변수가 종속변수에 유의하게 영향을 미치는 지를 확인하기 위해 사용 • p-value 값이 0.05보다 작으면 모델은 통계적으로 유의함. 각각의 독립변수는 종속변수를 잘 설명한다고 볼 수 있음

▶ 출산율(Fertility) 예측 회귀 모델 해석

```
m <- lm(Fertility ~ ., data = swiss)
summary(m)
```

```
Call:
lm(formula = Fertility ~ ., data = swiss)

Residuals:
      Min      1Q   Median      3Q      Max
 -15.2743  -5.2617   0.5032   4.1198  15.3213

Coefficients:
                 Estimate  Std. Error  t value  Pr(>|t|)
(Intercept)      66.91518    10.70604    6.250  1.91e-07 ***
Agriculture      -0.17211     0.07030   -2.448   0.01873 *
Examination      -0.25801     0.25388   -1.016   0.31546
Education        -0.87094     0.18303   -4.758  2.43e-05 ***
Catholic          0.10412     0.03526    2.953   0.00519 **
Infant.Mortality  1.07705     0.38172    2.822   0.00734 **
---
Signif. codes:  0 '***' 0.001 '**' 0.01 '*' 0.05 '.' 0.1 ' ' 1

Residual standard error: 7.165 on 41 degrees of freedom
Multiple R-squared:  0.7067,    Adjusted R-squared:  0.671
F-statistic: 19.76 on 5 and 41 DF,  p-value: 5.594e-10
```

- 여러 개의 독립 변수로 Fertility 종속 변수 값을 예측하는 단순 선형 회귀 모델이다.
- Examination 회귀 계수는 0.315로서 0.05보다 크므로 통계적으로 유의하지 않다.
- 결정계수는 0.7067이다.
- F 통계량은 19.76, p-value가 0.05보다 작으므로 귀무가설을 기각한다.

④ 회귀 분석에 대한 분산 분석(ANOVA, Analysis of Variance)

- 집단 내의 분산, 총평균 그리고 각 집단의 평균의 차이에 의해 생긴 집단 간 분산의 비교를 통해 만들어진 F분포를 이용하여 가설검정을 하는 방법이다.
- 분산 분석 수행 과정
  - 집단별 평균과 분산을 구한다.
  - 집단 간 분산과 집단 내 분산을 구한다.
  - 집단 간 분산과 집단 내 분산의 비율을 구한다.
  - F 통계량을 구하고, F 분포를 사용하여 귀무가설을 검정한다.
- 선형 회귀 분석에서 ANOVA는 모델을 평가하거나 모델 간의 비교를 하기 위해 사용한다.
- 집단의 평균 차이를 검정하는 방법이며, 2개 이상의 집단에 대한 평균이 서로 차이가 있는지 검정한다.

– R에서는 anova() 함수를 이용하여 분산 분석을 수행한다.

  예 공부 방법을 달리 한 A반, B반, C반 학생들에 대한 성적 점수 차이를 분산 분석하여 p-value가 0.05보다 작으면 차이가 있다고 판단한다.

- 분산 분석 가정사항
  - 정규성 : 각 집단의 표본들은 정규분포를 따른다.
  - 등분산성 : 각 집단은 동일한 분산을 가져야 한다.
  - 독립성 : 각 집단은 서로에게 영향을 주지 않는다.

- 분산 분석 유형
  - 일원분산분석 : 두 개 이상의 집단의 평균이 동일한지 여부를 검정
  - 이원분산분석 : 두 개의 독립변수에 의해 영향을 받는 두 개 이상의 집단의 평균이 동일한지 여부를 검정

- 일원분산분석의 사례
  - 두 개 이상의 약의 효과 비교
  - 두 개 이상의 교육 방법 효과 비교
  - 두 개 이상의 마케팅 전략의 효과 비교

- 이원분산분석의 사례
  - 성별과 학력에 따른 평균 키의 차이 검정
  - 나이와 연봉에 따른 평균 소비의 차이 검정
  - 지역과 브랜드에 따른 평균 구매 빈도 차이 검정

▶ 회귀 모델 구성하기(R 코드 예시)

```
head(cars)        # cars 자료의 앞부분만 확인
plot(dist~speed, data = cars)    # 산점도를 통해 선형 관계 확인
```

	speed	dist
1	4	2
2	4	10
3	7	4
4	7	22
5	8	16
6	9	10

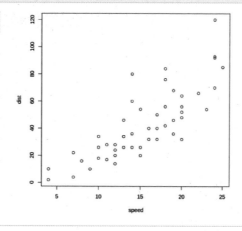

"∼" 기호를 기준으로 "종속변수
∼독립변수"의 순서로 지정하여
회귀식 작성

```
model <- lm(dist~speed, cars)        # 제동거리와 주행속도 회귀 모델 구성
print(model)
```

```
Call:
lm(formula = dist ~ speed, data = cars)

Coefficients:
 (Intercept)          speed
     -17.579          3.932
```

```
plot(dist~speed, data = cars)
abline(model)                        # 회귀선을 산점도 위에 표시
coef(model)[1]                       # β값 출력
coef(model)[2]                       # α값 출력
```

```
(Intercept): -17.57909
speed: 3.932409
```

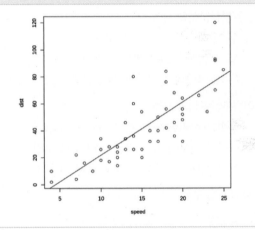

▶ 주행속도에 따른 제동거리 구하기

```
b <- coef(model)[1]
a <- coef(model)[2]

speed <- 30                          # 주행속도
dist <- a * speed + b                # 주행속도에 따른 제동거리 예측
print(dist)

speed <- 35
dist <- a * speed + b
print(dist)

speed <- 40
dist <- a * speed + b
print(dist)
```

```
        speed
     100.3932


        speed
     120.0552


        speed
     139.7173
```

▶ 예상 제동거리, 실제 제동거리, 오차 구하기

```
speed <- cars[,1]              # 주행속도
pred <- a * speed + b          # 주행속도에 따른 제동거리 예측
print(pred)
```

```
 [1] -1.849460 -1.849460  9.947766  9.947766 13.880175 17.812584 21.744993
 [8] 21.744993 21.744993 25.677401 25.677401 29.609810 29.609810 29.609810
[15] 29.609810 33.542219 33.542219 33.542219 33.542219 37.474628 37.474628
[22] 37.474628 37.474628 41.407036 41.407036 41.407036 45.339445 45.339445
[29] 49.271854 49.271854 49.271854 53.204263 53.204263 53.204263 53.204263
[36] 57.136672 57.136672 57.136672 61.069080 61.069080 61.069080 61.069080
[43] 61.069080 68.933898 72.866307 76.798715 76.798715 76.798715 76.798715
[50] 80.731124
```

```
compare <- data.frame(pred, cars[,2], pred-cars[,2])
colnames(compare) <- c('예상','실제','오차')
head(compare)
```

	예상	실제	오차
1	−1.849460	2	−3.849460
2	−1.849460	10	−11.849460
3	9.947766	4	5.947766
4	9.947766	22	−12.052234
5	13.880175	16	−2.119825
6	17.812584	10	7.812584

⑤ 다중 선형 회귀 모델에서 변수 선택

- 다중 선형 회귀 모델에서는 종속변수를 설명하는데 도움이 되는 독립변수가 다수 존재한다.
  - 모든 독립변수가 종속변수를 설명하는데 사용되는 것은 아니다.
    - 예 '공부시간', '출석일수'는 '성적'을 예측하는데 중요한 변수이지만, '혈액형'은 '성적' 예측에 중요하지 않다.
- 기여도가 낮거나 거의 없는 변수들은 모델에서 제외하는 것이 좋다.
- R에서는 모델에 기여하는 변수들을 선별할 수 있는 stepAIC() 함수를 제공한다.

기적의 Tip

R 결과를 보고 해석하는 문제가 출제되며 회귀식을 세울 줄 알아야 합니다.

적은 변수를 이용하여 현실을 잘 설명할 수 있는 것이 좋은 모델

통계 분석 : CHAPTER 02 179

stepAIC() 함수 사용 방법

예 stepAIC(object, scope, scale = 0, direction = c("both", "backward", "forward"), trace = FALSE)
object : 분석할 회귀 모형
scope : 선택/제거할 변수 범위
scale : 척도
direction : 검색 방향 ("both", "backward", "forward")
trace : 과정 추적 여부 (TRUE/FALSE)

- stepAIC() 함수는 다음과 같은 결과를 반환한다.
  - 최적의 회귀 모형: AIC 값이 가장 낮은 회귀 모형
  - 단계별 선택/제거 과정: 각 단계에서 추가/제거된 변수, AIC 값
  - 계수 추정치 및 p-값: 최적의 회귀 모형의 계수 추정치와 p-값

- stepAIC() 함수의 장점
  - AIC를 기준으로 자동으로 변수를 선택/제거하여 최적의 회귀 모형을 찾을 수 있다.
  - 다양한 회귀 모형을 비교하여 최적의 모형을 선택하는 과정을 간소화할 수 있다.

- stepAIC() 함수의 단점
  - AIC는 샘플 크기에 따라 민감하게 변할 수 있다.
  - AIC는 다중공선성 문제에 민감하게 반응할 수 있다.
  - AIC는 최적의 모형이 아닌 과적합된 모형을 선택할 수도 있다.

▶ stepAIC() 함수 사용 예시

```
library(MASS)
head(quine)
```

	Eth	Sex	Age	Lrn	Days
1	A	M	F0	SL	2
2	A	M	F0	SL	11
3	A	M	F0	SL	14
4	A	M	F0	AL	5
5	A	M	F0	AL	5
6	A	M	F0	AL	13

- 전진 선택법은 독립변수를 하나씩 추가하면서 설명력이 가장 큰 조합을 찾는다

예 A, B, C, D를 가지고 Y를 예측하는 전진 선택법을 적용하는 경우
- A, B, C, D 중에서 설명력이 제일 큰 예측 변수가 만약 A라고 한다면 A+B, A+C, A+D 중에 설명력이 가장 큰 조합을 찾는다.
- 만약, A+C의 설명력이 가장 높게 나왔을 때 A의 설명력과 유의미하게 차이가 나지 않으면 중단한다.
- 그렇지 않고 설명력이 유의미하게 차이가 난다면 A+B+C, A+C+D 중에 설명력이 가장 큰 조합을 찾는다.
- 절편만 있는 모델에서 시작하여 Days ~ Eth + Sex + Age + Lrn 식이 되면 중단한다.

```
model.1=lm(Days ~ 1, data = quine)
step.forward = stepAIC(model.1, direction="forward", scope=Days ~ Eth+Sex+Age+Lrn)
```

```
Start:  AIC=815.18
Days ~ 1

        Df Sum of Sq   RSS    AIC
+ Eth    1    2980.51 35324 805.35
+ Age    3    2535.13 35769 811.18
<none>                38304 815.18
+ Sex    1     269.44 38035 816.15
+ Lrn    1      78.69 38226 816.88

Step:  AIC=805.35
Days ~ Eth

        Df Sum of Sq   RSS    AIC
+ Age    3    2274.91 33049 801.63
<none>                35324 805.35
+ Sex    1     279.01 35045 806.19
+ Lrn    1     100.88 35223 806.93

Step:  AIC=801.63
Days ~ Eth + Age

        Df Sum of Sq   RSS    AIC
+ Lrn    1     598.37 32450 800.96
<none>                33049 801.63
+ Sex    1     122.90 32926 803.09

Step:  AIC=800.96
Days ~ Eth + Age + Lrn

        Df Sum of Sq   RSS    AIC
<none>                32450 800.96
+ Sex    1     213.82 32237 802.00
```

- 후진 제거법은 독립변수를 하나씩 제거해 가면서 설명력이 가장 큰 조합을 찾는다
  - Days ~ Eth + Sex + Age + Lrn는 AIC가 802이며, Sex 변수를 제외하면 다른 독립변수 보다 800.96으로 AIC가 가장 많이 줄어든다.

```
model.2=lm(Days ~ Eth + Sex + Age + Lrn, data = quine)
step.backward = stepAIC(model.2, direction="backward")
```

```
Start:  AIC=802
Days ~ Eth + Sex + Age + Lrn

        Df Sum of Sq   RSS    AIC
- Sex    1    213.82 32450 800.96
<none>               32237 802.00
- Lrn    1    689.29 32926 803.09
- Age    3   2645.84 34882 807.52
- Eth    1   2774.02 35011 812.05

Step:  AIC=800.96
Days ~ Eth + Age + Lrn

        Df Sum of Sq   RSS    AIC
<none>               32450 800.96
- Lrn    1    598.37 33049 801.63
- Age    3   2772.41 35223 806.93
- Eth    1   2747.81 35198 810.83
```

⑥ 선형 회귀 모델의 정규화

- 선형 회귀 모델에 대해 과적합*(Overfitting) 되는 문제를 개선하기 위해 선형 회귀 계수에 대한 제약 조건을 추가하여 모델의 일반화 성능을 개선할 수 있다.
  - 제약 조건으로 선형 회귀 모델의 정규화 방법에 따라 라쏘 회귀, 릿지 회귀, 엘라스틱 넷이 있다.

★과적합
모델이 훈련 데이터에 너무 맞춰져서 테스트 데이터나 새로운 입력 데이터에 대해 일반화가 어려워지는 현상

항목	정규화 방법	제약식
라쏘 회귀 (Lasso regression)	• L1 규제를 적용한 회귀 모형 - L1 규제는 회귀 계수의 절대값을 제한하는 규제 • 비용 함수에 모든 추정 계수의 절대값에 대한 합을 최소로 하는 패널티 부여 • 다중 공선성 문제를 완화	L1 노름(norm) 정규화
릿지 회귀 (Ridge regression)	• L2 규제를 적용한 회귀 모형 - L2 규제는 회귀 계수의 제곱의 합을 제한하는 규제 • 비용 함수에 모든 추정 계수의 제곱합을 추가 • 다중 공선성 문제를 완화	L2 노름 정규화
엘라스틱 넷 (Elastic net)	• L1 규제와 L2 규제를 결합한 회귀 모형 • 비용 함수에 L1 노름, L2 노름을 추가	L1 노름, L2 노름 정규화

3) 최적 회귀 방정식의 선택

① 변수 선택

- 독립변수 중에 종속변수에 관련성이 높은 변수들을 선택한다.
- 가능한 적은 수의 설명변수를 선택한다.
- AIC 또는 BIC 값이 가장 작은 모델을 선택하는 방법으로 모든 가능한 조합으로 회귀 분석을 실시한다.
  - AIC(Akaike Information Criterion) : 최소의 정보손실을 갖는 모델이 데이터에 가장 잘 적합된 모델로 선택된다는 이론에서 만들어진 지표.
  - BIC(Bayesian Information Criterion) : 자료의 수가 많아질수록 부정확해지는 문제를 해결하기 위해 도입된 변수 선택 지표
  - R에서는 AIC() 함수와 BIC() 함수를 제공한다.

▶ 변수 선택 방법

변수 선택 방법	설명
전진 선택법 (Forward Selection)	• 절편만 존재하는 상수 모델에서부터 시작하여 중요하다고 생각되는 독립변수들을 차례로 하나씩 모델에 추가하는 방법(모델을 향상시키는 변수를 하나씩 추가) • 이해하기 쉽고 독립변수 개수가 많을 경우에도 사용가능 • 변수값의 작은 변화에도 결과가 크게 달라지므로 안정성이 부족 • 설명변수를 추가했을때 모델의 성능이 개선되지 않으면 중단
후진 제거법 (Backward Elimination)	• 독립변수가 모두 포함된 모델에서 시작하여 가장 적은 영향을 주는 변수부터 하나씩 제거해가면서 더 이상 제거할 변수가 없을 때의 모델을 선택 • 변수의 개수가 많을 때는 사용하기 어려움
단계적 방법 (Stepwise Method)	• 전진 선택법과 후진 제거법을 함께 사용하는 방법 • 전진 선택법으로 변수를 추가하면서, 추가된 변수에 따라 기존 변수의 중요도가 약해지면 해당 변수를 제거하는 등, 단계별로 추가 또는 제거되는 변수의 여부를 검토하여 최적의 모델을 찾는 방법

② step() 함수

- 단계적 회귀 분석을 수행하는 데 사용되는 함수이다. 단계적 회귀 분석은 모든 변수를 포함하는 모델에서 시작하여 AIC 또는 BIC와 같은 정보 기준을 사용해 변수를 추가하거나 제거하는 과정을 반복한다.

▶ step() 함수 사용 예시

```
library(MASS)
data(hills)
hills
```

	dist	climb	time
Greenmantle	2.5	650	16.083
Carnethy	6.0	2500	48.350
Craig Dunain	6.0	900	33.650
Ben Rha	7.5	800	45.600
Ben Lomond	8.0	3070	62.267
...	...	...	...

```
Start:   AIC=274.88
time ~ 1


        Df Sum of Sq   RSS    AIC
+ dist   1     71997 13142 211.49
+ climb  1     55205 29934 240.30
<none>               85138 274.88

Step:   AIC=211.49
time ~ dist


         Df Sum of Sq    RSS    AIC
+ climb   1    6249.7  6891.9 190.90
<none>                13141.6 211.49

Step:   AIC=190.9
time ~ dist + climb



Call:
lm(formula = time ~ dist + climb, data = hills)

Coefficients:
(Intercept)         dist        climb
   -8.99204      6.21796      0.01105
```

```
Start:   AIC=274.88
time ~ 1



Call:
lm(formula = time ~ 1, data = hills)

Coefficients:
(Intercept)
      57.88
```

```
# 단계별 선택법
step(lm(time ~1, hills), scope = list(lower ~ 1, upper = ~dist + climb), direction = "both")
# 회귀식 : time = -8.99204 + 621795 * dist + 0.01105 * climb
```

```
Start:  AIC=274.88
time ~ 1

         Df Sum of Sq   RSS    AIC
+ dist    1     71997 13142 211.49
+ climb   1     55205 29934 240.30
<none>                85138 274.88

Step:   AIC=211.49
time ~ dist

         Df Sum of Sq   RSS    AIC
+ climb   1      6250  6892 190.90
<none>                13142 211.49
- dist    1     71997 85138 274.88

Step:   AIC=190.9
time ~ dist + climb

         Df Sum of Sq    RSS    AIC
<none>               6891.9 190.90
- climb   1    6249.7 13141.6 211.49
- dist    1   23042.0 29933.8 240.30

Call:
lm(formula = time ~ dist + climb, data = hills)

Coefficients:
(Intercept)         dist        climb
   -8.99204      6.21796      0.01105
```

- AIC 값이 작은 방향으로 변수를 선택하는 함수이다.
- step(대상, 탐색 범위, 방향)으로 함수를 정의하여 변수를 선택한다.
  - step 함수의 인수중에서 '방향' 속성은 전진선택법의 경우 'forward', 후진 제거법의 경우 'backward', 단계적 방법인 경우에는 'both'로 값을 설정한다.

✓ 개념 체크

다중회귀모형의 통계적 유의성을 확인하는 방법은?

✓ F 통계량을 확인한다.
② 결정계수를 확인한다.
③ 잔차 통계량을 확인한다.
④ 회귀 계수의 t 값을 확인한다.

F 통계량의 p-value가 0.05보다 작으면 회귀 모델은 통계적으로 유의하다.

03 상관 분석

두 변수 간의 관계를 알아보는 분석 방법으로서 상관계수를 이용한다.

1) 상관계수(correlation coefficient)

상관 관계는 인과 관계를 의미하지는 않음

- 상관계수는 두 변수가 함께 변하는 정도를 −1~1 범위의 수로 나타낸 것이다.
- 상관계수가 양수인 경우에는 두 변수가 같은 방향으로 변화(하나가 증가하면 다른 하나도 증가)하고, 음수인 경우에는 두 변수가 반대 방향으로 변화(하나가 증가하면 다른 하나는 감소)한다.
  - 상관계수가 0이면 두 변수가 독립으로서, 한 변수의 변화로 다른 변수의 변화를 예측하지 못한다.
  - 상관계수의 절댓값이 클수록 두 변수는 함께 크게 변화한다.
- R에서는 상관계수를 구할 수 있는 cor(), cor.test() 함수가 내장되어 있으며 Hmisc 패키지에 있는 rcorr() 함수를 통해서도 구할 수 있다.
- 상관계수 종류에는 피어슨, 스피어만, 카이제곱, 켄달타우 등이 있다.

① 피어슨 상관계수

> **기적의 Tip**
>
> 피어슨, 스피어만 상관계수 구분 및 내용을 묻는 문제가 주관식 문제로 자주 출제되었습니다. 상관계수 종류와 특징에 대해 알아야 합니다.

- 두 변수 사이의 선형 상관 관계를 측정하는 통계량이다. 피어슨 상관계수는 두 변수의 공분산을 두 변수의 표준편차의 곱으로 나눈 값으로 계산된다.
- 수치형 자료로서 등간 척도, 비율 척도에 해당되는 연속형 데이터로 상관계수를 구할 수 있다.
- 피어슨 상관계수는 −1에서 1 사이의 값을 가질 수 있다.
  - 상관계수가 1에 가까울수록 두 변수 사이에는 양의 선형 상관 관계, −1에 가까울수록 음의 선형 상관 관계, 0에 가까울수록 선형 상관 관계가 없다는 것을 의미한다.

> 상관계수를 구할 때 두 변수는 모두 연속형 변수여야 한다.
>
> 두 변수가 정규 분포를 따르지 않거나 비선형 상관 관계가 있는 경우 정확한 결과를 제공하지 못한다.

> **더 알기 Tip**
>
> **피어슨 상관계수**
>
> 예 r = (cov(x, y)) / (sd(x) * sd(y))
> r은 피어슨 상관계수
> cov(x, y)는 x와 y의 공분산
> sd(x)는 x의 표준편차
> sd(y)는 y의 표준편차

② 스피어만 상관계수

- 범주형 자료 중에서 서열척도에 해당되는 데이터의 순서에 대해 의미를 부여한 자료로부터 상관계수를 구한다.
- 스피어만 상관계수는 두 변수의 순위를 비교하여 계산한다.
- 스피어만 상관계수는 비선형적인 관계를 나타낼 수 있다.
- 연속형 외에 이산형 데이터도 사용 가능하다.
- 피어슨 상관계수와 같이 −1에서 1 사이의 값을 가질 수 있다.

스피어만 상관계수

예 r_s = 1 − 6 * sum((rank_x − rank_y)^2) / (n(n^2 − 1))
r_s는 스피어만 상관계수
rank_x는 x의 순위
rank_y는 y의 순위
n은 데이터의 개수

2) 척도*(scale)

① 명명(명목) 척도

- 데이터 사이에 순서가 없고, 사칙 연산이 불가능하며, 종류에 따라 빈도수를 계산한다.
- 비모수통계, 빈도분석, 교차분석, 카이제곱 검정에 적용가능하다.
  - 예 혈액형, 성별, 국적, 출신학교 등

② 서열 척도

- 데이터 사이에 순서가 있고, 사칙 연산이 불가능하며, 데이터 값들 간에 간격이 다르다.
- 서열 상관관계, 비모수 통계, 스피어만 상관분석에 적용가능하다.
  - 예 직급(사장, 부장, 차장, 과장, 사원) 등이 해당, 사장과 부장간 차이와 부장과 차장간의 간격이 다름

③ 등간 척도

- 데이터 사이에 상대적인 크기를 나타낸 것으로서, 데이터 값들 간의 차이가 동일하다는 간격 정보를 포함하는 척도이다.
- 절대 0의 값(절대 영점)을 가지고 있지 않다.
- 모수 통계, 피어슨 상관분석에 적용 가능하다.
  - 예 섭씨온도, 연도 등이 해당, 영점의 기준이 임의적이기 때문에 섭씨 10도는 섭씨 5도보다 수치값으로는 2배이나, 2배 더 따뜻한 것이 아님

④ 비율 척도

- 등간척도와 유사하며, 사칙 연산이 가능하고, 데이터 값들 간에 차이를 비교할 수 있다.
- 절대 0의 값(절대 영점)을 가지고 있다.
- 모수 통계, 피어슨 상관분석에 적용 가능하다.
  - 예 길이, 무게, 자녀의 수, 시간 등이 해당, 10미터는 5미터보다 수치값으로도 2배(곱셈)이며, 실제로도 2배 더 김

★**척도**
변수 값을 표현하는 수준, 척도에 따라 적용 가능한 통계 분석 방법이 달라짐

연속 변수
연속 적인 값을 갖는 변수, 나이, 점수, 가격, 무게 등

범주(이산) 변수
서로 다른 것을 구분하는 변수, 성별, 혈액형 등

3) 공분산(Covariance)

- 2개의 변수에 대해, 하나의 변수 값이 변화함에 따라 다른 하나의 변수 값의 변화 정도를 나타낸 수치이다.
  - 두 변수에 대한 방향성을 확인할 수 있다.
  - 두 변수가 얼마나 같이 변하는지를 측정한다.
- 단위에 따라 공분산의 크기가 달라지므로 절대적 크기로 판단하기 어렵다.
- 하나의 변수 값이 증가할 때 다른 하나의 변수 값이 증가하면 양의 값을 가지고, 하나의 변수 값이 증가할 때 다른 하나의 변수 값이 감소하면 음의 값을 가진다.
- 공분산은 선형적인 관계를 측정하기 때문에 두 변수가 비선형적으로 함께 변하는 경우는 잘 측정하지 못한다.

공분산의 크기가 클 수록 두 변수는 함께 많이 변화

공분산 수치	설명
$Cov(X,Y) > 0$	하나의 변수 값이 증가(감소)함에 따라, 다른 하나의 변수도 함께 증가(감소)하는 비례 관계
$Cov(X,Y) = 0$	• 두 변수가 서로 독립으로서, 선형 관계가 없음 • 한 변수의 변화로 다른 변수의 변화를 예측하지 못함
$Cov(X,Y) < 0$	하나의 변수 값이 증가(감소)함에 따라, 다른 하나의 변수가 감소(증가)하는 반비례 관계

- 공분산 수치 값을 표준화(각 변수의 표준편차 곱으로 나눔)하여 $-1\sim1$ 사이로 변환한 값이 상관계수이다.
- 상관계수 값이 $+1$에 가까울수록 강한 양의 상관관계, -1에 가까울수록 음의 상관관계, 0이면 독립(무상관)이다.

04 주성분 분석(PCA)

기적의 Tip

주성분 개수 지정 및 해석을 묻는 문제가 다수 출제되었습니다.

- 여러 변수들의 변량을 주성분이라는 서로 상관성이 높은 변수들의 선형결합으로 만들어 기존의 상관성이 높은 변수들을 요약 및 축소하는 기법이다.
- 상관관계가 있는 고차원 자료를 자료의 변동을 최대한 보존하는 저차원 자료로 변환하는 방법이다.
- 독립변수들과 주성분과의 거리인 정보손실량에 대한 최소화 및 분산을 최대화한다.

- 주성분 분석을 통해 다중 공선성 문제를 해결할 수 있다.
- 군집 분석의 사전 분석 및 회귀 분석에서 설명변수의 개수를 결정하거나, 시계열 분석 등 다양한 분석에도 주성분 분석을 사용할 수 있다.

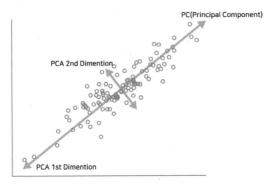

▲ 주성분 분석(PCA)

1) 주성분(Principal Component)과 분산

- 분산이 가장 큰 첫 번째 주성분(제1 주성분)으로 전체 변동을 가장 많이 설명할 수 있도록 한다.
- 분산이 두 번째로 큰 주성분(제2 주성분)은 제1 주성분과 독립으로서, 제1 주성분의 영향을 제거한 상태에서 데이터를 가장 잘 설명할 수 있는 축이 된다.
- 주성분 간에는 상관계수가 0이면서, 각 주성분은 분산을 최대화한다.

2) 차원 축소

- 차원이 적어지면 겹치는 부분에 정보 손실이 발생하므로, 분산을 늘려 정보의 손실량을 최소화하는 차원 축소기법이다.
    - 차원 감소 폭의 결정은 스크리 산점도(scree plot)를 활용한다.
- 주성분 분석 기법으로 차원 축소를 수행할때는 고유값(eigen value)을 기준으로 정렬하여 가장 큰 고유값에 해당하는 고유벡터(eigen vector)로부터 데이터를 복원한다.

3) R에서 주성분 분석

- R에서는 princomp(), prcomp() 함수를 이용하여 수행한다.

① 작성 형식

- princomp(주싱분 분석을 수행히고자 하는 데이터, cor=TRUE/FALSE, ...)
- prcomp(주성분 분석을 수행하고자 하는 데이터, scale=TRUE/FALSE, ...)

```
data(iris)     # iris 데이터셋 로드
pca <- princomp(iris[, 1:4])   # 주성분 분석 수행
summary(pca)            # 주성분 분산 비율 확인
loadings(pca)        # 주성분의 벡터 확인
```

```
Importance of components:
                          Comp.1     Comp.2     Comp.3      Comp.4
Standard deviation     2.0494032 0.49097143 0.27872586 0.153870700
Proportion of Variance 0.9246187 0.05306648 0.01710261 0.005212184
Cumulative Proportion  0.9246187 0.97768521 0.99478782 1.000000000


Loadings:
             Comp.1 Comp.2 Comp.3 Comp.4
Sepal.Length  0.361  0.657  0.582  0.315
Sepal.Width          0.730 -0.598 -0.320
Petal.Length  0.857 -0.173        -0.480
Petal.Width   0.358        -0.546  0.754


               Comp.1 Comp.2 Comp.3 Comp.4
SS loadings      1.00   1.00   1.00   1.00
Proportion Var   0.25   0.25   0.25   0.25
Cumulative Var   0.25   0.50   0.75   1.00
```

② 주성분 분석 예시

- 주성분 분석 : result <- princomp(data)
- 결과 : summary(result); screeplot(result)
- 주성분 함수 : loadings(result)
- 주성분 점수 : result$scores

③ 주성분 분석 결과 해석

Importance of components:				
	PC1	PC2	PC3	PC4
Standard deviation	1.5749	0.9949	0.59713	0.41645
Proportion of Variance	0.6201	0.2474	0.08914	0.04336
Cumulative Proportion	0.6201	0.8675	0.95664	1.00000

- Standard deviation : 표준 편차
- Proportion of Variance : 분산비율, 각 주성분이 차지하는 비율(클수록 영향도가 높음)
- Cumulative Proportion : 분산의 누적합(누적 기여율)은 첫 번째 주성분 축(PC1)의 분산비율로부터 두 번째 주성분 축(PC2)까지 분산 비율의 합
- PC1이 전체 분산의 62.01%를 설명하고 있으며, PC2는 전체 분산의 24.74%를 설명하고 있다. 따라서, PC1과 PC2 축을 수용하면, 전체 분산의 86.75%를 설명하게 된다.
- 반대로 얘기하면 첫 번째 주성분 분석 축만 수용했을 때 정보 손실은 약 38%(=100-62)가 된다.

④ 주성분 분석의 적재 값(부하, Loading)
- 적재 값은 예측 변수들을 성분으로 변형할 때 사용되는 가중치이다.
- 주성분 분석 결과에 대해 loadings 변수를 사용하여 주성분 적재 값을 알 수 있다.

	Comp. 1	Comp. 2	Comp. 3	Comp. 4
Murder	−0.5358995	0.4181809	−0.3412327	0.64922780
Assault	−0.5831836	0.1879856	−0.2681484	−0.74340748
UrbanPop	−0.2781909	−0.8728062	−0.3780158	0.13387773
Rape	−0.5434321	−0.1673186	0.8177779	0.08902432

- 주성분 분석 결과의 loadings를 통해 주성분 계수 즉, 네 개의 변수가 각 주성분에 기여하는 가중치가 제시된다.
- 제1 주성분(첫 번째 주성분) 선형결합 함수식

$$Comp. \ 1 = -0.536 \times Murder - 0.583 \times Assault - 0.278 \times UrbanPop - 0.543 \times Rape$$

4) 주성분 결정

- 누적 기여율(Cumulatiove Proportion)과 고유값, 스크리 산점도는 주성분의 수를 결정하는 기준이다.
- 일반적으로 고윳값(eigenvalue)이 1.0 이상, 누적 기여율이 80% 되는 주성분을 기준으로 주성분 수를 결정한다.

▶ 주성분 선택법

방법	설명
스크리 산점도 (Scree Plot)	• x축에는 주성분, y축에는 각 주성분의 분산을 시각화한 그래프 • 그래프의 기울기가 완만해지기 직전까지를 주성분 수로 결정함
전체 변이 공헌도 (Percentage of Total Variance)	주성분들이 설명하는 전체 분산의 비율이 70~90% 사이가 되는 주성분의 개수를 선택하는 방법
평균 고윳값 (Average Eigenvalue)	고윳값들의 평균을 구한 후, 고윳값이 평균값 이상이 되는 주성분을 제거하는 방법

✓ 개념 체크

다음 중 주성분 분석에서 변수의 중요도 기준이 되는 값은 무엇인가?

☑ 고윳값(Eigenvalue)
② 특이값(Singular Value)
③ 표준오차(Standard Error)
④ 스칼라(Scalar)

주성분 분석은 고윳값이 큰 순서로(데이터 분포의 분산이 가장 큰 방향) 차원 축소를 수행한다.

05 다차원 척도법(MDS, MultiDimensional Scaling)

- 다차원 척도법은 개체간 유사성 및 비유사성을 2차원 또는 3차원으로 시각화하는 통계 기법이다.
- 개체간 근접성(proximity)을 시각화하여 데이터 속에 잠재해 있는 패턴이나 구조를 파악하기 위한 통계 기법이다.
  - 개체간 거리 계산은 유클리드 거리 행렬을 사용한다.
  - 상대적 거리의 정확도를 높이기 위해 적합한 정도를 스트레스 값(stress value)으로 나타낸다.
- 다차원 척도법(MDS) 종류에는 계량적 MDS와 비계량적 MDS가 있다.

① 계량적 MDS (전통적)
- 데이터가 연속형 변수(구간척도, 비율척도)인 경우 사용한다.
- 개체들 간 유클리드 거리 행렬을 계산하고 개체들 간의 비유사성을 공간상에 표현한다.

② 비계량적 MDS
- 데이터가 순서 척도인 경우 사용한다.
- 개체들 간 거리가 순서로 주어진 경우에는 순서 척도를 거리의 속성과 같도록 변환하여 거리를 생성한다.

06 시계열 분석

- 시간의 흐름에 따라 관찰된 자료에 대하여 특성을 파악하고 미래 값을 예측하는 분석 기법이다.
- 시계열 분석의 목적은 시계열 데이터에 대한 경향, 주기, 계절성, 불규칙성 등 패턴을 설명할 수 있는 모델을 만들기 위함이다.
- 시간 그래프 작성 → 추세와 계절성 제거 → 잔차 예측 → 잔차에 대해 모델 적합 → 예측된 잔차에 추세와 계절성을 더하여 미래 예측 순서로 진행한다.

1) 정상성

정상성 시계열 자료는 데이터가 어떤 구간에서도 평균값과 분산이 일정

- 정상성은 시점에 관계없이 시계열의 특성이 일정함을 의미한다.
- 시간의 흐름에 따라 관측된 시계열 자료를 분석하기 위해서는 정상성을 만족해야 한다.
- 대부분의 시계열 자료는 다루기 어려운 비정상성 시계열 자료이기 때문에 분석하기 쉬운 정상성 시계열 자료로 변환해야 한다.
- 정상성 조건(평균 일정, 분산 일정, 공분산 일정)을 모두 만족해야 정상성 시계열 자료라고 할 수 있다.
  - 만족하지 못하는 경우 비정상 시계열로 부른다.

① 일정한 평균
- 모든 시점에 대해 일정한 평균을 가진다. 평균이 일정하지 않은 시계열은 차분(difference, 현시점 자료에서 이전 시점 자료를 빼는 것)을 통해 정상화한다.

② 일정한 분산

- 분산도 시점에 의존하지 않아야 한다. 분산이 일정하지 않은 시계열 데이터는 변환 (transformation)을 통해 정상화해야 한다.

③ 일정한 공분산

- 공분산도 시차에만 의존할 뿐 특정 시점에는 의존하지 않아야 한다.

2) 시계열 모형

시계열을 분석하기 위한 모델에는 자기 회귀 모형, 이동 평균 모형, 자기 회귀 누적 이동 평균 모형, 지수 평활법이 있다.

① 자기 회귀 모형(AR, Autoregressive Model)

- 변수의 과거 값에 대한 선형 조합을 통해 관심 있는 변수를 예측하는 방법이다.
- AR 모형인지 판단하기 위해서는 자기상관함수(ACF)와 부분자기상관함수(PACF)를 이용한다.
- 현 시점의 자료가 p 시점 전까지 유한개의 과거 자료로 설명될 수 있으면 p차 자기 회귀 모형이라고 한다. p차 자기 회귀 모형은 AR(p)로 기술한다.

> **더 알기 Tip**
>
> **차수가 p인 자기 회귀 모형**
>
> $$y_t = c + \Phi_1 y_{t-1} + \ldots + \Phi_p y_{t-p} + \varepsilon_t$$
>
> ε_t : 오차항(백색 잡음, white noise)
> Φ_p : p 시점에서 현재 시점에 미치는 영향을 나타내는 가중치
> y_{t-p} : p 시점 이전의 시계열 자료
> y_t : 현재 시점의 시계열 자료

② 이동 평균 모형(MA, Moving Average Model)

- 현 시점의 자료를 p 시점 전까지 유한개 백색잡음들의 선형결합으로 표현한다.
- AR 모형은 과거의 값을 활용하여 미래를 예측하는 반면, MA 모형은 과거의 예측 오차를 활용하여 미래를 예측한다.
- 불규칙성 또는 주기를 갖는 시계열 데이터의 특성을 바탕으로 과거 몇 개의 관측치들에 대해 평균을 계산하여 전반적인 추세를 파악하는 모형이다.
- 항상 정상성을 만족하는 모형으로 정상성 가정이 필요없다.
- MA 모형인지 판단하기 위해 자기상관함수(ACF)와 부분자기상관함수(PACF)를 이용한다.

> **더 알기 Tip**
>
> **MA(q) 모델 : q차 이동 평균 모델**
>
> $$y_t = c + \varepsilon_t + \theta_1 \varepsilon_{t-1} + \ldots + \theta_d \varepsilon_{t-a}$$
>
> ε_t : 백색 잡음(white noise)
> θ_q : q 시점에서 현재 시점에 미치는 영향을 나타내는 가중치
> y_t : 현재 시점의 시계열 자료

③ ARIMA (자기 회귀 누적 이동 평균 모형)

- 분기 또는 연간 단위로 예측하거나 주간 또는 월간 단위로 지표를 리뷰하여 트렌드를 분석하는 기법이다.
- 기본적으로 비정상 시계열 모형이기 때문에 차분이나 변환을 통해 AR, MA, ARMA 모형으로 정상화할 수 있다.
  - ARIMA(p, d, q)에서 p는 AR 모형의 차수, d는 ARIMA에서 ARMA로 정상화할 때 차분 횟수, q는 MA 모형에서 차수를 의미한다.

차수	의미
p = 0	• IMA(d, q) 모형 • IMA모형을 d번 차분하면 MA(q) 모형
d = 0	• ARI(p, d) 모형 • ARI(p, d) 모형을 d번 차분한 시계열 모형이 AR(p) 모형을 따르게 됨
q = 0	• ARMA(p, q) 모형 • 정상성 만족

- ARIMA 모델에서 최적 차수는 자기상관함수(ACF)와 편자기상관함수(PACF)를 사용하여 찾아야 한다.

④ 지수 평활법(Exponential Smoothing)

- 데이터의 추세와 계절성에 대한 설명에 기초하여 시계열을 예측한다.
  - 지수 평활을 사용하여 구한 예측값은 과거 관측값의 가중 평균(weighted average)이다.
- 과거 관측값은 오래될수록 지수적으로 감소하는 가중치를 갖도록 하고 가장 최근 관측값에 대해서는 높은 가중치를 갖게한다.

3) 분해 시계열(Time Series Decomposition)

시계열에 영향을 주는 요인을 분해식을 사용하여 시계열에서 분리해 분석하는 기법이다.

▶ 시계열 정보 구성 요소

구성 요소	설명
추세 요인	• 상승, 하락, 이차식, 지수식 형태 • 관측값의 전반적 상승 또는 하락과 같은 경향을 나타냄
계절 요인	요일, 월, 분기 등 고정된 주기에 따른 변화 예 매출이 특정 일자에 크게 오르거나, 갑자기 내려가는 형태가 정기적으로 발생하는 경우
순환 요인	명백한 이유없이 알려지지 않은 주기를 가지고 변화
불규칙 요인	• 위 세 가지 요인으로 설명할 수 없는 회귀분석의 오차에 해당하는 요인 • 특정한 규칙으로 설명할 수 없는 오차를 나타내는 성분 예 매출 상승에 대한 전반적인 추세는 이어지더라도, 내일 매출이 어떻게 될지 정확히는 알 수 없는 오차의 영역

01 다음 통계적 추정에 관한 설명 중 올바르지 않은 것은?

① 추정(estimation)은 통계량을 사용하여 모집단의 모수를 구체적으로 추측하는 과정을 말한다.
② 표본크기가 커질수록 신뢰구간이 좁아진다. 이는 정보가 많을수록 추정량이 더 정밀하다는 것을 의미한다.
③ 신뢰수준 95% 의미는 추정값이 신뢰구간에 존재할 확률이 95%라고 할 수 있다.
④ 하나의 점으로 값을 표현하는 것을 점 추정 (point estimation)이라고 한다.

02 모집단을 먼저 서로 겹치지 않는 여러 개의 층으로 분할한 후, 각 층에서 단순임의추출법에 따라 배정된 표본을 추출하는 방법을 무엇이라 하는가?

① 층화 추출법(stratified sampling)
② 집단 추출(cluster sampling)
③ 계통 추출(systematic sampling)
④ 편의 표본 추출(convenience sampling)

03 자료의 척도에 설명으로 부적절한 것은?

① 명목척도 : 단순히 측정 대상의 특성을 분류하거나 확인하기 위한 목적으로 숫자를 부여한다.
② 서열척도 : 대소 또는 높고 낮음 등의 순위만 제공할 뿐 양적인 비교는 할 수 없다.
③ 등간척도 : 순위를 부여하되 순위 사이의 간격이 동일하여 양적인 비교가 가능하다.
④ 비율척도 : 측정값 사이의 비율 계산이 가능한 척도이며, 절대 영점이 존재하지 않는다.

04 다음 중 비율 척도에 대한 예시로 가장 적절한 것은?

① 무게, 나이
② 성별, 출생지
③ 온도, 지수
④ 선호도

05 표본공간과 확률에 관한 설명 중 부적절한 것은?

① 모든 사건의 확률값은 0과 1사이에 있다.
② 배반 사건이란 교집합이 공집합인 사건들을 말한다.
③ 이산형 확률분포에는 베르누이 분포, 이항분포, 포아송 분포, 기하 분포 등이 있다.
④ 독립하는 두 사건 A, B가 독립이면 $P(B|A) \neq P(B)$가 성립한다.

06 다음 확률분포에 대한 설명 중 가장 적절하지 않은 것은?

① 확률변수란 표본공간의 각 원소에 하나의 실숫값을 대응시켜 주는 함수이다.
② 확률변수가 취할 수 있는 값이 유한하거나 또는 무한히 많더라도 하나씩 셀 수 있는 경우를 이산형 확률변수라고 한다.
③ 이산확률변수의 확률분포를 나타내는 함수를 확률밀도함수라고 한다.
④ 결과가 두 가지 중 하나로만 나오는 실험이나 시행을 베르누이 시행(Bernoulli trial)이라고 한다.

07 두 집단의 분산이 같은지 검정할 때 사용하는 검정 통계량은 어떤 분포를 활용하는가?

① 포아송 분포
② F 분포
③ 카이제곱 분포
④ z 분포

08 다음 중 확률분포에 대한 설명 중 가장 적절하지 않은 것은?

① 구간추정은 일정한 구간을 두어 추정하는 것으로서 단측(one-sided) 구간추정과 양측(two-sided) 구간추정으로 나뉜다.
② 정규분포가 아닌 경우 구간추정을 사용할 수 없다.
③ 추정치(estimate)는 표본의 자료로 구한 추정량의 구체적 수치 값을 뜻한다.
④ 점 추정은 미지의 분포에 대하여 가장 근사한 단일값을 구하는 것이다.

09 다음의 통계 검정 중 표본특성이 2개 이상일 때의 비모수 검정이 아닌 것은?

① 부호검정
② 크루스칼-왈리스 검정
③ 맨-휘트니 검정
④ 카이스퀘어 적합성 검정

10 다음 중 제1종 오류에 대한 설명은 무엇인가?

① H_0가 사실일 때, H_0가 사실이라고 판정
② H_0가 사실일 때, H_0가 사실이 아니라고 판정
③ H_0가 사실이 아닐 때, H_0가 사실이라고 판정
④ H_0가 사실이 아닐 때, H_0가 사실이 아니라고 판정

11 summary(Hitters)에 대한 설명 중 적절하지 않은 것은?

```
> summary(Hitters)
     AtBat            Hits           HmRun        NewLeague
 Min.   : 16.0   Min.   :   1   Min.   : 0.00   A : 176
 1st Qu.: 255.2   1st Qu.:  64   1st Qu.: 4.00   N : 146
 Median: 379.5   Median:  96   Median: 8.00
 Mean   : 380.9   Mean   : 101   Mean   : 10.77
 3rd Qu.: 512.0   3rd Qu.: 137   3rd Qu.: 16.00
 Max.   : 687.0   Max.   : 238   Max.   : 40.00
```

① AtBat 변수 분포는 왼쪽 꼬리가 긴 분포를 가진다.
② NewLeague 변수는 범주형 자료이다.
③ Hits 자료에는 결측값이 없음을 알 수 있다.
④ HmRun 변수의 최대값은 40이다.

12 다음 중에서 자료들의 중간 50%에 흩어진 정도를 나타내는 통계량은 무엇인가?

① 중위수
② 사분위수
③ 평균
④ 분산

13 다음 회귀 분석에서 가장 적합한 회귀 모델을 찾기 위한 과정의 설명으로 가장 알맞지 않은 것은?

① 회귀식에 대한 검정은 독립변수의 기울기가 0이 아니라는 가정을 귀무가설, 기울기가 0인 것을 대립가설로 놓는다.
② 회귀 분석의 가설 검정에서 p-값이 0.05보다 작은 값이 나와야 통계적으로 유의미한 결과이다.
③ 잔차의 독립성, 등분산성, 정규성을 만족하는지 확인해야 한다.
④ 독립변수의 수가 많아지면 독립변수 간에 서로 영향을 미치는 다중 공선성의 문제가 발생하므로 상대적인 조정이 필요하다.

14 다중 공선성에 대한 설명 중 올바르지 않은 것은?

① 다중 공선성 문제가 발생하면 문제가 있는 변수를 제거하고 분석할 수 있다.
② 다중 공선성 문제로 불확실성이 감소할 수 있다.
③ 독립변수 간에 상관관계가 높아서 데이터를 분석할 때 부정적 영향을 미치는 경우 발생한다.
④ VIF가 4보다 크면 다중 공선성이 존재하는 것으로 해석한다.

15 다음 중 공분산과 상관계수에 대한 설명중 가장 올바르지 않은 것은?

① 공분산은 측정 단위에 영향을 받지 않는다.
② 상관 분석은 두 변수의 인과 관계 성립 여부를 확인할 수 없다.
③ 공분산이 0이라면 두 변수 간에는 아무런 선형 관계가 없고 서로 독립적인 관계에 있다.
④ 상관계수를 통하여 상관관계의 표준화된 크기를 측정할 수 있다.

16 다음이 설명하는 분석 기법은 무엇인가?

- 상관관계가 있는 고차원 자료를 자료의 변동을 최대한 보존하는 저차원 자료로 변환
- 서로 상관성이 높은 변수들의 선형 결합으로 만들어 기존의 상관성이 높은 변수들을 요약, 축소하는 기법

① 다중 회귀 분석
② 판별 분석
③ 주성분 분석
④ 요인 분석

17 다음 중 회귀분석에서 변수선택에 대한 설명으로 가장 부적절한 것은?

① 전진 선택법은 중요하다고 생각되는 변수를 차례로 모형에 추가하는 분석 방법이다.
② 후진 제거법은 모든 설명변수를 포함한 모형에서 출발해 종속변수의 설명에 가장 적은 영향을 주는 변수부터 제거한다.
③ 단계별 선택법의 결과는 후진 제거법의 결과와 항상 일치한다.
④ 후진 제거법은 한번 제거된 변수는 다시 모형에 추가될 수 없다.

18 회귀모형의 변수 선택법이 아닌 것은?

① 주성분 분석
② 모든 조합의 회귀 분석
③ 라쏘(Lasso)
④ 단계별 변수 선택

19 저차원(2차원 내지 3차원) 격자에 고차원 데이터의 각 개체들이 대응하도록 인공신경망과 유사한 방식의 학습을 통해 군집을 도출해내는 기법을 무엇이라 하는가?

① 자기 조직화 지도(SOM)
② 다차원 척도법(MDS)
③ 인공 신경망(ANN)
④ 로지스틱 회귀 분석

20 동전 3개를 동시에 던져서 앞면이 한번 나올 확률은?

① 1/6, 16.7%
② 3/8, 37.5%
③ 2/8, 25%
④ 1/3, 33%

21 이산형 확률분포 중 단위 시간 또는 영역에서 어떤 사건의 발생 횟수를 나타내는 확률분포는 무엇인가?

① 포아송 분포
② 이항 분포
③ 기하 분포
④ 베르누이 분포

22 주성분 그림에서 주성분 2개를 수용했을 때 잃는 정보량은 얼마인가?

Importance of components:				
	PC1	PC2	PC3	PC4
Standard deviation	2.0494	0.4910	0.2787	0.1539
Proportion of Varioance	0.9246	0.0531	0.0171	0.0052
Comulative Proportion	0.9246	0.9777	0.9948	1.0000

① 0.49%
② 2.23%
③ 7.54%
④ 97.77%

23 다음 괄호 ( )안에 들어갈 용어를 쓰시오

( )은/는 시점에 상관없이 시계열의 특성이 일정한 것을 의미한다. 평균이 일정하고, 분산이 시점에 의존하지 않으며, 공분산은 단지 시차에만 의존하고 시점 자체에는 의존하지 않는다.

① 정상성
② 연속성
③ 의존성
④ 상관성

24 시계열 분석을 위해서는 정상성을 만족해야 하는데, 자료가 추세를 보일 때에는 현 시점의 자료에서 이전 시점의 자료를 빼는 방법을 통해 비정상 시계열을 정상 시계열로 바꾸어 준다. 현 시점에서 이전 시점의 자료를 빼는 방법은 무엇인가?

① MSE
② 차분
③ RMSE
④ F-score

합격을 다지는 예상문제 정답 & 해설

CHAPTER 02

01 ③	02 ①	03 ④	04 ①	05 ④
06 ③	07 ②	08 ②	09 ④	10 ②
11 ①	12 ②	13 ①	14 ②	15 ①
16 ③	17 ③	18 ①	19 ①	20 ②
21 ①	22 ②	23 ①	24 ②	

01 ③

샘플을 랜덤하게 추출해서 95% 신뢰구간을 구하면, 스무번 중 한 번은 전체 평균이 벗어날 수 있다는 의미이다. 스무번 중 한 번이란 확률적으로는 5%이고, 이를 유의수준이라고 표현한다.

02 ①

• 층화 추출법은 모집단을 먼저 서로 겹치지 않는 여러 층으로 분할한 후, 각 층에서 단순 임의추출법에 따라 배정된 표본을 추출하는 방법이다.
• 만약 전국 가구를 모집단으로 하는 "생활실태조사"를 한다면, 전국 모든 구는 경제적 수준, 문화적·정치적 성향이 다르고, 단순임의추출을 하게 되면 일부 구의 과소 또는 과다 현상이 불가피하게 발생하여 서울시 전체에 대한 추정치가 불안정한 결과를 가져올 수 있으므로 각 구를 층으로 하는 임의추출을 한다.

03 ④

명목 척도	• 단순히 측정대상의 특성을 분류하거나 확인하기 위한 목적 • 숫자로 바꾸어도 그 값이 크고 작음을 나타내지 않고 범주를 표시함
서열(순위) 척도	• 대소 또는 높고 낮음 등의 순위만 제공할 뿐 양적인 비교는 할 수 없음 • 항목들 간에 서열이나 순위가 존재
등간 척도	• 순위를 부여하되 순위 사이의 간격이 동일하여 양적인 비교가 가능함 • 절대 0점이 존재하지 않음
비율 척도	절대 0점이 존재하여 측정값 사이의 비율 계산이 가능한 척도

04 ①

비율 척도는 절대 영점이 존재하며, 사칙 연산이 가능하다.

05 ④

두 사건 A, B가 독립이면
$P(B|A) = P(B)$, $P(A|B) = P(A)$, $P(A \cap B) = P(A)P(B)$

06 ③

확률밀도함수는 연속형 확률변수의 확률분포를 의미한다.

07 ②

F 분포는 두 모집단 간 분산의 동일성 검정에 사용한다.

08 ②

자료가 관찰된 모집단의 분포가 정규분포가 아닌 경우에도 중심극한 정리(Central limit theorem)에 의하여 구간 추정이 가능하다.

09 ④

표본특성이 2개 이상일 때의 비모수 검정은 부호 검정, 크루스칼-왈리스 검정, 맨-휘트니 검정, 카이스퀘어 독립성 검정이 있다.

10 ②

제1종 오류는 H_0(귀무가설)이 사실일 때, 귀무가설을 기각하는 오류이다.

11 ①

평균이 중위수보다 크므로 왼쪽으로 치우친 분포이며, 오른쪽으로 긴 꼬리를 갖는다.

12 ②

사분위수는 범위(InterQuartile Range, IQR) = 3사분위수 − 1사분위수, IQR은 자료들의 중간 50%(75%~25%)에 해당되는 자료들의 범위이다.

13 ①

• 회귀계수(독립변수의 가중치)가 0이면 독립변수는 종속변수와 인과 관계가 없다.
• 회귀계수의 t-통계량의 p-값이 0.05보다 작으면 통계적으로 유의미함(H_1)을 채택한다.

14 ②

다중 공선성이 발생하면 불확실성은 증가하게 된다.

15 ①

공분산은 측정 단위에 영향을 받게 된다. 공분산 값을 표준화를 통해 −1~1 사이로 표준화하여 두 변수 사이의 상관관계를 표현할 수 있다.

16 ③

① **다중 회귀 분석** : 여러 개의 독립 변수의 값이 변화함에 따라 종속 변수의 값이 어떻게 변화하는가를 보여주는 최적의 회귀식을 도출하는 기법

② **판별 분석** : 분류된 집단 간의 차이를 의미있게 설명해줄 수 있는 독립 변수들로 이루어진 최적 판별식을 찾기 위한 통계적 기법

④ **요인 분석** : 수집된 자료에 유사한 변수들이 많이 포함되어 있을 경우 변수에 포함되어 있는 정보를 가능한 유지하면서 변수의 수를 줄여 차후의 분석을 용이하게 하는 데 사용되는 기법

17 ③

단계별 선택법은 모든 변수가 포함된 모델에서 출발해 기준 통계치에 가장 도움이 되지 않는 변수를 삭제하거나, 모델에서 빠져 있는 변수 중에서 기준 통계치를 가장 개선 시키는 변수를 추가하는 방식이다.

18 ①

주성분 분석은 서로 상관성이 높은 변수들의 선형결합으로 만들어 기존의 상관성이 높은 변수들을 요약, 축소하는 기법이다.

19 ①

SOM은 사람이 눈으로 볼 수 있는 저차원 격자에 고차원 데이터의 각 개체들이 대응하도록 인공신경망과 유사한 방식의 학습을 통해 군집을 도출해내는 기법이며, 고차원의 데이터 공간에서 유사한 개체들은 저차원에 인접한 격자들과 연결된다.
저차원 격자에서의 유사도는 고차원 입력 공간에서의 유사도를 최대한 보존하도록 학습한다.

20 ②

전체 경우의 수 8개에서 앞면이 한 번 나오는 경우는 '앞뒤뒤, 뒤앞뒤, 뒤뒤앞'

21 ①

포아송 분포는 단위 시간 내에 사건이 몇 번 발생할 것인지를 나타내는 이산형 확률분포 중 하나이다.

22 ②

주성분 축을 2차원까지 수용하므로, 주성분 첫 번째 축(PC1)에서 두 번째 축(PC2)까지의 합은 0.9246+0.0531=0.9777이 된다. 따라서 97.77%의 정보를 갖게 되며, 100%−97.77%=2.23%의 정보를 손실하게 된다.

23 ①

정상성은 시점과는 관계없이 시계열의 특성이 일정하다는 것을 의미한다.

24 ②

현 시점에서 이전 시점의 자료를 빼는 방법은 차분이다.

정형 데이터 마이닝

학습 방향

데이터에서 유용한 정보나 패턴을 추출하는 과정을 학습합니다. 각 분석의 공통점과 차이점을 이해해야 하며 어떤 분야에서 응용되는지 확인합니다.

출제 빈도

Section 01	상		33%
Section 02	상		33%
Section 03	상		33%

분류 분석

01 데이터 마이닝 개요

- 대용량 데이터로부터 의미있는 패턴, 관계, 규칙 등을 파악하거나 예측하여 의사결정에 활용하는 방법이다.
- 통계 분석은 가설이나 가정에 따른 분석이나 검증을 하지만, 데이터 마이닝은 다양한 알고리즘을 이용해 데이터베이스의 데이터로부터 의미있는 정보를 찾아내는 것이다.
- 기업이 사용 가능한 원천데이터를 기반으로 감춰진 지식, 규칙 등을 발견하고 이를 실제 비즈니스 의사결정 등에 활용하고자 하는 일련의 작업이다.
- 목적 설정 → 데이터 준비 → 데이터 가공 → 데이터 마이닝 기법 적용 → 검증의 5단계로 진행한다.

▶ 데이터 마이닝 분석 알고리즘

지도학습		비지도학습
• 의사결정나무	• 인공신경망	• OLAP
• 일반화 선형 모형	• 회귀분석	• 연관분석
• 로지스틱 회귀분석	• 사례기반 추론	• 군집분석(K-Means Clustering)
• 최근접 이웃법(KNN)	• 지지벡터기계(SVM)	• 자기조직화지도(SOM)

02 분류 분석

1) 로지스틱 회귀 모형

회귀 모델에서 종속변수가 연속형 값이 아닌 범주형 값의 경우를 다루기 위해 개발된 통계적 방법

- 독립변수(설명변수)가 수치형 데이터이고, 종속변수(반응변수)가 범주형인 경우 적용되는 회귀 분석 모형이다.
- 독립변수가 주어질 때 종속변수의 각 범주에 속할 확률이 얼마인지를 추정하여 분류하는 목적으로 활용한다.
- 일반적으로 종속변수가 참/거짓, 성공/실패, 환자/정상, 사망/생존, 합격/불합격 등 두 가지 값만 가지는 경우에 적용된다.
  - R에서 로지스틱 회귀 모델은 glm() 함수로 구성할 수 있다.
- 로지스틱 회귀 모델에서 유의성 검정은 카이제곱 검정을 사용한다.

① 로지스틱 회귀 모델 원리
- 독립변수를 x, 종속변수를 z로 표기한다면 로지스틱 회귀 모델식은 z = wx + b 이다.
  - 종속변수 z 값의 범위는 [−∞, ∞]이므로 로지스틱 회귀를 모델링할 수 없다. 따라서, z 값의 범위를 [0, 1]로 만든다.

② 시그모이드(sigmoid) 함수
- S자형 곡선을 갖는 함수이며, −∞~∞의 범위로 입력되는 값을 0~1 사이의 값으로 변환해주는 함수이다.

$$sigmoid(x) = \frac{1}{1 + e^{-x}}$$

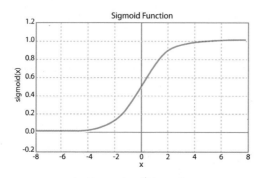

▲ 시그모이드 함수 그래프

  - 시그모이드 함수 그래프에서 x 값이 무한대로 커짐에 따라, sigmoid(x) 값은 1에 가까워지고, x 값이 무한대로 작아짐에 따라 sigmoid(x) 값은 0에 가까워진다.

③ 오즈비(승산비, Odds Ratio)
- 오즈비는 특정 사건이 발생할 확률과 사건이 발생하지 않을 확률에 대한 비율이다.
  $Odds(p) = \frac{p}{1-p}$ = 성공확률/실패확률
  p는 특정 사건이 발생할 확률
  예 내일 비가 올 확률이 75%이면 비가 오지 않을 확률 25%이고, 비가 올 확률에 대한 오즈비는 0.75/0.25=3이다. 즉, 비가 올 확률이 3배 높다.

④ 로짓(Logit) 변환
- 로짓 변환은 오즈에 로그를 취한 함수이다.
- 입력 값의 범위가 0~1일 때, 출력 값으로 −∞~+∞로 변환해준다.
  $Logit(p) = \log \frac{p}{1-p}$
  p는 특정 사건이 발생할 확률

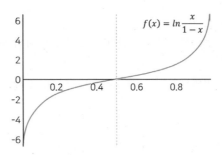

$$f(x) = ln\frac{x}{1-x}$$

▲ 로짓 함수 그래프

▶ 로지스틱 회귀 분석 R 코드 예시

```
iris.new <- iris
iris.new$Species <- as.integer(iris.new$Species)    # 범주형 자료를 정수로 변환
head(iris.new)
```

	Sepal.Length	Sepal.Width	Petal.Length	Petal.Width	Species
1	5.1	3.5	1.4	0.2	1
2	4.9	3.0	1.4	0.2	2
3	4.7	3.2	1.3	0.2	1
4	4.6	3.1	1.5	0.2	1
5	5.0	3.6	1.4	0.2	1
6	5.4	3.9	1.7	0.4	1

```
mod.iris <- glm(Species~., data= iris.new)          # 로지스틱 회귀 모델 도출
summary(mod.iris)
```

```
Call:
glm(formula = Species ~ ., data = iris.new)

Coefficients:
             Estimate   Std.Error   t value   Pr(>|t|)
(Intercept)   1.18650    0.20484     5.792    4.15e-08  ***
Sepal.Length -0.11191    0.05765    -1.941     0.0542   .
Sepal.Width  -0.04008    0.05969    -0.671     0.5030
Petal.Length  0.22865    0.05685     4.022    9.26e-05  ***
Petal.Width   0.60925    0.09446     6.450    1.56e-09  ***
---
Signif. codes:  0 '***' 0.001 '**' 0.01 '*' 0.05 '.' 0.1 ' ' 1

(Dispersion parameter for gaussian family taken to be 0.04800419)

    Null deviance: 100.0000  on 149  degrees of freedom
Residual deviance:   6.9606  on 145  degrees of freedom
AIC: -22.874

Number of Fisher Scoring iterations: 2
```

▶ 로지스틱 회귀의 새로운 데이터에 관한 예측(iris 품종 예측)

```
unknown <- data.frame(rbind(c(5.1, 3.5, 1.4, 0.2)))       # 예측 대상 데이터 생성
names(unknown) <- names(iris)[1:4]

pred <- predict(mod.iris, unknown)                        # 품종 예측
print(pred)                                               # 예측 결과 출력
round(pred, 0)                                            # 소수 첫째 자리에서 반올림
```

```
0.9174506
1
```

```
pred <- round(pred, 0)
levels(iris$Species)[pred]                                # 실제 품종명 알아보기
```

```
'setosa'
```

2) 인공신경망(ANN, Artificial Neural Network)

- 인간의 뇌 구조를 기반으로 한 추론 모델이다.
- 입력층, 은닉층, 출력층 3개의 층으로 구성되며, 각각의 층에는 뉴런이 여러 개 포함되어 있다.
  - 각 뉴런은 가중치(weight)가 있는 링크로 연결되어 있으며, 학습과정을 수행하면서 입력에 대한 올바른 출력이 나오도록 가중치를 조절하는 학습 알고리즘이다.
- 인공신경망은 복잡한 비선형 관계에서도 유용하게 사용될 수 있으며, 이상치 잡음에 민감하게 반응하지 않는다.

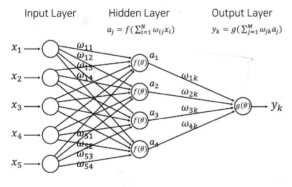

▲ 신경망 구조

① 인공 신경망의 학습

- 가중치 변수를 초기화하고 훈련 데이터를 통해 학습하는 과정에서 반복적으로 조정해나가며 인공신경망 모델을 생성한다.
- 뉴런은 링크로 연결되어 있고, 각 링크에는 수치적인 가중치 변수가 존재한다.
- 뉴런은 여러 입력 신호를 받지만, 출력 신호는 오직 하나만 생성한다.
- 가중치를 초기화하고 훈련 데이터를 통해 가중치를 갱신한다.

- 은닉층 노드가 너무 많으면 과적합(Overfitting)에 빠질 수 있고, 너무 적으면 과소적합(Underfitting) 문제가 발생할 수 있다.
- 최적의 모델을 생성하기 위해 경사 하강법(Gradient Descent)으로 학습 과정에서 모델의 기울기가 낮은 방향으로 계속 이동시켜 가면서, 가중치 변수에 대해 최적의 값에 이를 때까지 반복한다.
- 역전파 알고리즘으로 인공신경망의 출력층에서 입력층으로 오차를 전파해가면서 오차를 줄이기 위해 뉴런들을 서로 연결하고 있는 가중치를 조정한다.

② 활성화 함수(Activation Function)
- 입력으로부터 전달받은 값을 연산한 결과를 내보낼 때 사용하는 함수이다.
- 선형 활성화 함수보다 비선형 활성화 함수를 주로 사용한다.
- 활성화 함수에는 계단 함수(step function), 부호 함수(sign function), 시그모이드 함수(sigmoid function), softmax 함수, Relu 함수, tanh 함수 등이 있다.

활성화 함수	함수 기능	함수 그래프
계단 함수 (Step)	• 입력값이 양수일때는 0, 음수일때는 0을 출력 • 선형 활성화 함수 $$f(x) = \begin{cases} 0 & for\ x < 0 \\ 1 & for\ x \geqslant 0 \end{cases}$$	
리키렐루 함수 (Leaky ReLU)	• x가 0보다 크면 x를, 0보다 같거나 작으면 0.1*x를 출력 • 비선형 활성화 함수 $$f(x) = max(0.1x, x)$$	
시그모이드 함수 (Sigmoid)	• 입력값을 0~1 사이의 값으로 출력 • 비선형 활성화 함수 $$f(x) = \frac{1}{1+e^{-x}}$$	
소프트맥스 함수★ (Softmax)	• 다중 분류를 수행하기 위한 목적으로 사용되며, 출력값을 확률로 변환 • 비선형 활성화 함수 $$f(x) = \frac{e^{x_i}}{\sum_{j=1}^{J} e^{x_j}}$$	다변수 함수로 명확하게 그래프 표현 어려움

★ Softmax 함수
모든 logits의 합이 1이 되도록 output을 정규화
sigmoid 함수의 일반화된 형태로 결과가 다범주인 경우, 각 범주에 속할 사후 확률을 제공하는 활성화 함수

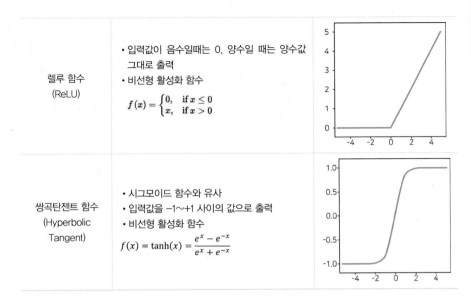

| 렐루 함수
(ReLU) | • 입력값이 음수일때는 0, 양수일 때는 양수값 그대로 출력
• 비선형 활성화 함수
$$f(x) = \begin{cases} 0, & \text{if } x \leq 0 \\ x, & \text{if } x > 0 \end{cases}$$ | |
| 쌍곡탄젠트 함수
(Hyperbolic Tangent) | • 시그모이드 함수와 유사
• 입력값을 −1~+1 사이의 값으로 출력
• 비선형 활성화 함수
$$f(x) = \tanh(x) = \frac{e^x - e^{-x}}{e^x + e^{-x}}$$ | |

③ 기울기 소실 문제

- 역전파 알고리즘이 출력층에서 입력층으로 갈수록 기울기가 점차 작아져 0에 수렴하게 되면서 가중치(weight)가 업데이트 되지 않는 현상을 말한다.
- 기울기 소실 문제는 활성화 함수로 시그모이드 함수를 사용할 때 발생하며, Relu, LeakyRelu 등 다른 활성화 함수를 사용하여 해결할 수 있다.

④ 신경망 모형 구축시 고려사항

- 신경망 모형은 복잡성에 의하여 입력 자료 선택에 민감하다.
- 범주형 변수는 모든 범주에서 일정 빈도수 이상이면서 빈도가 일정한 값이 좋으며, 모든 범주형 변수가 같은 범위를 갖도록 가변수*화(dummy) 한다.
- 연속형 변수는 입력 변수 값들의 범위가 변수 간의 큰 차이 없을 때 좋으며, 차이가 크다면 정규화 또는 표준화 등을 수행하여 차이를 줄인다. 또한, 데이터 분포가 평균 중심으로 대칭이어야 한다.
- 인공 신경망의 결과에 대한 해석이 쉽지 않으며, 데이터를 정규화하지 않으면 지역해(local minimum)에 빠질 수 있다.

> ★가변수
> 독립변수를 0과 1로 변환한 변수

⑤ 신경망 모델 학습 모드

- 온라인 학습 모드 : 관측값을 순차적으로 입력하여 가중치 변수값을 매번 업데이트. 속도가 빠르며 데이터가 비정상성일 때 좋음
- 확률적 학습 모드 : 관측값을 랜덤하게 입력하여 가중치 변수값을 매번 업데이트
- 배치 학습 모드 : 전체 데이터를 동시에 입력하여 학습

⑥ 은닉(Hidden)층과 은닉노드의 수

- 신경망을 구성할 때는 은닉층의 개수와 노드의 개수를 적절하게 결정해야 한다. 은닉층 또는 노드의 개수가 너무 많으면 가중치 변수가 많아지므로, 모델이 훈련 데이터에 대해서만 과하게 학습하여 과적합 문제가 발생한다.
- 은닉층 또는 노드의 개수가 너무 적으면 과소적합 문제가 발생한다.

> 과대 적합 문제가 발생하면 훈련 과정을 조기에 종료하거나 가중치 감소기법으로 해결

⑦ 순전파(Feed Forward Propagation)와 역전파(Backrward Propagation)
- 순전파는 신경망의 입력 계층에서 출력 계층까지 전달되는 신호의 학습 과정이다.
- 입력층에서 입력받은 데이터와 다음 계층 사이에 연결된 가중치 변수들을 곱한 결과에 대해 활성화 함수를 적용한다. 출력층에는 활성화 함수로 이진 분류의 경우에는 시그모이드 함수, 다중 분류의 경우에는 소프트맥스 함수를 사용하여 예측(분류) 결과를 도출한다.
- 예측(분류) 결과와 실제값 사이의 오차가 나오면, 오차를 줄이기 위해 경사 하강법으로 역전파 과정을 수행하면서 가중치 변수들을 업데이트한다.
- 위 과정을 반복하면서 최적의 가중치 변수값을 찾아내어 신경망 모델을 생성한다.

⑧ 경사 하강법

Cost 함수 그래프의 기울기를 구하여, Cost 값이 낮아지는 방향으로 가중치, 편향 값을 업데이트하는 과정을 반복

- 경사 하강법은 가중치, 편향에 대한 Cost 함수 그래프에서 편미분을 통해 기울기를 구하는 과정을 수행하면서 Cost 값을 최소로 하는 최적의 가중치, 편향을 찾는 과정이다.
- 학습 과정에서 학습률(learning rate)을 직접 설정하여 가중치, 편향 값에 대한 업데이트 간격을 조절한다.

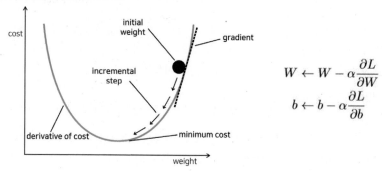

$$W \leftarrow W - \alpha \frac{\partial L}{\partial W}$$

$$b \leftarrow b - \alpha \frac{\partial L}{\partial b}$$

▲ 경사 하강법과 weight, bias 업데이트 수식

- 그림에서 초기 W(weight)가 주어지면 L(cost) 함수에서 W에 대한 편미분을 수행한 결과로 얻어진 미분계수에 학습률(α, learning rate)을 곱한 결과를 기존의 W에서 뺀 값으로 W 값을 갱신한다.
- bias 변수 값도 동일한 과정으로 갱신한다.

✔ 개념 체크

인공신경망의 은닉층 노드가 너무 적으면 발생하는 문제는?
☑ 네트워크가 복잡한 의사결정 경계를 만들 수 없다.
② 네트워크의 일반화가 어렵다.
③ 훈련용 데이터에서는 만족스러운 결과를 보이나, 실제 적용에서는 분류가 정확하지 않은 모형의 과적합 현상을 일으키는 경우가 있다.
④ 출력층 노드의 수는 입력 차원의 수로 결정한다.

- 은닉층 노드의 수가 너무 적으면 네트워크가 복잡한 복잡한 의사결정 경계를 만들 수 없다.
- 은닉층 노드의 수가 너무 많으면 일반화가 어렵다.
- 은닉층 노드의 수가 너무 많으면 과적합, 적으면 과소적합에 빠질 수 있다.

3) 의사결정나무 모형

- 수집된 데이터를 의사 결정 규칙에 따라 나무의 줄기와 잎 구조로 나타내어 여러 개의 소집단으로 분류 또는 예측할 수 있도록 모델을 생성한 다음, 새로운 데이터 가 의사결정나무 모델에 입력되었을 때 분류 또는 예측 결과를 도출하는 알고리즘 이다.
- 의사결정나무는 분류(Classification)과 회귀(Regression) 문제에 모두 사용할 수 있으므로, CART(Classification And Regression Tree) 알고리즘이라고도 한다.

▶ 의사결정나무 구성 요소

용어	설명
뿌리 마디	시작 마디(root node, 근 노드)
부모 마디	자식 마디의 상위 마디
자식 마디	하나의 마디로부터 파생된 마디
중간 마디	부모 마디와 자식 마디를 모두 가지고 있는 마디
끝 마디	자식 마디가 없는 마디
가지	뿌리 마디로부터 끝 마디까지 연결된 전체 마디
깊이	뿌리 마디로부터 끝마디까지의 중간 마디의 수

① 의사결정나무 특징

- 부모 마디보다 자식 마디의 순수도가 증가하도록 의사결정나무를 형성해 간다. 즉 아래로 내려갈수록 불순도가 감소한다.
- 의사결정나무의 깊이가 깊어질수록 과적합 발생 가능성이 높아지므로, 과적합 또 는 과소적합이 되지 않도록 합리적 기준에 의해 적당히 조절되어야 한다.
- 범주형과 수치형 변수 모두에 대해 적용이 가능하다. 범주형(이산형) 결과를 도출 하는 모델을 분류나무, 수치형(연속형) 결과를 도출하는 모델을 회귀나무라고도 한다.
- 비정상 잡음에 민감함 없이 분류가 가능하다.
- 모델에 대한 설명이 용이하고 다중 공선성에 대해 영향을 받지 않는다.
- 독립변수 간의 상호작용 및 비선형성을 고려하여 분석이 수행되므로 수학적 가정 이 불필요한 비모수적 모델이다.
- 분류 기준값 경계선 근방의 데이터 값에 관해서는 오차가 클 수 있다.
- 결정경계 특징 때문에 특정 데이터에서만 만족스러운 성능을 도출하므로 과적합이 되기 쉽다.
- 지도학습에서 훈련 집합에 대해서는 만족스러운 성능을 도출하나 평가 집합에 대 해서는 불만족스러운 성능을 도출하는 것으로서 모델의 일반화가 어렵다. 즉 과적 합 우려가 높다.
- 의사결정 문제를 시각화하여 의사결정이 이뤄지는 시점과 결과를 쉽게 볼 수 있다.

의사결정 규칙을 나무 구조로 나 타내어 여러 가지 규칙을 순차적 으로 적용하면서 독립 변수 공간 을 분할하는 분류 모델

마디는 노드(node)라고도 함

모델 구조가 단순하여 해석이 용 이하고 유용한 독립변수를 파악하 기 쉬움

새로운 데이터에 대한 예측이 불 안정

▶ 의사결정나무 분석 과정

단계	설명
변수 선택	종속변수와 독립변수들을 선택
의사결정나무 생성	분리 규칙 및 정지 규칙★을 바탕으로 의사결정나무 생성
가지치기	• 불필요한 가지를 잘라내어 모델을 단순화하는 과정 • 최종 노드가 너무 많으면 과적합 가능성이 커지므로 이를 방지하기 위해 가지치기 수행 • 자료가 일정 수 이하일 때 분할을 정지하고 비용—복잡도 가지치기를 이용할 수 있음
모델 평가	테스트 자료를 이용하여 평가
분류 및 예측	실제 데이터를 입력하여 분류 및 예측 수행

★정지 규칙
더 이상 분리가 일어나지 않고, 현재의 마디가 끝마디가 되도록 하는 규칙

② 의사결정나무 분리 기준

종속변수가 이산형인 경우 분리 기준으로 주로 사용되는 지표는 불순도

• 부모 노드에서 자식 노드로 분리될 때, 어떤 독립 변수를 사용하여 분리하면 종속 변수의 분포를 각각의 종류에 가장 잘 구별할 수 있는지를 알아보고, 이를 기반으로 자식 노드를 생성한다. 종속 변수에 대한 각 종류별 구별 정도는 순수도 또는 불순도로 나타낸다.

4) 의사결정나무 알고리즘

CART, C5.0, CHAID 등이 있으며, CART가 가장 많이 사용되고 있고, 모두 하향식 접근 방법에 해당된다.

▶ 의사결정나무 알고리즘별 특징

알고리즘	이산형 목표변수(분류나무)	연속형 목표변수(회귀나무)
CART	지니지수	분산 감소량
C5.0	엔트로피지수	
CHAID	카이제곱 통계량	ANOVA F—통계량

① CART

R의 party 패키지에서 ctree 함수를 이용해 CART를 사용할 수 있음

• 종속 변수가 범주형인 경우에는 지니지수를 사용하고, 연속형인 경우에는 분산을 이용하여 이진 분리한다.
• 각각의 독립변수, 독립변수들의 선형결합 중 최적의 분리를 찾는다.

② C4.5, C5.0

• 불순도 측정 방법으로 엔트로피 지수를 사용한다.

③ CHAID

• 가지치기하지 않고 적당한 크기에서 성장을 중지한다. 입력 변수가 반드시 범주형이다.
• 불순도 측정 방법으로 카이제곱 통계량을 사용한다.

의사결정나무로 분류 문제 해석

운동 경기가 열렸다면, Play = 1
운동 경기가 열리지 않았다면, Play = 0

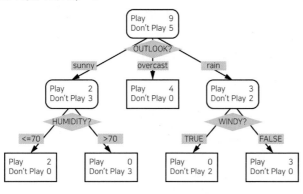

– 날씨가 맑고(Sunny), 습도(Humidity)가 70 이하인 날 : 경기가 열림
– 비가 오고(Rain), 바람이 부는(Windy) 날 : 경기가 열리지 않음

▶ 의사결정나무 생성 예시1(party 패키지)

party는 의사결정나무에 사용되는 분류 패키지(party::ctree)

```
install.packages("party")

# train/test 분할
idx <- sample(2, nrow(iris), replace=TRUE, prob=c(0.7, 0.3))
train.data <- iris[idx == 2, ]     # 30%
test.data <- iris[idx == 1, ]      # 70%

# train data 모형화
library(party)
result <- ctree(Species ~ ., data=train.data)
plot(result, type="simple")        # 트리 시각화
```

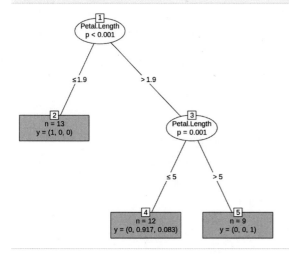

```
# 예측된 데이터와 실제 데이터 비교
table(predict(result), train.data$Species)

# test data를 적용한 정확성 확인
test.predict <- predict(result, newdata=test.data)
table(test.predict, test.data$Species)
```

	setosa	versicolor	virginica
setosa	13	0	0
versicolor	0	11	1
virginica	0	0	9

test.predict	setosa	versicolor	virginica
setosa	37	0	0
versicolor	0	38	8
virginica	0	1	32

▶ 의사결정나무 생성 예시2(tree 패키지)

```
install.packages("tree")
library(tree)
result <- tree(Species ~. , iris)
plot(result)
text(result)
```

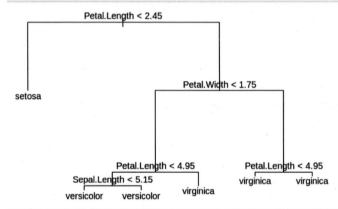

✓ 개념 체크

다음 중 의사결정나무에서 사용되는 용어에 대해 잘못 설명한 것은?

① 깊이는 뿌리 마디로부터 끝마디까지의 중간 마디의 수이다.

② 가지는 뿌리 마디로부터 끝 마디까지 연결된 전체 마디이다.

③ 끝마디는 자식 마디가 없는 마디이다.

✅ 뿌리 마디는 하나의 마디로부터 파생된 마디이다.

뿌리 마디(root node)는 트리의 시작 마디를 의미한다. 하나의 마디로부터 파생된 마디는 자식 마디이다.

5) 불순도의 여러 가지 측정방법

① 엔트로피(Entropy)

- 무질서한 정도를 나타내는 지표로서 엔트로피 값이 작을수록 순수도가 높고 불순도는 낮다. 이것은 동일한 성질의 데이터끼리 잘 분류됐다는 의미이다.
- 종속 변수값의 종류가 N개 있다고 할 때, 엔트로피는 다음과 같이 계산된다.

$$H = -\sum_{i=1}^{N} p_i \log(p_i)$$

Pi : 분류된 공간의 전체 대비 N에 해당되는 관측치의 비율

② 정보 획득(IG, Information Gain)

- 정보 획득량은 불확실성이 얼마나 줄었는가를 의미하며, 값이 클수록 불확실성이 많이 감소했다고 할 수 있다. 정보의 가치를 의미하며 값이 클수록 좋다.
  정보 획득량 = 사전 엔트로피(불확실성) − 사후 엔트로피(불확실성)
- 정보 획득량이 가장 큰 독립변수로부터 의사결정트리 분리를 해나간다.

더 알기 Tip

정보 엔트로피

- 동전 던지기 같이 확률(Pr(X=1))이 0.5인 시행을 놓고 보면, 시행의 결과를 예상할 수 없으며, 시행 시 얻을 수 있는 정보량은 최대이다. 시행을 반복함으로써 불확실성 속에서 의미있는 정보를 얻으므로 엔트로피 H(X)는 최대이다.
- 만약 던져서 앞면만 나오는 동전이 있다고 한다면 불확실성이 전혀 없고 이 시행으로 얻는 정보가 의미가 없으므로 엔트로피는 0이다.

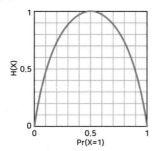

▲ 임의 시행에 대한 정보 엔트로피

분류 의사결정나무는 정보 획득량
(분류하기 전의 엔트로피–분류 후
의 엔트로피)을 최대로 하는 방향
으로 학습이 진행

▶ 엔트로피 계산 예시1

회색원과 파란원을 아래와 같이 점선을 통해 분류를 한다면 엔트로피는?

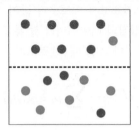

점선으로 분류되기 전의 엔트로피(회색원 10개, 파란원 6개)

$$Entropy(A) = -\frac{10}{16}\log_2(\frac{10}{16}) - \frac{6}{16}\log_2(\frac{6}{16}) = 0.95$$

점선을 통해 2개의 공간으로 분류가 되었을 때의 엔트로피

$$Entropy(A) = 0.5 \times (-\frac{7}{8}\log_2(\frac{7}{8}) - \frac{1}{8}\log_2(\frac{1}{8})) + 0.5 \times (-\frac{3}{8}\log_2(\frac{3}{8}) - \frac{5}{8}\log_2(\frac{5}{8})) = 0.75$$

→ 점선에 따른 분류를 통해 엔트로피가 0.95에서 0.75로 줄어들어 0.2만큼의 정보 획득이 발생

▶ 엔트로피 계산 예시2

1. '가족력' 여부를 기준으로 분류했을 때의 엔트로피?

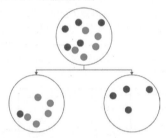

$$Entropy(분류 전) = -\frac{5}{10}\log_2(\frac{5}{10}) - \frac{5}{10}\log_2(\frac{5}{10}) = 1$$

$$Entropy(가족력 있음) = -\frac{5}{6}\log_2(\frac{5}{6}) - \frac{1}{6}\log_2(\frac{1}{6}) = 0.65$$

$$Entropy(가족력 없음) = -\frac{0}{4}\log_2(\frac{0}{4}) - \frac{4}{4}\log_2(\frac{4}{4}) = 0.39$$

$$Entropy(분류 후) = -\frac{6}{10} \times 0.65 + \frac{4}{10} \times 0 = 0.39$$

정보 획득량(가족력) = 1 − 0.39 = 0.61
→ '가족력'을 기준으로 분류했을 때 불확실성은 0.61만큼 줄어들었다고 할 수 있음

2. '과거병력' 여부를 기준으로 분류했을 때의 엔트로피?

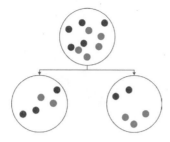

$$Entropy(분류전) = -\frac{5}{10}\log_2\left(\frac{5}{10}\right) - \frac{5}{10}\log_2\left(\frac{5}{10}\right) = 1$$

$$Entropy(과거병력있음) = -\frac{2}{5}\log_2\left(\frac{2}{5}\right) - \frac{3}{5}\log_2\left(\frac{3}{5}\right) = 0.97$$

$$Entropy(과거병력없음) = -\frac{3}{5}\log_2\left(\frac{3}{5}\right) - \frac{2}{5}\log_2\left(\frac{2}{5}\right) = 0.97$$

$$Entropy(분류후) = -\frac{5}{10} \times 0.971 + \frac{5}{10} \times 0 = 0.971$$

정보 획득량(과거병력) = 1 − 0.971 = 0.029
→ '과거병력'을 기준으로 분류했을 때 불확실성은 0.029만큼 줄어들었다고 할 수 있음
  결론적으로 암 분류를 효과적으로 하기 위해 '가족력'으로 집단을 분류하는 것이 좋음

③ 지니계수(Gini Index)

지니계수가 작을수록 불순도가 낮음

- 지니계수는 얼마나 많은 데이터들이 섞여있는지를 나타내는 불확실성을 의미하며 0~0.5의 값을 갖는다.
  - 지니계수가 0이면 불확실성이 0이라는 것을 의미하며 같은 종류에 해당하는 데이터들끼리 잘 모여있는 경우라고 할 수 있다.
  - 지니계수는 0.5일때가 최대로서 데이터가 반반씩 섞여있는 경우라고 할 수 있다.
- CART는 대표적인 의사결정나무 알고리즘이며, 불순도를 측정할 때 목표 변수(Y)가 범주형일 때는 지니계수를 사용하고 연속형인 경우에는 분산을 구하여 이진 분류를 수행한다.
- 엔트로피보다 속도가 빠르다.

$$G(S) = 1 - \sum_{i=1}^{c} p_i^2$$

S : 이미 발생한 사건의 모음, c : 사건의 개수

▶ 지니계수 계산 예시

1. 회색원 5개, 파란원 5개에 대한 지니계수?

$$지니계수 = 1 - (\frac{5}{10})^2 - (\frac{5}{10})^2 = 1 - (\frac{1}{4}) - (\frac{1}{4}) = 0.5$$

2. 회색원 5개, 파란원 0개에 대한 지니계수?

$$지니계수 = 1 - (\frac{5}{5})^2 - (\frac{0}{5})^2 = 1 - (\frac{1}{1}) - 0 = 0$$

④ 카이제곱(Chi-square)

• 독립성 검증을 위해 사용한다.
• 상관관계가 가장 적도록 나눈다.

6) 앙상블 기법(Ensemble)

• 여러 개의 예측모형을 만든 후 예측모형들을 조합하여 하나의 최종 예측모형을 만
  드는 방법이다.
  – 여러 모델에 의한 결과를 종합하여 분류 및 회귀 정확도를 개선한다.
• 적절한 표본 추출법으로 데이터에서 여러 개의 훈련 집합을 구성한 다음, 각 훈련
  집합에서 하나의 모델을 구성하여 이를 앙상블한다.

앙상블 기법은 각 모델의 성능을
종합하므로 전반적으로 오류 감소
의 효과를 가져옴

▶ 앙상블 학습의 특징

특징	설명
편향(Bias) 감소	치우침이 있는 여러 모델의 평균을 취하면 어느 쪽에도 치우치지 않는 결과를 얻을 수 있음
분산(Variance) 감소	한 개 모형으로부터의 단일 의견보다 여러 모델의 의견을 결합하면 변동이 작아짐
과적합(Overfitting) 감소	과적합이 없는 모델을 이용하여 결괏값들을 결합하여 투표하는 방식으로 채택 예 평균, 가중 평균, 로지스틱 회귀 등

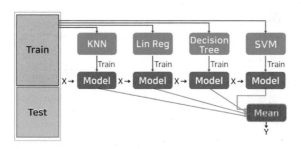

▲ 앙상블 학습

▶ 앙상블 기법 종류

종류	설명
보팅 (Voting)	서로 다른 여러 개의 알고리즘 분류기를 사용하며, 각 모델의 결과를 취합하여 높은 확률로 나온 것을 최종적으로 결정
배깅 (Bagging)	• 서로 다른 훈련 데이터를 샘플 자료로 같은 알고리즘 분류기에 결합 • 여러 모델이 병렬로 학습하여 그 결과를 집계하는 방식이며, 가지치기를 하지 않고 최대로 성장한 의사결정나무를 사용
부스팅 (Boosting)	• 예측력이 약한 모형들을 결합하여 강한 예측 모형을 만드는 방법 • 여러 모델이 순차적으로 학습하며, 학습 과정에서 분류가 잘못된 데이터에는 더 높은 가중치를 부여하여 학습이 더 잘 이루어지도록 함
스태킹 (Stacking)	개별적인 여러 알고리즘을 서로 결합해 예측 결과를 도출한다는 점에서 배깅 및 부스팅과 비슷하지만, 개별 모델을 통해 한 번 예측하고 그 예측한 결과를 다시 학습 데이터와 테스트 데이터로 나누어서 다시 예측한다는 점에서 다름
랜덤 포레스트 (Random Forest)	배깅에 랜덤과정을 추가한 방법으로서, 여러 개의 의사결정나무를 사용하여 설명변수의 일부분만을 고려하여 과적합 문제를 피함

① 배깅(Bagging, Bootstrap Aggregating)

• 원본 데이터 셋으로부터 크기가 같은 표본을 여러 번 단순 무작위 추출하고 각 표본에 대해 복원(부트스트랩★) 및 모델을 생성한 후 그 결과를 앙상블하여 최종 예측 모형을 만드는 방법이다.

• 반복 추출 방법을 사용하므로 같은 샘플이 한 표본에 여러 번 추출되거나 어떤 샘플은 추출되지 않을 수도 있다.

★부트스트랩
주어진 자료에서 단순 랜덤 복원 추출을 하여 동일한 크기의 표본을 여러개 생성하는 방법

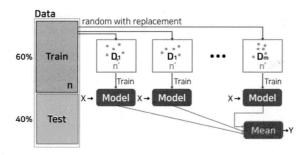

▲ 배깅 동작 순서

② 부스팅(Boosting)

- 분류 및 예측 정확도가 낮은 모형들을 결합하여 강한 분류 및 예측을 수행하는 모형을 만드는 방법이다.
- 배깅의 과정과 유사하지만, 부트스트랩 표본을 구성하는 재샘플링 과정에서 각 데이터에 동일한 확률을 부여하는 것이 아닌, 오차가 높은 데이터에 더 큰 가중치를 주어 표본을 추출한다.
- 부스팅에서는 부트스트랩 표본을 추출하여 모델을 구성한 다음, 모델 평가를 통해 각 데이터가 추출될 확률을 조정하고 다음 부트스트랩 표본을 추출하는 과정을 반복한다.
- 배깅은 한 번에 모델을 생성하지만, 부스팅은 순차적으로 모델을 생성한다.

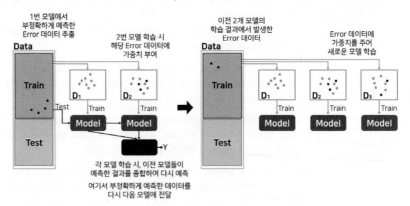

▲ 부스팅 동작 순서

▶ 배깅과 부스팅 비교

비교	배깅	부스팅
특징	병렬적 앙상블 채택 (각 모델은 서로 독립적)	연속적 앙상블 채택 (이전 모델의 오차를 고려함)
목적	분산감소	편향감소
적합한 상황	높은 분산, 낮은 편향	낮은 분산, 높은 편향
대표 알고리즘	Random Forest	XGBoost
샘플링	랜덤 샘플링	오차의 가중치를 반영한 랜덤 샘플링

③ 스태킹(Stacking)

- 스태킹은 Meta Learner의 방법론으로 소개되었으며 두 단계의 학습으로 여러 모델을 결합하는 방법이다.
- 높은 분산과 높은 편향 문제를 해결할 수 있지만 모델 구성이 쉽지 않아 배깅과 부스팅보다 덜 사용된다.
- 배깅과 부스팅과는 달리 스태킹은 일반적으로 서로 다른 종류의 모델들을 결합하는데 사용한다.

▶ 스태킹 순서

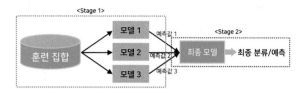

1. 데이터셋을 2개의 훈련집합, 1개의 평가집합으로 분리한다.
2. 첫 번째 훈련 집합을 이용하여 여러 모델을 학습한다.
3. 모델들을 이용하여 두 번째 훈련 집합의 종속변수 예측한다.
4. 두 번째 훈련 집합에서 생성된 모델들의 예측값을 독립변수로 이용하여 평가 집합의 종속변수를 예측한다.

④ 랜덤 포레스트(Random Forest)

- 분산이 큰 의사결정나무를 고려하여 배깅과 부스팅보다 더 많은 무작위성을 주어 약한 학습기들을 생성 후 이를 선형 결합하여 최종 학습기를 만드는 방법이다.
- 모델 구성 과정은 배깅과 유사하지만, 노드마다 모든 독립변수 안에서 최적의 분할을 선택하는 것이 아닌 독립변수를 임의로 추출하고 추출된 변수들 내에서 최적의 분할을 만들어 나가는 방법이다.
- 모든 모델은 서로 다른 독립변수를 학습하므로 Tree Correlation★을 방지할 수 있다.
- 초매개변수(Hyper Parameter) 조정에서 다른 머신러닝 알고리즘보다 많은 시간이 필요하지 않다.
- R에서는 randomForest 패키지를 사용한다.

★Tree Correlation
개별 트리들 간의 상관관계를 나타내며, 낮으면 각 트리가 서로 다른 패턴이나 정보를 포착하고 예측하는 것으로 앙상블 모델 성능이 향상될 수 있음

▶ 랜덤포레스트 모형 만들기 예시

```
install.packages("randomForest")
library(randomForest)

idx <- sample(2, nrow(iris), replace=TRUE, prob=c(0.7, 0.3))
train.data <- iris[idx==2, ]     # 30% 데이터 추출
test.data <- iris[idx==1, ]      # 70% 데이터 추출

# 랜덤포레스트 모델 생성
result <- randomForest(Species ~. , data=train.data, ntree=100, proximity=T)

# 오차율
table(predict(result), train.data$Species)
# 그래프1
plot(result)
```

	setosa	versicolor	virginica
setosa	20	0	0
versicolor	0	18	0
virginica	0	1	15

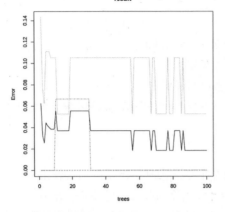

그래프2

```
varImpPlot(result)
```

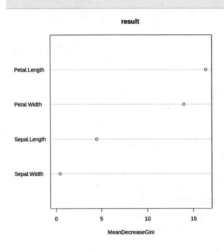

test data 예측

```
pre.result <- predict(result, newdata=test.data)
table(pre.result, test.data$Species)
# 그래프3
plot(margin(result, test.data$Species))
```

pre.result	setosa	versicolor	virginica
setosa	30	0	0
versicolor	0	30	10
virginica	0	1	25

- 서로 독립일수록 결합 성능이 좋으므로 난수를 사용하여 독립성을 확보한다. 예를 들어 의사결정 나무에서는 가장 좋은 질문을 노드에 부여하는 반면, 랜덤 포레스트는 가장 좋은 k개의 후보 질문 중에서 랜덤하게 선택한다.
- 랜덤 포레스트를 만들 때마다 다른 성능이 도출될 수 있으므로 사전에 set.seed() 함수를 통해 동일한 난수가 발생되도록 시드값(숫자)을 지정한다.
- 의사결정나무 모델마다 성능을 평가한 다음 가중치를 부여하고 가중 투표(Weighted Voting)를 통해 잘하는 모델에 표를 더 주는 방식을 채택하기도 한다.
- 분류모델은 투표(Voting)로, 회귀모델은 평균(Average)값을 출력한다.
- 변수 제거 없이 실행되어 정확도가 좋으나, 해석이 어렵다는 단점이 있다.

▶ 랜덤 포레스트 모델 평가하기

평균 절대 백분율 오차 (Mean Absolute Percentage Error)	$MAPE = \dfrac{100}{n} \sum\limits_{i=1}^{n} \left\| \dfrac{y_i - \hat{y_i}}{y_i} \right\|$
평균 제곱근 오차 (Root Mean Square Error)	$RMSE = \sqrt{\dfrac{1}{n} \sum\limits_{i=1}^{n} (y_i - \hat{y_i})^2}$
평균 절대 오차 (Mean Absolute Error)	$MAE = \dfrac{1}{n} \sum\limits_{i=1}^{n} \left\| y_i - \hat{y_i} \right\|$

7) 모형 평가

혼동행렬(Confusion Matrix, 오차행렬)은 분류기의 성능을 평가하는 방법 중에 하나로서, A라는 클래스를 A라고 제대로 예측한 경우와 그렇지 않은 경우가 얼마나 많은지 세어보는 것이다.

🎓 기적의 Tip

앙상블 방법은 시험에 자주 출제됩니다. 앙상블은 중요한 임무를 맡길 사람을 정할 때, 비싼 물건을 살 때와 같이 여러 전문가로부터 얻은 복수의 의견을 적절한 방법으로 결합하여 더 적합한 의사결정을 하는 접근방법이라고 할 수 있습니다.

▶ 혼동행렬 예시

		예측값	
		negative	positive
실제값	negative	55	5
	positive	10	30

- 혼동행렬의 각 행은 실제 클래스를 나타내고 열은 예측한 클래스를 나타낸다. 위의 예시에서 첫 번째 행은 60개의 음성 클래스 데이터 중 55개를 음성 클래스로 분류하였고, 5개는 양성 클래스로 오분류하였다.
- 분류기의 성능을 혼동행렬로 계산할 수 있는데, 성능지표는 다음과 같다.

정답 여부(True/False)를 앞에 쓰고, 예측 결과(Positive/Negative)를 뒤에 작성

▶ 분류기 성능지표

성능지표	설명
True Negative(TN)	음성 클래스를 음성 클래스로 예측
False Positive(FP)	음성 클래스를 양성 클래스로 예측 - detection theory에서는 false alarm 혹은 Type-I error라고 부름
False Negative(FN)	양성 클래스를 음성 클래스로 예측 - detection theory에서 missed detection 혹은 Type-II error라고 부름
True Positive(TP)	양성 클래스를 양성 클래스로 예측

▶ 혼동행렬을 이용한 분류 모델의 평가지표

		예측값		
		negative	positive	
실제값	negative	True Negative(TN)	False Positive(FP)	Specificity(특이도) = TN / (TN+FP)
	positive	False Negative(FN)	True Positive(TP)	Recall(재현율) = TP / (TP+FN)
		Negative Predictive Value(음성예측도) = TN / (TN+FN)	Precision(정밀도) = TP / (TP+FP)	Accuracy(정확도) = (TP+TN) / (TP+FP+TN+FN)

가장 대표적이고 직관적인 지표

① Accuracy(정확도)
- (TP+TN) / (TP+FP+TN+FN) = 제대로 분류한 데이터 수 / 전체 데이터 수
- 전체 데이터 중 정확히 분류한 데이터의 비율이다.
- 반대로 전체 데이터 중 잘못 분류한 데이터의 비율은 오차율(Error Rate)이라 하며, Accuracy = 1 - Error Rate이다.

② Recall(재현율)
- TP / (TP+FN) = 정분류한 양성 클래스의 수 / 실제 양성 클래스의 수
- 실제 True인 것 중에서 모델이 True라고 예측한 것의 비율이다.
- Sensitivity(민감도), Hit Rate, True Positive Rate(TPR)이라고 한다.

③ Precision(정밀도)

- TP / (TP+FP) = 양성으로 예측된 데이터 중 실제 양성인 데이터 수 / 양성으로 예측된 데이터 수
- 모델이 True라고 분류한 것 중에서 실제 True인 것의 비율이다.
- Positive Predictive Value(양성 예측도)라고 한다.
- Accuracy는 시스템의 결과가 참값에 얼마나 가까운지를 나타내는 척도이고, Precision은 시스템이 얼마나 일관된 값을 출력하는지를 나타내는 척도이다.

④ Specificity(특이도)

- TN / (TN+FP) = 제대로 분류한 음성 데이터 수 / 전체 음성 데이터 수
- 실제 음성인 데이터 중에서 음성으로 올바르게 예측한 비율이다.
- True Negative Rate(TNR)이라고 한다.

⑤ Fall-Out(FP Rate, 거짓 긍정률)

- FP / (TN+FP) = 양성으로 잘못 분류한 음성 데이터 수 / 전체 음성 데이터 수 = 1 - Specificity
- ROC 커브를 그리는데 사용한다.

⑥ F1 Score

- F1 Score = 2 * ((정밀도*재현율) / (정밀도+재현율))
- 정밀도(Precision)와 재현율(Recall)은 트레이드오프(trade-off) 관계에 있으므로, 둘 중 어느 한 쪽에만 치우치지 않고 모두를 반영하여 분류기의 성능을 측정하기 위해 사용한다.
  - 정밀도와 재현율의 조화평균으로 정의된다.
  - 정밀도와 재현율이 같을 때 가장 높다.
- F1 Score는 0~1사이의 값을 가지며, 높을수록 좋은 모델이다.

더 알기 Tip

1종 오류와 2종 오류

- 암 치료제 개발에 따른 약효 확인을 위한 검정
  - 귀무가설 : 암 치료제가 효과가 없다
  - 대립가설 : 암 치료제가 효과가 있다
- 1종 오류(Type 1 error)
  귀무가설이 참인데 기각할 때 발생하는 오류
  → 암 치료제가 실제로 효과가 없지만 잘못 판단하여 암 치료제가 효과가 있다고 판단하는 오류
- 2종 오류(Type 2 error)
  귀무가설이 거짓인데 기각하지 않았을 때 발생하는 오류
  → 암 치료제가 실제로 효과가 있지만 잘못 판단하여 암 치료제가 효과가 없다고 판단하는 오류

		Ho	
		True	False
Test result	Accept		Type 2 error
	Reject	Type 1 error	

⑦ 정밀도와 재현율의 관계
- 분류기는 각 샘플의 점수를 계산하여 정해진 Threshold(임계값)보다 크면 이를 양성 클래스로 분류하고, Threshold보다 작으면 음성 클래스로 분류한다.
  - 따라서 정밀도와 재현율은 서로 반비례로서 trade-off 관계에 있다.
- 정밀도는 모델의 입장에서 평가하는 지표이고, 재현율은 데이터의 입장에서 평가하는 지표이다.

▶ threshold 변화에 따른 정밀도와 재현율

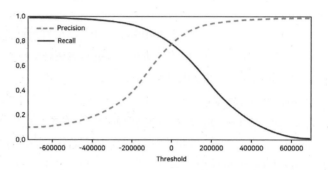

- 위 그림을 보면, Threshold를 높이면 음성 클래스를 양성 클래스로 오분류하는 경우가 감소하여 정밀도는 좋아지지만, 양성 클래스를 정분류하는 경우가 감소하기 때문에 재현율이 감소한다.
- Threshold를 마이너스 무한대로 할 경우, 모든 샘플을 양성 클래스로 분류할 것이고, 이때 재현율은 100%가 되지만 정밀도는 최소가 된다.
- 재현율에 대한 정밀도 곡선(Precision-Recall Curve, PR 곡선)을 그려보고, 정밀도가 급격하게 감소하기 시작하는 하강점 직전을 정밀도/재현율 트레이드 오프로 선택하는 것이 좋다.

⑧ ROC Curve
- ROC는 가로축에는 FPR = 1 - Specificity 값을 표시하고, 세로축에는 Recall 값을 표시한다.
- Precision과 Recall 처럼 TPR과 Recall 역시 트레이드 오프 관계에 있다.
- FPR은 작을수록 좋고, TPR은 클수록 좋다.
- threshold를 높이게 되면 FPR은 감소하지만 TPR도 함께 감소하게 된다.
- 이상적인 분류기는 FPR이 0, TPR이 1이므로 ROC 곡선의 좌측 상단에 위치한다.

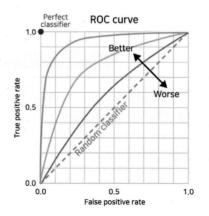

▶ ROC Curve를 이용하여 Threshold 정하기

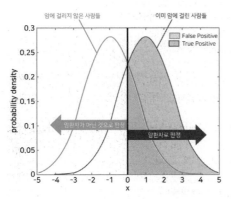

- Threshold(검은 굵은 선)를 어떻게 설정하느냐에 따라 성능이 크게 달라진다.
- 검은 선 좌측은 암환자가 아닌 것으로 판정(Negative)한다.
- 검은 선 우측은 암환자인 것으로 판정(Positive)한다.
- 검은 선을 좌측에 가깝게 잡게 되면 더 많은 데이터가 Positive가 된다. →
  TPR, FPR 모두 높은 상황
- 검은 선을 우측에 가깝게 잡게 되면 더 많은 데이터가 Negative가 된다. →
  TPR, FPR 모두 낮은 상황

8) 교차 검증

모델에 대한 일반화 오차에 대해 신뢰할 만한 추정치를 구하기 위해서 훈련 데이터 및 평가 데이터를 기반으로 하는 검증 기법을 의미한다.

① 홀드 아웃 교차 검증(Holdout Cross Validation)

- 전체 데이터를 비복원추출 방법으로 이용하여 랜덤하게 학습 데이터(Training Set)와 테스트 데이터(Test Set)로 나눠서 검증하는 기법이다. 일반적으로는 학습 데이터 80%, 테스트 데이터 20%의 비율로 나누거나 학습 데이터 60%, 검증 데이터 20%, 테스트 데이터 20%의 비율로 나눈다.
- 훈련 데이터로 분석 모형을 구축하고, 테스트 데이터를 이용하여 분석 모형을 평가하는 기법이다.
- 계산량이 많지 않아 모형을 쉽게 평가 할 수 있으나 전체 데이터에서 테스트 데이터 만큼은 학습에 사용할 수 없으므로 데이터 손실이 발생한다.
- 데이터를 어떻게 나누는가에 따라 결과가 많이 달라질 수 있다.

② K-Fold Cross Validation

- 데이터 집합을 무작위로 동일 크기를 갖는 K개의 부분 집합으로 나누고, 그 중 1개의 집합을 테스트 데이터로 사용한다.
- 나머지 K-1개 집합을 학습 데이터로 선정하여 분석 모형을 평가하는 기법이다.
- 모든 데이터를 훈련과 평가에 사용할 수 있으나, K값이 증가하면 수행 시간과 계산량도 많아진다.
- K번 반복을 수행한다.
- 일반적으로 각 폴드에 대한 결과를 평균으로 분석한다.

③ Leave-One-Out-Cross Validation(LOOCV)
- 전체 데이터 N개에서 1개의 샘플만을 평가 데이터에 사용하고 나머지 N-1개는 훈련 데이터로 사용하는 과정을 N번 반복하는 교차 검증 기법이다.
- K-Fold와 같은 방법을 사용하며, 이때 K는 전체 데이터 N과 같다(K=N).
- 가능한 많은 데이터를 훈련에 사용할 수 있지만, 수행 시간과 계산량이 많다.
- 작은 크기의 데이터에 사용하기 좋다.

④ LpOCV(Leave-p-Out Cross Validation)
- LOOCV에서 1개의 샘플이 아닌 p개의 샘플을 테스트에 사용하는 교차 기법이다.
- 계산 시간에 대한 부담이 매우 크다.

⑤ 부트스트랩(Bootstrap)
- 주어진 자료에서 단순 랜덤 복원추출 방법을 활용하여 동일한 크기의 표본을 여러 개 생성하는 샘플링 방법이다.
- 무작위 복원추출 방법으로, 전체 데이터에서 중복을 허용하여 데이터 크기만큼 샘플을 추출하고 이를 훈련 데이터로 한다.
- 표본을 다시 추출하는 방법이다.
- 복원추출을 하여 중복 추출을 허용한다.
- 관측된 데이터로부터 복원 추출하며, 추정의 신뢰성 평가에 사용된다.
- 데이터셋의 분포가 고르지 않을 경우에 사용하며 과적합을 줄이는데 도움이 된다.

⑥ 계층별 k-겹 교차 검증
- 주로 불균형 데이터를 분류한다.
- 각 폴드가 가지는 레이블의 분포가 유사하도록 폴드를 추출해 교차 검증을 실시한다.

✓ 개념 체크

실제값이 TRUE인 관측치 중 예측치가 적중한 정도를 나타내는 지표로 모형의 완전성 (Completeness)을 평가하는 지표는?

① 정확도(Precision)
☑ 재현율(Recall)
③ 오분류율(Error Rate)
④ 특이도(Specificity)

재현율은 실제값이 Positive인 대상중에 예측값과 실제값이 Positive로 일치한 데이터의 비율을 뜻한다. 민감도(Sensitivity) 또는 TPR(True Positive Rate)라고도 불린다.

군집 분석

출제
빈도 상 중 하

빈출 태그 계층적 군집, 연결법, 유클리드 거리, 맨해튼 거리, 민코프스키 거리, 비계층적 군집, K-means, SOM

기적의 3회독
☐ 1회 ☐ 2회 ☐ 3회

01 군집(Clustering) 분석

유사도가 높은 집단을 분류하고 군집에 속한 객체간의 유사도와 다른 군집에 속한 객체간의 차이점을 규명하는 분석 방법이다. 유사도는 군집의 개수나 구조에 대한 가정 없이 일반적으로 거리(Distance)를 주로 이용하며, 유사도를 이용하여 분석 대상을 몇 개의 군집으로 분류한다.

> 데이터 간의 유사도를 정의하고 그 유사도에 가까운 것부터 순서대로 병합하는 방법으로 군집(클러스터)을 형성

1) 군집 분석의 목적

• 데이터셋 전체를 대상으로 서로 유사한 특성들을 몇 개의 군집으로 세분화하여 대상 집단을 정확하게 이해하고 효율적으로 활용한다.
• 해당 집단에 대해서 더욱 정확하게 이해하기 위해서는 군집을 세분화할 필요가 있다. 예를 들어, 기업에서 소비자군 분류, 구매패턴이 유사한 소비자들에 대한 군집화 등에 적용할 수 있다.

2) 군집 분석의 특징

• 군집분석에 사용되는 데이터는 변수의 측정 단위와 관계없이 그 차이에 따라 일정하게 거리를 측정하기 때문에 변수를 표준화 또는 정규화를 거쳐 사용해야 한다.

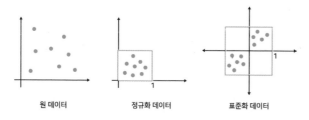

원 데이터   정규화 데이터   표준화 데이터

▲ 원 데이터, 정규화 데이터, 표준화 데이터 분포 비교

• 군집은 내부적으로 동일하고, 외부적으로 이질적인 특성을 가진다.
• 분석 결과에 대한 가설 검정이 없다.
• 비지도학습 알고리즘으로서, 종속변수(Y)가 존재하지 않는 데이터 분석 기법이다.

3) 군집 분석 절차 및 종류

분석 대상의 데이터에서 군집분석에 사용할 변수 추출 → 군집분석을 이용한 대략적인 군집의 수 결정 → 군집분석에 대한 타당성 검증 → 분류된 군집의 특성 파악 및 적용 순이다.

▶ 군집 분석의 종류

계층적 군집	합병형(응집형)	단일(최단) 연결법, 완전(최장) 연결법, 평균 연결법, 중심 연결법, Ward 연결법
	분리형	다이아나 방법
분할적 군집	프로토타입 기반	• k-중심군집 : k-평균, k-중앙값, k-메도이드 • 퍼지 군집
	분포 기반	혼합 분포 군집
	밀도 기반	중심밀도 군집, 격자기반 군집, 커널기반 군집

02 계층적 군집화(Hierarchical Clustering)

- 각 관측지를 하나의 최초 군집으로 지정한 후, 한 번에 두 개씩 하나의 군집으로 만들어, 모든 군집들이 하나의 군집이 될 때까지 결합해 나가는 방법이다.
- 거리 측정에 대한 정의가 필요하며, 군집을 형성하는 매 단계에서 지역적 최적화를 수행해 나간다.
- 일반적으로 계층적 군집의 결과는 덴드로그램★의 형태로 표현한다.
  - 덴드로그램을 통해 항목간의 거리, 군집간의 거리를 알 수 있고, 항목 간 유사 정도를 파악할 수 있다.

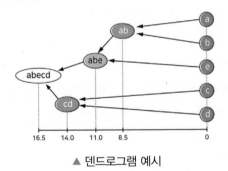

▲ 덴드로그램 예시

1) 계층적 군집화 종류

① 최단 연결법
- 거리행렬에서 거리가 가장 가까운 데이터를 묶어서 군집을 형성한다.
- 각 군집에서 관측값을 뽑았을 때 나타날 수 있는 거리의 최소값을 군집간 거리로 한다.
- 사슬 모양으로 생길 수 있다.
- 고립된 군집을 찾는데 중점을 둔 방법이다.

② 최장 연결법
- 거리가 먼 데이터나 군집을 묶어서 형성한다.
- 각 군집에서 관측값을 뽑았을 때 나타날 수 있는 거리의 최대값을 군집간 거리로 한다.
- 군집들의 내부 응집성에 중점을 둔 방법이다.

★덴드로그램
표본들이 군을 형성하는 과정을 나타내는 나무 형식의 그림

③ 평균 연결법

• 최단 연결법과 동일하게 군집을 묶고 거리를 구할 때 평균을 사용한다.
• 모든 항목에 대한 거리 평균을 구하면서 군집화를 수행한다.
• 계산량이 불필요하게 많아질 수 있다.

④ 와드 연결법

• 군집 내 편차들의 제곱합을 고려한 방법이다.
• 군집 내의 오차제곱합에 기초하여 군집을 수행한다.
• 군집이 병합되면 오차제곱합은 증가하는데, 증가량이 가장 작아지도록 군집을 형성한다.
• 크기가 비슷한 군집끼리 병합하게 되는 경향이 있다.

기적의 Tip

계층적 군집과 비계층적 군집에 대한 구분 및 종류를 파악하고 있는지를 묻는 문제가 자주 출제됩니다. 정의 및 종류에 대한 설명을 이해하시기 바랍니다.

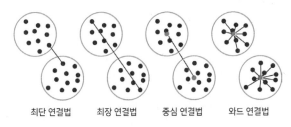

최단 연결법 최장 연결법 중심 연결법 와드 연결법

▲ 계층적 군집화 종류

2) 군집의 거리 계산

① 유클리드 거리(Euclidean Distance)

• n차원의 공간에서 두 점 간의 거리를 구하는 알고리즘이며, L2 Disance라고 불린다. 거리를 구하는 가장 일반적인 방법이다.

$$d(x,y) = \sqrt{(x_1 - y_1)^2 + ... + (x_p - y_p)^2}$$

② 맨해튼 거리(Manhattan Distance)

• 유클리드 거리와 함께 가장 많이 쓰는 알고리즘이며, L1 Distance라고 불린다. 두 점의 각 성분별 차의 절대값으로 거리를 구한다.

$$d(x,y) = \sum_{i=1}^{p} |x_i - y_i|$$

▶ 유클리드와 맨해튼 거리 계산 예시

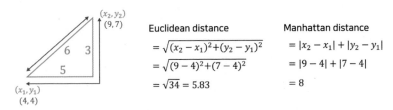

Euclidean distance
$$= \sqrt{(x_2 - x_1)^2 + (y_2 - y_1)^2}$$
$$= \sqrt{(9-4)^2 + (7-4)^2}$$
$$= \sqrt{34} = 5.83$$

Manhattan distance
$$= |x_2 - x_1| + |y_2 - y_1|$$
$$= |9 - 4| + |7 - 4|$$
$$= 8$$

③ 민코프스키 거리(Minkowski Distance)

- 맨해튼 거리와 유클리드 거리를 한 번에 표현한 공식이다. 아래 공식에서 m=1이면 맨해튼 거리, m=2이면 유클리드 거리 공식이 된다.

$$d(x,y) = \left[\sum_{i=1}^{p} |x_i - y_i|^m \right]^{1/m}$$

④ 표준화 거리(Standardized Distance)

- 해당 변수의 표준편차로 척도 변환한 후 유클리드 거리를 계산한다. 표준화를 하면 척도의 차이, 분산의 차이로 인한 왜곡을 피할 수 있다.

$$d(x,y) = \sqrt{(x-y)'D^{-1}(x-y)}$$

⑤ 마할라노비스 거리(Mahalanobis Distance)

- 변수의 표준화 및 상관성을 동시에 고려한 통계적 거리이다.

$$d(x,y) = \sqrt{(x-y)'S^{-1}(x-y)}$$

⑥ 체비셰프 거리(Chebyshev Distance, 체스보드 거리, 최고 거리)

- 두 점의 x 좌표 차이와 y 좌표 차이 중 큰 값을 갖는 거리이다.

$$d(x,y) = \max_i |x_i - y_i|$$

⑦ 캔버라 거리(Canberra Distance)

- 두 점 간 각 차원의 값의 차이를 절대값으로 취한 후, 차원별로 나누어 계산된 값을 모두 더한다.

$$d(x,y) = \sum_{i=1}^{p} \frac{|x_i - y_i|}{(x_i - y_i)}$$

자카드 거리 = 1 − 자카드 지수

⑧ 자카드 거리(Jaccard Distance)

- 자카드 지수는 두 집합의 교집합을 합집합으로 나눈 값이다.

자카드 지수 $= J(X,Y) = \dfrac{|X \cap Y|}{|X \cup Y|}$

자카드 거리 $= 1 - J(X,Y) = \dfrac{|X \cap Y|}{|X \cup Y|}$

코사인 거리 = 1 − 코사인 유사도

⑨ 코사인 거리(Cosine Distance)

- 코사인 유사도는 두 벡터가 이루는 각도의 코사인 값을 이용하여 측정된 거리이다

코사인 유사도 $= \dfrac{X \cdot Y}{|X||Y|}$

코사인 거리 $= 1 - \dfrac{X \cdot Y}{|X||Y|}$

▶ 변수 유형별 적합한 방법

변수 유형	거리
연속형 변수	유클리드 거리, 맨해튼 거리, 민코프스키 거리, 표준화 거리, 마할라노비스 거리, 체비셰프 거리, 코사인 거리
범주형 변수	캔버라 거리, 자카드 거리

▶ 수학적, 통계적 거리

속성	거리
수학적 거리	유클리드 거리, 맨해튼 거리, 민코프스키 거리, 체비셰프 거리
통계적 거리	표준화 거리, 마할라노비스 거리, 캔버라 거리

✓ 개념 체크

군집 분석에서 사용되는 거리(Distance)개념으로 두 지점의 단순한 거리뿐만 아니라, 표준편차와 상관계수를 함께 고려되는 거리로 변수의 표준화와 변수 간의 상관성을 동시에 고려한 통계적 거리는?

① 유클리드 거리
② 표준화 거리
③ 민코프스키 거리
✓④ 마할라노비스 거리

마할라노비스 거리는 데이터의 분포로부터 점까지 거리를 측정하는데, 평균과의 거리가 표준편차의 몇 배인지를 나타내는 값이다.

---

03 비계층적 군집화(Partitional Clustering)

군집수 k를 지정한 후, 관측치들을 무작위로 k개의 집단으로 분할하고 다양한 기준 (평균값, 최빈값 등)을 이용하여 centroid(중심점)를 수정해나가며 집단을 다시 재분류하는 방법이다.

▶ 비계층적 군집화의 장단점

장점	단점
• 주어진 데이터의 내부구조에 대한 사전정보 없이 의미있는 자료구조를 찾을 수 있음 • 다양한 형태의 데이터에 적용이 가능 • 분석방법 적용이 용이	• 가중치와 거리 정의가 어려움 • 초기 군집수를 결정하기 어려움 • 사전에 주어진 목적이 없으므로 결과 해석이 어려움

1) K-means 군집화

• 데이터를 k개의 군집으로 묶는 알고리즘이다.
• 거리 계산을 통해 군집화가 이루어지므로 연속형 변수에 활용이 가능하다.
• k개의 초기 중심점은 임의로 선택이 가능하다.

- 초기 중심값이 수평 또는 수직 방향으로 일렬로 선택되면 군집이 되지 않고 층으로 나뉠 수 있으니 주의해야 한다.
- 초기 중심값의 선정에 따라 결과가 달라진다.
- 초기 중심으로부터의 오차 제곱합을 최소화하는 방향으로 군집이 형성되는 알고리즘이므로 안정된 군집은 보장하나 항상 최적이라는 보장은 할 수 없다.

▶ K-means Clustering 과정

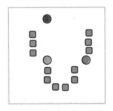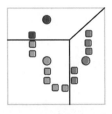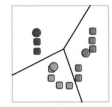

1. 초기 군집의 중심으로 k개의 객체를 임의로 선택
2. 각 자료를 가장 가까운 군집의 중심에 할당
3. 각 군집 내의 자료들의 평균을 계산하여 군집의 중심을 갱신
4. 군집 중심의 변화가 거의 없을 때까지 2, 3 반복

▶ K-means Clustering의 장단점

장점	단점
• 알고리즘이 단순하며 빠르게 수행 • 계층적 군집분석에 비해 많은 양의 데이터를 다룰 수 있음 • 다양한 형태의 데이터에 적용 가능	• R로 구현시 초기 seed 값에 따라 군집 결과가 달라질 수 있음 • 군집 결과에 대한 해석이 어려움 • 잡음이나 이상값의 영향을 많이 받음 • 군집의 수, 가중치와 거리 정의가 어려움

2) DBSCAN(Density-Based Spatial Clustering of Applications with Noise)

- 밀도 기반은 데이터 점들의 위치 정보를 이용하여 밀집된 곳을 하나의 군집으로 인식한다.
- 밀도 기반은 어떤 데이터 점에서 반지름 r 이내에 n개 이상의 데이터 점을 갖는 것을 하나의 군집으로 구분하는 것이다. 즉, K-means와는 달리 군집의 개수 k를 미리 정의해 놓을 필요는 없지만, 반지름과 한 군집 내에 최소 k개의 데이터가 있어야 하므로 이 두 개를 사전에 정의해야 한다.
- 어느 하나의 데이터 점을 기준으로 지정한 반경 이내에 점이 n개 이상 있으면 하나의 군집으로 인식한다.
- 아무 군집에도 들어가지 않는 노이즈 데이터는 군집에서 제외된다.

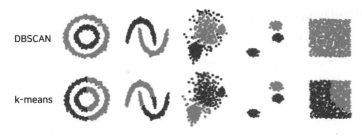

DBSCAN

k-means

▲ DBSCAN과 K-means 군집화 결과 비교

3) 혼합분포 군집화(Mixture Distribution Clustering)

- 혼합분포는 여러 가지 분포를 확률적으로 선형 결합한 분포로서, 각 데이터가 하나의 분포만을 따르는 것이 아니라 여러 개의 다른 분포를 따르는 것을 의미한다.

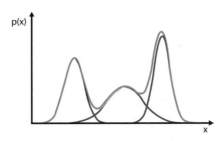

▲ 혼합분포

- 혼합분포 군집화는 모형분포를 기반으로 데이터를 군집하는 것으로서, 각 데이터가 혼합분포 중에 어느 모형으로부터 나왔을 확률이 높은지에 따라 군집이 이루어진다. 즉, 각 데이터는 k개의 추정된 모형 중 어느 모형에 속할 확률이 높은지에 따라 분류한다.
- 데이터가 k개의 모수적 모형(정규분포 혹은 다변량 분포를 가정)의 가중합으로 표현되는 모집단 모형으로 부터 나왔다는 가정하에서, 모수와 함께 가중치를 자료로부터 추정하는 방법이다.
- 혼합분포군집은 확률분포를 이용하여 군집을 수행하는 알고리즘이며, 이상치 자료에 민감하다.
- 모수와 가중치의 추정에는 EM(Expectation-Maximization, 기대값 최대화) 알고리즘을 사용한다.

> **더 알기 Tip**
>
> **EM 알고리즘**
> - 혼합모형에서 모수와 가중치의 추정을 위해 사용하는 알고리즘이다.
> - 모수에 대한 추정값으로 로그 가능도(log likelihood)의 기댓값(E)을 계산하는 단계와, 기댓값을 최대화(M)하는 모수 추정값들을 구하는 단계를 번갈아가면서 최적화 값을 찾아간다.
>   - 모델의 매개변수에 대한 초기 추정치를 필요로 하기 때문에 초기 클러스터의 개수를 정해줘야 한다.
> - 통계 모델의 수식을 정확히 풀 수 없을 때 최대가능도/최대우도(Maximun Likelihood Estimation)를 구하는데 사용한다.
> - 데이터 마이닝, 패턴 인식, 자연어 처리, 유전학 등에서 응용될 수 있다.

4) PAM(Partitioning Around Medoids)

- 중앙값(medoid)을 이용하여 데이터를 군집화하는 방법으로서 k-means 군집화와 유사하지만, 중앙값을 이용하기 때문에 이상치에 강건한 특징이 있다.
- PAM의 알고리즘
  - 임의로 k개의 데이터 포인트를 중앙값으로 선택한다.
  - 각 데이터 포인트와 가장 가까운 중앙값을 기준으로 군집을 할당한다.
  - 각 군집의 중앙값을 다시 계산한다.
  - 위 2~3번째의 과정을 반복하여 군집을 조정한다.

5) Fuzzy Clustering

퍼지이론에 기반하여 각 관측치가 여러 군집에 동시에 속할 수 있으며, 각 군집별로 속할 가능성을 제시한다. 따라서 데이터가 여러 군집에 동시에 속할 수 있도록 하는 군집화 방법이라고 할 수 있으며, 군집 간의 경계가 모호한 경우에도 군집화를 수행할 수 있다는 장점이 있다.

데이터의 특징을 유지하면서 저차원에서 데이터를 매핑함

04 SOM(자기조직화지도, Self Organizing Map)

- SOM 알고리즘은 비지도학습 기반의 신경망이다. 고차원의 데이터를 이해하기 쉬운 저차원의 뉴런으로 정렬하여 지도 형태로 형상화한다. 데이터의 유사성은 저차원의 격자상에서 인접한 뉴런들과의 연결로 표현된다. 이때, 저차원 격자에서의 유사도는 고차원 입력 공간에서의 유사성을 최대한 보존하도록 학습이 진행된다.
  - SOM 모델은 차원 축소(Dimensionality Reduction)와 군집화(Clustering)를 동시에 수행하는 분류기법으로 사용된다.
- SOM 모델은 입력층과 경쟁층으로 신경망을 구성하며, 경쟁단계 → 협력단계 → 적응단계로 학습이 이루어진다.

▶ SOM 학습 단계

단계	내용
경쟁 단계	각 뉴런의 가중치와 입력 데이터의 거리를 계산하고 비교하여 뉴런 간의 경쟁을 수행 – 예를 들어, 입력 데이터와 거리가 가까운 뉴런들을 선정
협력 단계	경쟁에서 선정된 뉴런은 토폴로지 이웃 영역에서 가장 좋은 공간 위치를 차지
적응 단계	• 승리한 뉴런의 가중치와 토폴로지 이웃 뉴런을 업데이트 • 원하는 학습 횟수만큼 협력단계와 적응단계를 반복해 적용하여 가중치 업데이트

1) SOM 특징

- 입력층과 2차원의 격자 형태의 경쟁층(=출력층)으로 구성된다.
- 입력 변수의 개수와 동일하게 뉴런 수가 존재한다.
- 출력 뉴런들은 승자가 되기 위해 경쟁 학습을 수행한다.
- 시각적으로 이해하기 편하여 패턴 발견, 이미지 분석 등에서 뛰어난 성능을 나타낸다.
- 속도가 빨라 실시간 학습처리가 가능한 모델이다.

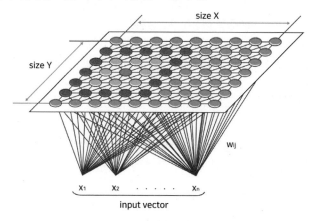

▲ SOM 구조

2) SOM과 신경망 모형 비교

- 신경망 모형은 여러 개의 연속적인 계층으로 구성되는 반면, SOM은 2차원의 그리드로 구성된다.
- 신경망 모형은 오차를 수정하도록 학습하며, SOM은 경쟁 학습을 시킨다.
- 신경망 모형은 역전파 알고리즘이지만 SOM은 순전파를 사용하여 속도가 매우 빠르다.
- 신경망 모형은 지도학습 알고리즘이며, SOM은 비지도학습 알고리즘이다.

순전파(Forward Propagation)
입력층에서 출력층으로 계산하며 예측값을 구함

역전파(Back Propagation)
출력층에서 입력층 방향으로 계산하며 가중치 업데이트

더 알기 Tip

실루엣 계수

- 각 데이터별로 그 데이터가 속한 군집 내부의 유사도와 인접한 군집의 유사도를 비교하는 지표이다.
- 군집 내부의 유사도는 크고, 인접한 군집 간의 유사도는 작게 나온다면 실루엣 계수 값은 커지며, 군집화가 잘 되었다고 판단 할 수 있다.
- 특정 데이터의 실루엣 계수 $s(i)$는, 해당 데이터와 같은 군집 내에 있는 다른 데이터와의 거리를 평균한 값 $a(i)$, 해당 데이터가 속하지 않은 군집 중 가장 가까운 군집과의 평균 거리 $b(i)$를 기반으로 계산한다.

$$s(i) = \frac{b(i) - a(i)}{\max(a(i), b(i))}$$

- 두 군집 간의 거리 $b(i) - a(i)$를 정규화 하기 위해 $\max(a(i), b(i))$ 값으로 나눈다.
- 실루엣 계수는 -1에서 1사이의 값을 가지며, 1에 가까울수록 군집화가 잘 되었다고 판단한다.

군집화 평가 지수
군집화가 잘 이루어졌는지 정량적으로 평가하기 위해 실루엣 계수, 엘보 그래프 등을 사용

05 유전 알고리즘(Genetic Algorithm, GA)

- 생명의 진화를 모방하여 최적해(Optimal Solution)를 구하는 알고리즘으로, 최적화가 필요한 문제의 해결책을 매커니즘(자연선택, 돌연변이)을 통해 점진적으로 진화시키는 방법이다.
- 유전 알고리즘은 어떤 미지의 함수 $y=f(x)$를 최적화하는 해 x를 찾기 위해, 진화를 모방한(simulated evolution) 탐색 알고리즘이라고 말할 수 있다.
- 예 최대의 시청률을 얻으려면 어떤 프로그램을 어떤 시간대에 방송해야 할까?
- 예 최대수익을 얻으려고 마케팅을 어떻게 수행할까?
- 생물학적 진화를 유도하는 과정인 자연 선택에 기반한 것으로, 제약 조건이 있는 최적화 문제와 제약 조건이 없는 최적화 문제를 모두 풀 수 있는 방법이다.

> **더 알기 Tip**
>
> **유전 알고리즘 6단계**
> (2–5단계에 해당하는 과정은 선택한 변수가 특정한 조건을 만족할 때까지 반복)
> ① 크로모솜(염색체) 초기화 및 파라미터 설정(Initiation) : 데이터셋이 d차원이면 크로모솜도 d차원 벡터가 됨
> ② 각 크로모솜 선택 변수별 모델 학습
> ③ 각 염색체 적합도 평가(Fitness evaluation) : 목적 함수
> ④ 우수 염색체 선택(Selection)
> ⑤ 다음 세대 염색체 생성(Crossover & Mutation) : 교배 방식 및 돌연변이 비율 설정
> ⑥ 조건을 만족하면 최종 변수 집합 선택

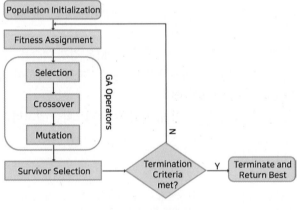

▲ 유전 알고리즘

01 연관 분석

연관성 분석은 기업에서 다양한 마케팅 활동에 활용하고 있으며 더 나아가 사회 네트워크 분석에 도 활용 가능

- 대량의 데이터에 숨겨진 항목간의 연관규칙을 찾아내는 분석 기법으로서 장바구니 분석(market basket analysis)이라고도 한다.
  - '맥주를 구매한 고객은 땅콩을 구매할 확률이 높다'와 같이 고객들의 구매 패턴을 분석하여 의미있는 규칙을 나타내는 분석이다.
- 트랜잭션(거래)에 포함된 항목 간의 관련성을 파악하여 둘 이상의 항목들로 구성된 연관성 규칙을 도출하는 분석 방법이다.
  - 상품의 구매, 서비스 등 일련의 거래 및 사건들 간의 규칙을 발견하기 위해 적용한다.
  - 장바구니에 무엇이 같이 들어 있는지에 대한 분석하는 것이다.
  - 항목의 수가 증가하면 계산복잡도가 기하급수적으로 증가하므로, 최소 지지도 및 최소 신뢰도를 적정 수준으로 설정하여 분석을 수행하거나, 유사한 품목을 하나의 범주로 일반화하는 작업을 수행하여 계산복잡도를 낮출 수도 있다.
  - 너무 세분화된 항목으로 연관규칙을 찾으면 의미없는 분석이 될 수 있다.
  - 연관 분석 결과를 확인하기 위해서 R에서는 inspect 명령어를 사용한다.

1) 연관 분석 알고리즘

① Apriori 알고리즘

- 모든 아이템 항목에 대해 연관규칙을 찾는 방식은 항목의 수가 증가할수록 계산에 소요되는 시간과 복잡도가 기하급수적으로 증가한다. Apriori 알고리즘은 지지도 및 신뢰도를 적정하게 설정하여 빈발 아이템 항목을 판별하고, 빈발 아이템들에 대해서만 연관규칙을 찾도록 함으로서 계산 복잡도를 감소시킨다.
  1. 최소 지지도를 설정한다.
  2. 개별품목 중에서 최소 지지도를 넘는 모든 품목을 찾는다.
  3. 찾은 개별 품목만을 이용하여 최소 지지도를 넘는 두 가지 품목 집합을 찾는다.
  4. 찾은 품목 집합을 결합하여 최소 지지도를 넘는 세 가지 품목 집합을 찾는다.
  5. 반복적으로 수행하여 최소 지지도가 넘는 빈발품목을 찾는다.

② FP-Growth 알고리즘

- 데이터셋이 큰 경우 모든 아이템셋을 하나씩 검사하는 것이 비효율적이라는 문제점에서 탄생하였으며, Apriori 알고리즘보다 속도가 빠르고, 연산 비용이 저렴하다.
- 지지도가 낮은 품목부터 지지도가 높은 품목 순으로 올라가면서 빈도수가 높은 아이템 집합을 생성하는 상향식 알고리즘이다.

2) 연관 분석 특징

- 데이터베이스에서 거래(사건)의 연관규칙을 찾는 데이터 분석기법이다.
- 비지도학습에 의한 패턴 분석에 해당된다.
- 지지도, 신뢰도, 향상도를 연관규칙의 평가 도구로 사용한다.
- 거래량이 적으면 규칙 발견이 어려우므로 유사한 품목과 함께 범주 구성으로 해결한다.
- 품목수의 증가는 기하급수적인 계산량의 증가를 초래하며, 거래가 발생하지 않은 품목에 대해서는 분석이 불가능하다.
- 고객 대상 상품 추천, 패키지 상품 판매 및 기획, 상품 디스플레이 설정, 추천 알고리즘 등에 활용된다.

02 연관 분석의 척도

1) 지지도(Support)

- 전체 거래 중 두 개의 품목 A, B가 동시에 포함되어 거래된 비율이다.
  $P(A \cap B)$ = A와 B가 동시에 포함된 거래 수 / 전체 거래 수
  - 지지도는 좋은 규칙을 찾거나 불필요한 연산들을 줄이기 위한 목적으로 사용된다.
  - 지지도가 높다는 것은 두 개의 아이템이 함께 잘 팔린다는 것을 의미한다.

2) 신뢰도(Confidence)

- 항목 A를 포함한 거래 중에서 항목 A, B가 함께 포함되어 거래된 비율이다.
  $P(A \cap B) / P(A)$ = A와 B가 동시에 포함된 거래 수 / A가 포함된 거래 수
  - 연관성의 정도를 파악할 수 있다.
  - 신뢰도는 어떤 하나의 품목이 구매되었을 때 다른 품목 하나가 구매될 확률로서, 조건부 확률로 나타낼 수 있다.
    신뢰도(A→B) = $P(A|B)$ = A와 B가 동시에 포함된 거래수 / A가 포함된 거래수
    신뢰도(B→A) = $P(B|A)$ = A와 B가 동시에 포함된 거래수 / B가 포함된 거래수

3) 향상도(Lift)

- A가 주어지지 않았을 때 품목 B의 구매 확률에 비해, A가 주어졌을 때의 품목 B의 구매 확률의 증가 비율이다.
  $P(A \cap B) / P(A) \times P(B) = P(B|A) / P(B)$
  향상도(A→B) = 신뢰도(A→B) / $P(B)$ = $P(A \cap B) / P(A)P(B)$
  향상도(B→A) = 신뢰도(A→B) / $P(A)$ = $P(A \cap B) / P(B)P(A)$
- A와 B 사이에 아무런 상호관계가 없으면 향상도는 1이며, 향상도가 1보다 클수록 연관성이 높다.
  Lift > 1 : 품목간 상호 양의 상관관계 **예** A를 사면 B도 산다.
  Lift = 1 : 품목간 상호 독립적인 관계
  0 < Lift < 1 : 품목간 상호 음의 상관관계

향상도 값이 1인 경우 조건과 결과는 우연에 의한 관계라고 보며, 1보다 클수록 우연이 아닌 의미 있는 연관성을 가진 규칙이라고 해석

거래번호	구매물품
1	아이스크림, 과자, 껌
2	아이스크림, 껌
3	아이스크림, 빵
4	과자, 맥주, 오징어

- Support(아이스크림 → 껌)

  아이스크림과 껌을 동시에 구매할 확률

  = {아이스크림,껌} 포함한 거래수/ 전체거래수 = 50%(2/4)
- Confidence(아이스크림 → 껌)

  P(껌 | 아이스크림) = 아이스크림을 구매할 때 껌도 같이 구매할 조건부확률

  = {아이스크림,껌}을 포함한 거래수 / {아이스크림} 거래수 = 66%(2/3)
- Confidence(껌 → 아이스크림)

  P(아이스크림 | 껌) = 껌을 구매할 때 아이스크림도 같이 구매할 조건부확률

  = {아이스크림,껌} 포함한 거래수/ {껌} 거래수= 100%(2/2)
- Lift(껌 → 아이스크림)

  = Confidence(껌 → 아이스크림) / Support(아이스크림)

  = (2/2) / (3/4) = 1.3333
- Lift(껌 → 과자)

  (1/2) / (2/4) = 1

아이스크림 → 껌 (지지도: 50%, 신뢰도: 66%)
껌 → 아이스크림 (지지도: 50%, 신뢰도: 100%)

▶ R 향상도 코드 예시

```
install.packages("arules")
library(arules)

buylist <- list(c("아이스크림","과자","껌"),
c("아이스크림","껌"),
c("아이스크림","빵"),
c("과자","맥주","오징어"))
print(buylist)
```

```
[[1]]
[1] "아이스크림" "과자" "껌"
[[2]]
[1] "아이스크림" "껌"
[[3]]
[1] "아이스크림" "빵"
[[4]]
[1] "과자" "맥주" "오징어"
```

```
buylist <- as(buylist, "transactions")
print(buylist)
```

```
transactions in sparse format with
 4 transactions (rows) and
 6 items (columns)
```

```
inspect(buylist)
```

```
    items
[1] {과자, 껌, 아이스크림}
[2] {껌, 아이스크림}
[3] {빵, 아이스크림}
[4] {과자, 맥주, 오징어}
```

```
buyresult <- apriori(buylist, parameter=list(conf=0.5))
# conf=0.5 : 신뢰도 0.5 이상 규칙 개수 출력
print(buyresult)
```

```
set of 21 rules
```

```
# 생성된 연관 규칙 중에 향상도가 1 초과인 규칙 추출
inspect(subset(buyresult, subset=lift>1))
```

inspect() 함수
객체에 포함된 규칙이나 아이템 집합 등을 보여줌

	lhs	rhs	support	confidence	coverage	lift	count
[1]	{빵}	=> {아이스크림}	0.25	1.0000000	0.25	1.333333	1
[2]	{맥주}	=> {오징어}	0.25	1.0000000	0.25	4.000000	1
[3]	{오징어}	=> {맥주}	0.25	1.0000000	0.25	4.000000	1
[4]	{맥주}	=> {과자}	0.25	1.0000000	0.25	2.000000	1
[5]	{과자}	=> {맥주}	0.25	0.5000000	0.50	2.000000	1
[6]	{오징어}	=> {과자}	0.25	1.0000000	0.25	2.000000	1
[7]	{과자}	=> {오징어}	0.25	0.5000000	0.50	2.000000	1
[8]	{껌}	=> {아이스크림}	0.50	1.0000000	0.50	1.333333	2
[9]	{아이스크림}	=> {껌}	0.50	0.6666667	0.75	1.333333	2
[10]	{맥주, 오징어}	=> {과자}	0.25	1.0000000	0.25	2.000000	1
[11]	{과자, 맥주}	=> {오징어}	0.25	1.0000000	0.25	4.000000	1
[12]	{과자, 오징어}	=> {맥주}	0.25	1.0000000	0.25	4.000000	1
[13]	{과자, 껌}	=> {아이스크림}	0.25	1.0000000	0.25	1.333333	1
[14]	{과자, 아이스크림}	=> {껌}	0.25	1.0000000	0.25	2.000000	1

✓ 개념 체크

연관규칙 측정 지표 중 전체 거래 중에서 품목 A, B가 동시에 포함되는 거래의 비율로 전체 구매 경향을 파악할 수 있는 측정지표는?

☑ Support   ② Confidence
③ Lift   ④ Gain Chart

지지도는 전체 거래 건수 중 항목 집합 A, B를 모두 포함하는 거래 비율이다.

01 의사결정나무 모형에서 오차를 크게할 위험이 높거나 부적절한 추론규칙을 가지고 있는 가지 또는 불필요한 가지를 제거하는 방법을 무엇이라 하는가?

① 가지치기(Pruning)
② 스테밍(Stemming)
③ 정지규칙(Stopping rule)
④ 부스팅(Boosting)

02 아래는 불순도 측정 결과이다. 지니 지수는 얼마인가?

●○○○○

① 0.5
② 0.32
③ 0.48
④ 0.38

03 다음 앙상블 모형 중 매번 분할을 수행할 때마다 설명변수의 일부분만을 고려하여 성능을 높이는 방법은 무엇인가?

① 배깅
② 부스팅
③ 랜덤 포레스트
④ 의사결정나무

04 독립변수(설명변수)가 수치형 데이터이고, 종속변수(반응변수)가 범주형인 경우 적용되는 회귀분석 모형은 무엇인가?

① 로지스틱 회귀모형
② SOM
③ ART
④ 신경망 모형

05 특정 사건이 발생할 확률과 사건이 발생하지 않을 확률에 대한 비율을 무엇이라 하는가?

① 로짓
② 조건부 확률
③ 소프트맥스
④ 오즈비

06 분류 분석 알고리즘에 해당되지 않는 것은?

① 의사결정트리
② 로지스틱 회귀분석
③ 신경망
④ 연관분석

07 활성화 함수 종류 중에서 다중 분류를 수행하기 위한 목적으로 사용되며, 출력값을 확률로 변환해주는 함수는 무엇인가?

① 쌍곡 탄젠트 함수
② 시그모이드 함수
③ 소프트맥스 함수
④ 리키 렐루 함수

08 역전파 알고리즘이 출력층에서 입력층으로 갈수록 기울기가 점차 작아져 0에 수렴하게 되면서 가중치(weight)가 업데이트 되지 않는 현상을 무엇이라 하는가?

① 언더 피팅
② 오버 피팅
③ 기울기 소실
④ 기울기 발산

09 다음 중 신경망 모델 학습 모드에 해당되지 않는 것은?

① 온라인 학습 모드
② 확률적 학습 모드
③ 배치 학습 모드
④ 재귀 학습 모드

10 입력으로부터 전달받은 값을 연산한 결과를 내보낼 때 사용하는 함수를 무엇이라 하는가?

① 합성 함수
② 활성화 함수
③ 생성자 함수
④ 재귀 함수

11 다음 중 앙상블 방법론의 종류가 아닌 것은 무엇인가?

① 배깅(Bagging)
② 의사결정나무(Decision Tree)
③ 스태킹(Stacking)
④ 부스팅(Boosting)

12 반응변수가 범주형이 경우 적용하는 회귀분석 모형은?

① 로지스틱 회귀분석
② 다중회귀분석
③ 판별분석
④ 랜덤포레스트

13 k-means 군집 분석에 대한 설명으로 가장 적절하지 않은 것은?

① 초기 군집의 중심으로 k 개의 객체를 임의로 선택한다.
② 각 자료를 가장 가까운 군집 중심에 할당한다.
③ 각 군집 내의 자료들의 평균을 계산하여 군집의 중심을 갱신한다.
④ 군집의 중심 변화가 자료의 95% 이상 변화가 없으면 군집분석을 종료한다.

14 다음 중에서 카탈로그 배열 및 교차 판매, 공격적 판촉 행사 등에 적용하기에 가장 적합한 데이터 마이닝 기법은 무엇인가?

① 군집 분석
② 연관 분석
③ 추정
④ 분류 분석

15 다음 중 연관 분석(Association analysis)에 대한 설명으로 적절하지 않은 것은?

① 품목 수가 증가하면 분석에 필요한 계산은 기하급수적으로 늘어난다.
② 너무 세부화된 품목을 가지고 연관규칙을 찾으려 하면 의미없는 분석 결과가 나올 수도 있다.
③ 향상도가 1이면 두 품목 간에 연관성이 없는 서로 독립적인 관계이고, 1보다 작으면 서로 음의 관계로 품목 간에 연관성이 없다.
④ 시차 연관분석은 인과관계 분석이 가능하다.

16 오분류표 중 정확도와 재현율의 조화평균을 나타내며 정확도와 재현율에 같은 가중치를 부여하여 평균한 지표를 무엇이라 하는가?

① F1 score
② Precision
③ Recall
④ Specificity

17 다음 중 연관 분석에서 Apriori 함수를 활용하여 연관규칙을 생성한 후에 생성된 연관규칙을 확인하기 위해 사용하는 함수는?

① sort()
② arule()
③ inspect()
④ transaction()

18 분류 오류를 크게 할 위험이 높거나 부적절한 추론규칙을 가지고 있는 노드를 제거하는 과정은 무엇인가?

① 차원축소
② DFS
③ 가지치기
④ BFS

19 인공신경망에서 역전파 알고리즘 사용시 은닉층이 늘어나면서 기울기가 중간에 0이 되어버리는 문제를 무엇이라 하는가?

① 오차
② 가중치 갱신
③ 기울기 증폭
④ 기울기 소실

CHAPTER 03

01 ①	02 ②	03 ③	04 ①	05 ④
06 ④	07 ③	08 ③	09 ④	10 ②
11 ②	12 ①	13 ④	14 ②	15 ④
16 ①	17 ③	18 ③	19 ④	

01 ①

가지치기(Pruning)는 의사결정나무에서 오차를 크게할 위험이 높거나 부적절한 추론규칙을 가지고 있는 가지 또는 불필요한 가지를 제거하는 단계이다.

02 ②

지니 지수 : 불순도 측정 지표, 값이 작을수록 순수도가 높음(분류가 잘됨)
$Gini(T) = 1 - \Sigma$(각 범주별 수/전체수)^2
$= 1 - ((1/5)^2 + (4/5)^2) = 0.32$

03 ③

랜덤 포레스트는 앙상블 기법 중 하나로 여러 개의 의사 결정 트리를 생성하고 각 트리가 독립적으로 예측한 결과를 종합하여 최종 예측을 수행한다. 트리 구성 시 일부 특성을 랜덤하게 선택하여 각 분할에서 최적의 특성을 선택한다.

04 ①

로지스틱 회귀 모형은 독립변수가 주어질 때 종속변수의 각 범주에 속할 확률이 얼마인지를 추정하여 분류하는 목적으로 활용한다.

05 ④

오즈비(승산비)는 특정 사건이 발생할 확률과 사건이 발생하지 않을 확률에 대한 비율이다.
$Odds(p) = \dfrac{p}{1-p}$ = 성공확률/실패확률

06 ④

분류를 위해 사용되는 데이터마이닝 기법으로서 로지스틱 회귀분석, 의사결정나무, 베이지안 분류, 인공신경망, K 최근접 이웃 알고리즘 등이 해당된다.

07 ③

소프트맥스 함수는 다중 분류를 수행하기 위한 목적으로 사용되며, 출력값을 확률로 변환해주는 함수이다.

08 ③

기울기 소실 문제는 활성화 함수로 시그모이드 함수를 사용할 때 발생하며, Relu, LeakyRelu 등 다른 활성화 함수를 사용하여 해결할 수 있다.

09 ④

신경망 모델 학습 모드에는 온라인, 확률적, 배치 학습 모드가 있다.
– **온라인 학습 모드** : 관측값을 순차적으로 입력하여 가중치 변수값을 매번 업데이트
– **확률적 학습 모드** : 관측값을 랜덤하게 입력하여 가중치 변수값을 매번 업데이트
– **배치 학습 모드** : 전체 데이터를 동시에 입력하여 학습

10 ②

활성화 함수(Activation Function)는 입력으로부터 전달받은 값을 연산한 결과를 내보낼 때 사용하는 함수이다. 계단 함수, 부호 함수, 시그모이드 함수, softmax 함수, ReLU 함수, tanh 함수 등이 있다.

11 ②

의사결정나무는 여러 의사결정의 규칙을 나무 구조로 나타내어 순차적으로 적용하면서 독립변수 공간을 분할하는 분류 모델이다.

12 ①

로지스틱 회귀 모형은 반응변수가 범주형인 경우에 적용되는 회귀분석 모형이다.

13 ④

군집중심의 변화가 없을 때까지 반복한다.

14 ②

연관 분석은 데이터들 간에 존재하는 연관 규칙을 발견하는 것으로서, 두 가지 아이템 집합간의 연관성을 통하여 하나의 아이템 집합을 바탕으로 다른 아이템 집합을 예측하는 기법이다.

15 ④

시차 연관분석은 인과관계 분석이 가능하다.

16 ①

F1 score = 2 x precision x recall / (precision + recall)

17 ③

발견된 연관규칙을 확인하기 위해서는 inspect() 함수를 이용한다.

18 ③

가지치기는 의사결정나무를 구성할 때 생성된 가지를 잘라내어 모델을 단순화하는 과정이다.

19 ④

역전파(Backpropagation) 알고리즘을 사용하여 가중치를 업데이트할 때, 오차를 역방향으로 전파하면서 기울기를 계산한다. 그러나 은닉층이 깊어질수록 기울기는 연쇄 법칙에 의해 이전 층으로 전파되면서 계속 곱해지게 되고 이 과정에서 기울기 값은 지수적으로 작아지는 경향이 있다.

기출문제

※ 단답형 문제는 39회까지 출제되었습니다.

2024년 부터는 객관식 문제만 출제됩니다.

Ⅰ 데이터 이해

객관식 : 8문항, 각 2점

01 다음 중 데이터베이스에 대한 설명으로 틀린 것은?

① 통합된 데이터로 데이터베이스 내에 동일한 내용이 중복될 수 있다.
② 컴퓨터 매체가 접근할 수 있는 저장 매체에 저장되어 있다.
③ 여러 사용자가 공유할 수 있다.
④ 삽입, 수정, 삭제를 통해 항상 최신의 정확한 데이터를 유지해야 한다.

02 암묵지-형식지 상호작용에 대한 용어와 설명이 바르게 연결된 것은?

> 1단계 : 암묵적 지식 노하우를 다른 사람에게 알려주는 것 – ( )
> 2단계 : 암묵적 지식 노하우를 책이나 교본 등 형식지로 만드는 것 – ( )
> 3단계 : 책이나 교본(형식지)에 자신이 알고 있는 새로운 지식(형식지)를 추가하는 것 – ( )
> 4단계 : 만들어진 책이나 교본(형식지)를 보고 다른 직원들이 암묵적 지식(노하우)을 습득 – ( )

① 공통화 → 표출화 → 연결화 → 내면화
② 표출화 → 공통화 → 연결화 → 내면화
③ 연결화 → 내면화 → 공통화 → 표출화
④ 내면화 → 공통화 → 연결화 → 표출화

03 빅데이터 가치 패러다임 변화 단계를 올바르게 나열한 것은?

① Connection → Digitalization → Agency
② Connection → Agency → Digitalization
③ Digitalization → Connection → Agency
④ Digitalization → Agency → Connection

04 데이터 사이언티스트에 대한 설명으로 틀린 것은?

① 머신러닝 모델을 통해 정형, 비정형 데이터로부터 인사이트를 추출할 수 있어야 한다.
② 데이터 분석을 위한 통계적 지식, 머신러닝, AI에 대한 지식을 갖추어야 한다.
③ 데이터 사이언티스트는 하드 스킬과 소프트 스킬 능력을 동시에 갖추고 있어야 한다.
④ 팀 간의 커뮤니케이션 기술은 중요하지 않다.

05 다음 중 빅데이터 위기 요인과 해결 방법을 연결한 것 중 잘못된 것은?

> ㉠ 사생활 침해 → 동의제를 책임제로 전환
> ㉡ 책임 훼손의 원칙 → 알고리즘 허용
> ㉢ 데이터의 오용 → 결과 기반 책임 원칙

① ㉡, ㉢　　　　　　　　　② ㉠, ㉡
③ ㉠, ㉢　　　　　　　　　④ ㉠, ㉡, ㉢

06 빅데이터 출현 배경으로 틀린 것은?

① 산업계에서 일어난 변화를 보면 빅데이터의 현상은 양질 전환 법칙으로 설명할 수 있다.
② 학계에서도 빅데이터를 다루는 현상들이 늘어나고 있다. 대표적인 사례는 인간 게놈 프로젝트가 있다.
③ 디지털화, 저장 기술, 인터넷 보급, 모바일 혁명, 클라우드 컴퓨팅 등 관련 기술 발전과 관련이 있다.
④ 빅데이터 컴퓨팅 기술로 중앙 집중 처리 방식의 특성을 갖게 되었다.

07 데이터의 가공 및 처리를 통해 의미가 부여된 데이터는?

① 가공 전의 수치나 기호
② 데이터의 가공 및 상관 관계, 연관 관계를 바탕으로 패턴을 인식하고 의미를 부여한 데이터
③ 상호 연결된 정보 패턴을 이해하여 이를 토대로 예측한 결과물
④ 근본적인 원리에 대한 깊은 이해를 바탕으로 도출되는 창의적 아이디어

08 데이터 사이언티스트에게 필요한 역량으로 부적절한 것은?

① 통찰력 있는 분석
② 설득력 있는 전달
③ 다분야 간 협력을 위한 커뮤니케이션
④ 네트워크 최적화

09 위협 대응 계획을 수립할 때 예상되는 위험 대응 방법으로 틀린 것은?

① 완화
② 전이
③ 회피
④ 관리

10 데이터 거버넌스의 구성요소로 틀린 것은?

① 원칙
② 조직
③ 분석 방법
④ 프로세스

11 데이터 분석의 우선순위를 평가할 때 고려해야 할 요소 중 틀린 것은?

① 전략적 중요성
② 비즈니스 성과 및 ROI
③ 분석 기술 능력
④ 실행 용이성

12 분석 방법론은 알고 있으나 분석 대상을 정확하게 모르는 경우는?

① 최적화(Optimization)
② 통찰(Insight)
③ 발견(Discovery)
④ 솔루션(Solution)

13 분석 과제 관리 프로세스의 내용 중 틀린 것은?

① 분석 조직이 지속적이고 체계적인 분석 관리 프로세스를 수행함으로써 조직 내 분석 문화 내재화 및 경쟁력을 확보할 수 있다.

② 개별 조직이나 개인이 도출한 분석 아이디어를 발굴하고 이를 과제화하여 분석과제 풀[Pool]로 관리하면서 분석 프로젝트를 선정하는 작업을 수행한다.

③ 확정된 과제는 Pool로 관리한다.

④ 분석을 수행할 팀을 구성하고 분석과제 실행 시 지속적인 모니터링과 과제결과를 공유하고 개선하는 절차를 수행한다.

14 데이터 분석 조직 구조로 틀린 것은?

① 사업구조
② 집중구조
③ 분산구조
④ 기능구조

15 분석 프로젝트의 영역별 주요 관리 항목으로 틀린 것은?

① 품질
② 시간
③ 자원
④ 관계

16 ROI 관점에서 효과(Return)에 해당하는 요소는 무엇인가?

① 크기(Volume)
② 다양성(Variety)
③ 속도(Velocity)
④ 가치(Value)

17 다음의 chickwts 데이터 가설검정 결과를 설명한 것 중 틀린 것은?

```
> t.test(chickwts$weight)
          One Sample t-test

data: chickwts$weight
t = 28.202, df = 70, p-value < 2.2e-16
alternative hypothesis: true mean is not equal to 0
95 percent confidence interval:
 242.8301  279.7896
sample estimates:
mean of x
 261.3099
```

① 전체 관측치 수는 70개이다.
② 99% 신뢰구간을 구하기 위해서는 "conf.level=0.99"라는 옵션을 사용할 수 있다.
③ 닭 무게의 점 추정량은 261.3이며, 95% 신뢰구간은 242.8에서 279.8이다.
④ 닭 무게에 대한 p-value<2.2e-16이므로 귀무가설이 기각된다.

18 목표변수가 연속형인 회귀나무에서 분류 기준값으로 적절한 것은?

① 지니지수
② 엔트로피지수
③ 분산 감소량, F-통계량
④ 카이제곱 통계량

19 잔차의 정규성 검토에 대한 설명으로 틀린 것은?

① 잔차가 정규분포를 따른다는 가정이다.
② 잔차가 정규분포를 띄면 Q-Q 플롯에서 점들이 점선을 따라 배치되어 있어야 한다.
③ Q-Q 플롯으로 확인할 수 있다.
④ 정규성 가정을 충족하지 못할 경우, 상관계수가 높은 변수를 제거한다.

20 분해 시계열을 구성요소에 해당하지 않는 것은?

① 추세 요인
② 계절 요인
③ 정상 요인
④ 순환 요인

21 두 점 (3, 4)와 (8, 9) 사이의 유클리드 거리를 구하시오.

① $\sqrt{25}$
② $\sqrt{50}$
③ $\sqrt{20}$
④ $\sqrt{40}$

22 표본조사의 내용 중 틀린 것은?

① 조사과정에서 발생하는 오류는 표본 추출 오류와 비표본 추출로 분류할 수 있다.
② 표본편의(Sampling Bias)는 표본 추출 방법에서 기인하는 오차를 의미한다.
③ 표본편의는 확률화에 의해 최소화하거나 없앨 수 있다.
④ 표본오차는 정규화로 최소화하거나 없앨 수 있다.

23 특이도 계산식으로 적절한 것은?

① TN / (TN+FN)
② TN / (TN+FP)
③ TP / (TP+FP)
④ TP / (TP+FN)

24 위치 모수 내용 중 틀린 것은?

① p-백분위수는 전체 데이터 중 p번째 순위에 해당하는 값을 의미한다.
② 데이터 집합의 크기를 나타내는 대푯값을 말한다.
③ 최빈값(mode)은 도수(frequency)가 가장 높은 값이다.
④ 평균, 중앙값, 최소값, 최대값 등은 위치 모수에 해당된다.

25 다음 summary() 함수의 결과에서 USArrests 데이터 주성분 분석의 80% 이상을 설명하는 최소 주성분의 개수는?

```
> us <-princomp(USArrests, cor=TRUE)
> summary(us)
Importance of components:
                          Comp.1    Comp.2    Comp.3     Comp.4
Standard deviation     1.5748783 0.9948694 0.5971291 0.41644938
Proportion of Variance 0.6200604 0.2474413 0.0891408 0.04335752
Cumulative Proportion  0.6200604 0.8675017 0.9566425 1.00000000
```

① 1개
② 2개
③ 3개
④ 4개

26 "맥주를 구매한 고객은 땅콩을 구매할 확률이 높다."와 같이 고객들의 구매 패턴을 분석하여 의미 있는 규칙을 나타내는 분석을 무엇이라 하는가?

① 상관분석
② 교차분석
③ 연관분석
④ 차원분석

27 확률 변수 X가 확률질량함수 f(x)를 갖는 이산형 확률변수인 경우 그 기댓값으로 옳은 식은?

① $E(x) = \sum x\, f(x)$
② $E(x) = \int x\, f(x)\, dx$
③ $E(x) = \sum x^2\, f(x)$
④ $E(x) = \int x^2\, f(x)\, dx$

28 계층적 군집분석에 대한 설명이 잘못된 것은?

① n개의 군집으로 시작해서 점차적으로 군집의 수를 줄여나가는 방법이다.
② 거리 측정에 대한 정의가 필요하며, 군집을 형성하는 매 단계에서 지역적 최적화를 수행해나간다.
③ 최단 연결법은 고립된 군집을 찾는 데 중점을 둔 방법이다.
④ 와드 연결법은 모든 항목에 대한 거리 평균을 구하면서 군집화를 수행한다.

29 연관규칙 지표로 틀린 것은?

① 순수도   ② 지지도
③ 향상도   ④ 신뢰도

30 배깅에 대한 설명 중 맞는 것은?

① 서로 다른 알고리즘 기반의 모델(knn, logistic regression, decision tree 등)과 같은 트레인 셋으로 학습시킨 결과를 결합한다.
② 부트스트랩 방법을 사용한 데이터가 여러 번 선택될 수 있고, 추출되지 않을 수도 있다.
③ 여러 개의 모형으로부터 산출된 결과를 다수결에 의하여 최종 결과를 선정하는 과정이다.
④ 예측력이 약한 모형들을 결합하여 강한 예측 모형을 만드는 방법이다.

31 신용카드 월간 사용액을 예측하기 위한 모형은?

① 신경망 분류모형
② 랜덤포레스트 분류모형
③ SVM 분류모형
④ 릿지(능형) 회귀모형

32 K-평균군집 수행 절차 순서로 옳은 것은?

가. 각 자료를 가장 가까운 군집의 중심에 할당
나. 군집 중심의 변화가 거의 없을 때까지 가, 라 반복
다. 초기 군집의 중심으로 k개의 객체를 임의로 선택
라. 각 군집 내의 자료들의 평균을 계산하여 군집의 중심을 갱신

① 가-라-나-다
② 가-나-다-라
③ 다-가-라-나
④ 라-나-다-가

33 다음 중 교차분석(Cross Tabulation)에 관한 설명 중 올바르지 않은 것은?

① 두 변수 간의 연관 관계를 볼 때 교차표를 작성하여 변수들 간 관계를 분석하게 된다.
② 교차분석에 사용되는 검정 통계량이 카이제곱 분포를 따르기 때문에 카이제곱 검정이라고 한다.
③ 교차분석은 두 변수 부류가 범주형 변수가 아니어도 사용할 수 있다.
④ 교차표로 두 변수의 값이 공유하고 있는 빈도수가 몇 개인지 파악할 수 있다.

34 시계열 분석으로 적절하지 않은 것은?

① 시간의 흐름에 따라 관찰된 자료에 대하여 특성을 파악하고 미래값을 예측하는 분석 기법이다.
② 시계열 분석을 위해서는 정상성을 만족해야 한다.
③ 시계열 분석의 목적은 시계열 데이터에 대한 경향, 주기, 계절성, 불규칙성 등 패턴을 설명할 수 있는 모델을 만들기 위함이다.
④ 정상성은 특점 시점에 시계열의 특성이 일정함을 의미한다.

35 주성분 분석에 대한 설명 중 틀린 것은?

① 지도학습법 중 하나이다.
② 상관관계가 있는 고차원 자료를 자료의 변동을 최대한 보존하는 저차원 자료로 변환하는 방법이다.
③ 독립변수들과 주성분과의 거리인 정보손실량에 대한 최소화 및 분산을 최대화한다.
④ 주성분 분석을 통해 다중 공선성 문제를 해결할 수 있다.

36 다음 회귀분석 결과로 틀린 것은?

```
m <- lm(dist ~ speed, data = cars)
summary(m)
```

Call:
lm(formula = dist ~ speed, data = cars)

Residuals:
```
    Min      1Q   Median      3Q      Max
 -29.069  -9.525   -2.272   9.215   43.201
```

Coefficients:
```
            Estimate  Std. Error  t value   Pr(>|t|)
(Intercept) -17.5791     6.7584    -2.601     0.0123  *
speed         3.9324     0.4155     9.464   1.49e-12  ***
---
Signif. codes:  0 '***' 0.001 '**' 0.01 '*' 0.05 '.' 0.1 ' ' 1
```

Residual standard error: 15.38 on 48 degrees of freedom
Multiple R-squared: 0.6511,   Adjusted R-squared: 0.6438
F-statistic: 89.57 on 1 and 48 DF, p-value: 1.49e-12

① lm(formula = dist ~ speed, data = cars)은 회귀 분석 모델 수식이다.
② Intercept는 회귀선의 예측값과 실제값 사이의 차이를 나타낸다.
③ Std.Error(표준 오차)는 잔차의 표준 오차이다.
④ Pr(>|t|)는 회귀식에서 계수의 유의성을 판단하기 위해 t 값을 사용한다.

37 가설검정에 대한 설명 중 틀린 것은?

① 가설은 모집단의 특성에 대한 가정이며, 통계적 가설을 모집단으로부터 추출한 표본을 사용하여 검토하는 통계적인 추론이다.

② 대립가설은 가설 검정의 대상이 되는 가설, 연구자가 부정하고자 하는 가설이다.

③ 모집단에 대한 가설 설정 후 표본 관찰을 통해 가설의 채택 여부를 결정하는 분석 방법이다.

④ "통계적으로 유의하지 않다."라는 것은 실험 결과가 단순한 우연일 수도 있다.

38 SOM의 내용 중 틀린 것은?

① SOM 모델은 입력층과 경쟁층으로 신경망을 구성하며, 경쟁단계 → 협력단계 → 적응단계로 학습이 이루어진다.

② 속도가 느려 실시간 학습처리가 어려운 모델이다.

③ SOM 모델은 차원 축소(Dimensionality Reduction)와 군집화(Clustering)를 동시에 수행하는 분류기법으로 사용된다.

④ 입력층과 2차원의 격자 형태의 경쟁층(=출력층)으로 구성된다.

39 동전을 연속으로 3번 던졌을 때 앞면이 한 번 나올 확률은?

① 1/8
② 1/4
③ 3/8
④ 6/8

40 ARIMA 모형에서 ARMA로 정상화할 때 차분하는 수는?

(ARIMA(1,2,3))
① 5
② 2
③ 0
④ 4

01 아래 보기의 빈칸을 채우시오.

> (㉠)은/는 한 변수가 다른 변수의 원인이 된다는 것을 의미합니다. 예를 들어, 담배를 피우는 것은 암의 원인이 됩니다. 이 경우 담배는 원인 변수이고, 암은 결과 변수입니다. (㉠)은/는 (㉡)의 충분조건이지만, 필요조건은 아닙니다. 즉, 두 변수 사이에 (㉡)이/가 있다고 해서 반드시 (㉠)이/가 성립하는 것은 아닙니다.
>
> (㉡)은/는 두 변수 사이에 일정한 관련이 있다는 것을 의미합니다. 두 변수의 값이 함께 증가하거나 감소하는 경우 양의 (㉡)이/가 있다고 하며, 반대로 두 변수의 값이 반대로 증가하거나 감소하는 경우 음의 (㉡)이/가 있다고 합니다.

02 기업이 고객 관련 자료를 분석해 상품이나 서비스를 고객이 지속적으로 구매할 수 있도록 하기 위한 전략을 무엇이라 하는가?

03 반복을 통해 점층적으로 개발하는 방법으로 처음 시도하는 프로젝트에 용이하며, 반복에 대한 관리 체계가 효과적으로 갖춰지지 못한 경우 복잡도가 상승하여 프로젝트 진행이 어려울 수 있는 분석 방법론은 무엇인가?

04 문제에 대한 정의가 어려운 경우에 데이터를 바탕으로 문제를 지속적으로 개선해 나가는 접근 방식을 무엇이라 하는가?

05 특정 사건이 발생할 확률과 사건이 발생하지 않을 확률에 대한 비율을 무엇이라 하는가?

---

06 모수가 특정 값이라고 추정하여 하나의 값으로 모수의 값이 얼마인지 추측하는 것을 무엇이라 하는가?

---

07 연관규칙 분석에서 품목 A의 거래수가 50, B의 거래수가 30, 품목 A, B가 동시에 포함된 거래수가 20, 전체 거래수가 100일 때 품목 A, B의 지지도(Support)를 계산하시오.

---

08 $P(A)=0.3$, $P(B)=0.4$이고, 두 사건이 독립일 경우 $P(B|A)$는 얼마인가?

---

09 개체 간 유사성 및 비유사성을 2차원 또는 3차원으로 시각화하는 통계 기법이며, 데이터의 고차원 구조를 이해하고 시각화할 수 있는 방법은?

---

10 모집단을 정렬한 후, 일정한 간격으로 요소를 선택하여 표본을 추출하는 방법을 무엇이라 하는가?

I 데이터 이해

객관식 : 8문항, 각 2점

01 데이터베이스의 구성요소에 대한 설명이다. 각각 무엇에 대한 설명인가?

> 가. 데이터를 설명해주는 데이터로 데이터의 특성, 구조, 정의 및 관리 정보를 설명하는 데이터
>
> 나. 데이터를 빠르고 쉽게 찾을 수 있게 해주는 자료구조

① (가) 테이블, (나) 인덱스
② (가) 메타데이터, (나) 인덱스
③ (가) 메타데이터, (나) 속성
④ (가) 테이블, (나) 속성

02 다음 중 상용DB가 아닌 것은 무엇인가?

① DB2   ② Tableau
③ SQL Server   ④ Oracle

03 데이터 크기를 작은 것부터 큰 것 순서로 올바르게 나열한 것은?

① PB ⟨ EB ⟨ ZB ⟨ YB
② PB ⟨ YB ⟨ EB ⟨ ZB
③ YB ⟨ ZB ⟨ EB ⟨ PB
④ PB ⟨ ZB ⟨ EB ⟨ YB

04 다음 데이터베이스의 특징에 대한 설명 중 옳지 않은 것은 무엇인가?

① 통합된 데이터로 동일한 내용의 데이터가 중복되어 저장된다.
② 저장된 데이터로 컴퓨터가 접근할 수 있는 저장매체에 저장된다.
③ 공용 데이터로 여러 사용자에게 서로 다른 목적으로 데이터가 공동 이용된다.
④ 변화되는 데이터로 항상 변화하면서도 항상 현재의 정확한 데이터를 유지해야 한다.

05 다음 중 빅데이터 활용을 위한 3요소에 대한 내용으로 틀린 것은?

① 데이터 : 모든 것의 데이터화
② 기술 : 진화하는 알고리즘, 인공지능
③ 인력 : 데이터 사이언티스트, 알고리즈미스트
④ 프로세스 : 이전과는 다른 데이터 관리를 위한 작업 절차

06 다음 중 빅데이터로 인한 본질적인 변화로 옳지 않은 것은?

> 가. 이미 가치가 있을 것이라고 정해진 특정한 정보만 모아서 처리하던 것을 가능한 많은 데이터를 모으고 다양한 방식으로 조합해 숨은 정보를 찾아낸다.
> 나. 일부 데이터의 샘플링을 통한 표본조사를 수행하는 환경으로 변화되었다.
> 다. 질보다 양의 관점을 갖는다.
> 라. 인과관계에 의한 미래 예측이 데이터 기반의 상관관계 분석을 점점 더 압도하는 추세이다.

① 가, 나
② 나, 라
③ 가, 다
④ 다, 라

07 빅데이터의 위기요인이 아닌 것은?

① 익명화
② 사생활 침해
③ 데이터 오용
④ 책임원칙의 훼손

08 데이터 사이언티스트가 가져야 할 역량 중 종류가 다른 하나는?

① 다분야 간 협력
② 통찰력 있는 분석
③ 설득력 있는 전달
④ 빅데이터에 대한 이론적 지식

09 데이터 분석 수준 진단 결과에서 분석 준비도와 분석 성숙도 둘 다 낮은 경우에 해당하는 것은?

① 정착형
② 확산형
③ 준비형
④ 도입형

10 다음 중 비즈니스 모델 캔버스를 활용한 과제 발굴의 영역으로 틀린 것은?

① 혁신
② 업무
③ 고객
④ 제품

11 다음 분석 과제의 우선순위 선정 관련 설명 중 틀린 것은?

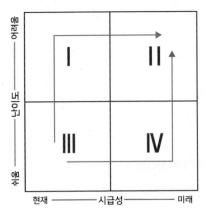

① 우선순위를 시급성에 둔다면 Ⅲ – Ⅳ – Ⅱ 순서로 진행한다.
② 우선순위를 난이도에 둔다면 Ⅲ – Ⅰ – Ⅱ 순서로 진행한다.
③ 시급성과 난이도 둘 다 높은 것이 우선순위가 가장 높다.
④ 시급성의 판단기준은 전략적 중요도가 핵심이다.

12 다음 분석 성숙도 관련 내용으로 옳지 않은 것은?

① 유사 업종, 경쟁업체와의 비교 분석을 포함한다.
② 성숙도 수준에 따라 도입, 활용, 확산, 최적화 단계로 구분해 살펴볼 수 있다.
③ 시스템 개발 업무능력과 조직의 성숙도 파악을 위해 CMMI 모델을 활용하여 분석 성숙도를 평가한다.
④ 데이터 분석 수준 진단은 분석 준비도와 분석 성숙도를 함께 평가함으로써 수행될 수 있다.

13 분석 마스터플랜 수립 시 적용 범위/방식의 고려요소가 아닌 것은?

① 업무 내재화 적용 수준
② 분석 데이터 적용 수준
③ 기술 적용 수준
④ 실행 용이성

14 데이터 분석을 위한 분석 업무 조직 구조에 대한 설명으로 옳지 않은 것은?

① 집중형 조직 구조는 일부 협업 부서와 분석 업무가 중복 또는 이원화될 가능성이 있다.
② 기능 중심 조직 구조는 전사적 관점에서 핵심 분석이 어렵다.
③ 분산 조직 구조는 분석 결과 실무 적용에 대한 대응이 느리다.
④ 분석 조직의 인력들이 협업부서에 배치되어 업무를 수행하는 것은 분산 조직 구조이다.

15 분석 활용 시나리오에 대한 설명으로 틀린 것은?

① 데이터 확보가 가장 중요하다.
② 데이터 분석을 특정 목적에 맞게 활용하는 방법 또는 계획을 의미한다.
③ 분석 목표와 분석 방법을 설명하고 예상 결과를 제시하는 문서이다.
④ 프로젝트 진행 중에도 변경될 수 있다.

16 분석 기획 시 고려해야 할 것으로 적절하지 않은 것은?

① 데이터 확보가 될 수 있는지, 데이터 유형에 대한 분석이 필요하다.
② 비용보다 분석력에 최우선 해야 한다.
③ 기존에 잘 구현되어 활용되고 있는 유사 시나리오 및 솔루션을 최대한 활용한다.
④ 장애요소에 대한 사전 계획 수립이 고려되어야 한다.

17 수면유도제 데이터를 통한 t-test 결과이다. 다음 중 결과 해석이 적절하지 않은 것은?

```
> t.test(extra~group, data=sleep, var.equal=TRUE)
          Two Sample t-test

data: extra by group
t = -1.8608, df = 18, p-value = 0.07919
alternative hypothesis: true difference in means is not equal to 0
95 percent confidence interval:
 -3.363874  0.203874
sample estimates:
mean in group 1 mean in group 2
          0.75           2.33
```

① 수면유도제2가 수면유도제1보다 효과적이다.
② 유의수준 0.05하에서 두 집단의 평균이 동일하다는 귀무가설을 채택할 수 있다.
③ 두 개의 표본집단이 크기가 클 경우(N>30) 집단의 정규성 검정 없이 이 표본 t 검정을 사용할 수 있다.
④ 독립표본 t 검정 분석 전에 등분산 검정을 실시한다.

18 다음 중 분류 모형 평가에 사용되는 도구가 아닌 것은?

① ROC 그래프
② 덴드로그램
③ 향상도 곡선
④ 이익도표

19 증거가 확실할 때 가설검정으로 증명하고자 하는 것은?

① 귀무가설
② 영가설
③ 대립가설
④ 기각가설

20 다음 중 성격이 다른 한 가지는 무엇인가?

① K-means
② Single Linkage Method
③ DBSCAN
④ 주성분 분석

21 다음 중 스피어만 상관계수 관련 설명으로 틀린 것은?

① 스피어만 상관계수는 비선형적인 관계를 나타낼 수 없다.
② 대상자료는 서열척도를 사용한다.
③ 원시 데이터가 아니라 각 변수에 대해 순위를 매긴 값을 기반으로 한다.
④ 연속형 외에 이산형 데이터도 사용 가능하다.

22 비지도 신경망으로 고차원의 데이터를 이해하기 쉬운 저차원의 뉴런으로 정렬하여 지도의 형태로 형상화하는 알고리즘을 무엇이라고 하는가?

① SOM
② DBSCAN
③ PCA
④ EM-알고리즘

23 다음의 설명에 해당하는 것은 무엇인가?

> 공분산행렬 또는 상관계수 행렬을 사용해 모든 변수들을 가장 잘 설명하는 변수를 찾는 방법이다. 상관관계가 있는 변수들을 선형 결합에 의해 상관관계가 없는 새로운 변수를 만들고 분산을 극대화하는 변수로 축약하는 방법으로 새로운 변수들은 변수들의 선형결합으로 이루어져 있다.

① 요인 분석
② 회귀 분석
③ 주성분 분석
④ 다차원 척도

24 다음 중 확률 및 확률분포에 관한 설명으로 틀린 것은?

① 사건 A가 일어나는 경우의 수)/(일어날 수 있는 모든 경우의 수)를 P(A)라 할 때 이를 A의 수학적 확률이라 한다.

② 한 사건 A가 일어날 확률을 P(A)라 할 때 N번의 반복시행에서 사건 A가 일어난 횟수를 R이라 하면, 상대도수 R/N은 N이 커짐에 따라 확률 P(A)에 가까워짐을 알 수 있다. P(A)를 사건 A의 통계적 확률이라 한다.

③ 두 사건 A, B가 독립일 때 사건 B의 확률은 A가 일어났다는 가정 하에서의 B의 조건부확률과는 다르다.

④ 표본공간에서 임의의 사건 A가 일어날 확률 P(A)는 항상 0과 1 사이에 있다.

25 다음은 TV 광고수에 따른 Sales에 대한 산점도이다. 이에 대한 설명으로 알맞지 않은 것은?

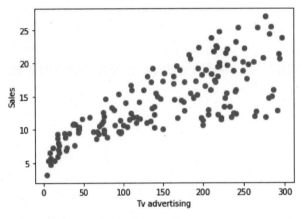

① TV 광고가 증가할수록 Sales도 증가하는 경향이 있다.

② TV 광고와 Sales는 양의 상관관계를 가진다.

③ TV 광고가 증가할수록 Sales의 분산은 동일하다.

④ Sales를 설명하기 위해 TV 광고를 독립변수로 하는 단순선형회귀모델은 적절하다.

26 Hitters dataset의 일부이다. 다음 설명 중 적절하지 않은 것은?

```
> summary(Hitters)
      AtBat           Hits            HmRun           Salary         NewLeague
 Min.   : 16.0   Min.   :   1   Min.   : 0.00   Min.   :  67.5   Length :322
 1st Qu.:255.2   1st Qu.:  64   1st Qu.: 4.00   1st Qu.: 190.0   Class :character
 Median :379.5   Median :  96   Median : 8.00   Median : 425.0   Mode :character
 Mean   :380.9   Mean   : 101   Mean   :10.77   Mean   : 535.9
 3rd Qu.:512.0   3rd Qu.: 137   3rd Qu.:16.00   3rd Qu.: 750.0
 Max.   :687.0   Max.   : 238   Max.   :40.00   Max.   :2460.0
                                                NA's   :  59
```

① Salary 변수 분포는 왼쪽 꼬리가 긴 분포를 가진다.
② NewLeague 변수는 범주형 자료이다.
③ Hits 변수에는 결측값이 없음을 알 수 있다.
④ HmRun 변수의 최댓값은 40이다.

27 모집단의 크기가 비교적 작을 때 주로 사용되며 한번 추출된 표본이 재추출될 수 있는 표본 추출 방법은 무엇인가?

① 복원추출법
② 층화추출법
③ 군집추출법
④ 계층추출법

28 다음 닭 사료의 종류(feed)와 닭의 성장에 대한 boxplot 결과이다. 옳지 않은 것은?

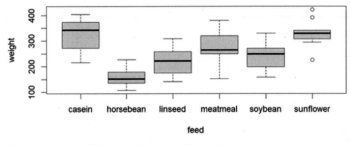

① 이상치가 존재하지 않는 것을 알 수 있다.
② casein의 경우 horsebean보다 중위수가 크다.
③ soybean의 경우 meatmeal보다 최솟값, 최댓값이 모두 작다.
④ horsebean 사료를 먹은 닭의 무게가 가장 작은 쪽에 분포해 있다.

29 측정 대상의 속성을 측정하여 정량화하는 척도에 대한 설명으로 부적절한 것은?

① 명목척도 : 단순히 측정 대상의 특성을 분류하거나 확인하기 위한 목적으로 사용된다.
② 서열척도 : 대소 또는 높고 낮음 등의 순위만 제공할 뿐 양적인 비교는 할 수 없다.
③ 등간척도 : 모든 사칙연산이 가능하고, 혈액형, 학력 등이 이에 해당된다.
④ 비율척도 : 등간척도의 특성을 지니면서 절대영점과 가상 단위를 갖는 척도이다.

30 다음 연관 분석에 대한 설명 중 잘못된 것은?

① 비목적성 분석 기법으로 계산이 간편하다.
② 대표적인 알고리즘으로 Apriori가 있다.
③ 조건 반응으로 표현되는 연관분석의 결과를 이해하기 쉽다.
④ 품목 수가 증가해도 분석에 필요한 계산이 늘어나지 않는다.

31 데이터 분할에 대한 설명 중 틀린 것은?

① 데이터마이닝 적용 후 결과의 신빙성 검증을 위해 데이터를 학습, 검증, 테스트 데이터로 나누어 사용한다.
② 검증용 데이터는 모델 성능 평가에 사용한다.
③ 테스트용 데이터와 학습 데이터는 섞여서는 안 된다.
④ 검증용 데이터는 학습 단계에서 사용된다.

32 다음 표준오차에 대한 설명 중 틀린 것은?

① 표본평균이 모평균과 얼마나 떨어져 있는가를 나타낸다.
② 표준오차는 $\sigma/\sqrt{n}$로 구한다.
③ 표준오차 95%는 신뢰구간에 모수의 참값이 포함되어 있음을 나타낸다.
④ 더 작은 표준오차는 추정치가 모집단 파라미터를 더 정확하게 반영한다는 것을 나타낸다.

33 아래의 불순도 측정 결과를 사용해서 구한 지니 지수는 얼마인가?

● ● ● ◆ ●
① 0.5
② 0.32
③ 0.48
④ 0.38

34 어떤 슈퍼마켓 고객 6명의 장바구니별 구입 품목이 다음과 같을 때 연관 규칙(콜라 → 맥주)의 지지도는?

거래번호	판매상품
1	소주, 콜라, 맥주
2	소주, 콜라, 와인
3	소주, 주스
4	콜라, 맥주
5	소주, 콜라, 맥주, 와인
6	주스

① 0.6   ② 0.4
③ 0.5   ④ 0.3

35 다음의 품목/거래량 표를 사용하여 연관 규칙(딸기→사과)의 향상도는 무엇인가?

품목	거래량
딸기, 사과, 포도	100
딸기, 포도	400
사과, 포도, 바나나	150
사과, 딸기, 바나나	200
포도, 바나나	150

① 0.3   ② 0.3/(0.7*0.45)
③ 0.3/0.7   ④ 0.3/(0.7 + 0.45)

36 다음 설명에 해당되는 앙상블 기법은?

여러 개의 부트스트랩 자료를 생성하고 각 부트스트랩 자료에 예측 모형을 만든 후 결합하여 최종 예측 모형을 만드는 방법이다.

① Bagging   ② Voting
③ Boosting   ④ Stacking

37 군집분석 관련 설명으로 틀린 것은?

① 계층적 군집분석은 사전에 군집 수 k를 설정할 필요가 없는 탐색적 모형이다.
② 집단 간 이질화, 집단 내 동질화 모두 낮은 것을 군집으로 선택한다.
③ K - means 군집은 잡음이나 이상값에 영향을 받기 쉽다.
④ 군집분석은 비지도학습이다.

38 신경망 노드 중 무작위로 노드를 선정하여 다수의 모형을 구성하고 학습한 뒤 각 모형의 결과를 결합해 분류 및 예측하는 기법을 무엇이라고 하는가?

① Mini-Batch
② Bagging
③ Drop-out
④ AdaBoost

39 다음 회귀모델에 대한 결과 해석으로 틀린 것은?

```
> model <- lm(weight ~ Time, Chick)
> summary(model)

Call:
lm(formula = weight ~ Time, data = Chick)

Residuals:
      Min       1Q        Median       3Q        Max
 -14.3202   -11.3081      -0.3444     11.1162     17.5346

Coefficients:
                           Estimate  Std. Error  t value  Pr(>|t|)
(Intercept)                 24.4654     6.7279     3.636    0.00456   **
Time                         7.9879     0.5236    15.255   2.97e-08 ***
---
Signif. codes:  0 '***' 0.001 '**' 0.01 '*' 0.05 '.' 0.1 ' ' 1

Residual standard error: 12.29 on 10 degrees of freedom
Multiple R-squared: 0.9588,  Adjusted R-squared: 0.9547
F-statistic: 232.7 on 1 and 10 DF, p-value: 2.974e-08
```

① 결정계수는 0.9588이다.
② 5% 유의수준에서 모형은 통계적으로 유의미하다.
③ Time이 1단위 증가하면 Weight가 평균적으로 8.8 증가한다.
④ 추정된 회귀식은 weight = 24.4654 + 7.9879 * Time이다.

40 독립변수 간 상관관계가 높아 많은 문제점을 발생하는 현상으로 회귀계수의 분산을 증가시켜 불안정하고 해석하기 어렵게 만들게 되는 것을 다중 공선성이라고 한다. 이것의 해결 방법으로 사용할 수 있는 것은?

① 주성분 분석
② 교차 분석
③ 오차 분석
④ 연관 분석

01 기업이 외부 공급업체 또는 제휴업체와 통합된 정보시스템으로 연계하여 시간과 비용을 최적화시키기 위한 솔루션은 무엇인가?

---

02 데이터, 정보, 지식을 통해 최종적으로 지혜를 얻어내는 과정을 계층구조로 설명하는 것은 무엇인가?

---

03 데이터 분석 준비도 프레임워크에서 운영 시스템 데이터 통합, EAI, ETL 등 데이터 유통체계, 분석 전용 서버 및 스토리지, 빅데이터 분석 환경, 비주얼 분석 환경 등과 관련된 항목은 무엇인가?

---

04 다음의 빈칸에 알맞은 용어는 무엇인가?

> 기존의 논리적인 단계별 접근법에 기반한 문제해결 방식은 최근 복잡하고 다양한 환경에서 발생하는 문제에 적합하지 않을 수 있다. 이를 해결하기 위해 (　　) 접근법을 통해 전통적인 분석적 사고를 극복하려고 한다. 이 접근법은 상향식 방식의 발산단계와 도출된 옵션을 분석하고 검증하는 하향식 접근 방식의 수렴단계를 반복하여 과제를 발굴한다.

---

05 시계열분석에서 시계열의 수준과 분산에 체계적인 변화가 없고, 주기적 변동이 없다는 것으로서 미래는 확률적으로 과거와 동일하다는 것을 의미하는 용어는?

---

06 다음 오분류표를 사용하여 F1 Score를 구하시오. (분수로 표기할 것)

오분류표		예측값	
		True	False
실제값	True	15	60
	False	60	30

---

07 다음 빈칸에 알맞은 단어는 무엇인가?

( )은/는 계층적 군집분석 방법 중 하나로 군집과 군집, 또는 데이터와의 거리 계산 시, 군집에서 하나씩 데이터를 뽑았을 때 나타날 수 있는 거리의 최댓값으로 측정하여 가장 유사성이 큰 군집으로 병합해 나가는 방법이다.

---

08 아래에서 설명하고 있는 빅데이터 활용 기본 테크닉은?

(가) 생명의 진화를 모방하여 최적해(Optimal Solution)를 구하는 알고리즘으로 존 홀랜드(John Holland)가 1975년에 개발하였다.
(나) '최대 시청률을 얻기 위해 어떤 시간대에 방송해야 하는가?'와 같은 문제를 해결할 때 사용된다.
(다) 어떤 미지의 함수 y=f(x)를 최적화하는 해 x를 찾기 위해, 진화를 모방한 탐색 알고리즘이라고 말할 수 있다.

---

09 아래는 주성분 분석 결과이다. 2개의 주성분을 사용한다면 전체 분산의 몇 퍼센트(%)가 설명 가능한가?

```
importance of components:
                        Comp.1      Comp.2      Comp.3      Comp.4
Standard deviation      1.5748783   0.9948694   0.5971291   0.41644938
Proportion of Variance  0.6200604   0.2474413   0.0891408   0.04335752
Cumulative Proportion   0.6200604   0.8675017   0.9566425   1.00000000
```

10 모집단이 동질적이면 표본 오차가 적은 표본을 산출할 수 있다는 논리에 기초를 두며, 한 모집단을 동질적인 소집단들로 나누고 그 집단의 크기에 따라 단순 무작위 표본추출방법을 사용하여 표본을 추출하는 방법은?

Ⅰ 데이터 이해

객관식 : 8문항, 각 2점

01 데이터 사이언티스트의 역할로 틀린 것은?

① 데이터의 다각적 분석을 통해 인사이트를 도출
② 빅데이터에 대한 이론적 지식과 숙련된 분석기술
③ 데이터를 시각화하고 설득력 있게 전달
④ 알고리즘에 의해 부당하게 피해 입은 사람을 구제

02 빅데이터가 가치창출 측면에서 정부, 기업, 개인에 미치는 영향으로 적절하지 않은 것은?

① 기업은 빅데이터를 활용하여 시장변동을 예측해 비즈니스 모델을 혁신하고 신사업을 발굴할 수 있다.
② 정부는 수집된 데이터를 바탕으로 사회관계망 분석이나 시스템 다이나믹스 등의 분석 방식으로 미래 의제를 도출할 수 있다.
③ 통신사 고객의 위치정보 활용, 버스정류장 이용량 분석으로 노선을 만든 심야 올빼미 버스는 정부의 대표적인 빅데이터 가치 창출의 사례이다.
④ 개인은 아직 데이터를 활용할 수 없다.

03 기업의 전 부분에 대한 시스템을 통합하여 자원을 최적으로 관리하는 경영정보시스템으로 적절한 것은?

① ERP   ② ITS
③ CRM   ④ SCM

04 데이터 마트와 데이터웨어하우스에 관한 설명으로 옳은 것은?

① 데이터웨어하우스와 데이터 마트의 구분은 가용자의 기능 및 제공 범위를 기준으로 한다.
② 데이터 마트는 기업의 원천(source) 데이터를 가진 큰 규모의 데이터웨어하우스다.
③ 데이터웨어하우스는 전사적 차원보다는 특정 조직의 업무 분야에 초점을 맞춘다.
④ 데이터웨어하우스는 데이터가 저장되어 있지만 사용자가 원하는 데이터를 검색할 수 없다.

05 다음 중 데이터에 대한 설명으로 틀린 것은?

① 비정형 데이터는 데이터 내부에 메타 데이터를 갖고 있으며 일반적으로 파일 형태로 저장된다.

② 정형 데이터는 비정형 데이터와 비교할 때 가장 큰 차이점으로 데이터의 스키마를 지원한다.

③ 정형 데이터는 관계형 데이터베이스 시스템의 테이블과 같이 고정된 컬럼에 저장되는 데이터와 파일이다.

④ 인터넷 댓글은 그 형태와 형식이 정해져 있지 않으므로 비정형 데이터라고 부른다.

06 데이터베이스의 특징에 관한 설명으로 틀린 것은?

① 데이터베이스는 다수가 공동으로 이용하는 공용데이터이다.

② 데이터베이스는 한 조직의 고유한 기능 수행에 필요한 운영데이터이다.

③ 데이터베이스는 컴퓨터가 접근 가능한 저장매체에 데이터를 저장한다.

④ 데이터베이스는 통합된 데이터이고, 데이터가 중복되어 저장된다.

07 DIKW 피라미드 계층구조의 요소와 사례를 올바르게 연결한 것은?

> (가) A 카페의 라떼는 3,500원이고, B 카페의 라떼는 2,500원이다.
> (나) 다른 커피도 A 카페보다 B 카페의 가격이 저렴할 것이라 판단했다.
> (다) 오늘 기준 라떼의 가격은 A 카페가 B 카페보다 비싸다.
> (라) B 카페에서 라떼를 산다.

① (가) 지혜 – (나) 데이터 – (다) 지식 – (라) 정보

② (가) 정보 – (나) 데이터 – (다) 지식 – (라) 지혜

③ (가) 데이터 – (나) 지혜 – (다) 정보 – (라) 지식

④ (가) 데이터 – (나) 정보 – (다) 지식 – (라) 지혜

08 기업의 전략도출을 위한 가치 기반 분석을 위해 고려해야 하는 사항으로 틀린 것은?

① 고객니즈의 변화

② 비즈니스 성과

③ 경제사회 트렌드

④ 인구통계학적 변화

09 데이터 분석 기획 단계에서 수행하는 주요 태스크로 틀린 것은?

① 위험 식별
② 프로젝트 범위 설정
③ 프로젝트 정의
④ 필요 데이터 정의

10 분석 과제 발굴의 접근방식에 대한 설명으로 틀린 것은?

① 분석해야 할 대상이 확실하면 답을 구하는 방식은 상향식 접근 방식이다.
② 디자인 씽킹 프로세스는 상향식 접근법의 확산과 하향식 접근법의 수렴 단계를 반복적으로 수행하게 된다.
③ 분석과제 발굴의 상향식과 하향식 접근법은 실제 분석과정에서 혼용되어 활용되는 경우가 많다.
④ 데이터를 활용하여 생각하지 못했던 인사이트를 도출하고 시행착오를 통해서 개선해 가는 상향식 접근법의 유용성이 점차 증가하고 있는 추세이다.

11 데이터 분석 마스터 플랜 수립 시 분석과제의 우선순위를 결정할 때 고려하는 요소가 아닌 것은?

① 전략적 중요도
② 기술 적용 수준
③ 실행 용이성
④ 비즈니스 성과 및 ROI

12 분석 프로젝트의 특성 관리 영역 중에서 정확도(Accuracy)와 정밀도(Precision)에 대한 설명으로 틀린 것은?

① 정확도는 true로 예측된 것 중 실제 true인 비율, 정밀도는 실제 true인 경우에서 true로 예측된 비율이다.
② 정확도는 모델과 실제값의 차이이고, 정밀도는 모델을 지속적으로 반복했을 때 편차의 수준이다.
③ 안전성 측면에서 정밀도가, 분석의 활용 측면에서는 정확도가 중요하다.
④ 정확도와 정밀도는 트레이드 오프 관계가 되는 경우가 많다.

13 아래 빈칸에 들어갈 과제 도출 방식으로 적절한 것은?

> 상향식 접근법은 기업에서 보유하고 있는 다양한 원천 데이터로부터의 (ⓐ)을/를 통하여 (ⓑ)을/를 얻을 수 있다. 상향식은 디자인 사고 중 (ⓒ)에 해당한다.

① ⓐ : 발견, ⓑ : 통찰, ⓒ : 발산
② ⓐ : 인지, ⓑ : 통찰, ⓒ : 발산
③ ⓐ : 지식, ⓑ : 발산, ⓒ : 수렴
④ ⓐ : 통찰, ⓑ : 정보, ⓒ : 수렴

14 아래에서 설명하는 데이터 거버넌스 체계 요소로 맞는 것은?

> 데이터 표준 용어 설정, 명명규칙 수립, 메타 데이터 구축, 데이터 사전 구축

① 데이터 표준화
② 데이터 관리 체계
③ 데이터 저장소 관리
④ 표준화 활동

15 기업의 분석 성숙도 진단 대상으로 틀린 것은?

① 비즈니스 부문
② 조직/역량 부문
③ IT 부문
④ 서비스 부문

16 데이터마이닝 프로세스에서 모델링 목적에 따라 변수를 정의하고 필요한 데이터를 소프트웨어에 적용하기 위한 활동 수행 단계는 무엇인가?

① 데이터 가공
② 데이터 준비
③ 검증
④ 데이터마이닝 기법의 적용

Ⅲ 데이터 분석

17 구축된 모델에 대해 과대적합 또는 과소적합에 대한 미세 조정 절차를 위해 사용되는 데이터는 무엇인가?

① 학습 데이터
② 검증 데이터
③ 테스트 데이터
④ 분석 데이터

18 아래 데이터는 닭의 성장률에 대한 다양한 사료 보충제의 효과를 측정하고 비교하기 위한 사료유형별 닭의 무게 데이터이다. summary 함수 수행결과에 대한 해석으로 틀린 것은?

```
> summary(chickwts)
     weight              feed
 Min.   :108.0   casein   :12
 1st Qu.:204.5   horsebean:10
 Median :258.0   linseed  :12
 Mean   :261.3   meatmeal :11
 3rd Qu.:323.5   soybean  :14
 Max.   :423.0   sunflower:12
```

① weight의 중간값은 261.3이다.
② feed의 사료 중 soybean 수가 가장 많다.
③ range(chickwts$weight)의 결과는 108 423이다.
④ feed는 범주형 데이터이다.

19 부트스트랩을 통해 한 샘플이 뽑힐 확률이 1/d라고 했을 때, 샘플 추출을 d번 진행했을 때 어떤 샘플이 한 번도 뽑히지 않을 확률은?

① $(1-1/d)/d$
② $1-(1/d)$
③ $(1-(1/d))^d$
④ $1+(1/d)$

20 데이터 탐색 과정에서 고려해야 할 사항으로 가장 적절하지 않은 것은?

① 데이터의 분포를 파악하여 변수들 간의 관계를 이해한다.
② 변수들 간의 상관관계나 연관성을 분석하여 유의미한 변수를 식별하거나 다중 공선성을 확인한다.
③ 데이터의 일관성을 검토하여 이상값이나 잘못된 값이 있는지 확인한다.
④ 결측값을 확인하고 결측값이 있을 경우 제거하는 것이 바람직하다.

21 다음 Wage 데이터의 t.test 결과에 대한 해석으로 틀린 것은?

```
> t.test(Wage$wage, mu=100)

        One Sample t-test

data:  Wage$wage
t = 15.362, df = 2999, p-value < 2.2e-16
alternative hypothesis: true mean is not equal to 100
95 percent confidence interval:
 110.2098 113.1974
sample estimates:
mean of x
 111.7036
```

① 한 집단의 평균에 대한 t검정 결과이다.
② 유의수준 0.05일 때 귀무가설은 기각되지 않는다.
③ 양측검정 결과를 보여주고 있다.
④ t검정의 자유도는 2999이다.

22 연관분석에 대한 설명으로 틀린 것은?

① 시차연관분석은 원인과 결과로 해석되지 않는다.
② 조건반응(if-then)으로 표현되어 결과를 이해하기 쉽다.
③ 너무 상세한 세분화는 의미 없는 분석이 되어 적절한 품목 세분화가 필요하다.
④ 거래량이 적은 품목은 거래 수가 적어 발견 시 제외가 필요하다.

23 통계적 가설검정에 대해 틀린 것은 무엇인가?

① 사실인 귀무가설을 기각했을 때 발생하는 오류를 제1종오류라고 한다.
② 사실이 아닌 귀무가설을 채택할 때 발생하는 오류를 제2종오류라고 한다.
③ 귀무가설이 사실일 때 이 귀무가설을 기각함으로써 발생하는 오류를 유의수준이라 한다.
④ p-value(유의확률)가 작을수록 귀무가설을 지지하는 것으로 해석한다.

24 다차원 척도법에 대한 설명으로 올바른 것은?

① 고차원의 데이터를 저차원 데이터로 축소하는 방법이므로 독립변수들 간 다중 공선성 문제를 해결할 수 있다.

② 여러 변수들의 데이터를 서로 상관성이 높은 변수들의 선형결합으로 만들어 변수들을 요약, 축소하는 기법이다.

③ 개체들의 유사성(거리)을 이용하는 점에서 군집분석과 동일하다.

④ 다차원척도법에서 비계량적 다차원척도법은 각 데이터들 간의 유클리드거리 행렬을 계산하고 개체들 간의 비유사성을 공간상에 표현한다.

25 회귀분석에 대한 설명으로 맞는 것은?

① 독립변수와 종속변수의 사이를 모형으로 나타내고 두 변수 간의 관계를 도출하는 것이다.

② 독립변수의 수가 많아지면 모델의 설명력이 증가하고 모형이 단순해진다.

③ 명목형 변수는 회귀분석에서 더미 변수화하여 사용할 수 없다.

④ 종속변수들 간에 강한 상관관계가 나타나는 다중 공선성 문제가 발생될 수 있다.

26 인공 신경망 모형에 대한 설명으로 틀린 것은?

① 인간 두뇌의 학습 과정을 뉴런과 시냅스의 상호작용을 연산과정으로 간주하고 이를 재현한 분류(classification), 예측(regression) 모델이다.

② 복잡한 비선형 관계 모델링과 대용량 데이터 처리 등의 장점이 있다.

③ 은닉층 노드와 뉴런 수는 자동으로 설정되며 은닉층이 많을수록 예측력이 우수하다.

④ 모델 해석이 어렵고(블랙박스) 초기 가중치 설정이 어렵다.

27 모분산의 추정에 대한 설명으로 틀린 것은?

① 모분산 추정으로 모집단의 변동성과 퍼짐성을 확인할 수 있다.

② 임의 추출한 n개의 표본에 대한 추정은 자유도가 n−1인 카이제곱분포로 추정할 수 있다.

③ 정규분포를 따르지 않는 분포도 중심극한정리에 따라 모분산을 추정할 수 있다.

④ 임의 추출한 두 표본에 대한 검정은 두 분산이 동일한가를 확인하는 것으로 t분포로 가능하다.

28 신경망 모형에서 입력된 데이터를 다음 층으로 출력하는 형태를 결정하는 함수는 무엇인가?

① 로짓 함수   ② 활성화 함수

③ CHAID 함수   ④ 오즈비 함수

29 혼합분포모형에 대한 최대가능도 추정을 위해 사용되는 알고리즘은 무엇인가?

① K-means
② K-medoids
③ DBSCAN
④ EM 알고리즘

30 주성분분석의 설명으로 틀린 것은?

① 독립변수들과 주성분과의 거리인 정보손실량을 최소화하거나 분산을 최대화한다.
② 주성분은 변수들의 선형결합으로 이루어져 있다.
③ 주성분분석은 거리를 사용하기 때문에 척도에 영향을 받는다.
④ 원변수의 선형결합 중 가장 분산이 작은 것을 주성분으로 설정한다.

31 텍스트 마이닝 설명으로 틀린 것은?

① 텍스트 데이터로부터 의미 있는 정보를 추출하고 이해하기 위한 기술이다.
② 텍스트 데이터에서 패턴, 트랜드, 감성 등을 파악하고 분석할 수 있다.
③ 구조가 불명확하거나 스키마가 없는 비정형 텍스트가 분석대상이다.
④ 평가지표로 재현율과 정밀도를 사용할 수 없다.

32 5개의 관측치를 가진 데이터셋에서 각 관측치 사이의 유클리드 거리를 계산한 행렬이다. 최단 연결법으로 계층적 군집화할 때, 첫 번째 단계에서 형성되는 군집과 a와의 거리는?

	a	b	c	d
b	3.2			
c	3.6	5.4		
d	3.2	2.8	3.0	
e	5.0	3.0	5.1	2.2

① 2.2
② 3.2
③ 3.6
④ 5.0

33 ARIMA(2,0)에 대한 설명 중 옳지 않은 것은?

① 자기회귀 이동평균 모형으로, 시계열 데이터를 모델링하는 데 사용된다.
② 2차 자기회귀항(AR)만을 포함하고 이동평균항(MA)은 포함하지 않는 모델이다.
③ 현재 시점의 값이 과거 2개의 값을 이용하여 자기회귀적으로 예측된다는 의미이다.
④ PACF는 절단되고 ACF는 증가한다.

34 시계열모델에 대한 설명으로 옳은 것은?

① 현재와 과거 자신의 오차관계를 정의하는 자기누적 이동평균모델(ARIMA)이라고 한다.
② 현재 자료를 과거의 백색 잡음의 선형결합으로 나타내는 모형을 자기회귀모델(AR)이라고 한다.
③ 이동평균모델(MA)은 정상성을 만족하기 위한 조건이 필요하다.
④ 계절성을 갖는 정상시계열은 계절차분을 이용해 비정상시계열로 바꿀 수 있다.

35 회귀분석에서 유의성 검정을 위한 분산분석표 해석으로 틀린 것은?

① 변동요인은 종속변수의 변동을 설명하는 요소들을 나타내며 회귀식, 오차 등으로 구분표기한다.
② 자유도는 해당 변동의 추정에 사용된 독립적인 정보의 수를 나타낸다.
③ 평균제곱은 각 변동의 제곱합을 해당 변동의 자유도로 나눈 값으로, 해당 변동의 분산 추정치이다.
④ 오차항의 분산 불편추정량은 MSR이다.

36 다중 공선성에 대한 설명으로 틀린 것은?

① 다중 공선성이 발생하는 독립변수들은 표본의 크기가 관계없이 발생하게 된다.
② 다중 공선성 문제를 해결하기 위해 중요하지 않은 변수를 제거한다.
③ 분산팽창요인(VIF)을 구하여 이 값이 10을 넘으면 다중 공선성 문제가 있는 것으로 판단한다.
④ 표본수가 증가해도 VIF에서 결정계수는 크게 변하지 않는다.

37 사회연결망분석에서 연결망을 표현하는 분석 방법으로 틀린 것은?

① k-means
② 네트워크 그래프
③ 클러스터링
④ 영향력 분석

38 주성분 분석결과에서 첫 번째 주성분 식으로 적절한 것?

```
> data('USArrests')
> head(USArrests)
           Murder Assault UrbanPop Rape
Alabama      13.2     236       58 21.2
Alaska       10.0     263       48 44.5
Arizona       8.1     294       80 31.0
Arkansas      8.8     190       50 19.5
California    9.0     276       91 40.6
Colorado      7.9     204       78 38.7

> USA_princomp<-princomp(USArrests, cor=TRUE)
> summary(USA_princomp)
Importance of components:
                          Comp.1    Comp.2    Comp.3     Comp.4
Standard deviation     1.5748783 0.9948694 0.5971291 0.41644938
Proportion of Variance 0.6200604 0.2474413 0.0891408 0.04335752
Cumulative Proportion  0.6200604 0.8675017 0.9566425 1.00000000

> USA_princomp$loadings

Loadings:
        Comp.1 Comp.2 Comp.3 Comp.4
Murder   0.536  0.418  0.341  0.649
Assault  0.583  0.188  0.268 -0.743
UrbanPop 0.278 -0.873  0.378  0.134
Rape     0.543 -0.167 -0.818

               Comp.1 Comp.2 Comp.3 Comp.4
SS loadings      1.00   1.00   1.00   1.00
Proportion Var   0.25   0.25   0.25   0.25
Cumulative Var   0.25   0.50   0.75   1.00
```

① $0.536 \times$ Murder $+ 0.583 \times$ Assault $+ 0.278 \times$ UrbanPop $+ 0.543 \times$ Rape
② $0.418 \times$ Murder $+ 0.188 \times$ Assault $- 0.873 \times$ UrbanPop $- 0.167 \times$ Rape
③ $0.341 \times$ Murder $+ 0.268 \times$ Assault $+ 0.378 \times$ UrbanPop $- 0.818 \times$ Rape
④ $0.649 \times$ Murder $- 0.743 \times$ Assault $+ 0.134 \times$ UrbanPop $+$ Rape

39 다음 중 회귀분석에서 모델의 설명력을 확인하기 위해 사용되는 결정계수의 특성으로 옳지 않은 것은?

① 결정계수는 -1~1 사이의 값을 갖는다.
② 높은 값을 가질수록 측정된 회귀식의 설명력이 높다.
③ 총변동에서 추정된 회귀식에 설명되는 변동의 비율로 나타낼 수 있다.
④ 종속변수의 변동 중 독립변수로 설명되는 비율을 나타낸다.

40 사회연결망분석(Social Network Analysis, SNA)에서 중심성을 측정하는 방법으로 틀린 것은?

① 연결 중심성　　　② 근접 중심성
③ 매개 중심성　　　④ 링크 중심성

01 아래 문장에 알맞은 용어는?

> 데이터의 가공 및 상관관계 간 이해를 통해 패턴을 인식하고 그 의미를 부여한 데이터

---

02 빅데이터 활용기법 중 아래 문장처럼 어떤 변수 간에 주목할 만한 상관관계가 있는지를 찾아내는 방법은?

> 슈퍼마켓에 상관관계가 높은 상품(맥주와 기저귀, 남편이 심부름으로 기저귀를 사면서 맥주도 함께 구입)을 함께 진열하여 같이 구매하는지를 분석

---

03 기업의 경영목표 달성에 필요한 전략적 주요 정보를 포착하고, 주요 정보를 지원하기 위한 전사적 관점의 정보구조를 도출하며, 이를 수행하기 위한 전략 및 실행계획을 수립하는 전사적인 종합정보 추진계획은?

---

04 사용자의 기본적인 요구사항에 따른 모형 시스템을 신속히 개발하여 제공한 후 사용자의 의견을 바탕으로 시스템을 개선하고 보완해 가는 데이터 분석모델은?

---

05 아래에서 설명하는 인공신경망 알고리즘은?

> 대뇌피질 중 시각피질의 학습과정을 모델화한 인공신경망으로 입력벡터를 훈련집
> 합에서 일치되도록 가중치를 조정하는 비지도학습의 한 방법이며, 이러한 특성으
> 로 군집화, 차원축소, 시각화 등에 활용되며, 코호넨 네트워크에 근간을 두고 있다.

06 아래는 덴드로그램의 결과이다. Distance가 20일 때 군집의 수는?

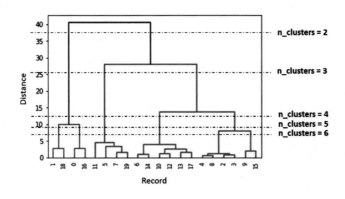

07 아래의 오분류표를 이용하여 f1-score 값을 구하시오.

		실제	
		true	false
예측	true	30	70
	false	60	40

08 재표본 과정에서 각 자료에 동일한 확률을 부여하지 않고, 분류가 잘못된 데이터에 더 가중을 주어 표본을 추출하는 분석기법은?

---

09 아래 빈칸에 알맞은 용어는?

( )는 관측된 종속변수값과 회귀식을 통해 예측된 종속변수값 사이의 차이를 의미한다. ( )는 회귀모델이 관측 데이터를 얼마나 잘 설명하지 못하는지를 나타내는 측정값으로, 모델의 적합도를 평가하는 중요한 지표이다.

---

10 아래 거래 데이터에서 연관규칙 '기저귀 → 맥주'의 향상도는?

거래번호	구매상품
1	기저귀, 맥주, 빵
2	기저귀, 맥주
3	기저귀, 빵, 음료수
4	빵, 음료수, 커피

I 데이터 이해

객관식 : 8문항, 각 2점

01 다음 데이터에 대한 설명으로 가장 적절하지 않은 것은?

① 추론, 예측, 전망, 추정을 위한 근거(basis)로 기능하는 특성을 갖는다.
② 데이터는 축적된 지식과 아이디어가 결합된 창의적인 산물이다.
③ 데이터는 개별 데이터 자체로는 의미가 중요하지 않은 객관적인 사실이다.
④ 다른 객체와의 상호 관계 속에서 가치를 갖는다.

02 빅데이터가 가치 창출 측면에서 기업, 정부, 개인에게 미친 영향으로 옳지 않은 것은?

① 산업 전체의 생산성이 향상되었다.
② 개인은 맞춤형 서비스를 받거나 적시에 필요한 정보를 얻음으로써 기회비용을 절약하게 되었다.
③ 기업활동의 투명성은 없어지지만 경쟁사보다 강한 경쟁력을 확보하는 데 도움이 되었다.
④ 비즈니스 모델을 혁신하거나 신사업 발굴에 활용할 수 있게 되었다.

03 사생활 침해 문제를 해결하기 위한 방법으로 가장 적절한 것은 무엇인가?

① 개인정보 사용자 책임제로 전환
② 결과기반 책임 원칙 고수
③ 알고리즘 접근 허용
④ 사용자 동의제도 시행

04 암묵지와 형식지 상호작용의 과정 중 개인의 내재된 경험을 객관적인 데이터로 변환하여 문서나 매체에 저장 · 가공 · 분석하는 과정을 무엇이라고 하는가?

① 표출화   ② 연결화
③ 내재화   ④ 공통화

05 다음 비식별화 기법에 대한 설명으로 틀린 것은?

① 가명처리는 식별할 수 없는 다른 값으로 대체를 의미한다.
② 데이터 마스킹은 개인 정보 식별이 가능한 특정 값을 삭제하는 것이다.
③ 범주화는 단일 식별 정보 해당 그룹의 대푯값으로 변환을 한다.
④ 총계처리는 총합 또는 평균값으로 대체하여 개별 데이터의 값이 보이지 않도록 하는 것이다.

06 데이터베이스에 대한 설명으로 적절하지 않은 것은?

① 한 조직의 다수 사용자가 공동으로 이용하고 유지하는 공용 데이터이다.
② DBMS 소프트웨어를 사용하여 데이터베이스를 구축한다.
③ 법률적으로 데이터베이스는 기술을 기반으로 한 일종의 저작물로 인정한다.
④ 데이터베이스 내의 모든 데이터는 2차원 테이블로 표현된다.

07 데이터웨어하우스에 대한 설명으로 가장 적절하지 않은 것은 무엇인가?

① ETL은 주기적으로 내부 및 외부 데이터베이스로부터 정보를 추출하고 정해진 규약에 따라 정보를 변환한 후에 데이터웨어하우스에 정보를 적재한다.
② 데이터웨어하우스는 전사적 차원보다는 특정 조직의 특정 업무 분야에 초점을 둔 것이다.
③ 데이터웨어하우스에서 관리하는 데이터들은 시간적 흐름에 따라 변화하는 값을 유지한다.
④ 데이터웨어하우스는 기업 내의 의사결정 지원 애플리케이션을 위한 정보를 제공하는 하나의 통합된 데이터 저장 공간을 말한다.

08 다음 데이터 사이언스에 대한 설명으로 가장 부적절한 것은?

① 데이터 사이언스란 데이터로부터 의미 있는 정보를 추출해내는 학문이다.
② 분석뿐 아니라 이를 효과적으로 구현하고 전달하는 과정까지 포함한 포괄적 개념이다.
③ 정형 데이터를 대상으로 총체적 접근법을 사용한다.
④ 과학과 인문학의 교차로에 서 있다고 할 수 있다.

09 다음 중 기업의 데이터 분석 도입의 수준 진단의 대상으로 가장 적절하지 않은 것은?

① 분석 업무 파악
② 분석 기법
③ 분석 인력 및 조직
④ 분석 성과 평가

10 분석 성숙도 모델 구성에서 고려하는 분석 성숙도 진단 부문으로 적절하지 않은 것은?

① 비즈니스 부문
② 기업 문화 부문
③ 조직의 역량 부문
④ IT 부문

11 다음 분석과제의 특징 중 Accuracy와 Precision에 대한 설명으로 틀린 것은?

① 분석의 활용적인 측면에서는 Precision이 중요하며, 안정적인 측면에서는 Accuracy가 중요하다.
② Accuracy와 Precision의 관계는 트레이드 오프가 되는 경우가 많다.
③ Accuracy는 모델과 실제 값의 차이에 대한 것이다.
④ Precision은 모델을 반복했을 때의 편차를 의미한다.

12 다음 중 분석 대상은 명확하지만 분석 방식이 명확하지 않은 경우 수행하는 분석 주제의 유형은 무엇인가?

① 솔루션(Solution)
② 통찰(Insight)
③ 최적화(Optimization)
④ 발견(Discovery)

13 분석 과제 정의서에 대한 설명으로 가장 적절한 것은 무엇인가?

① 프로젝트 수행 계획 수립 단계에서 전체 업무를 분류하여 구성 요소로 만든 후 각 요소를 평가하고 일정별로 계획하며 그것을 완수할 수 있는 사람에게 할당해 주는 역할을 한다.
② 분석 모델에 적용될 알고리즘과 분석 모델의 기반이 되는 Feature가 포함되어야 한다.
③ 이해 관계자가 프로젝트의 방향을 설정하고, 성공 여부를 판별할 수 없는 자료이다.
④ 필요한 소스 데이터, 분석 방법, 데이터 입수 난이도, 분석 과정 상세 등의 항목이 포함되어야 한다.

14 분석 마스터 플랜을 수립할 때 적용 범위 및 방식에 대한 고려 요소가 아닌 것은 무엇인가?

① 투입 비용 수준
② 분석 데이터 적용 수준
③ 업무 내재화 적용 수준
④ 기술 적용 수준

15 분석 마스터플랜의 세부 이행계획 수립 시 고려해야 할 데이터 분석 체계에 대한 설명으로 적절한 것은?

① 분석 마스터플랜의 모든 단계를 반복한다.
② 프로젝트의 세부 일정계획도 데이터 분석체계를 고려하여 작성한다.
③ 순차적인 정련 과정을 통해 프로젝트의 기간을 단축하는 방식을 주로 사용한다.
④ 데이터 수집 및 확보와 분석 데이터를 준비하는 단계를 반복적으로 진행한다.

16 분석 기획에 대한 설명으로 적절하지 않은 것은 무엇인가?

① 해당 문제 영역에 대한 전문성 역량 및 통계학적 지식을 활용한 분석 역량과 분석 도구인 데이터 및 프로그래밍 기술 역량에 대한 균형 잡힌 시각을 가지고 방향성 및 계획을 수립해야 한다.
② 성공적인 분석을 하기 전 중요 사전 작업이다.
③ 상향식 분석은 분석 기획 전 탐색적 데이터 분석 수행을 한다.
④ 실제 분석을 수행에 앞서 분석을 수행할 과제의 정의 및 의도했던 결과를 도출할 수 있도록 이를 적절하게 관리할 수 있는 방안을 사전에 계획하는 일련의 작업이다.

17 다음 중 군집분석 기법으로 적절하지 않은 것은 무엇인가?

① PAM
② DBSCAN
③ 실루엣 계수(Silhouette Coefficient)
④ 퍼지(Fuzzy) Clustering

18 Wage 데이터셋에 대한 ANOVA 분석 결과 해석의 내용 중 틀린 것은?

```
> aov <-aov(wage ~ age, data=data)
> summary(aov)
               Df       Sum Sq     Mean Sq   F value    Pr(>F)
age            1        199870     199870      119.3    <2e-16  ***
Residuals   2998       5022216     1675
---
Signif. codes:  0 '***' 0.001 '**' 0.01 '*' 0.05 '.' 0.1 ' ' 1
```

① age와 wage에 대한 선형관계를 알 수 없다.
② age와 wage는 양의 상관관계이다.
③ 관측치는 3,000개이다.
④ MSE는 1675이다.

19 웹 데이터의 수집을 위해 웹페이지의 구조를 분석하여 데이터를 자동으로 수집하는 방법을 무엇이라고 하는가?

① FTP
② 웹 크롤링(Web Crawling)
③ Streaming
④ Open API

20 신경망 모형에서 출력값이 여러 개이고 목표치가 다범주인 경우에 사용하는 것으로 각 범주에 속할 사후 확률(posterior probability)을 제공하는 활성화 함수는 무엇인가?

① 항등 함수   ② ReLU
③ sigmoid   ④ softmax

21 시그모이드 함수의 범위로 알맞은 것은?

① 0 ~ 1   ② -1 ~ 1
③ -1 ~ 0   ④ 0.5 ~ 1

22 다음의 수식에 해당하는 데이터 간의 거리 계산 방식은 무엇인가?

$$\sum_{i=1}^{n} |x_i - y_i|$$

① 유클리드 거리   ② 맨해튼 거리
③ 민코프스키 거리   ④ 마할라노비스 거리

23 연관분석에 대한 특징으로 틀린 것은?

① 조건반응(if~then)으로 표현되는 연관분석의 결과를 이해하기 쉽다.
② 비목적성 분석 기법이다.
③ 대표적인 알고리즘으로 Apriori가 있다.
④ 분석을 위한 계산이 복잡하다는 단점이 있다.

24 다음 중 표본들이 서로 관련되어 있는 경우, 짝지어진 두 개의 관찰치들의 크고 작음을 +와 -로 표시하여 그 개수를 가지고 두 그룹의 분포 차이가 있는가에 대한 가설을 검증하는 방법은 무엇인가?

① Sign Test
② Chi-Square Test
③ ANOVA Test
④ 스피어만 상관계수

25 자료의 척도에 대한 설명으로 적절하지 않은 것은?

① 비율척도 - 사칙연산이 모두 가능하고, 혈액형, 학력 등이 해당된다.
② 구간척도 - 덧셈, 뺄셈이 가능하고 절대 0점을 포함하지 않는 온도가 이에 해당된다.
③ 서열척도 - 연산이 불가능하고 메달과 같이 범주 간 순서가 있는 것이 이에 해당된다.
④ 명목척도 - 단순히 측정 대상의 특성을 분류하거나 확인하기 위한 목적으로 사용된다.

26 소득 순위처럼 정규분포가 아닌 오른쪽 꼬리가 긴 분포(Positive Skewed)에서 평균과 중앙값의 관계로 알맞은 것은?

① 중앙값이 평균보다 크다.
② 평균이 중앙값보다 크다.
③ 평균과 중앙값의 관계에 변화가 없다.
④ 평균은 중앙값의 제곱과 같다.

27 R에서 숫자형, 문자형, 논리형 벡터를 하나로 합친 벡터를 구성하는 경우 합쳐진 벡터의 형식은 무엇인가?

① 숫자형 벡터
② 문자형 벡터
③ 논리형 벡터
④ 데이터프레임

28 다음 중 빅데이터 분석 프로세스에서 모델링 단계에 해당하지 않는 항목은 무엇인가?

① 데이터 분할
② 데이터 모델링
③ 모델 적용 및 운영 방안
④ 수행방안 설계

29 다음 중 모형 성과 평가 방법으로 적절하지 않은 것은?

① 결정계수
② 실루엣 지수
③ 엔트로피(Entropy)
④ ROC 그래프

30 다음 중 분류 모형 평가에 활용하지 않는 것은 무엇인가?

① 덴드로그램　　② 오분류표
③ ROC 그래프　　④ Kappa 지수

31 다차원 척도법에 대한 설명으로 가장 적절하지 않은 것은 무엇인가?

① 개체들의 거리는 유클리드(Euclidean) 거리와 유사도를 이용하여 구한다.
② 관측 대상의 상대적 거리의 정확도를 높이기 위해 적합 정도를 스트레스 값(Stress Value)로 나타낸다.
③ 스트레스 값은 0에 가까울수록 적합도가 좋음을 나타낸다.
④ 개체들 사이의 유사성과 비유사성을 측정하여 차원을 축소하기 위해 사용한다.

32 앙상블 모형의 특징으로 올바르지 않은 것은?

① 성능을 분산시키기 때문에 과대적합(Overfitting) 감소 효과가 있다.
② 각 모형의 상호연관성이 높을수록 정확도 또한 높아진다.
③ 여러 개의 모형의 결과를 종합하여 정확도를 높이는 방법이다.
④ Bagging, Boosting 등 다양한 방법의 앙상블 기법이 존재한다.

33 이상치 관련한 설명으로 가장 옳지 않은 것은?

① DBSCAN 군집을 실행해 군집에 포함되지 않은 것을 이상치로 한다.
② ESD 방법에서는 평균 − 3×표준편차보다 작거나, 평균 + 3×표준편차보다 큰 데이터를 이상치로 규정한다.
③ 기하평균을 이용하는 경우 기하평균 − 2.5×표준편차보다 작거나, 기하평균 + 2.5×표준편차보다 큰 데이터를 이상치로 규정한다.
④ IQR을 사용하는 방식의 경우 Q2(중위수) + 1.5×IQR보다 크거나 Q2(중위수) − 1.5×IQR보다 작은 데이터를 이상치로 규정한다.

34 군집분석에 대한 설명으로 적절하지 않은 것은?

① 집단별 특성이 유사할 경우 안정성이 높다.
② 유사성을 이용하여 몇 개의 집단으로 그룹화하는 분석이다.
③ 군집분석은 집단 간 이질성과 집단 내 동질성이 모두 낮아지는 방향으로 군집을 만든다.
④ 비계층적 군집분석 기법의 경우 사용자가 사전 지식 없이 그룹의 수를 정해주는 일이 많기 때문에 결과가 잘 나오지 않을 수 있다.

35 의사결정나무의 특징으로 알맞지 않은 것은?

① 연관성이 높은 변수가 있어도 영향을 받지 않는다.
② 비정상적인 잡음 데이터에 대해서는 민감하게 분류한다.
③ 목적 변수가 이산형(범주형)인 경우와 연속형인 경우 모두 사용할 수 있다.
④ 설명력이 좋으며, 과대적합에 취약한 특징이 있다.

36 데이터 마이닝을 위한 데이터 분할과 관련된 설명 중 알맞지 않은 것은?

① 데이터는 학습용, 검증용, 평가용 데이터로 분할하여 사용할 수 있다.
② 검증용 데이터(validation data)는 학습과정에서 사용되지 않는다.
③ 검증용 데이터는 훈련에 사용되지 않는다.
④ 데이터 수가 적을 때는 교차 검증을 사용한다.

37 확률적 표본추출 방법이 아닌 것은?

① 단순 무작위 추출법   ② 계통 추출법
③ 집단 추출법   ④ 층화 추출법

38 코드 실행 결과에 대한 설명으로 적절한 것은?

```
Call:
lm(formula = Fertility ~ ., data = swiss)

Residuals:
     Min      1Q  Median      3Q     Max
-15.2743 -5.2617  0.5032  4.1198 15.3213

Coefficients:
                Estimate Std. Error t value Pr(>|t|)
(Intercept)     66.91518   10.70604   6.250 1.91e-07 ***
Agriculture     -0.17211    0.07030  -2.448  0.01873 *
Examination     -0.25801    0.25388  -1.016  0.31546
Education       -0.87094    0.18303  -4.758 2.43e-05 ***
Catholic         0.10412    0.03526   2.953  0.00519 **
Infant.Mortality 1.07705    0.38172   2.822  0.00734 **
---
Signif. codes:  0 '***' 0.001 '**' 0.01 '*' 0.05 '.' 0.1 ' ' 1

Residual standard error: 7.165 on 41 degrees of freedom
Multiple R-squared:  0.7067,    Adjusted R-squared:  0.671
F-statistic: 19.76 on 5 and 41 DF,  p-value: 5.594e-10
```

① 회귀모형은 유의수준 5% 하에서 통계적으로 유의미하다.
② 모든 회귀계수들이 유의미하다.
③ 설명력은 7.165이다.
④ 데이터의 개수는 41개이다.

39 데이터 전처리 과정에 대한 설명으로 올바른 것은 무엇인가?

① 결측치는 연산에 아무런 방해가 되지 않으므로 그대로 두어도 무방하다.

② 데이터 특성을 파악하고 통찰을 얻기 위한 방법을 데이터 EDA라고 한다.

③ 모든 분석의 이상치는 시간이 오래 걸리더라도 모두 찾아내어 제거한다.

④ 데이터 변환을 통해 정규분포 형태의 데이터로 만들면 데이터가 왜곡되어 올바른 학습이 되지 않는다.

40 변수 가공에 대한 설명으로 적절하지 않은 것은?

① 구간화의 개수가 감소하면 정확도는 높아지지만 속도가 느려진다.

② log, sqrt를 취하면 큰 값을 작게 만들 수 있다. – 오른쪽 꼬리 긴 분포에 사용

③ 제곱, exp를 취하면 작은 값을 크게 만들 수 있다. – 왼쪽 꼬리 긴 분포에 사용

④ MinMax Normalization을 하면 값이 0~1 사이의 범위로 변경된다.

단답형

10문항, 각 2점

---

01 다음 빈칸에 알맞은 단어는 무엇인가?

> (   )은 거래정보를 하나의 덩어리로 보고 이를 차례로 연결한 거래장부다. 기존 금융회사의 경우 중앙 집중형 서버에 거래 기록을 보관하는 반면, (   )은 거래에 참여하는 모든 사용자에게 거래 내역을 보내주며 거래 때마다 이를 대조해 데이터 위조를 막는 방식을 사용한다.

---

02 다음이 설명하는 것은 무엇인가?

> 인간의 개입을 최소화하여 인터넷 기반으로 모든 사물을 연결하여 상호 소통하는 지능형 기술로 허기스의 tweet pee, 구글의 google glass, 나이키의 fuel band, 삼성의 갤럭시 워치 등을 예로 들 수 있다.

---

03 빅데이터의 4V는 빅데이터의 3V에 무엇이 추가된 것인가?

---

04 다음 빈칸에 공통으로 들어갈 단어로 알맞은 것은 무엇인가?

> 분석 과제 우선순위 평가 기준에는 (   )과 난이도가 있으며 (   )의 경우 전략적
> 중요도와 목표가치, 난이도의 경우 데이터 획득/저장/가공 비용, 분석 적용 비용,
> 분석 수준에 따라 판단하게 된다.

---

05 다음이 설명하는 시계열 모형은 무엇인가?

> "자기 자신의 과거자료로 설명하는 모형으로 백색잡음의 현재값과 자기 자신의 과
> 거값의 가중합으로 선형성을 표현하는 정상시계열 모형이다."

---

06 다음이 설명하는 앙상블 모형의 종류는 무엇인가?

> "배깅(bagging)에 랜덤 과정을 추가한 방법으로 노드 내 데이터를 자식 노드로 나
> 누는 기준을 정할 때 모든 예측 변수에서 최적의 분할을 선택하는 대신, 설명변수
> 의 일부분만을 고려함으로 성능을 높이는 방법을 사용한다."

---

07 아래의 오분류표를 이용하여 f1-score 값을 구하시오.

		실제		
		TRUE	FALSE	합계
예측	TRUE	30	70	100
	FALSE	60	40	100
	합계	90	110	200

08 이산확률변수 X가 가능한 값으로 1, 2, 4가 있다. P(X=1) = 0.30이고 기댓값이 2.7일 때 P(X=2)는 무엇인가?

09 우등반에 들어가기 위해서는 어느 시험에서 상위 2% 안에 들어야 한다. 해당 시험 점수의 평균이 85점이고 표준편차가 5일 때, 우등반에 들어가기 위한 최소 시험 점수는? (단, P(Z<=2.05) = 0.98)

10 의사결정나무의 형성 과정 중 최종 마디가 너무 많으면 모형이 과대적합(overfitting) 상태로 현실 문제에 적응할 수 없는 규칙이 나오게 된다. 이러한 과대적합 문제를 모델을 단순화하여 해결하기 위해 필요한 것은 무엇인가?

Ⅰ 데이터 이해

01 다음 중 다수 사용자가 데이터베이스(DB)에 접근(Access)하여 데이터베이스의 정의, 조작, 제어 등 데이터베이스 관리를 지원하는 소프트웨어는 무엇인가?

① SQL
② DBMS
③ JSON
④ HTML

02 데이터 사이언티스트의 요구 역량으로 옳지 않은 것은?

① 통찰력 있는 분석
② 다분야 간 협력을 위한 커뮤니케이션
③ 네트워크 최적화
④ 설득력 있는 스토리텔링

03 사생활 침해를 방지하기 위한 기법은 무엇인가?

① 익명화
② 일반화
③ 정규화
④ 표준화

04 빅데이터 알고리즘에 의해 부당하게 피해를 본 사람을 구제하고, 부당 피해를 막는 역할을 하는 인력은?

① 데이터 분석가
② 데이터 엔지니어
③ 데이터 사이언티스트
④ 알고리즈미스트

05 다음 중 빅데이터 출현 배경에 관한 설명으로 가장 올바르지 않은 것은?

① 데이터 구조는 분석 및 수집 관리가 가능한 형태로 정형화되었다.
② 데이터 생산량이 인터넷, 모바일 발전, SNS, IoT의 확산으로 증가하였다.
③ 데이터 저장기술은 발전하였고 가격은 하락하였다.
④ 기업이 데이터 축적 및 활용에 대한 필요성을 인지하였다.

06 빅데이터의 활용에 대한 설명으로 옳지 않은 것은?

① 월마트는 고객의 구매 패턴을 분석해 상품 진열에 활용한다.
② 실시간 교통정보 수집, 기후 정보, 각종 지질 활동, 소방 서비스를 위한 모니터링에 빅데이터 활용한다.
③ 정부는 이익을 위해서 개인 정보를 활용한다.
④ 구글은 사용자의 로그 데이터를 활용하면서 기존의 페이지 랭크 알고리즘을 혁신, 다양한 차원의 신호(Signal)를 추가하여 검색결과를 개선한다.

07 다음 중 빅데이터 시대의 위기 요인으로 가장 올바르지 않은 것은?

① 사생활 침해   ② 데이터 오용
③ 책임 원칙 훼손   ④ 익명화

08 다음 중 데이터베이스와의 통신을 위해 고안된 언어로 가장 적절한 것은?

① Java   ② R
③ Python   ④ SQL

Ⅱ 데이터 분석 기획

객관식 : 8문항, 각 2점

09 다음이 설명하는 데이터 거버넌스의 구성요소는 무엇인가?

> 메타 데이터 관리, 데이터 사전관리, 데이터 생명주기 관리

① 데이터 관리체계
② 데이터 표준화
③ 데이터 저장소 관리
④ 표준화 관리

10 다음이 설명하는 분석 조직 구조 유형은 무엇인가?

> • 분석 조직 인력들을 현업부서로 직접 배치해 분석업무를 수행한다.
> • 전사 차원의 우선 순위를 수행하고 신속한 업무에 적합하다.

① 집중 구조   ② 기능 구조
③ 분산 구조   ④ 관리 구조

11 분석 마스터플랜 수립에서 과제 우선 순위 결정과 관련한 내용으로 가장 올바르지 않은 것은?

① 시급성과 전략적 필요성은 전략적 중요도의 평가요소이다.
② 속도는 비즈니스 효과이다.
③ 전략적 중요도, ROI, 실행 용이성은 분석 과제 우선 순위를 결정할 때 고려해야 할 사항이다.
④ 투자 용이성과 기술 용이성은 실행 용이성의 평가요소이다.

12 분석 과제의 우선 순위 선정 시 가장 먼저 추진해야 하는 것은?

① 시급성: 현재, 난이도: 쉬움
② 시급성: 현재, 난이도: 어려움
③ 시급성: 미래, 난이도: 쉬움
④ 시급성: 미래, 난이도: 어려움

13 다음 중 위험 대응 방법이 아닌 것은?

① 회피   ② 관리
③ 전가   ④ 완화

14 다음 중 분석 준비도 프레임워크의 영역이 아닌 것은?

① 분석 데이터   ② 성과 분석
③ 분석 인프라   ④ 분석 문화

15 상향식 접근 방식 절차로 옳은 것은?

① 프로세스 분류 → 프로세스 흐름 분석 → 분석 요건 식별 → 분석 요건 정의
② 프로세스 흐름 분석 → 프로세스 분류 → 분석 요건 식별 → 분석 요건 정의
③ 프로세스 흐름 분석 → 프로세스 분류 → 분석 요건 정의 → 분석 요건 식별
④ 프로세스 분류 → 프로세스 흐름 분석 → 분석 요건 정의 → 분석 요진 식별

16 분석 거버넌스의 구성요소가 아닌 것은?

① 인적 자원   ② 조직
③ 프로세스   ④ 네트워크

Ⅲ 데이터 분석

객관식 : 24문항, 각 2점

17 회귀 분석에 대한 설명으로 옳지 않은 것은?

① 결정계수는 0에서 1 사이의 값을 가진다.
② 결정계수의 값이 클수록 설명력이 좋다.
③ 유의성이 낮은 경우 독립변수와 종속변수의 설명이 가능하다.
④ 결정계수는 전체 데이터를 회귀 모형이 얼마나 잘 설명하고 있는지를 보여주는 통계량이다.

18 다음은 확률변수 X에 대한 설명이다.

$P(X=1) = \dfrac{1}{3}$, $P(X=2) = \dfrac{1}{6}$, $P(X=3) = \dfrac{1}{2}$ 일 때, 옳은 것은?

① X의 기대값은 $\dfrac{13}{6}$ 이다.

② X가 1이거나 2일 때 확률은 $\dfrac{1}{2}$ 보다 크다.

③ X가 4일 때 확률은 0보다 크다.

④ X가 3일 때 확률은 $\dfrac{1}{6}$ 보다 작다.

19 다음 혼동 행렬에서 민감도는 얼마인가?

실제값 \ 예측치	True	False
True	40 (TP)	60 (FN)
False	20 (FP)	80 (TN)

① 0.40 ② 0.67

③ 0.25 ④ 0.75

20 다음 중 목표변수가 연속형인 회귀나무(Regression Tree)의 경우에 사용하는 분류 기준은 무엇인가?

① 지니 지수, 엔트로피 지수

② 카이제곱 통계량, 지니 지수

③ 분산 감소량, F-통계량의 p-값

④ 카이제곱 통계량 분산 감소량

21 다음 A, B의 키와 몸무게가 있을 때 맨하탄 거리는 얼마인가?

	A	B
키	165	170
몸무게	70	65

① 0 ② 10

③ $\sqrt{10}$ ④ $\sqrt{50}$

22 EM 알고리즘에 대한 설명으로 옳은 것은?

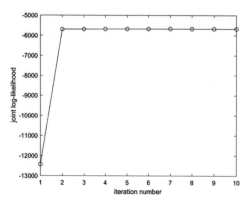

① 반복 횟수 2회 만에 로그-가능도 함수가 최대가 되었다.
② 정규혼합분포가 2가지로 관찰되었다.
③ 모수의 추정을 위해 10회 이상의 반복 횟수가 필요하다.
④ 로그-가능도 함수의 최솟값이 −6000이다.

23 다음과 같은 조건에서 기댓값은 얼마인가?

X	1	2	3
P(X)	0.5	0.3	0.2

① 0.6   ② 1.0
③ 1.7   ④ 3.5

24 다음 중 데이터 마이닝 순서로 가장 올바른 것은 무엇인가?

> ㉠ 목적 정의
> ㉡ 데이터 준비
> ㉢ 데이터 가공
> ㉣ 데이터 마이닝 기법 적용
> ㉤ 검증

① ㉠ → ㉡ → ㉢ → ㉣ → ㉤
② ㉠ → ㉡ → ㉣ → ㉢ → ㉤
③ ㉠ → ㉢ → ㉡ → ㉣ → ㉤
④ ㉠ → ㉢ → ㉡ → ㉤ → ㉣

25 아래의 주어진 산점도에 대한 설명으로 가장 올바르지 않은 것은 무엇인가?

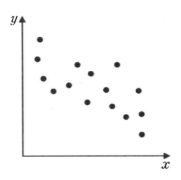

① 상관계수의 절댓값이 크면 두 변수 간의 선형 관계가 크다고 할 수 있다.
② 상관관계는 음수이다.
③ 피어슨 상관계수로 표현할 경우 잘 설명되지 않는다.
④ x가 증가하면 y 값이 감소하는 경향을 보인다.

26 라쏘(LASSO)에 대한 설명으로 옳지 않은 것은?

① 회귀계수들의 절댓값이 클수록 페널티(Penalty)를 부여하는 방식이다.
② L2-norm을 통해 제약을 주는 방법이다.
③ 람다값(λ)으로 페널티(Penalty)의 강도를 조정한다.
④ 자동적으로 변수선택을 하는 것과 같은 효과가 있다.

27 다음 중 K-평균 군집에서 단점을 보완하는 방법으로 올바른 것은?

① 이상값 자료에 민감한 k-평균 군집의 단점을 보완하기 위해 군집을 형성하는 단계마다 평균 대신 중앙값을 사용하는 k-중앙값 군집을 사용한다.
② k-평균은 군집의 수를 미리 정할 필요가 없다.
③ 볼록한 형태가 아닌 군집이 존재할 때 군집 성능이 높아진다.
④ 조화평균을 사용한다.

28 다음 중 SOM(Self-Organizing Map) 방법에 대한 설명으로 가장 올바르지 않은 것은?

① SOM은 경쟁 학습으로 각각의 뉴런이 입력 벡터와 얼마나 가까운가를 계산하여 연결 강도를 반복적으로 재조정하는 학습 과정을 거치면서 연결 강도는 입력 패턴과 가장 유사한 경쟁층 뉴런이 승자가 된다.

② SOM은 고차원의 데이터를 저차원의 지도 형태로 형상화하기 때문에 시각적으로 이해하기 쉬울 뿐 아니라 변수의 위치 관계를 그대로 보존하기 때문에 실제 데이터가 유사하면 지도상 가깝게 표현된다.

③ SOM은 입력변수의 위치 관계를 그대로 보존하여 입력변수의 정보와 그들의 관계가 지도상에 그대로 나타난다.

④ SOM을 이용한 군집 분석은 역전파 알고리즘을 사용함으로써 군집의 성능이 우수하고 수행 속도가 빠르다.

29 다음 중 시계열 분석에 대한 설명으로 가장 올바르지 않은 것은?

① 시계열 자료가 추세를 보이는 경우 변환을 통해서 정상 시계열로 바꾸어 준다.

② 시계열에 영향을 주는 일반적인 요인을 시계열에서 분리해 분석하는 방법을 분해 시계열이라 한다.

③ 시계열 자료는 시간의 흐름에 따라 관측되는 자료이므로 대체로 독립적이지 않다.

④ 대부분의 시계열 자료는 비정상 시계열 자료이므로 정상 시계열로 만든 후 시계열 분석을 한다.

30 다음에 주어진 회귀 분석 결과에 대한 설명으로 가장 옳지 않은 것은 무엇인가? (단, 유의수준 α는 0.05로 설정)

```
> lm_model <- lm(Balance ~ Income + Student + Age, data=Credit)
> summary(lm_model)

Call:
lm(formula = Balance ~ Income + Student + Age, data = Credit)

Residuals:
    Min      1Q   Median      3Q     Max
-817.01 -323.08   -56.68  309.80  790.93

Coefficients:
            Estimate Std. Error t value Pr(>|t|)
(Intercept) 312.9120    68.0986   4.595 5.83e-06 ***
Income        6.1530     0.5641  10.907  < 2e-16 ***
StudentYes  378.9254    65.1935   5.812 1.27e-08 ***
Age          -1.9585     1.1529  -1.699   0.0901 .
---
Signif. codes:  0 '***' 0.001 '**' 0.01 '*' 0.05 '.' 0.1 ' ' 1

Residual standard error: 390.9 on 396 degrees of freedom
Multiple R-squared: 0.2827,    Adjusted R-squared: 0.2773
F-statistic: 52.02 on 3 and 396 DF,  p-value: < 2.2e-16
```

① Income이 증가할수록 Balance도 증가한다.

② Income은 Balance를 설명하는데 통계적으로 유의하다고 할 수 있다.

③ StudentYes는 Balance를 설명하는데 통계적으로 유의하다고 할 수 있다.

④ Age는 Balance를 설명하는데 통계적으로 유의하다고 할 수 있다.

31 전체 거래 중 항목 A와 B가 있을 때 연관성 분석의 지지도 공식은 무엇인가?

① (A와 B가 동시에 포함된 거래수) / (전체 거래수)

② (A가 포함된 거래수) / (전체 거래수)

③ (A와 B가 동시에 포함된 거래수) / (A를 포함하는 거래수)

④ (A가 포함된 거래수) / (B가 포함된 거래수)

32 아래 주어진 혼동행렬에서 특이도는 다음 중 얼마인가?

실제값＼예측치	True	False
True	200	400
False	300	100

① 0.1   ② 0.2

③ 0.25   ④ 0.3

33 다음 중 아래 설명에서 설명하는 활성화 함수인 이것은 무엇인가?

> 입력층이 직접 출력층에 연결되는 단층 신경망(Single Layer Neural Network)에서 활성화 함수를 이것으로 사용하면 로지스틱 회귀모형과 작동 원리가 유사하다.

① 계단 함수   ② ReLU

③ tanh 함수   ④ 시그모이드

34 다음 중 군집 개수를 미리 알 필요가 없이 동작하는 알고리즘은?

① K-means   ② SOM

③ 계층적 군집 분석   ④ 혼합 분포 군집

35 혼합 분포 군집에 대한 설명으로 옳지 않은 것은?

① 군집을 몇 개의 모수로 표현할 수 있고, 서로 다른 크기의 군집을 찾을 수 있다.

② EM 알고리즘을 이용한 모수 추정에서 데이터가 커지면 수렴에 시간이 걸릴 수 있다.

③ 군집의 크기가 너무 크면 추정의 정도가 떨어지거나 어려울 수 있다.

④ 이상값에 민감하므로 이상값 제거 등의 사전 조치가 필요하다.

36 다음 중 과적합을 방지하기 위한 알고리즘으로 옳지 않은 것은?

① 홀드아웃
② 교차검증
③ 부트스트랩
④ 의사결정나무

37 다음 중 분류에 대한 설명으로 옳은 것은?

① 대출 상환을 잘하는 집단에 속하는지 그렇지 않은 집단에 속하는지 문제를 해결하려 할 때 사용한다.
② 흔히 장바구니 분석이라고 불린다.
③ 소매점에서 물건 배열 계획, 카탈로그 배열 및 교차 판매, 공격적 판촉 행사 등의 마케팅 계획 수립에 적용할 수 있다.
④ 쇼핑 시 고객들이 물건을 살 때 선택하는 물건의 규칙성을 발견하여 상품 진열시 연관해서 물건을 보여줄 수 있도록 판매 전략 수립 시 활용한다.

38 연관성 분석의 장점으로 옳은 것은?

① 거래량이 적은 품목은 규칙 발견이 쉽다.
② 데이터가 적으면 연관성 분석의 정확도가 높다.
③ 더 세분화된 품목을 통해 의미있는 결과를 도출할 수 있다.
④ 조건반응(if-then)으로 연결하고 표현하는 분석으로 결과를 이해하기 쉽다.

39 다음 중 로지스틱 회귀분석에 대한 설명으로 가장 올바른 것은?

① 일반적으로 종속변수가 범주형일 경우에 사용한다.
② 로지스틱 회귀분석의 유의성 검정은 F-통계량을 이용한다.
③ 종속변수의 결과가 여러 개(3개 이상)일 경우에 사용할 수 있다.
④ 로지스틱 회귀분석에서 오즈는 사용하지 않는다.

40 다중 선형 회귀 모형에서 통계적 유의성을 확인하는 지표는 무엇인가?

① Chi-Square
② T-통계량
③ F-통계량
④ R-Square

01 데이터의 크기가 커지고 이용이 늘어나면서 대용량의 데이터를 저장·관리·검색·이용할 수 있는 데이터 집합은 무엇인가?

---

02 다음은 빅데이터 활용 기법 중에서 무엇에 대한 설명인가?

- 생명의 진화를 모방하여 최적의 해(Optimal Solution)를 구하는 알고리즘으로 존 홀랜드(John Holland)가 1975년에 개발하였다.
- '응급실에서 응급 처치 프로세스를 어떻게 배치하는 것이 가장 효율적인가?'와 같은 문제를 해결할 때 사용된다.
- 어떤 미지의 함수 Y= f(x)를 최적화하는 해 x를 찾기 위해, 진화를 모방한(Simulated Evolution) 탐색 알고리즘이라고 할 수 있다.

---

03 분석 과제가 정해져 있어 문제가 확실할 때 이에 대한 해법을 찾기 위해 체계적으로 분석하는 방법은 무엇인가?

---

04 다음이 설명하는 분석 조직구조 유형은 무엇인가?

- 전사 분석업무를 별도의 분석 전담 조직에서 담당
- 전략적 중요도에 따라 분석 조직이 우선 순위를 정해서 진행 가능

---

05 두 객체 간의 거리에 기반하여 군집을 형성해가는 계층적 군집 방법에서 사용되는 측도 중 두 개체의 벡터 내적을 이용한 유사성 측도는 무엇인가?

06 변수 선택 방법 중 모두 포함된 상태에서 시작하며 가장 적은 영향을 주는 변수부터 하나씩 제거하는 방법은 무엇인가?

07 전체 데이터를 비복원 추출 방법을 이용하여 랜덤하게 훈련용 데이터(Training Set), 평가용 데이터(Test Set)로 나눠 검증하는 기법은 무엇인가?

08 $P(A)=0.3$, $P(B)=0.4$일 때, A, B는 서로 독립이다. $P(B|A)$는 얼마인가?

09 이산 확률 분포 중 주어진 시간 또는 영역에서 어떤 사건의 발생 횟수를 나타내는 이산 확률 분포는 무엇인가?

10 두 군집 사이의 거리를 각 군집에서 하나씩 관측값을 뽑았을 때 나타날 수 있는 거리의 최솟값으로 측 정해서 가장 유사성이 큰 군집으로 병합해 나가는 방법은 무엇인가?

I 데이터 이해

객관식 : 8문항, 각 2점

01 다음 중 빅데이터 분석의 특성에 대한 설명으로 옳지 않은 것은?

① 가치 있는 정보 활용을 위해 데이터 처리 및 분석 속도가 중요하다.
② 빅데이터 분석에는 정형 데이터뿐만 아니라 비정형, 반정형 데이터를 포함한다.
③ 방대한 데이터에서 노이즈 및 오류 제거를 통해 활용 데이터에 대한 품질과 신뢰성 제고가 요구된다.
④ 데이터 크기가 커질수록 더 많은 분석을 수행하는 것이 경쟁우위 확보의 원천이다.

02 다음 중 빅데이터의 가치 측정이 어려운 이유가 아닌 것은?

① 데이터 분석과 관련한 전문 인력의 증가로 다양한 분야에서 빅데이터가 활용되고 있다.
② 비용 문제로 인해 분석할 수 없었던 것을 저렴한 비용으로 분석하면서 활용도가 증가하여 가치 산정이 어렵다.
③ 데이터의 창의적 조합으로 인해 기존에 풀 수 없는 문제를 해결하는 데 도움을 주기 때문에 가치 산정이 어렵다.
④ 빅데이터 시대에 데이터가 기존에 없던 가치를 창출하여 가치 산정이 어렵다.

03 다음 중 분석과 정의서에 필수적으로 포함되어야 할 항목이 아닌 것은?

① 필요 데이터   ② 데이터 입수 난이도
③ 수행 주기   ④ 상세 분석 알고리즘

04 다음 중 데이터 사이언스에 대한 설명으로 틀린 것은?

① 데이터 사이언스는 데이터로부터 의미 있는 정보를 추출하는 학문이다.
② 주로 분석 정확성에 초점을 맞춰 수행한다.
③ 정형 또는 비정형 데이터뿐만 아니라 숫자와 문자, 영상 정보 등의 다양한 데이터 유형을 대상으로 한다.
④ 분석뿐만 아니라 효과적으로 구현하고 전달하는 과정까지를 포함한 포괄적 개념이다.

05 다음 중 빅데이터 시대의 위기 요인과 사례가 잘못 연결된 것은?

① 데이터 오용 – 상업적 목적으로 데이터를 크롤링하여 개인정보 수집
② 책임 원칙 훼손 – 특정 집단에 속했다고 취업이 안됨
③ 사생활 침해 – 여행 사실을 페이스북에 올린 사람의 집을 도둑이 노리는 사례 발생
④ 책임 원칙 훼손 – 범죄 예측 프로그램 때문에 범행을 저지르기 전에 체포, 자신의 신용도와 무관하게 부당한 대출 거부

06 데이터베이스 관리시스템에 대한 설명으로 옳지 않은 것은?

① 데이터베이스 관리로 모든 데이터 문제를 해결할 수 있다.
② 데이터베이스 관리시스템은 다수 사용자가 데이터베이스에 접근하여 데이터베이스의 정의, 조작, 제어 등 데이터베이스 관리를 지원하는 소프트웨어이다.
③ 데이터베이스 관리시스템은 데이터의 중복을 제어하고, 중앙 집중식 통제를 통해 데이터의 일관성을 유지한다.
④ 데이터베이스 관리시스템에 장애가 발생하면 전체 시스템의 업무처리가 중단되는 단점이 있다.

07 데이터베이스 활용에 대한 설명 중 틀린 것은?

① 데이터마트는 조직이나 부서뿐만 아니라 모든 사람이 볼 수 있다.
② 데이터웨어하우스는 사용자의 의사결정에 도움을 주기 위하여, 기간 시스템의 데이터베이스에 축적된 데이터를 공통 형식으로 변환해서 관리한다.
③ ERP는 회사의 모든 정보뿐만 아니라, 공급망 관리, 고객의 주문정보까지 포함하여 통합적으로 관리하는 시스템이다.
③ CRM은 고객별 구매 이력 데이터베이스를 분석하여 고객에 대한 이해를 돕고 이를 바탕으로 각종 마케팅 전략을 펼치기 위한 시스템이다.

08 빅데이터 전략으로 옳지 않은 것은?

① 1차 분석으로는 해당 부서 및 업무에 효과가 없다.
② 표본조사로는 얻기 어려운 패턴이나 정보를 전수조사를 통해 확보한다.
③ 대량의 데이터가 질적으로 전환되는 과정에서 빅데이터 가치가 창출된다.
④ 신속한 의사결정을 원하는 비즈니스에서는 복잡한 인과관계보다 실시간 상관관계 분석에서 도출된 인사이트를 바탕으로 수익이 창출된다.

09 분석 프로젝트 관리 설명 중 옳지 않은 것은?

① 데이터 분석 프로젝트에는 다양한 전문가(데이터 전문가, 비즈니스 전문가, 분석 전문가, 시스템 전문가 등)가 참여하므로 전체 이해관계자를 식별하고 관리한다.

② 데이터 분석은 전문가의 상상력을 요구하므로 일정 및 시간을 제한하지 않는다.

③ 프로젝트와 관련된 다양한 활동과 프로세스를 도출하고 정의하며 결합, 단일화, 조정, 통제 및 종료를 통합하여 관리한다.

④ 외부 데이터를 활용한 데이터 분석은 고가의 비용이 소요될 수 있으므로 사전에 충분한 조사를 수행한다.

10 분석 준비도의 분석 기법 영역이 아닌 것은?

① 발생한 사실 업무 분석

② 분석업무 도입 방법론 사용

③ 분석기법 라이브러리 사용

④ 분석기법 효과성 평가 및 정기적 개선

11 분석 마스터 플랜에 대한 설명 중 적절하지 않은 것은?

① 데이터 분석 모델링 과정에 대해서 실험방법 및 절차를 구분한다.

② 모든 과정은 순환적이고 반복적인 단계로 작성된다.

③ 단계별 필요 산출물, 주요 보고 시기 등으로 구분하여 세부 단위별 일정과 전체 일정이 예측될 수 있도록 일정을 수립한다.

④ 데이터 분석가가 분석에 필요한 데이터들로부터 변수 후보를 탐색하고 최종적으로 도출하는 일정을 수립한다.

12 하향식 접근방법의 문제 탐색에 대한 설명 중 올바르지 않은 것은?

① 비즈니스 모델 관점에서는 비즈니스 모델 캔버스를 활용하여 문제를 탐색한다.

② 거시적 관점에서는 STEEP 영역으로 나눠서 해당 산업에 영향을 미치는 요인을 탐색한다.

③ 문제 탐색은 유스케이스 활용보다는 새로운 이슈 탐색이 우선이다.

④ 역량의 재해석 관점에서는 조직 및 기업이 보유한 내부 역량뿐만 아니라 비즈니스에 영향을 미치는 파트너와 네트워크 영역을 포함하여 분석 기회를 탐색한다.

13 CRISP-DM에 대한 설명 중 옳은 것을 모두 고른 것은?

> ㉠ 업무 이해 단계에서 비즈니스 관점에서 프로젝트의 목적과 요구사항을 이해한다.
> ㉡ 데이터 준비 단계에서 수집된 데이터에서 분석기법에 적합한 데이터 세트를 편성한다.
> ㉢ 모델링 단계에서 다양한 모델링 기법과 알고리즘을 선택하고 파라미터를 최적화한다.
> ㉣ 평가 단계에서 업무에 맞게 모델링이 잘 되었는지 확인하고, 모델링이 적합하지 않을 경우 모델링 단계로 돌아와 모델링을 수행한다.

① ㉠, ㉡   ② ㉠, ㉡, ㉢
③ ㉡, ㉢, ㉣   ④ ㉢, ㉣

14 빅데이터 분석 방법론의 시스템 구현 단계의 태스크는 무엇인가?

① 설계 및 구현, 시스템 테스트 및 운영
② 프로젝트 위험계획 수립
③ 데이터 수집 및 정합성 점검
④ 모델 평가 및 검증

15 빅데이터 분석 방법론에서 추가적인 데이터 확보가 필요한 경우 반복적인 피드백을 수행하는 구간은 다음 중 어디인가?

① 시스템 구현 ~ 평가 및 전개
② 데이터 분석 ~ 시스템 구현
③ 데이터 준비 ~ 데이터 분석
④ 분석 기획 ~ 데이터 준비

16 분석 과제에서 고려해야 할 5가지의 주요 속성 중에서 정확도(Accuracy)와 정밀도(Precision)에 대한 설명으로 가장 올바르지 않은 것은 무엇인가?

① 정확도와 정밀도는 상충관계인 경우가 많다.
② 모델의 안정성 측면에서는 정확도가 중요하고 분석의 활용 측면에서는 정밀도가 중요하다.
③ 정확도와 정밀도는 모델의 해석 및 적용 시 사전에 고려가 필요하다.
④ 정밀도는 모델을 지속해서 반복했을 때 편차의 수준을 의미한다.

17 다음 중 박스 플롯에 대한 설명으로 가장 옳지 않은 것은 무엇인가?

① 이상값을 파악하기 어렵다.
② 중위수는 파악할 수 있으나 평균은 파악하기 어렵다.
③ IQR은 제3사분위 수와 제1사분위 수의 차이이다.
④ 3사분위 수에서 1.5 × IQR만큼 떨어진 곳을 Upper Fence라고 한다.

18 다음 중 아래 거래 전표에서 신뢰도가 50% 이상인 규칙으로 가장 적절한 것은?

항목	빈도
A	10
B	5
C	25
A, B, C	5
B, C	20
A, B	20
A, C	15

① A → C   ② C → A
③ B → C   ④ C → B

19 다음 KNN 알고리즘의 특징에 대한 설명 중 가장 올바르지 않은 것은 무엇인가?

① 분류와 회귀에서 모두 사용이 가능하다.
② 예측 변수에 따른 정답 데이터가 제공되지 않는 비지도 학습 모형이다.
③ 학습 절차 없이 새로운 데이터가 들어올 때 거리 측정하고 모형을 구성한다.
④ K 값에 따라 예측 결과가 달라진다.

20 Apriori 알고리즘의 분석 절차로 맞는 것은?

> ⊙ 이전 단계에서 찾은 항목의 집합을 결합하여 최소지지도를 넘는 세 가지 항목
> 집합을 찾는다.
> ⓒ 개별 품목들 중에서 최소 지지도를 넘는 모든 항목들을 찾는다.
> ⓒ 반복적으로 수행하여 최소 지지도가 넘는 빈발항목을 찾는다.
> ⓔ 데이터베이스로부터 최소 지지도를 설정한다.
> ⓜ 이전 단계에서 찾은 개별 항목만을 이용하여 최소 지지도를 넘는 두 가지 항목
> 을 찾는다.

① ⓒ → ⓔ → ⊙ → ⓜ → ⓒ
② ⓔ → ⓒ → ⊙ → ⓜ → ⓒ
③ ⓒ → ⓔ → ⓜ → ⊙ → ⓒ
④ ⓔ → ⓒ → ⓜ → ⊙ → ⓒ

21 다음 중에서 카탈로그 배열 및 교차 판매, 공격적 판촉 행사 등에 적용하기에 가장 적합한 데이터 마이닝 기법은 무엇인가?

① 군집 분석   ② 연관 분석
③ 추정   ④ 분류 분석

22 다음 혼동 행렬에서 재현율은 얼마인가?

실제값 \ 예측값	True	False	합계
True	300	200	500
False	200	300	500
합계	500	500	1,000

① 0.4   ② 0.5
③ 0.6   ④ 1.5

23 다음 중 연관 분석의 특징으로 옳지 않은 것은 무엇인가?

① 조건반응(if-then)으로 표현되는 연관 분석의 결과를 이해하기 쉽다.
② 비목적성 분석기법이다.
③ 세분화 분석 품목 없이 연관규칙을 찾을 수 있다.
④ 분석 계산이 간편하다.

24 회귀 분석 가정 중 잔차의 정규성에 대한 설명으로 옳지 않은 것은?

① Anderson-Darling, Kolmogorov-Smirnov를 통해 정규성 분포를 알 수 있다.
② Q-Q Plot는 정규성 정도를 확인하는데 참고할 수 있다.
③ 정규성은 정규분포의 형태를 이뤄야 한다는 특성이다.
③ 더빈-왓슨 검정(Durbin-Watson Test)은 등분산성에 대한 검정 기법이다.

25 Grad.Rate와 관련된 회귀 분석 결과 해석으로 옳지 않은 것은?

```
> summary(lm(formula= Grad.Rate ~ Outstate + Private + Enroll + Books, data=College))

Call:
lm(formula = Grad.Rate ~ Outstate + Private + Enroll + Books,
    data = College)

Residuals:
    Min      1Q  Median      3Q     Max
-50.569  -8.347   0.090   7.822  54.454

Coefficients:
              Estimate Std. Error t value Pr(>|t|)
(Intercept) 38.5834358  2.2589625  17.080  < 2e-16 ***
Outstate     0.0022527  0.0001543  14.603  < 2e-16 ***
PrivateYes   4.5479139  1.6708407   2.722 0.006636 **
Enroll       0.0024089  0.0006803   3.541 0.000423 ***
Books       -0.0033226  0.0030722  -1.082 0.279810
---
Signif. codes:  0 '***' 0.001 '**' 0.01 '*' 0.05 '.' 0.1 ' ' 1

Residual standard error: 14.01 on 772 degrees of freedom
Multiple R-squared:  0.3381,    Adjusted R-squared:  0.3347
F-statistic: 98.59 on 4 and 772 DF,  p-value: < 2.2e-16
```

① Outstate는 Grad.Rate에 유의한 변수이다.
② Outstate, PrivateYes, Enroll, Books 간 인과관계를 알 수 있다.
③ PrivateYes의 표준 오차는 Books의 표준 오차보다 크다.
④ 모든 회귀 계수가 유의한 것은 아니다.

26 의사결정나무에 대한 설명 중 올바르지 않은 것은?

① 의사결정나무의 목적은 새로운 데이터를 분류(Classification)하거나 해당 범주의 값을 예측 (Prediction)하는 것이다.

② 비지도 학습 모델로 상향식 접근 방법을 이용한다.

③ 분석의 대상을 분류함수를 활용하여 의사결정 규칙으로 이루어진 나무 모양으로 그린다.

④ 두 개 이상의 변수가 결합하여 목표변수에 어떻게 영향을 주는지 쉽게 파악 가능하다.

27 다음 식에 해당하는 활성화 함수는 무엇인가?

$$y = \frac{1}{1 + e^{-x}}$$

① 부호함수   ② 시그모이드 함수

③ tanh 함수   ④ ReLU 함수

28 다음 중 군집 분석(Cluster Analysis)에 관한 설명 중 올바르지 않은 것은 무엇인가?

① 비 계층적 군집 분석의 경우 사용자가 사전지식 없이 그룹의 수를 정해주는 일이 많아서 결과가 잘 나오지 않을 수 있다.

② 계층적 군집 분석은 이상값에 민감하다.

③ 군집 결과에 대한 안정성을 검토하는 방법이 지도학습과 같은 교차 타당성을 이용한다.

④ 군집 분석은 신뢰성과 타당성을 점검하기 어렵다.

29 ROC 커브가 분류 성능이 가장 우수할 때 x, y 값은?

① (x, y) = (0, 0)

② (x, y) = (0, 1)

③ (x, y) = (1, 0)

④ (x, y) = (1, 1)

30 다음 회귀 분석에서 가장 적합한 회귀 모형을 찾기 위한 과정의 설명으로 가장 알맞지 않은 것은?

① 회귀식에 대한 검정은 독립변수의 기울기가 0이 아니라는 가정을 귀무가설, 기울기가 0인 것을 대립가설로 놓는다.

② 회귀 분석의 가설 검정에서 p 값이 0.05다 작은 값이 나와야 통계적으로 유의한 결과이다.

③ 잔차의 독립성, 등분산성, 정규성을 만족하는지 확인해야 한다.

④ 독립변수의 수가 많아지면 독립변수 간에 서로 영향을 미치는 다중 공선성의 문제가 발생하므로 상대적인 조정이 필요하다.

31 회귀 분석 결정계수에 대한 설명으로 가장 알맞지 않은 것은?

① 회귀 모형에서 입력 변수가 증가하면 결정계수도 증가한다.

② 결정계수는 총 변동 중에서 회귀 모형에 의하여 설명되지 않은 오차에 의한 변동이 차지하는 비율이다.

③ 수정된 결정계수는 유의하지 않은 독립변수들이 회귀식에 포함되었을 때 그 값이 감소한다.

④ 다중 회귀 분석에서는 최종 모형의 선정기준으로 결정계수 값보다는 수정된 결정계수 값을 사용하는 것이 적절하다.

32 주성분 분석에 대한 설명으로 옳지 않은 것은?

① 주성분 분석은 수학적으로 직교 선형 변환으로 정의한다.

② 동일한 주성분은 선형 결합으로 이루어져 있다.

③ 주성분 분석의 목적 중 하나는 데이터를 이해하기 위한 차원 축소이다.

④ 상관관계가 있는 고차원 자료의 변동을 최대한 제거하는 기법이다.

33 다음 중 공분산과 상관계수에 대한 설명 중 가장 올바르지 않은 것은?

① 공분산은 측정 단위에 영향을 받지 않는다.

② 상관 분석은 두 변수의 인과 관계 성립 여부를 확인할 수 없다.

③ 공분산이 0이라면 두 변수 간에는 아무런 선형 관계가 없고 서로 독립적인 관계에 있다.

④ 상관계수를 통하여 상관관계의 표준화된 크기를 측정할 수 있다.

34 다음은 Credit 데이터 세트의 변수 간의 산점도 행렬이다. 설명 중 가장 부적절한 것은?

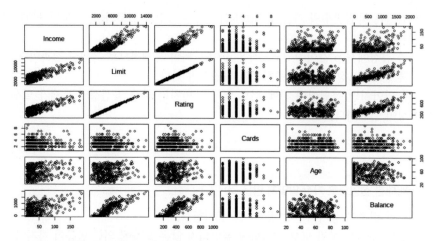

① 산점도 행렬을 통해 각 변수들 간의 상관 정도를 알 수 있다.
② Limit과 Age는 상관계수가 0에 가깝다.
③ Balance와 가장 상관관계가 높은 변수는 Age이다.
④ Rating과 Limit의 상관계수가 가장 높다.

35 다음 중 앙상블 모형의 특징으로 가장 부적합한 것은?

① 이상값(Outlier)에 대한 대응력이 높다.
② 다양한 모형 간의 상호 연관성이 높을수록 정확도가 향상된다.
③ 전체적인 예측값의 분산을 감소시켜 정확도를 높일 수 있다.
④ 정확한 현상의 원인 분석에는 적합하지 않다.

36 다음 중 K-평균 군집 분석에 대한 설명으로 부적절한 것은?

① 계층적 군집 분석에 비해 많은 양의 데이터를 처리할 수 있다.
② 한 번 군집이 형성되면 군집 내부의 개체들은 다른 군집으로 이동할 수 없다.
③ 잡음이나 이상값에 민감하게 반응한다.
④ 초기 군집의 수는 초 매개변수로 분석자가 설정해야 한다.

37 ARIMA 모형에 대한 설명 중 옳지 않은 것은?

① 분기/반기/연간 단위로 다음 지표를 예측하거나 주간/월간 단위로 지표를 리뷰하여 트렌드를 분석하는 기법이다.

② p=0일 때, IMA 모형이라 부른다.

③ ARIMA에서 I는 Improvement이다.

④ ARIMA(p, d, q) 모형은 차수 p, d, q의 값에 따라 모형의 이름이 다르게 된다.

38 다음 주성분 분석에 대한 해석으로 옳지 않은 것은?

```
> summary(pca_iris)
Importance of components:
                          PC1     PC2    PC3     PC4
Standard deviation      2.0563 0.49262 0.2797 0.15439
Proportion of Variance  0.9246 0.05307 0.0171 0.00521
Cumulative Proportion   0.9246 0.97769 0.9948 1.00000
> plot(pca_iris, type='l', main='iris 스크리 산점도')
```

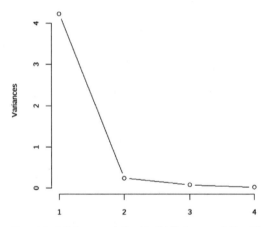

iris 스크리 산점도

① 표준편차는 PC1(제1 주성분) 〉 PC2(제2 주성분) 〉 PC3(제3 주성분) 〉 PC4(제4 주성분) 순이다.

② 스크리 산점도에서는 2 지점에서 완만해지므로 주성분 수를 1개로 결정해도 된다.

③ 두 개의 주성분으로 5.3% 분산을 설명한다.

④ 차원 감소 폭의 결정은 스크리 산점도, 전체 변이의 공헌도, 평균 고유값 등을 활용하는 방법이 있다.

39 다음 중 상관 분석에 대한 설명으로 옳지 않은 것은?

① 스피어만 상관계수로 두 변수 간의 비선형 관계를 확인할 수 있다.
② 두 변수의 상관관계를 연구할 때 상관계수 만으로 해석하면 문제가 된다.
③ 독립변수와 종속변수 간에 선형적인 관계를 도출해서 하나 이상의 독립변수들이 종속변수에 미치는 영향을 분석하고 예측하는 기법이다.
④ 상관계수는 선형성, 등분산성이라는 가정을 만족시켜야 한다.

40 시계열의 정상성에 대한 설명으로 가장 옳지 않은 것은?

① 공분산은 시차에만 의존하고 시점 자체에는 의존하지 않는다.
② 분산은 시점에 의존하지 않는다.
③ 시점 간에 상관관계가 없는 독립성이 있다.
④ 평균이 일정하다.

단답형

10문항, 각 2점

---

01 데이터의 가공, 상관관계 간 이해를 토대로 패턴을 인식하고 그 의미를 부여한 데이터를 무엇이라 하는가?

---

02 다음 괄호 (　)안에 들어갈 용어는 무엇인지 쓰시오.

> (　)은/는 인터넷을 기반으로 모든 사물을 연결해 사람과 사물, 사물과 사물 간의 정보를 상호 소통하는 지능형 기술 및 서비스이며, 사물에서 생성되는 데이터를 활용한 분석을 통해 마케팅 등에 활용할 수 있다.

---

03 다음 빈칸에 알맞은 용어는?

식별된 비즈니스 문제를 데이터의 문제로 변환하여 정의하는 단계이다. 앞서 수행한 문제 탐색의 단계 무엇을 어떤 목적으로 수행해야 하는지에 대한 관점이었다면 (   ) 단계에서는 이를 달성하는 데 필요한 데이터 및 기법을 정의하기 위한 데이터 분석의 문제로의 변환을 수행하게 된다.

04 다음 빈칸에 공통으로 들어갈 알맞은 단어를 적으시오.

(   )은/는 전사 차원의 모든 데이터에 대하여 정책 및 지침, 표준화, 운영조직 및 책임 등의 표준화된 관리체계를 수립하고 운영을 위한 프레임워크 및 저장소를 구축하는 활동이며, 마스터 데이터(Master Data), 메타 데이터(Meta Data), 데이터 사전(Data Dictionary)은 (   )의 중요한 관리 대상이다.

05 의사결정나무의 특징인 분산이 크다는 점을 고려하여 배깅과 부스팅보다 더 많은 무작위성을 주어 약 한 학습기들을 생성한 후 이를 선형 결합하여 최종 학습기를 만드는 방법은 무엇인가?

06 잘못 분류된 개체들에 가중치를 적용, 새로운 분류 규칙을 만들고, 이 과정을 반복해 최종 모형을 만드는 알고리즘으로, 예측력이 약한 모형(Weak Learner) 들을 결합하여 강한 예측 모형을 만드는 방법은 무엇인가?

07 군집 분석의 품질을 정량적으로 평가하는 대표적인 지표로 군집 내의 데이터 응집도(Cohesion)와 군집 간 분리도(Separation)를 계산하여 군집 내의 데이터의 거리가 짧을수록, 군집 간 거리가 멀수록 값이 커지며 완벽한 분리일 경우 1의 값을 가지는 지표는?

_____

08 역방향으로 가중치 갱신을 통해 오차를 최소화하도록 학습시키는 알고리즘은 무엇인가?

_____

09 표본의 정보로부터 모집단의 모수를 하나의 값으로 추정하는 기법으로 신뢰도를 나타낼 수 없는 단점이 있는 기법은 무엇인가?

_____

10 의사결정나무의 CART 알고리즘에서 불순도를 계산하기 위해 사용하는 알고리즘으로 값이 클수록 이질적이며 순수도가 낮다고 볼 수 있는 척도는 무엇인가?

_____

I 데이터 이해

객관식 : 8문항, 각 2점

01 다음 중 데이터 사이언티스트가 갖추어야 하는 역량 중 소프트 스킬에 해당하지 않는 것은 무엇인가?

① 빅데이터 관련 이론적 지식
② 다분야 간 협력
③ 통찰력 있는 분석
④ 설득력 있는 전달

02 데이터의 양을 측정하는 크기 단위를 작은 것부터 큰 것 순으로 올바르게 나열한 것은 무엇인가?

① YB(요타바이트) 〈 ZB(제타바이트) 〈 EB(엑사바이트) 〈 YB(요타바이트)
② PB(페타바이트) 〈 YB(요타바이트) 〈 EB(엑사바이트) 〈 ZB(제타바이트)
③ YB(요타바이트) 〈 ZB(제타바이트) 〈 EB(엑사바이트) 〈 PB(페타바이트)
④ PB(페타바이트) 〈 EB(엑사바이트) 〈 ZB(제타바이트) 〈 YB(요타바이트)

03 다음 중 데이터베이스의 일반적인 특징으로 가장 옳지 않은 것은 무엇인가?

① 정형 데이터만 저장할 수 있다.
② 데이터베이스의 데이터를 공동으로 이용할 수 있다.
③ 데이터가 중복되지 않다.
④ 자기 디스크, 자기 테이프, HDD, SSD 등 컴퓨터가 접근 가능한 저장매체에 저장된 데이터이다.

04 다음 중 빅데이터의 관점에서 사물인터넷(IoT)의 시대를 바라볼 때 사물인터넷과 가장 관련이 큰 것은 무엇인가?

① 데이터화(Datafication)
② 인공지능(Artificial Intelligence)
③ 지능적 서비스(Intelligent Service)
④ 스마트 데이터 (Smart Data)

05 다음 중 빅데이터가 가져온 변화로 가장 올바르지 않은 것은 무엇인가?

① 서비스 산업이 확대되고 제조업의 생산성은 감소되었다.
② 데이터의 질보다 양을 강조한다.
③ 신속한 의사결정이 필요한 비즈니스에서는 인과관계보다 상관관계 분석으로 충분한 경우가 많다.
④ 사전 처리에서 사후처리 시대로 변화하였다.

06 다음 중 빅데이터의 위기 요인과 해결 방안이 잘못 연결된 것을 고르시오.

> ㉠ 사생활 침해 → 동의제를 책임제로 전환
> ㉡ 책임훼손 원칙 → 알고리즘 접근 허용
> ㉢ 데이터의 오용 → 결과 기반의 책임 원칙

① ㉠, ㉡   ② ㉠, ㉢
③ ㉡, ㉢   ④ ㉠, ㉡, ㉢

07 다음 중 NoSQL이 아닌 것은 무엇인가?

① Redis   ② MySQL
③ MongoDB   ④ Apache HBase

08 다음 중 빅데이터 특징으로 옳지 않은 것은?

① 데이터 분석의 영향으로 표본조사가 중요한 기법으로 대두되고 있다.
② 데이터의 질보다 양을 강조한다.
③ 신속한 의사결정이 필요한 비즈니스에서는 인과관계보다 상관관계 분석으로 충분한 경우가 많다.
④ 사전 처리에서 사후 처리 시대로 변화하였다.

09 다음 중 빅데이터 분석 방법론의 분석 기획 단계에서 수행하는 주요 과업으로 가장 부적절한 것은 무엇인가?

① 프로젝트 정의 및 계획 수립
② 필요 데이터의 정의
③ 프로젝트 위험 계획 수립
④ 비즈니스 이해 및 범위 설정

10 다음 중 빅데이터 분석 방법론의 계층적 프로세스모델에 대한 설명으로 가장 적절하지 않은 것은 무엇인가?

① Task는 단계를 구성하는 단위 활동으로 Input, Output으로 구성된 단위 프로세스이다.
② Phase(단계)는 최상위 단계로 프로세스 그룹을 통하여 완성된 단계별 산출물을 생성한다.
③ Step(스텝)은 마지막 계층으로 WBS(Work Breakdown Structure)의 워크 패키지에 해당한다.
④ 각 Task는 물리적 또는 논리적 단위로 품질검토의 항목이 될 수 있다.

11 다음 중 분석 과제 우선순위 선정 매트릭스에 관한 설명으로 가장 적절하지 않은 것은 무엇인가?

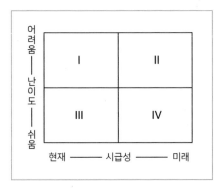

① 난이도는 기업의 현재 상황에 따라 우선 순위를 조정할 수 있다.
② 시급성의 판단기준은 전략도 중요도와 비용 범위이고 난이도의 판단 기준은 분석 수준과 복잡도이다.
③ 분석 과제를 바로 적용하기 어려워서 우선순위가 낮은 영역은 Ⅱ 사분면이다.
④ 사분면 영역에서 가장 우선적인 분석 과제적용이 필요한 영역은 Ⅲ 사분면이다.

12 다음 중 분석 마스터플랜 수립 시 우선순위 고려요소에 해당하지 않는 것은 무엇인가?

① 비즈니스 성과 및 ROI
② 전략적 중요도
③ 데이터 필요 우선 순위
④ 실행 용이성

13 다음 중 하향식 접근 방식을 통한 분석 과제 발굴 절차로 가장 올바른 것은 무엇인가?

(가) 해결방안탐색	(나) 문제탐색 단계
(다) 문제 정의	(라) 타당성 검토

① 나 – 가 – 다 – 라
② 나 – 다 – 가 – 라
③ 가 – 나 – 라 – 다
④ 나 – 가 – 라 – 다

14 다음 중 상향식 접근방식의 특징으로 가장 적절하지 않은 것은 무엇인가?

① 일반적으로 지도학습 방법에 의해 수행된다.
② 문제의 정의 자체가 어려운 경우 사용하는 방식이다.
③ 기존 하향식 접근법의 한계를 극복하기 위한 분석 방법론이다.
④ 데이터를 기반으로 문제를 지속해서 개선하는 방식이다.

15 ROI 요소를 고려한 빅데이터 분석 우선 순위 평가 기준에 대한 설명으로 가장 부적절한 것은?

① 시급성은 전략적 중요도와 목표 가치를 평가하고 난이도는 데이터 획득 비용과 기업의 분석 수준을 평가한다.

② 가장 우선적인 분석 과제는 시급성과 난이도가 높은 과제이다.

③ 시급성과 난이도가 높은 분석 과제는 경영진 또는 실무 담당자의 의사결정에 따라 우선 순위를 조정할 수 있다.

④ 데이터 분석 과제를 추진할 때 우선으로 고려해야 하는 요소는 전략적 중요도에 따른 시급성이다.

16 다음은 분석 과제 우선 순위 선정 매트릭스이다. 분석 과제의 적용 우선 순위를 시급성에 두었을 때 결정해야 할 우선 순위로 가장 적절한 것은 무엇인가?

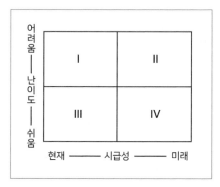

① Ⅲ - Ⅳ - Ⅱ   ② Ⅲ - Ⅱ - Ⅰ

③ Ⅲ - Ⅱ - Ⅳ   ④ Ⅲ - Ⅰ - Ⅱ

17 다음 중 혼동행렬에서 Accuracy Precision에 대한 설명으로 가장 올바르지 않은 것은?

① Precision은 True로 예측한 것 중에서 실제도 True인 비율이다.

② Accuracy는 실제로 True인 것 중에서 True로 예측한 비율이다.

③ Precision은 $\frac{TP}{TP+FP}$으로 구할 수 있다.

④ Accuracy는 $\frac{TP+TN}{TP+TN+FP+FN}$으로 구할 수 있다.

18 확률변수 X에 대한 확률 질량 함수가 f(x)일 때 확률변수 X의 기댓값 E(X)는 다음 중 무엇인가?

① $E(X) = \Sigma x f(x)$

② $E(X) = \int x f(x) dx$

③ $E(X) = \frac{\Sigma x f(x)}{N}$

④ $E(X) = \int x^2 f(x) dx$

19 아래 오분류표를 이용하여 구할 수 있는 F1 값은 다음 중 무엇인가?

		예측값	
		True	False
실제값	True	200	300
	False	300	200

① 0.5   ② 0.4

③ 0.2   ④ 0.3

20 다음 오렌지의 둘레(circumference)와 수령(age)에 대한 산점도에 대한 설명으로 가장 올바르지 않은 것은?

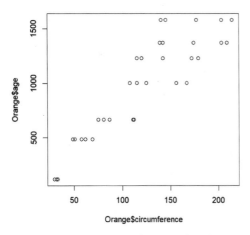

① 둘레(circumference)와 수령(age)은 양의 상관관계이다.
② 둘레(circumference)가 클수록 수령(age)도 증가하는 것을 알 수 있다.
③ 종별로 관계를 알 수 있다.
④ age는 2,000보다 작은 값을 가진다.

21 다음 중 K-평균(K-means) 군집의 단점으로 가장 부적절한 것은 무엇인가?

① 초기 군집 수를 결정하기 어렵고, 초깃값 선택이 최종군집 선택에 영향을 미친다.
② 안정된 군집은 보장하나 최적의 군집이라는 것은 보장하지 못한다.
③ 잡음이나 이상값에 영향을 많이 받는다.
④ 한 번 군집이 형성되면 군집에 속한 개체들은 다른 군집으로 이동할 수 없다.

22 다음 중 연관 분석의 단점으로 가장 부적절한 것은 무엇인가?

① 분석 품목 수가 증가하면 분석에 필요한 계산은 기하급수적으로 증가한다.
② 너무 세분화된 품목은 의미 없는 결과를 도출된다.
③ 품목 간에 구체적으로 어떠한 영향을 주는지 해석하기 어렵다.
④ 상대적으로 거래량이 적은 품목은 규칙 발견 시 제외되기 쉽다.

23 다음 데이터 세트에서 A, B 간의 유클리드 거리를 계산하면?

	A	B
키	175	180
몸무게	45	50

① 0   ② $\sqrt{5}$

③ $\sqrt{25}$ ④ $\sqrt{50}$

24 스피어만 상관계수를 계산할 때 대상이 되는 자료의 종류는 무엇이어야 하는가?

① 서열척도   ② 명목도

③ 비율척도   ④ 등간척도

25 다음 중 SOM(Self-Organizing Maps)에 대한 설명으로 가장 옳지 않은 것은?

① 경쟁 학습으로 연결 강도가 입력 패턴과 가장 유사한 경쟁층 뉴런이 승자가 된다.

② 군집 분할을 위하여 역전파 알고리즘을 이용한다.

③ 지도의 형태로 형상화를 하여 입력변수의 위치 관계를 보존한다.

④ 고차원의 데이터를 이해하기 쉬운 저차원의 뉴런으로 정렬하여 지도의 형태로 형상화한 비지도 신경망이다.

26 다음 중 과대 적합(Over-Fitting)에 대한 설명으로 가장 옳지 않은 것은 무엇인가?

① 학습데이터가 모집단의 특성을 충분히 설명하지 못할 때 발생한다.

② 학습을 빠르게 종료하는 방법으로 과대적합을 방지할 수 있다.

③ 모델의 매개 변수가 너무 많아 모형이 복잡할 때 발생한다.

④ 생성된 모델이 훈련 데이터에 너무 최적화되어 테스트 데이터의 작은 변화에 민감하게 반응하는 경우는 없다.

27 다음은 피자와 햄버거의 거래 관계를 나타낸 표로, Pizza/Hamburgers는 피자/햄버거를 포함하는 거래 수를 의미하고 (Pizza)/(Hamburgers)는 피자/햄버거를 포함하지 않은 거래 수를 의미한다. 아래 표에서 피자 구매와 햄버거 구매에 대한 설명으로 가장 올바른 것은 무엇인가?

구분	Pizza	(Pizza)	합계
Hamburgers	2,000	500	2,500
(Hamburgers)	1,000	1,500	2,500
합계	3,000	2,000	5,000

① 지지도가 0.6으로 전체 구매 중 햄버거와 피자가 같이 구매되는 경향이 높다.
② 정확도가 0.7로 햄버거와 피자의 구매 관련성은 높다.
③ 향상도가 1보다 크므로 햄버거와 피자 사이에 연관성이 높다고 할 수 있다.
④ 연관규칙 중 "햄버거 → 피자"보다 "피자 → 햄버거"의 신뢰도가 더 높다.

28 앙상블 모형은 여러 개의 분류 모형에 의한 결과를 종합하여 분류의 정확도를 높이는 방법이다. 다음 중 앙상블 모형에 대한 설명으로 가장 옳지 않은 것은 무엇인가?

① 랜덤 포레스트는 의사결정나무의 특징인 분산이 크다는 점을 고려하여 배경과 부스팅보다 더 많은 무작위성을 주어 약한 학습기들을 생성한 후 이를 선형 결합하여 최종 학습기를 만드는 방법이다.
② 앙상블 모형은 훈련을 한 뒤 예측을 하는데 사용하므로 지도 학습법(Supervised Learning)이다.
③ 배깅은 훈련 데이터에서 다수의 부트스트랩(Bootstrap) 자료를 생성하고, 각 자료를 모델링한 후 결합하여 최종 예측 모형을 만드는 알고리즘이다.
④ 부스팅은 재표본 과정에서 각 자료에 동일한 가중치를 부여하여 여러 모형을 만들어 결합하는 방법이다.

29 다음 중 정규분포에서 신뢰수준이 95%일 때에 대한 설명으로 가장 적절하지 않은 것은 무엇인가?

① 표본의 크기가 커질수록 신뢰구간이 좁아지는 것은 정보가 많을수록 추정량이 더 정밀하다는 것을 의미한다.
② 신뢰수준 99%일 때의 신뢰구간이 신뢰수준 95%일 때의 신뢰구간보다 길다.
③ 신뢰수준 95%의 의미는 추정값이 신뢰구간에 존재할 확률이 95%라고 할 수 있다.
④ 신뢰수준은 모수값이 정해져 있을 때 다수의 신뢰구간 중 모수값을 포함하는 신뢰구간이 존재할 확률을 말한다.

30 회귀분석에서 변수 선택 방법에 대한 설명으로 가장 적절하지 않은 것은 무엇인가?

① 전진 선택법과 후진 제거법의 결과는 항상 동일하지는 않다.
② 전진 선택법은 모형을 가장 많이 향상시키는 변수를 하나씩 점진적으로 추가하는 방법이다.
③ 후진 제거법은 변수가 많을 경우에 사용하기가 어렵다.
④ 전진 선택법은 변수를 추가할 때 기존에 선택된 변수들의 중요도에 영향을 받지 않는다.

31 아래의 주성분 분석에 대한 설명으로 가장 올바르지 않은 것은 다음 중 무엇인가?

```
> pca_res <- princomp(USArrests)
> print(summary(pca_res), loadings = TRUE)
Importance of components:
                        Comp.1     Comp.2      Comp.3       Comp.4
Standard deviation    82.8908472 14.06956001 6.424204055 2.4578367034
Proportion of Variance 0.9655342  0.02781734 0.005799535 0.0008489079
Cumulative Proportion  0.9655342  0.99335156 0.999151092 1.0000000000

Loadings:
        Comp.1 Comp.2 Comp.3 Comp.4
Murder                        0.995
Assault   0.995
UrbanPop        -0.977 -0.201
Rape            -0.201  0.974
```

① 제2 주성분까지 사용하면 전체 데이터 분산의 약 99.3%를 설명할 수 있다.
② 제2 주성분의 로딩 벡터는 모두 양의 방향을 가지고 있다.
③ 제4 주성분까지 사용하면 전체 데이터 분산을 모두 설명이 가능하다.
④ 제1 주성분은 대략 96.55%의 분산 비율을 갖는다.

32 다음 오차의 유형에 관한 설명 중 가장 부적절한 것은 무엇인가?

① 표본 오차(Sampling Error)는 모집단의 일부인 표본에서 얻은 자료를 통해 모집단 전체의 특성을 추론함으로써 생기는 오차이다.
② 비표본 오차(Non-Sampling Error)는 조사 대상이 증가하면 오차가 커진다.
③ 표본 편의(Sampling Bias)는 표본추출방법에서 기인하는 오차를 의미하고, 표본추출 방법으로 최소화하거나 없앨 수 있다.
④ 표본 오차는 표본의 크기를 증가시켜서 줄일 수 있다.

33 양성인 사람은 0.4, 실제 질병이 있는 사람은 0.3, 실제 질병이 있는 사람 중 검사 결과가 양성인 사람은 0.8이다. 양성이 나온 사람 중 실제 질병이 있는 사람의 확률은 무엇인가?

① 0.6　　　　　　　② 0.2
③ 0.15　　　　　　 ④ 0.3

34 다음 표에 대해 재현율에 관련된 설명으로 틀린 것은?

		Predict	
		True	False
Actual	True	300	1500
	False	600	100

① 재현율(Recall)은 실제로 '긍정'인 범주 중에서 '긍정'으로 올바르게 예측(TP)한 비율이다.
② 재현율은 참 긍정률, 민감도라고도 하며 TP/(TP+FN)이다.
③ 재현율은 6/10이다.
④ F1-Score는 정밀도와 민감도를 하나로 합한 성능평가 지표이다.

35 다음 중 주성분 분석에 대한 설명 중 가장 적합한 것은 무엇인가?

① 독립변수들과 주성분과의 거리인 '정보손실량'과 분산을 최소화한다.
② 주성분 분석은 서로 상관성이 높은 변수들의 선형결합으로 만들어 기존의 상관성이 높은 변수들을 요약, 축소하는 기법이다.
③ 주성분 분석은 변동 폭이 작은 축을 선택한다.
④ 척도에 영향을 받지 않으므로 정규화 전후의 주성분 결과는 동일하다.

36 주성분 분석에서 주성분 개수를 선택하는 방법으로 가장 적합하지 않은 것은 무엇인가?

① 고윳값의 분해 가능 여부
② 평균 고윳값
③ 성분들이 설명하는 분산의 비율
④ 스크리 산점도(Scree Plot)

37 다음 중 분해 시계열 분석에 대한 설명 중 옳지 않은 것은?

① 시계열에 영향을 주는 일반적인 요인을 시계열에서 분리해 분석하는 방법이다.
② 이동평균법은 시간의 흐름에 따라 최근 시계열에 더 많은 가중치를 부여하여 이동 평균을 계산하는 방법이다.
③ 계절요인은 고정된 주기에 따라 자료가 변화하는 요인이다.
④ 추세요인은 자료가 어떤 특정한 형태를 취하는 요인이다.

38 의사결정나무모형에 관한 내용으로 적절하지 않은 것은?

① 분리 변수의 P차원 공간에 대한 현재 분할은 이전 분할에 영향을 받지 않는다.
② 설명변수나 목표변수에 수치형 변수와 범주형 변수를 모두 사용할 수 있다.
③ 의사결정나무(Decision Tree) 모형은 의사결정 규칙을 나무(Tree) 구조로 나타내어 전체 자료를 몇 개의 소집단으로 분류하거나 예측하는 분석 방법이다.
④ 부모 마디의 순수도에 비해 자식 마디들의 순수도가 증가하도록 자식 마디를 형성한다.

39 다음 회귀분석 결과에 대한 설명으로 틀린 것은 무엇인가?

```
> summary(lm(wage~ year + age + jobclass, data=Wage))

Call:
lm(formula = wage ~ year + age + jobclass, data = Wage)

Residuals:
     Min      1Q  Median      3Q     Max
-103.646 -24.525  -6.118  16.406 200.662

Coefficients:
                       Estimate Std. Error t value Pr(>|t|)
(Intercept)           -2.400e+03  7.252e+02  -3.309 0.000946 ***
year                   1.235e+00  3.616e-01   3.415 0.000646 ***
age                    6.362e-01  6.373e-02   9.982  < 2e-16 ***
jobclass2. Information 1.597e+01  1.471e+00  10.859  < 2e-16 ***
---
Signif. codes:  0 '***' 0.001 '**' 0.01 '*' 0.05 '.' 0.1 ' ' 1

Residual standard error: 40.09 on 2996 degrees of freedom
Multiple R-squared:  0.07794,   Adjusted R-squared:  0.07702
F-statistic: 84.41 on 3 and 2996 DF,  p-value: < 2.2e-16
```

① age 변수는 wage에 대해 유의하다.
② 독립변수는 year, age, jobclass이다.
③ jobclass는 범주형 변수이다.
④ year 변수는 wage에 대해 유의하지 않다.

40 다음 rock 데이터 세트의 분석 결과로 옳지 않은 것은?

```
> summary(rock)
      area            peri            shape             perm
 Min.   : 1016   Min.   : 308.6   Min.   :0.09033   Min.   :   6.30
 1st Qu.: 5305   1st Qu.:1414.9   1st Qu.:0.16226   1st Qu.:  76.45
 Median : 7487   Median :2536.2   Median :0.19886   Median : 130.50
 Mean   : 7188   Mean   :2682.2   Mean   :0.21811   Mean   : 415.45
 3rd Qu.: 8870   3rd Qu.:3989.5   3rd Qu.:0.26267   3rd Qu.: 777.50
 Max.   :12212   Max.   :4864.2   Max.   :0.46413   Max.   :1300.00
```

① shape의 중위는 0.19886이다.
② area의 IQR은 3,565이다.
③ area와 shape는 유의미한 관계를 갖는다.
④ perm의 최솟값은 6.30이다.

01 조직의 의사결정을 위한 데이터 집합체로 데이터 통합, 시계열성, 비소멸성 등의 특징을 가지고 있는 것은 무엇인가?

_____

02 다양한 유형의 데이터를 다루는 통계학과 마이닝을 넘어서는 학문, 데이터 공학, 수학, 통계학, 컴퓨터 공학 등 해당 분야의 전문 지식을 종합한 학문은?

_____

03 다음은 어떤 분석 모델 프로세스에 대한 것인가?

> 반복을 통하여 점증적으로 개발하는 방법으로서 처음 시도하는 프로젝트에 적용이 쉽지만, 반복에 대한 관리 체계를 효과적으로 갖추지 못한 경우 복잡도가 상승하여 프로젝트 진행이 어려울 수 있다.

_____

04 다음 중 빈칸에 들어갈 올바른 용어는 무엇인가?

		분석의 대상(what)	
		Known	Un-Known
분석 방법 (How)	Known	최적화 Optimization	
	Un-Known	솔루션 Solution	발견 Discovery

_____

05 다음 덴드로그램에서 height가 4일 때의 군집 개수는?

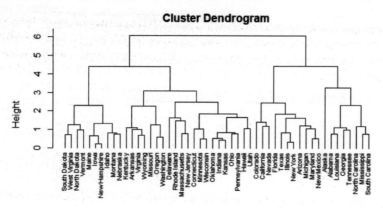

06 귀무가설이 실제로 사실이어서 채택하여야 함에도 불구하고 이를 기각하는 오류를 무엇이라 하는가?

07 신경망 모형에서 정규화된 지수함수로, 출력값 z가 여러 개이고 목표치가 다 범주인 경우 각 범주에 속할 사후 확률을 제공하여 출력 노드에 주로 사용되는 함수는 무엇인가?

08 혼동 행렬에서 실제로 False일때 예측이 적중한 비율을 무엇이라 하는가?

_____

09 다층 퍼셉트론의 역전파 알고리즘을 학습하는 과정에서 초기 부분의 입력층으로 갈수록 기울기 변화가 점차 적으로 작아지는 현상은?

_____

10 로지스틱 회귀모형에서 $\exp(\beta_1)$의 의미는 나머지 변수$(x_2, \cdots, x_k)$가 주어질 때 x_1이 한 단위 증가할 때마다 성공$(y=1)$의 ( )가 몇 배 증가하는지를 나타내는 값이다. ( ) 안에 들어가는 용어는?

_____

Ⅰ 데이터 이해

객관식 : 8문항, 각 2점

01 다음 SQL의 명령어 중에서 DML로만 선택된 것은 무엇인가?

> ㉠ SELECT   ㉡ UPDATE   ㉢ INSERT
> ㉣ DELETE   ㉤ CREATE

① ㉠, ㉡, ㉢   ② ㉠, ㉡, ㉢, ㉣
③ ㉠, ㉡, ㉢, ㉤   ④ ㉡, ㉢, ㉣, ㉤

02 다음은 고객과 대응 관계를 도식화한 것이다. 대응비(Cardinality Ratio)에 따라 둘 간의 관계를 가장 바르게 표현한 것은 무엇인가?

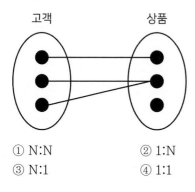

① N:N   ② 1:N
③ N:1   ④ 1:1

03 다양한 비즈니스 분야에서 생산, 구매, 재고, 주문, 공급자와의 거래, 고객 서비스 제공 등 주요 프로세스 관리를 돕는 여러 모듈로 구성된 통합 애플리케이션 소프트웨어 패키지는 무엇인가?

① ERP   ② SCM
③ CRM   ④ BI

04 다음 중에서 "커피를 구매하는 사람이 탄산음료를 더 많이 사는가?"에 대한 문제를 해결하기 위한 빅데이터 분석기법은 무엇인가?

① 회귀 분석　　　　② 연관 분석
③ 군집 분석　　　　④ 감성 분석

05 지도 학습은 특정 입력값에 대해 정답(Label)이 있는 데이터 집합이 주어지는 경우의 학습 방법이며, 비지도 학습은 정답이 없는 데이터 집합이 주어진 경우의 학습 방법이다. 다음 중 학습 방법이 다른 것은 무엇인가?

① 분류 분석
② 회귀 분석
③ 인공신경망 분석
④ 군집 분석

06 다음 중 빅데이터 활용에 필요한 3요소로 올바른 것은 무엇인가?

① 데이터, 기술, 인력
② 프로세스, 기술, 인력
③ 데이터, 프로세스, 인력
④ 인력, 데이터, 알고리즘

07 빅데이터에서 통찰력 있는 분석을 하기 위해서는 인문학적 소양이 필요하다. 다음 중 인문학 열풍을 가져온 외부요인과 관계가 없는 것은?

① 단순 세계화인 컨버전스 시기에서 복잡한 세계화인 디버전 시기로 변화하였다.
② 비즈니스 중심이 제품생산에서 서비스로 이동하였다.
③ 경제와 산업의 논리가 생산에서 시장창조로 변화되었다.
④ 빅데이터 분석 기법의 이해와 분석 방법론이 확대되었다.

08 다음 중 데이터 사이언티스트의 역할로 가장 적절하지 않은 것은?

① 정보를 활용하여 단순한 형태로 정리하거나 정규적인 패턴을 파악한다.
② 데이터 분석 알고리즘으로 피해를 입은 사람을 구제한다.
③ 분석의 여러 도구들을 활용하여 통찰력을 제시한다.
④ 과학과 인문학적 통찰에 근거한 합리적 추론을 탁월하게 조합한다.

09 빅데이터의 4V를 ROI 관점에서 볼 때 비즈니스 효과에 해당하는 것은 무엇인가?

① Volume ② Value

③ Velocity ④ Variety

10 데이터 거버넌스 체계요소 중 데이터 표준화에 대한 설명으로 가장 적합한 것은 무엇인가?

① 데이터 정합성 및 활용의 효용성을 위해 메타 데이터와 데이터 사전의 관리 원칙을 수립한다.

② 데이터 표준 용어 설정, 명명 규칙 수립 메타 데이터 구축, 데이터 사전 구축 등의 업무를 수행한다.

③ 메타 데이터 및 표준 데이터를 관리하기 위한 전사 차원의 저장소를 구성한다.

④ 데이터 거버넌스 체계를 구축한 후 표준 준수 여부를 주기적으로 점검하고 모니터링을 실시한다.

11 다음 설명이 의미하는 것은 무엇인가?

> 전사 차원의 모든 데이터에 대하여 정책 및 지침, 표준화, 운영조직 및 책임 등의 표준화된 관리 체계를 수립하고 운영을 위한 프레임워크 및 저장소를 구축

① 데이터 표준화 활동

② 데이터 마스터 플랜

③ 분석 거버넌스 체계

④ 데이터 거버넌스

12 빅데이터 분석 방법론의 분석 기획 단계 중에서 '비즈니스 이해 및 범위 설정'에서 프로젝트에 참여하는 관계자들의 이해를 일치시키기 위해 작성하는 것은?

① 데이터 정의서

② WBS(Work Breakdown Structure)

③ 위험 관리 계획서

④ SOW(Statement of Work)

13 분석 기회 발굴의 범위 확장에서 '거시적 관점' 영역으로 적합하지 않은 것은 무엇인가?

① 사회   ② 기술

③ 환경   ④ 채널

14 하향식 접근 방식에서 분석 유스 케이스에 대한 설명으로 가장 부적절한 것은?

① 분석 유스 케이스는 문제를 탐색하는 단계에 활용된다.

② 분석 기회들을 구체적인 과제로 만들기 위해 분석 유스 케이스로 표기하는 것이 필요하다.

③ 분석 유스 케이스를 통해 풀어야 할 문제에 대한 상세한 설명 및 해당 문제를 해결했을 때 발생하는 효과를 명시하여 데이터 분석 문제로의 전환 및 적합성 평가에 활용할 수 있다.

④ 분석 유스 케이스는 문제 정의 자체가 어려운 경우 데이터를 기반으로 문제를 지속해서 개선하기 위해 사용한다.

15 다음 중 분석 준비도 프레임워크의 영역에 해당되지 않는 것은?

① 분석 데이터   ② 성과 분석

③ 분석 인프라   ④ 분석 문화

16 다음 중 빅데이터 분석 방법론의 절차로 올바른 것은 무엇인가?

① 데이터 전처리 → 데이터 변환 → 데이터 마이닝 → 데이터 마이닝 결과 평가

② 분석 기획 → 데이터 준비 → 시스템 구현→ 평가 및 전개

③ 업무 이해 → 데이터 이해 → 데이터 준비→ 모델링 → 평가 및 전개

④ 데이터 전처리 → 데이터 준비 → 시스템 구현 → 평가 및 전개

17 다음 중에서 비모수 검정이 아닌 것은?

① 런검정(Run Test)
② 윌콕슨의 부호 순위합검정(Wilcoxon Signed Rank Test)
③ 카이제곱 검정(Chi-square Test)
④ 부호검정(Sign Test)

18 다음 중 어떤 슈퍼마켓에서 고객 5명의 장바구니별 구매 품목이 다음과 같다고 할 때 연관규칙 빵 → 우유에 대한 신뢰도는 얼마인가?

장바구니	이산형 변수
1	{빵, 맥주}
2	{빵, 우유, 계란}
3	{맥주, 우유}
4	{빵, 맥주, 계란}
5	{빵, 맥주, 우유, 계란}

① 50%   ② 55%
③ 60%   ④ 65%

19 다음은 어떤 편의점의 품목별 거래 건수이다. 연관 규칙 커피 → 김밥에 대한 향상도는 무엇인가?

품목	거래 건수
커피	100
김밥	100
생수	100
커피, 김밥, 생수	50
김밥, 생수	200
커피, 김밥	250
커피, 생수	200

① 30.5%   ② 50.0%
③ 83.3%   ④ 93.3%

20 다음 혼동 행렬에서 민감도는 무엇인가?

예측치 실제값	True	False
True	40 (TP)	60 (FN)
False	20 (FP)	80 (TN)

① 0.40   ② 0.67

③ 0.25   ④ 0.75

21 다음 중 사실인데 사실이 아니라고 판단할 확률의 최대 크기는 무엇인가?

① 기각역   ② 베타 수준

③ 유의 수준   ④ 신뢰 수준

22 다음 중에서 자료들의 중간 50%에 흩어진 정도를 나타내는 통계량은 무엇인가?

① 중위수

② 사분위수 범위

③ 평균

④ 분산

23 다음에서 설명하는 분석 기법은 무엇인가?

> • 상관관계가 있는 고차원 자료를 자료의 변동을 최대한 보존하는 저차원 자료로 변환
> • 서로 상관성이 높은 변수들의 선형 결합으로 만들어 기존의 상관성이 높은 변수들을 요약 및 축소하는 기법

① 다중 회귀 분석

② 판별 분석

③ 주성분 분석

④ 요인 분석

24 다음 중에서 거리에 대한 설명으로 가장 올바르지 않은 것은?

① 유클리드 거리는 두 점을 잇는 가장 짧은 직선거리이다.
② 맨해튼 거리는 두 점 간 차의 절댓값을 합한 값이다.
③ 표준화 거리는 변수의 측정 단위를 표준화한 거리이다.
④ 마할라노비스 거리는 변수의 표준화를 고려하지 않고 상관성을 고려한 통계적 거리이다.

25 다음 중에서 파생 변수에 대한 설명으로 가장 올바르지 않은 것은?

① 기존 변수 중의 하나를 대표해서 사용할 수 있다.
② 데이터에 들어 있는 변수를 조합하거나 함수를 적용해서 새로운 변수를 만든다.
③ 단위변환, 표현형식의 변환으로 생성할 수 있다.
④ 기존 변수에 특정 조건 혹은 함수 등을 사용하여 새롭게 재정의한 변수이다.

26 다음 혼동행렬에서 특이도(Specificity)를 계산한 식은 무엇인가?

실제값 \ 예측값	True	False	합계
True	TP	FN	N1
False	FP	TN	N2
합계	S1	S2	N3

① $\dfrac{TN}{N2}$ ② $\dfrac{TP}{N1}$

③ $\dfrac{TP}{S1}$ ④ $\dfrac{TN}{S2}$

27 박스 플롯에서 중간에 있는 선이 의미하는 것은 무엇인가?

① 최빈수(Mode)
② 사분위수(Quartile)
③ 중위수(Median)
④ 수염(Whiskers)

28 다음은 K-평균 군집을 수행하는 절차이다. 보기 중 K-평균 군집의 수행 절차를 순서대로 올바르게 나열한 것은?

> ㉠ 각 자료를 가장 가까운 군집의 중심에 할당한다.
> ㉡ 군집 중심의 변화가 거의 없을 때(또는 최대 반복수)까지 단계2와 단계3을 반복한다.
> ㉢ 초기 (군집의) 중심으로 k개의 객체를 임의로 선택한다.
> ㉣ 각 군집 내의 자료들의 평균을 계산하여 군집의 중심을 갱신(Update)한다.

① ㉢ → ㉣ → ㉠ → ㉡
② ㉢ → ㉠ → ㉣ → ㉡
③ ㉠ → ㉣ → ㉢ → ㉡
④ ㉠ → ㉢ → ㉣ → ㉡

29 다음이 설명하는 군집 분석 방법은 무엇인가?

> 여러 분포를 확률적으로 선형 결합하여 데이터가 k개의 모수적 모형의 가중 합으로 표현되는 모집단 모형으로부터 나왔다는 가정 하에서 자료로부터 모수와 가중치를 추정하는 방법

① DBSCAN
② 혼합 분포 군집
③ EM 알고리즘
④ SOM

30 긍정으로 예측한 비율 중에서 실제로도 긍정인 비율은 무엇인가?

① 정확도(Accuracy)
② 정밀도(Precision)
③ 참 긍정률(TP Rate)
④ 특이도(Specificity)

31 다음이 설명하는 분석 방법은 무엇인가?

> • 데이터 간의 관계에서 조건과 반응을 연결하는 분석
> • 소매점에서 물건을 배열하거나 카탈로그 및 교차 판매 등에 적용하기 적합한 데이터 마이닝 기법

① 회귀 분석
② 의사결정나무
③ 연관 분석
④ 군집 분석

32 다음 중에서 시계열 분석에 대한 설명으로 가장 올바르지 않은 것은?

① 잡음에 대한 원인을 알 수 있다.
② 연도별, 분기별, 월별 등 시계열로 관측되는 자료를 분석한다.
③ 시계열 분석을 위해서는 정상성을 만족해야 한다.
④ 시계열 분해는 시계열에 영향을 주는 일반적인 요인을 시계열에서 분리해 분석하는 방법이다.

33 R에서 서로 다른 데이터 타입을 담을 수 있는 구조는 무엇인가?

① 행렬(Matrix) ② 벡터(Vector)
③ 리스트(List) ④ 배열(Array)

34 모형 평가에서 K-Fold Cross Validation의 설명으로 가장 올바르지 않은 것은?

① 데이터 집합을 무작위로 동일 크기를 갖는 k 개의 부분 집합으로 나눈다.
② k 값이 증가하면 수행 시간과 계산량도 많아진다.
③ k번 반복 수행하며 결과를 k의 다수결 또는 평균으로 분석한다.
④ k=2일 경우 LOOCV 교차 검증 기법과 같다.

35 관측된 여러 개의 변숫값으로부터 유사성에만 기초하여 여러 개로 집단화하여 집단의 특성을 분석하는 기법은 무엇인가?

① 군집 분석 ② 연관 분석
③ 회귀 분석 ④ 의사결정나무

36 표본 조사에 대한 설명으로 가장 바람직하지 않은 것은?

① 표본추출과정에서 표본추출오차가 발생하며 표본의 크기가 증가하면 표본추출오차는 감소한다.
② 표본조사는 전수조사에 비해 시간과 비용이 절감된다.
③ 선택된 일부만을 대상으로 조사를 실시하여 이로부터 전체 모집단의 특성을 추정한다.
④ 비표본 오차는 표본의 개수가 많아져도 커지지 않는다.

37 시간의 흐름에 따라 일정한 간격마다 기록한 데이터는 다음 중 무엇에 대한 설명인가?

① 시계열 데이터
② 횡단면 데이터
③ 패널 데이터
④ 정형 데이터

38 주성분 분석에 대한 설명으로 가장 올바르지 않은 것은?

① 분산이 가장 작은 것을 제1 주성분으로 한다.
② 상관관계가 있는 고차원의 자료를 자료의 변동을 최대한 보존하는 저차원 자료로 변환하는 차원 축소 방법이다.
③ 누적 기여율이 85% 이상이면 주성분의 수로 결정할 수 있다.
④ 차원 감소 폭의 결정은 스크리 산점도(scree plot)를 활용한다.

39 박스 플롯에서 1사분위수는 14, 3사분위수는 18일 때 하위 경계(Lower Fence), 상위 경계(Upper Fence)는 무엇인가?

① 4, 20   ② −8, 30
③ 2, 32   ④ 8, 24

40 시계열의 정상성에 대한 설명으로 가장 옳지 않은 것은?

① 공분산은 시차에만 의존하고 시점 자체에는 의존하지 않는다.
② 분산이 시점에 의존하지 않는다.
③ 시점 간에 상관관계가 없는 독립성이 있다.
④ 평균이 일정하다.

01 구글 글라스, 나이키의 퓨얼 밴드 등과 같이 인터넷을 기반으로 모든 사물을 연결하여 사람과 사물, 사물과 사물 간의 정보를 상호 소통하는 지능형 기술 및 서비스 또는 환경을 의미하는 것은 무엇인가?

---

02 기업 내부 데이터베이스 중의 하나로 기업이 외부공급업체 또는 제휴업체와 통합된 정보시스템으로 연계하여 시간과 비용을 최적화시키기 위한 것을 무엇이라고 하는가?

---

03 분석 성숙도 단계 중 괄호에 들어갈 적절한 단어는 무엇인가?

도입 단계 – (   ) 단계 – 확산 단계 – 최적화 단계

---

04 기업의 합리적 의사결정을 가로막는 장애 요소 중의 하나로 다음 설명이 의미하는 것은 무엇인가?

문제의 표현 방식에 따라 동일한 사건이나 상황임에도 불구하고 사람들의 선택이나 판단이 달라질 수 있는 현상

---

05 시계열에 영향을 주는 일반적인 요인을 시계열에서 분리해 분석하는 방법은 무엇인가?

---

06 다음 내용이 설명하고 있는 것을 적으시오.

> - 현 시점의 자료가 p 시점 전의 유한개의 과거 자료로 설명될 수 있는 모형이다.
> - 모형에 사용하는 시계열 자료의 시점에 따라 1차, 2차,… p차 등을 사용하나 정상 시계열 모형에서는 주로 1, 2차를 사용한다.

07 제한된 훈련 데이터 세트에 너무 지나치게 특화되어 새로운 데이터에 대한 오차가 매우 커지는 현상은 무엇인가?

08 사람 두뇌의 신경세포인 뉴런이 전기신호를 전달하는 모습을 모방한 기계학습 모델은 무엇인가?

09 분류 분석 모형의 성과 평가 방법의 하나로 랜덤 모델과 비교하여 해당 모델의 성과가 얼마나 향상되었는지를 등급별로 파악하는 그래프는 무엇인가?

10 데이터의 한 부분으로 특정 사용자가 관심을 갖고 있는 데이터를 담은 비교적 작은 규모의 데이터 웨어하우스는 무엇인가?

Ⅰ 데이터 이해

객관식 : 8문항, 각 2점

01 사물끼리 정보를 주고받는 사물인터넷 시대를 빅데이터의 관점에서 바라볼 때 다음 중 사물인터넷과 관련이 가장 큰 것은?

① 인공지능(AI)
② 스마트 데이터(Smart Data)
③ 데이터화(Datafication)
④ 지능적 서비스(Intelligent Service)

02 다음 데이터 분석 조직의 유형 중 별도의 분석 조직이 없고 해당 업무부서에서 분석을 수행하는 방식에 해당하는 것은?

① 기능형   ② 분산형
③ 복합형   ④ 집중형

03 데이터베이스의 일반적인 특징으로 가장 부적절한 것은?

① 데이터베이스는 여러 사용자가 서로 다른 목적으로 데이터를 공동으로 이용할 수 있도록 구성되어 있다.
② 데이터베이스는 자기 디스크나 자기 테이프 등과 같이 컴퓨터가 접근할 수 있는 저장 매체에 저장된 데이터이다.
③ 데이터베이스는 변화하는 데이터로 데이터의 삽입, 삭제, 갱신을 한다고 하더라도 항상 현재의 정확한 데이터를 유지해야 한다.
④ 데이터베이스는 한곳에 통합된 데이터(integrated data)이므로 동일한 내용이더라도 데이터의 중복을 허용한다.

04 데이터에서 가치를 찾아내는 과정을 피라미드의 계층구조로 나타낸다. 다음 예시를 알맞게 설명한 것을 고르시오.

> (a) : A마트는 100원에, B마트는 200원에 연필을 판매한다.
> (b) : A마트의 연필이 더 싸다
> (c) : 상대적으로 저렴한 A마트에서 연필을 사야겠다.

① (a) : 데이터, (b) : 정보, (c) : 지식
② (a) : 데이터, (b) : 지식, (c) : 지혜
③ (a) : 데이터, (b) : 정보, (c) : 지혜
④ (a) : 정보, (b) : 지식, (c): 지혜

05 일차원적 분석을 통해서도 해당 부서나 업무 영역에서는 상당한 효과를 얻을 수 있다. 다음 중 업무 영역과 분석 사례의 연결이 가장 부적절한 것은?

① 마케팅관리 – 상점과 가게 위치 선정
② 재무관리 – 거래처 선정
③ 공급체인관리 – 적정 재고량 결정
④ 인력관리 · 이직 인력 예측

06 아래에서 빅데이터 시대의 위기와 통제에 대한 설명으로 가장 타당한 것끼리 묶은 것은?

> (가) 데이터 익명화(anonymization)는 사생활 침해에 대한 근본요인을 차단할 수 있어 빠른 기술발전이 필요하다.
> (나) 빅데이터 분석은 일어난 일에 대한 데이터에 의존하므로 예측의 정확도는 높지만 항상 맞을 수는 없어 데이터 오용의 피해가 발생할 수 있다.
> (다) 개인정보 사용자의 정보사용에 대한 무한책임의 한계로 개인정보사용 책임제보다 동의제를 더욱 강화해야 한다.
> (라) 민주주의에서 '행동결과'에 따른 처벌의 모순을 교훈삼아 빅데이터 사전 '성향' 분석을 통한 통제가 강화될 필요가 있다.
> (마) 빅데이터가 발생시키는 문제를 중간자 입장에서 중재하며 해결해 주는 알고리즘미스트(algorithmist)도 새로운 직업으로 부상하게 될 것이다.

① 가, 다
② 나, 다
③ 가, 라
④ 나, 마

07 다음 중 데이터베이스의 특징과 가장 거리가 먼 것은?

① 응용프로그램 종속성
② 데이터의 무결성 유지
③ 프로그래밍 생산성 향상
④ 데이터 중복성 최소화

08 다음 중 데이터 관리 체계에 대한 설명으로 가장 거리가 먼 것은?

① ERD는 운영 중인 데이터베이스와 일치하기 위하여 철저한 변경관리가 필요하다.
② 빅데이터 거버넌스는 산업 분야별, 데이터 유형별, 정보 거버넌스 요소별로 구분하여 작성한다.
③ 빅데이터는 고품질의 데이터 확보가 필요하므로 데이터 수명주기 관리보다는 품질관리가 중요하다.
④ 데이터 정합성 및 활용의 효율성을 위하여 표준 데이터를 포함한 메타데이터와 데이터 사전의 관리 원칙을 수립해야 한다.

II 데이터 분석 기획
객관식 : 8문항, 각 2점

09 데이터 분석 조직구조의 설명으로 가장 부적절한 것은?

① 집중형 조직구조는 조직 내 별도의 분석 전담조직을 독립적으로 구성하는 것으로서 분석업무의 중복 또는 이원화의 이슈가 있다.
② 기능 중심의 조직구조는 별도의 분석전담조직을 구성하지 않고 해당 부처에서 직접 분석을 수행함으로써 국한된 분석 수행 이슈가 존재한다.
③ 분산구조는 분석 조직의 인력을 현업부서에 배치하여 분석업무를 수행함으로써 분석이 집중 되지 못해 신속한 실무적용이 어렵다.
④ 분석 조직은 분석 전문인력뿐만 아니라 도메인 전문가, IT 인력, 변화관리 및 교육담당 인력으로 구성되어야 효율적인 운영이 가능하다.

10 다음 중 분석 주체 유형을 분류할 때 조직 내 분석 대상이 무엇인지 인지하고 있으나 데이터 분석 방법과 다양한 분석 구조를 이해하지 못하는 유형은 무엇인가?

① 발견
② 통찰
③ 솔루션
④ 최적화

11 ( )안에 들어갈 용어로 적절한 것은?

> 현재의 비즈니스 모델 및 유사/동종사례 탐색을 통해서 빠짐없이 도출한 분석 기회들을 구체적인 과제로 만들기 전에 (   )로 표기하는 것이 필요하다. 풀어야 할 문제에 대한 상세설명 및 해당 문제 해결했을 때 발생하는 효과를 명시함으로써 향후 데이터 분석 문제로의 전환 및 적합성 평가에 (   )를 활용하도록 한다.

① 분석과제 정의서
② 분석 유스 케이스
③ 분석 주제 풀(POOL)
④ 프로젝트 계획서

12 다음 중 프로토타이핑 방법론의 기본적인 프로세스와 가장 관련이 없는 것은?

① 가설 생성
② 디자인에 대한 실험
③ 실제 환경 테스트 결과에서 통찰 도출 및 가설 확인
④ 반복적으로 위험분석을 수행하여 위험을 관리하며 순환적으로 개선

13 복잡하고 다양한 환경으로 인해 분석 대상이 무엇인지 모르거나, 문제의 정의 자체가 어려운 경우에 답을 미리 내는 것이 아니라 사물을 있는 그대로 인식하는 "What" 관점에서 접근하는 분석과제 발굴 방식은 무엇인가?

① 상향식
② 하향식
③ 하이브리드
④ 단계선택

14 빅데이터 거버넌스에 대한 설명으로 올바른 것끼리 묶은 것은?

> (A) 빅데이터 분석은 다양한 데이터를 활용하기 위하여 회사 내 모든 데이터를 활용해야 한다.
> (B) 빅데이터 분석은 고품질의 데이터 확보가 필요하므로 수명주기관리보다는 품질관리가 중요하다.
> (C) ERD는 운영중인 데이터베이스와 일치하기 위하여 철저한 변경관리가 필요하다.
> (D) 빅데이터 거버넌스 산업분야별, 데이터 유형별, 정보 거버넌스 요소별로 구분하여 작성한다.

① A, B   ② C, D
③ A, B, C   ④ B, C, D

15 분석을 사용하여 전략적 통찰력을 얻기 위한 방법으로 부적절한 것은?

① 경영의 본질을 제대로 바라볼 수 있도록 분석한다.
② 경영진은 직관적 결정을 지양하고 데이터 기반의 객관적 의사결정을 한다.
③ 사업 상황을 확인하기 위해 사업 내부의 문제들을 집중하여 분석을 이용한다.
④ 비즈니스의 핵심가치와 관련된 분석 프레임워크와 평가지표를 개발한다

16 다음 중 마스터 플랜을 수립할 때 우선순위 고려요소로 가장 적절하지 않은 것은?

① 전략적 중요도   ② 데이터 우선 순위
③ 실행 용이성   ④ 비즈니스 성과/ROI

Ⅲ 데이터 분석

17 데이터의 한 부분으로 특정 사용자가 관심을 갖고 있는 데이터를 담은 비교적 작은 규모의 데이터 웨어하우스는 무엇이라고 하는가?

① 데이터베이스
② 데이터 마트
③ 데이터 마이닝
④ 데이터 프레임

18 연관성 분석에서 유의미한 규칙을 찾아내기 위해 사용되는 측도(criterion) 중 아래의 설명이 가리키는 것으로 가장 적절한 것은?

전체 항목 중 A와 B가 동시에 포함되는 항목수의 비율

① 지지도
② 민감도
③ 향상도
④ 신뢰도

19 아래 거래 전표에서 연관 규칙 A→B의 향상도는 얼마인가? (소수점 첫째자리에서 반올림)

물품	거래건수
{A}	100
{B, C}	100
{C}	100
{A, B, C, D}	50
{B, C}	200
{A, B, D}	250
{A, C}	200

① 30% ② 50%
③ 83% ④ 100%

20 다음 중 아래 의사결정나무에서 C의 지니지수를 계산한 결과로 적절한 것은?

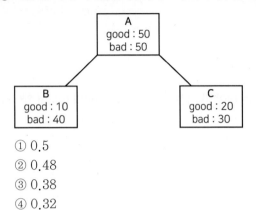

① 0.5
② 0.48
③ 0.38
④ 0.32

21 아래는 회귀 모델의 예측 결과이다. 모델 성능을 MAPE로 계산했을 때 맞는 것은?

Actual	1	2	5	10
Forecast	0.9	1.8	4.5	11

① 10%
② 15%
③ 32.5%
④ 45%

22 비계층적 군집방법의 기법인 k-means clustering의 경우 이상값(outlier)에 민감하여 군집 경계의 설정이 어렵다는 단점이 존재한다. 이러한 단점을 극복하기 위해 등장한 비계층적 군집 방법으로 가장 적절한 것은?

① k-medoids Clustering
② 혼합 분포 군집(mixture distribution clustering)
③ Density based Clustering
④ Fuzzy Clustering

23 부트스트랩 표본을 구성하는 재표본 과정에서 분류가 잘못된 데이터에 더 큰 가중치를 주어 표본을 추출하는 기법을 무엇이라고 하는가?

① 배깅(Bagging)
② 부스팅(Boosting)
③ 랜덤포레스트(Random Forest)
④ 시그모이드(Sigmoid)

24 다음 중 Bias-variance trade off에 대한 아래 문장의 빈칸에 들어갈 말로 순서대로 연결된 것은?

일반적으로 학습모형의 유연성이 클수록 분산(variance)은 (   ), 편향(bias)은 (   )

① 높고, 높다.
② 높고, 낮다.
③ 낮고, 높다.
④ 낮고, 낮다.

25 다음 중 대용량 데이터 속에서 숨겨진 지식 또는 새로운 규칙을 추출해 내는 과정을 일컫는 것은?

① 지식경영
② 의사결정 지원시스템
⑤ 데이터 웨어하우징
④ 데이터 마이닝

26 다음은 데이터의 회귀분석 결과이다. 다음 설명 중 가장 옳지 않은 것을 고르시오.

```
> summary(wage)
education                        wage
1. < HS Grad: 268               Min. : 20.09
2. HS Grad: 971                 1st Qu.: 85.38
3. Some College: 650            Median :104.92
4. College Grad: 685            Mean :111.70
5. Advanced Degree: 426         3rd Qu.:128.68
                                Max. :318.34


> summary(lm(wage~.,wage))
Call:
lm(formula = wage ~ ., data = wage)
Residuals:

Min      1q       Median   3q      Max
-112.31  -19.94   -3.09    15.33   222.56


Coefficients:
                             Estimate   Std. Error   t value   Pr(>{t})
(Intercept)                  84.104     2.231        37.695    < 2e-16   ***
education2. HS Grad          11.679     2.520        4.634     3.74e-06  ***
education3. Some College     23.651     2.652        8.920     < 2e-16   ***
education4. College Grad     40.323     2.632        15.322    < 2e-16   ***
education5. Advanced Degree  66.813     2.848        23.462    < 2e-16   ***
---
Signif. codes: 0 '***' 0.001 '**' 0.01 '*'  0.05 '.' 0.1 ' ' 1


Residual standard error: 36.53 on 2995 degrees of freedom
Multiple R-squared: 0.2348, Adjusted R-squared: 0.2338
F-statistic: 229.8 on 4 and 2995 DF, p-value: < 2.2e-16
```

① education의 더미변수는 4개이다.
② 회귀분석 결과를 회귀식으로 나타냈을 때, y절편은 84.104이다.
③ 회귀계수는 종속변수 wage 평균과의 차이를 의미하므로 "Advanced Degree" 그룹이 wage
의 평균에 추가되는 값이 가장 크다.
④ 회귀식의 모든 변수가 통계적으로 유의미하다.

27 다음 중 기법의 활용 분야가 나머지와 다른 하나를 고르시오.

① 로지스틱 회귀 분석
② 인공신경망
③ 의사결정나무
④ SOM

28 다음 중 나머지와 분석 방법이 다른 것은?

① k-means clustering
② single linkage method
③ DBSCAN
④ 주성분 분석

29 상품의 가격을 조사한 데이터를 나타낸 다음의 Box Plot에 대한 설명으로 맞는 것은?

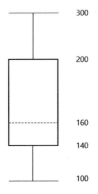

① 평균-1.5*IQR ≤ 데이터 〈 평균+1.5*IQR 범위를 벗어난 데이터를 이상치라고 한다.
② 평균(mean)은 160이다.
③ 3사분위수보다 높은 가격 데이터가 약 50%이상이 있다.
④ 가격의 IQR(Interquartile Range)은 60이다.

30 모집단을 특정한 기준에 따라 서로 상이한 소집단으로 나누고 각각의 소집단으로부터 일정한 표본을 무작위로 추출하는 표본추출방법으로 적절한 것은?

① 단순랜덤추출법
② 계층추출법
③ 집락추출법
④ 층화추출법

31 소매점에서 물건을 배열하거나 카탈로그 및 교차판매 등에 적용하기 적합한 데이터마이닝 기법은 무엇인가?

① 분류(classification)
② 예측(prediction)
③ 연관분석(association analysis)
④ 군집(clustering)

32 다음 중 한 변수를 단조 증가 함수로 변환하여 다른 변수를 나타낼 수 있는 정도를 나타내며 두 변수의 선형 관계의 크기뿐만 아니라 비선형적인 관계도 나타낼 수 있는 상관계수는 무엇인가?

① 코사인 유사도
② 피어슨 상관계수
③ 스피어만 상관계수
④ 자카드 인덱스

33 아래 사회연결망에서 노드 A의 연결정도 중심성은?

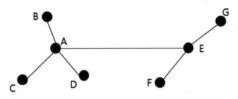

① 1
② 2
③ 3
④ 4

34 계층적 군집방법은 두 개체(또는 군집) 간의 거리(또는 비유사성)에 기반하여 군집을 형성해 나가므로 거리에 대한 정의가 필요한데, 다음 중 변수의 표준화와 변수 간의 상관성을 동시에 고려한 통계적 거리로 적절한 것은?

① 표준화 거리(Standardized distance)
② 민코우스키 거리(Minkowski distance)
③ 마할라노비스 거리(Mahalanobis distance)
④ 자카드 계수(Jaccard coefficient)

35 에어컨 회사에서 지역별 온도, 습도에 따라 고객군을 나눠서 마케팅전략을 수립할 때 적합한 분석 방법은?

① 연관분석
② 회귀분석
③ 군집분석
④ 분류분석

36 R에서 matrix 명령어를 활용하여 벡터를 행렬로 아래와 같이 변환하였다고 할 때 생성된 mx의 결과로 옳은 것은?

```
mx = matrix(c(1,2,3,4,5,6), ncol=2, byrow=T)
```

①

	[,1]	[,2]
[1,]	1	2
[2,]	3	4
[3,]	5	6

②

	[,1]	[,2]
[1,]	1	4
[2,]	2	5
[3,]	3	6

③

	[,1]	[,2]	[,3]
[1,]	1	2	3
[2,]	4	5	6

④

	[,1]	[,2]	[,3]
[1,]	1	3	5
[2,]	2	4	6

37 아래의 데이터 마이닝 분석 예제 중 비지도 학습을 수행해야 하는 예제는?

(가) 우편물에 인쇄된 우편번호 판별 분석을 통해 우편물을 자동으로 분류
(나) 고객의 과거 거래 구매 패턴을 분석하여 고객이 구매하지 않은 상품을 추천
(다) 동일 차종의 수리 보고서 데이터를 분석하여 차량 수리에 소요되는 시간을 예측
(라) 상품을 구매할 때 그와 유사한 상품을 구매한 고객들의 구매 데이터를 분석하여 쿠폰을 발행
(마) 고장난 비행기들의 수리 이력 데이터를 분석하여 수리시간을 추정

① 나, 다   ② 가, 라
③ 가, 다   ④ 나, 라

38 다음 중 다중공선성(multicollinearity)에 대한 설명으로 가장 부적절한 것은?

① 다중공선성 문제를 해결하기 위해 중요하지 않으면서 다른 변수와 상관성이 높은 변수를 제거한다.

② 표본수가 증가해도 VIF에서 일반 결정계수는 크게 변하지 않는다.

③ 두 변수의 VIF값이 "1"에 가까우면 회귀식의 기울기는 완만하다.

④ 구조적 다중공선성의 문제가 있는 경우에는 데이터의 평균 중심을 변화한다.

39 시계열의 요소 분해법은 시계열 자료가 몇 가지 변동들의 결합으로 이루어져 있다고 보고 변동요소별로 분해하여 쉽게 분석하기 위한 것이다. 다음 중 분해 요소에 대한 설명이 부적절한 것은?

① 추세분석은 장기적으로 변해가는 큰 흐름을 나타내는 것으로 자료가 장기적으로 커지거나 작아지는 변화를 나타내는 요소이다.

② 계절변동은 일정한 주기를 가지고 반복적으로 같은 패턴을 보이는 변화를 나타내는 요소이다.

③ 순환변동은 경제 전반이나 특정 산업의 부침을 나타내 주는 것을 말한다.

④ 불규칙변동은 불규칙하게 변동하는 급격한 환경변화, 천재지변 같은 것으로 발생하는 변동을 말한다.

40 주성분분석은 p개의 변수들을 중요한 m(p)개의 주성분으로 표현하여 전체 변동을 설명하는 방법을 사용한다. 다음 중 주성분 개수(m)를 선택 방법에 대한 설명으로 가장 부적절한 것은?

① 전체 변이 공헌도(percentage of total variance) 방법은 전체 변이의 70~90% 정도가 되도록 주성분의 수를 결정한다.

② 평균 고유값 (average eigenvalue)방법은 고유값들의 평균을 구한 후 고유값이 평균값 이상이 되는 주성분을 제거하는 방법이다.

③ Scree graph를 이용하는 방법은 고유값의 크기순으로 산점도를 그린 그래프에서 감소하는 추세가 원만해지는 지점에서 1을 뺀 개수를 주성분의 개수로 선택한다.

④ 주성분은 주성분을 구성하는 변수들의 계수 구조를 파악하여 적절하게 해석되어야 하며, 명확하게 정의된 해석 방법이 있는 것은 아니다.

01 인공지능의 한 분야로, 컴퓨터가 스스로 많은 데이터를 분석해서 패턴과 규칙을 찾아내고, 학습된 패턴과 규칙을 활용하여 분류나 예측을 하는 것을 무엇이라고 하는가?

02 조직 내 구성원들이 축적하고 있는 노하우 등 암묵적 지식을 형식지로 표출화 될 수 있도록 지원하는 등, 조직의 경쟁력 향상을 위해 지식자원을 체계화하고 원활하게 공유가 될 수 있도록 지원하는 시스템을 무엇이라고 하는가?

03 ( ) 안에 공통적으로 들어갈 용어는?

> 기업 및 공공기관에서는 시스템의 중장기 로드맵을 정의하기 위한 ( )을(를) 수행한다.
> ( )은(는) 정보기술 또는 정보시스템을 전략적으로 활용하기 위하여 조직 내·외부 환경을 분석하여 기회나 문제점을 도출하고 사용자의 요구사항을 분석하여 시스템 구축 우선순위를 결정하는 등 중장기 마스터플랜을 수립하는 절차이다.

04 데이터 분석 도입의 수준을 파악하기 위한 분석 준비도의 6가지 구성요소 중 하나로서 운영시스템 데이터 통합, 빅데이터 분석 환경, 통계분석 환경 등을 진단하는 구성요소는 무엇인가?

05 베이즈 정리(Bayes Theory)와 특징에 대한 조건부 독립을 가설로 하는 알고리즘으로 클래스에 대한 사전 정보와 데이터로부터 추출된 정보를 결합하고 베이즈 정리를 이용하여 특정 데이터가 특정 클래스에 속하는지를 분류하는 알고리즘은 무엇인가?

---

06 계층적 군집분석에서 두 군집을 병합하는 방법 중, 군집과 군집, 또는 데이터와의 거리계산 시, 최단거리를 계산하여 거리가 가까운 데이터, 또는 군집을 새로운 군집으로 형성하는 방법을 무엇이라고 하는가?

---

07 텍스트 마이닝에서 어근에 차이가 있더라도 관련이 있는 단어들을 동일한 어간으로 매핑이 될 수 있도록 정해진 규칙에 따라 단어에서 어간을 분리하여 공통어간을 가지는 단어를 묶는 작업을 무엇이라고 하는가?

---

08 시계열 분석을 위해서는 정상성을 만족해야 한다. 따라서 주어진 자료가 정상성을 만족하는지 판단하는 과정이 필요하다. 자료가 추세를 보이는 경우에는 현 시점의 자료값에서 전 시점의 자료를 빼는 방법을 통해 비정상시계열을 정상시계열로 바꾸어 준다. 이 방법은 무엇인가?

---

09 다음 PCA 분석에서 첫 번째 주성분이 전체 분산의 몇 %를 설명하는가 ?

	Comp.1	Comp.2	Comp.3	Comp.4
Standard deviation	1.5574873	0.9943214	0.5943221	0.4123679
Cumulative Proportion	0.5748331	0.2321003	0.1834561	0.0096185
Proportion of Variance	0.5748331	0.8069334	0.9903895	1.0000000

10 원 데이터 집합으로부터 크기가 같은 표본을 여러 번 단순 임의 복원추출하여 각 표본에 대해 분류기를 생성한 후 그 결과를 앙상블하는 방법을 무엇이라 하는가?

기출문제 39회 (2023년 10월 시행)

246p

01 ①	02 ①	03 ③	04 ④	05 ①
06 ④	07 ②	08 ④	09 ④	10 ③
11 ③	12 ②	13 ③	14 ①	15 ④
16 ④	17 ②	18 ③	19 ④	20 ④
21 ②	22 ④	23 ②	24 ①	25 ②
26 ③	27 ①	28 ④	29 ①	30 ②
31 ④	32 ③	33 ③	34 ④	35 ①
36 ②	37 ③	38 ②	39 ③	40 ②

단답형

01 ㉠ : 인과관계 / ㉡ : 상관관계
02 CRM
03 나선형 모델
04 상향식 접근 방법
05 오즈
06 점 추정
07 0.2
08 0.4
09 다차원 척도법
10 계통 추출법

I 데이터 이해

01 ①

데이터베이스는 통합된 데이터로 데이터베이스 내에 동일한 내용이 중복되지 않는다.
- **통합된 데이터** : 동일한 내용의 데이터가 중복되어 있지 않다.
- **저장된 데이터** : 컴퓨터 매체가 접근할 수 있는 저장 매체에 저장되어 있다.
- **공용 데이터** : 여러 사용자가 공유할 수 있다.
- **변화하는 데이터** : 삽입, 수정, 삭제를 통해 항상 최신의 정확한 데이터를 유지해야 한다.

02 ①

구분	특성	내용
1단계	공통화 (암묵지→암묵지)	다른 사람과의 상호 작용을 통해 개인이 암묵지를 습득하는 단계로서, 암묵적인 지식 노하우를 다른 사람에게 알려주는 것
2단계	표출화 (암묵지→형식지)	개인에게 내재되어 있는 암묵적 지식 노하우를 책이나 교본과 같은 문서나 매체로 저장하는 등 형식지로 만드는 것
3단계	결합(연결)화 (형식지→형식지)	• 형식지 간 상호 결합을 통해 새로운 형식지가 만들어지는 단계 • 책이나 매뉴얼, 교본(형식지)에 자신이 알고 있는 새로운 지식(형식지)을 추가하는 것
4단계	내면화 (형식지→암묵지)	• 형식지가 개인의 암묵지로 체화되어 있는 단계 • 만들어진 책이나 매뉴얼, 교본(형식지)을 보고 다른 직원들이 암묵적 지식(노하우)을 습득하는 것

03 ③

- 가치 패러다임이 디지털화(Digitalization, 과거) → 연결(Connection, 현재) → 에이전시(Agency, 미래) 순서로 변화하였다.
- 미래의 가치 패러다임에서 빅데이터, 데이터 사이언스는 중요한 역할을 담당하게 된다.

▶ **가치 패러다임 변화**

가치 패러다임 변화	설명
디지털화(Digitalization, 과거)	아날로그 시대에서 디지털 시대로의 가치 창출
연결(Connection, 현재)	디지털화된 데이터들이 서로 연결되어 가치를 창출
에이전시(Agency, 미래)	복잡하게 연결된 네트워크를 신뢰성 있게 관리하는 에이전트를 이용한 가치 창출

04 ④

데이터 사이언티스트에게는 주로 데이터 처리나 분석 기술과 관련된 스킬뿐만 아니라 통찰력 있는 분석, 설득력 있는 전달, 협력 등의 스킬도 필요하다.

05 ①

책임 훼손의 원칙 → 결과 기반 책임 원칙, 데이터의 오용 → 알고리즘 허용

06 ④

클라우드 컴퓨팅은 빅데이터 분석에 경제적 효과를 제공해준 결정적인 중요한 기술이며, 클라우드·분산 병렬처리 컴퓨팅 기술로 대용량 데이터를 처리하는 데 소요되는 비용을 획기적으로 줄일 수 있었다.

07 ②

구분	내용
데이터(Data)	데이터의 존재 형식을 불문하고, 타 데이터와 상관 관계가 없는 가공 전의 수치나 기호 **예** A 마트는 500원, B 마트는 300원에 볼펜을 판매한다.
정보(Information)	데이터의 가공 및 상관관계, 연관 관계를 바탕으로 패턴을 인식하고 의미를 부여한 데이터 **예** B 마트의 볼펜이 더 싸다.
지식(Knowledge)	상호 연결된 정보 패턴을 이해하여 이를 토대로 예측한 결과물 **예** 상대적으로 저렴한 B 마트에서 볼펜을 사야겠다.
지혜(Wisdom)	근본적인 원리에 대한 깊은 이해를 바탕으로 도출되는 창의적 아이디어 **예** B 마트의 다른 상품도 A 마트보다 저렴할 것이다.

08 ④

데이터 사이언티스트가 갖춰야 할 역량

- **Hard Skill**
  - **빅데이터에 대한 이론적 지식** : 관련 기법에 대한 이해와 방법론 습득
  - **분석 기술에 대한 숙련** : 최적의 분석 설계 및 노하우 축적
- **Soft Skill**
  - **통찰력 있는 분석** : 창의적 사고, 호기심, 논리적 비판
  - **설득력 있는 전달** : 스토리텔링, 시각화
  - **다분야 간 협력** : 커뮤니케이션

Ⅱ 데이터 분석 기획

09 ④

위험 대응 계획 수립에서 예상되는 위험으로부터 대응할 수 있는 방법은 회피, 전이, 완화, 수용이다.

10 ③

데이터 거버넌스는 전사 차원에서 모든 데이터에 대해 표준화된 관리 체계 수립하는 것으로 운영을 위한 프레임워크 및 저장소를 구축하는 것이다. 구성요소에는 원칙(Principle), 조직(Organization), 프로세스(Process)가 있다.

11 ③

데이터 분석 우선순위를 평가할 때는 전략적 중요성, 비즈니스 성과 및 ROI, 실행 용이성이 고려되어야 한다.

12 ②

- **최적화(Optimization)** : 해결해야 할 문제를 알고 있고 분석 방법도 알고 있는 경우
- **솔루션(Solution)** : 해결할 문제는 알지만, 분석 방법을 모르는 경우
- **통찰(Insight)** : 대상이 명확하게 무엇인지 모르는 경우, 기존 분석 방법 활용
- **발견(Discovery)** : 분석의 대상 자체를 새로 도출

13 ③

확정된 분석과제를 풀로 관리하는 것이 아니라, 분석과제 중 발생된 시사점과 분석 결과물을 풀로 관리한다.

14 ①

데이터 분석 조직에는 집중, 분산, 기능구조가 있다.

15 ④

분석 프로젝트의 영역별 주요 관리 항목에는 범위(Scope), 시간(Time), 원가(Cost), 품질(Quality), 통합(Integration), 조달(Procurement), 자원(Resource), 리스크(Risk), 의사소통(Communication), 이해관계자(Shareholder)가 있다.

16 ④

- **ROI 관점에서 빅데이터의 4V**
  - **크기(Volume)** : 데이터의 규모 및 양
  - **다양성(Variety)** : 데이터의 유형에 따라 정형, 반정형, 비정형 데이터
  - **속도(Velocity)** : 데이터 생성 속도 또는 데이터 처리 속도
  - 위 세 가지는 투자 비용(investment) 측면의 요소라고 할 수 있다.
  - **가치(Value)** : 분석 결과를 활용하거나 실질적인 실행을 통해 얻게 되는 비즈니스 효과(Return) 측면이라고 할 수 있다.

Ⅲ 데이터 분석

17 ①

df는 관측치의 수 −1이므로 71개이다.

t−검정의 통계적 유의성을 평가하려면 p−값을 계산해야 하는데 p−값의 범위는 0에서 1까지이며, 다음과 같이 해석된다.

- p−값이 0.05보다 낮으면 귀무가설을 기각할 확신이 강하다는 것을 의미한다.
- p−값이 0.05보다 높으면 귀무가설을 기각할 만한 증거가 충분하지 않다는 것을 의미한다.

18 ③

▶ **의사결정나무 알고리즘별 특징**

알고리즘	이산형 목표변수 (분류나무)	연속형 목표변수 (회귀나무)
CART	지니지수	분산 감소량
C5.0	엔트로피지수	
CHAID	카이제곱 통계량	ANOVA F−통계량

19 ④

정규성 가정을 충족하지 못한 경우 변수변환 등을 통해 해결하는 방안을 고려해 볼 수 있다.

20 ③

▶ **시계열 정보 구성 요소**

구성 요소	설명
추세 요인	• 상승, 하락, 이차식, 지수식 형태 • 관측값의 전반적 상승 또는 하락과 같은 경향을 나타냄
계절 요인	요일, 월, 분기 등 고정된 주기에 따른 변화 예 매출이 특정 일자에 크게 오르거나, 갑자기 내려가는 형태가 정기적으로 발생하는 경우
순환 요인	명백한 이유없이 알려지지 않은 주기를 가지고 변화
불규칙 요인	• 위 세 가지 요인으로 설명할 수 없는 회귀분석의 오차에 해당하는 요인 • 특정한 규칙으로 설명할 수 없는 오차를 나타내는 성분 예 매출 상승에 대한 전반적인 추세는 이어지더라도, 내일 매출이 어떻게 될지 정확히는 알 수 없는 오차의 영역

21 ②

(8-3)^2 + (9-4)^2 = 25+25 = 50이므로 제곱근을 구하면 √50이 된다.

22 ④

표본오차란 표본을 대상으로 측정한 값이 모집단의 값을 모두 대신할 수 없다는 의미에서의 오차이다. 이러한 표본오차는 표본의 수가 충분히 증가하면 줄어든다.

23 ②

Specificity(특이도) = TN / (TN+FP) = 제대로 분류한 음성 데이터 수 / 전체 음성 데이터 수
실제 음성인 데이터 중에서 음성으로 올바르게 예측한 비율이며, TNR(True Negative Rate)이라고 한다.

24 ①

p-백분위수는 p%의 관측치는 이 값 아래에 있고 나머지는 이 값보다 위에 있게 되는 값을 말한다.
예를 들어 Q1 = 25백분위수 = 1사분위수

25 ②

cumulative proportion 값이 0.8을 넘는 주성분은 comp.2(주성분 2개)이다.

26 ③

연관분석은 대량의 데이터에 숨겨진 항목 간의 연관규칙을 찾아내는 분석 기법으로서 장바구니 분석(market basket analysis)이라고도 한다.

27 ①

확률변수 X가 이산형이고 확률질량함수를 f(x)로 표현할 때, 기댓값은 E(x) = Σ x f(x)이다.

28 ④

와드 연결법은 군집 내 편차들의 제곱합을 고려한 방법이다.
모든 항목에 대한 거리 평균을 구하면서 군집화를 수행하는 방법은 평균 연결법이다.

29 ①

연관분석 척도 : 지지도, 신뢰도, 향상도 등이 있다.
- **지지도(Support)** : 전체 거래 중 두 개의 품목 A, B가 동시에 포함되어 거래된 비율
- **신뢰도(Confidence)** : 항목 A를 포함한 거래 중에서 항목 A, B가 함께 포함되어 거래된 비율
- **향상도(Lift)** : A가 주어지지 않았을 때 품목 B의 구매 확률에 비해, A가 주어졌을 때의 품목 B의 구매 확률의 증가 비율

30 ②

- **보팅** : 여러 개의 모형으로부터 산출된 결과를 다수결에 의하여 최종 결과를 선정하는 과정
- **부스팅** : 예측력이 약한 모형들을 결합하여 강한 예측 모형을 만드는 방법

31 ④

릿지(능형) 회귀모형은 연속형 값을 예측하는 데 사용된다.

32 ③

- **K-means 절차**
1. 초기 군집의 중심으로 k개의 객체를 임의로 선택
2. 각 자료를 가장 가까운 군집의 중심에 할당
3. 각 군집 내의 자료들의 평균을 계산하여 군집의 중심을 갱신
4. 군집 중심의 변화가 거의 없을 때까지 2, 3 반복

33 ③

교차분석은 범주형 변수(명목척도 또는 서열척도)이어야 한다.

34 ④

정상성은 시점에 관계없이 시계열의 특성이 일정함을 의미한다.

35 ①

주성분 분석은 비지도 학습에 속한다.

36 ②

Intercept는 회귀식의 y 절편 값이다.

37 ②

귀무가설은 가설 검정의 대상이 되는 가설, 연구자가 부정하고자 하는 가설이다.

38 ②

SOM은 속도가 빨라 실시간 학습처리가 가능한 모델이다.

39 ③

동전을 연속으로 3번 던져서 앞면이 한 번 나올 확률을 구하려면 가능한 모든 경우의 수를 고려해야 한다. 동전을 한 번 던질 때 앞면이 나올 수 있는 경우는 2가지(앞면 또는 뒷면)이며, 3번 던지는 경우의 수는 총 2 * 2 * 2 = 8가지이다.
그중에서 앞면이 한 번 나오는 경우의 수는 다음과 같다.
- 앞면-뒷면-뒷면
- 뒷면-앞면-뒷면
- 뒷면-뒷면-앞면

따라서 앞면이 한 번 나올 확률은 3/8이다.

40 ②

- **ARIMA (자기 회귀 누적 이동 평균 모형)**
  - 분기 또는 연간 단위로 예측하거나 주간 또는 월간 단위로 지표를 리뷰하여 트렌드를 분석하는 기법이다.
  - 기본적으로 비정상 시계열 모형이기 때문에 차분이나 변환을 통해 AR, MA, ARMA 모형으로 정상화할 수 있다.
  - ARIMA(p, d, q)에서 p는 AR 모형의 차수, d는 ARIMA에서 ARMA로 정상화할 때 차분 횟수, q는 MA 모형에서 차수를 의미한다.

차수	의미
$p=0$	• IMA(d, p) 모형 • IMA모형을 d번 차분하면 MA(q) 모형
$d=0$	• ARI(p, d) 모형 • ARI(p, d) 모형을 번 차분한 시계열 모형이 AR(p) 모형을 따르게 됨

$q=0$	• ARMA(p, q) 모형 • 정상성 만족		

‒ ARIMA 모델에서 최적 차수는 자기상관함수(ACF)와 편자기상관함수 (PACF)를 사용하여 찾아야 한다.

단답형

01 ⊙ : 인과관계 / ⓒ : 상관관계

02 CRM

• **CRM(Customer Relationship Management)** : 고객 관계 관리는 기업이 고객 관련 자료를 분석해 상품이나 서비스를 고객이 지속적으로 구매할 수 있도록 하기 위한 전략이다.

03 나선형 모델

04 상향식 접근 방법

05 오즈

특정 사건이 발생할 확률과 사건이 발생하지 않을 확률에 대한 비율은 오즈(odds)라고 한다. 오즈는 사건이 발생할 가능성과 발생하지 않을 가능성 간의 비율을 나타내는 수치이다.

06 점 추정

만약 A 과목을 수강한 전체 학생 중에서 임의로 30명을 추출하여 측정한 결과 평균 점수가 70점이면, A 과목을 수강한 전체 학생들의 점수를 하나의 값 70점으로 추정하는 것이 점 추정이다.
점 추정할 수 있는 추정치에는 표본평균, 표본분산, 중위수, 최빈수 등이 있다.

07 0.2

지지도 = A와 B가 동시에 포함된 거래 수 / 전체 거래 수 = 20/100 = 0.2

08 0.4

독립 사건에서 P(B|A)는 P(B)와 같다.

09 다차원 척도법

다차원 척도법은 개체 간 근접성(proximity)을 시각화하여 데이터 속에 잠재해 있는 패턴이나 구조를 파악하기 위한 통계 기법이며, 개체 간 거리 계산은 유클리드 거리 행렬을 사용한다. 상대적 거리의 정확도를 높이기 위해 적합한 정도를 스트레스 값(stress value)으로 나타내는 방식이다. 다차원 척도법(MDS) 종류에는 계량적 MDS와 비계량적 MDS가 있다.

10 계통 추출법

계통 추출법(Systematic Sampling)은 모집단 개체에 1, 2, …, N이라는 일련번호를 부여한 후, 첫 번째 표본을 임의로 선택하고 일정 간격으로 다음 표본을 선택한다.

I 데이터 이해

01 ②

• **메타데이터(Metadata)**
‒ 데이터에 대한 데이터로 데이터의 특성, 구조, 정의 및 관리 정보를 설명하는 데이터
‒ 데이터의 구조와 의미를 이해하고 데이터를 관리, 검색 및 분석하는 데 필수적
• **인덱스(Index)**
‒ 데이터베이스에서 데이터 검색 및 조회의 성능을 향상시키기 위해 사용되는 자료구조
‒ 키는 검색을 빠르게 수행하기 위한 정렬 및 검색 구조를 제공함
• **테이블(Table)** : 표 형식의 행과 열로 구성된 데이터
• **속성(Attribute)** : 테이블에서 하나의 열(column)에 해당하는 데이터

02 ②

• **상용DB** : Oracle, MS-SQL Server, DB2, PostgreSQL, MySQL, MongoDB, MariaDB, Sybase 등이 있음
• **태블로(Tableau)**는 데이터 시각화 및 BI 도구

03 ①

데이터 크기순으로 나열하면 KB 〈 MB 〈 GB 〈 TB 〈 PB 〈 EB 〈 ZB 〈 YB와 같다.

04 ①

- 데이터베이스의 특징
  - **통합 데이터** : 데이터베이스에 같은 내용의 데이터가 중복되어 있지 않다는 것을 의미
  - **저장 데이터** : 자기디스크나 자기테이프 등과 같이 컴퓨터가 접근할 수 있는 저장매체에 저장되는 것을 의미
  - **공용 데이터** : 여러 사용자에게 서로 다른 목적으로 데이터베이스의 데이터를 공동으로 이용되는 것을 의미
  - **변화되는 데이터** : 새로운 데이터의 추가, 기존 데이터의 삭제, 갱신으로 항상 변화하면서도 항상 현재의 정확한 데이터를 유지해야 한다는 것을 의미

05 ④

- 빅데이터 활용을 위한 3요소 : 데이터(자원), 기술, 인력
  - **데이터(자원)** : 모든 것의 데이터화(Datafication)
  - **기술** : 진화하는 알고리즘, 인공지능
  - **인력** : 데이터 사이언티스트, 알고리즈미스트
- 데이터 거버넌스 구성 요소 : 원칙, 조직, 프로세스
  - **원칙** : 데이터를 유지 관리하기 위한 지침과 가이드 및 보안, 품질 기준, 변경 관리
  - **조직** : 데이터를 관리할 조직의 역할과 책임 및 데이터 관리자, 데이터 아키텍트
  - **프로세스** : 데이터 관리를 위한 활동과 체계 및 작업 절차, 모니터링 활동

06 ②

빅데이터의 특징 중 하나는 전체 데이터를 대상으로 분석하는 것이다. 데이터 분석에서는 상관관계를 확인한 후에도 추가적인 연구와 실험을 통해 인과관계를 파악할 필요가 있다.

07 ①

- 빅데이터의 위기요인 & 해결방안
  - 사생활 침해 → 동의제를 책임제로 전환
  - 데이터의 오용 → 데이터 알고리즘에 대한 접근권 허용 및 객관적 인증방안을 도입 필요성 제기
  - 책임원칙의 훼손 → 기존의 책임원칙을 강화

08 ④

- 데이터 사이언티스트의 역량
  - 데이터 사이언티스트들은 하드 스킬과 소프트 스킬 능력을 동시에 갖추고 있어야 한다.
  - **하드스킬** : Machine Learning, Modeling, Data Technical Skill
  - **소프트 스킬** : 통찰력 있는 분석, 설득력 있는 전달, 다분야간 협력

Ⅱ 데이터 분석 기획

09 ③

- **준비형(준비도 낮음, 성숙도 낮음)** : 기업에 필요한 데이터, 인력, 조직, 분석 업무 등이 적용되어 있지 않아 사전 준비가 필요한 기업
- **도입형(준비도 높음, 성숙도 낮음)** : 기업에서 활용하는 분석 업무, 기법 등은 부족하지만 적용 조직 등 준비도가 높아 바로 도입할 수 있는 기업
- **정착형(준비도 낮음, 성숙도 높음)** : 준비도는 낮으나 기업 내부에서 제한적으로 사용하고 있어 1차적으로 정착이 필요한 기업
- **확산형(준비도 높음, 성숙도 높음)** : 기업에 필요한 6가지 분석 구성요소를 갖추고 있고, 부분적으로도 도입되어 지속적 확산이 필요한 기업

10 ①

- 비즈니스 모델 캔버스 5가지 영역 : 업무, 제품, 고객, 지원 인프라, 규제와 감사

11 ③

- 분석 과제 우선순위 선정 기법
  - **3사분면** : 난이도 쉬움, 시급성 현재에 해당하는 것으로 일반적으로 가장 먼저 하는 것
  - 우선순위를 '시급성'에 둔다면 Ⅲ − Ⅳ − Ⅱ 순서 진행
  - 우선순위를 '난이도'에 둔다면 Ⅲ − Ⅰ − Ⅱ 순서 진행
  - 시급성이 높고(현재) 난이도가 높은(Difficult) 영역(1사분면)은 경영진 또는 실무 담당자의 의사결정에 따라 적용 우선순위를 조정할 수 있음

12 ①

- 분석 성숙도
  - 분석 성숙도 수준 진단은 주로 기업 내부의 데이터 분석 능력과 프로세스에 대한 평가를 다룬다.
  - 시스템 개발 업무능력과 조직의 성숙도 파악을 위해 CMMI 모델을 활용하여 분석 성숙도를 평가한다.
  - 비즈니스 부문, 조직/역량 부문, IT 부문을 대상으로 성숙도 수준에 따라 도입, 활용, 확산, 최적화 단계로 구분해 살펴볼 수 있다.
  - 데이터 분석 수준 진단은 분석 준비도와 분석 성숙도를 함께 평가함으로써 수행될 수 있다.

13 ④

- 우선순위 고려요소 : 전략적 중요도, ROI(투자자본 수익률), 실행 용이성
- 적용 범위/방식 고려요소 : 업무 내재화 적용 수준, 분석 데이터 적용 수준, 기술 적용 수준

14 ③

- 분산 조직 구조
  - 분석 조직의 인력들이 협업부서에 배치되어 업무를 수행
  - 전사 차원에서 분석 과제의 우선순위를 선정해 수행이 가능, 분석 결과를 신속하게 실무 적용 가능
  - 분석 결과에 따른 신속한 Action 가능
  - 베스트 프랙티스 공유 가능
  - 부서 분석 업무와 역할 분담을 명확히 해야함(업무 과다 이원화 가능성)

15 ①

• **분석 활용 시나리오**
- 분석 활용 시나리오에서 가장 중요한 것은 데이터 확보보다 목표와 목적이다.
- 목표와 목적을 명확하게 이해하고 정의하는 것은 분석 프로젝트의 핵심 요소 중 하나이다.
- 목표와 목적을 정의하지 않으면 데이터 확보, 분석, 및 결과에 대한 계획을 수립하기가 어려울 수 있다.
- 데이터는 목표를 달성하고 목적을 실현하기 위한 도구로 사용된다.

16 ②

분석 기획 시 고려사항 : 가용한 데이터, 장애 요소들에 대한 사전 계획 수립, 적절한 유스케이스 탐색
• 가용한 데이터(Available Data)에 대한 고려
- 분석을 위한 데이터 확보는 필수적이다.
- 데이터 유형(정형, 비정형, 반정형)에 따라 적용 가능한 솔루션 및 분석 방법이 다르므로 데이터의 유형 분석이 선행적으로 이루어져야 한다.
• 분석 수행 시 발생하는 장애요소들에 대한 사전계획 수립(Low Barrier of Execution)
- 분석 수행 시 장애 요소들에 대한 사전계획 수립이 필요하다.
- 조직 역량을 내재화하기 위해서는 일회성 분석이 아닌 충분하고 지속적인 교육 및 활용 방안 등의 변화 관리가 고려되어야 한다.
- 비용 대비 효과가 고려된 적절한 비용 산정이 필요하다.
• 분석을 통해 가치가 창출될 수 있는 적절한 유스케이스 탐색(Proper Use-case)
- 유사분석 시나리오 및 솔루션이 있다면 최대한 활용한다.
- Pipeline Management, Plant and Facility Management, Customer Analytics, Social Media Analytics 등에서 활용한다.

Ⅲ 데이터 분석

17 ①

두 집단 평균이 동일하다라는 귀무가설을 채택할 수 있으므로, 수면유도제 2가 더 효과적이라 할 수 없다.

18 ②

• **회귀 모형 평가도구** : MAE, MAPE, MSE, RMSE, MLSE, RMSLE 등
• **분류 모형 평가도구** : 오분류표(혼동행렬), ROC 그래프, 향상도 곡선, Kappa 등
• **군집 모형 평가도구** : 실루엣 계수, Dunn Index 등

19 ③

가설 종류	설명
귀무가설 (H_0, null hypothesis)	• 가설 검정의 대상이 되는 가설, 연구자가 부정하고자 하는 가설 • 알고 있는 것과 같음, 변화, 영향력, 연관성, 효과 없음에 대한 가설 • 영가설이라고도 함
대립가설 (H_1, anti hypothesis)	• 연구자가 연구를 통해 입증 또는 증명되기를 기대하는 예상이나 주장 • 귀무가설이 기각되면 채택되는 가설 • 알고 있는 것과 다름, 변화, 영향력, 연관성, 효과 있음에 대한 가설

20 ④

• **군집 분석의 종류**
- **계층적 군집 분석** : 최장 연결법, 중심 연결법, 최소 연결법, 와드 연결법
- **비계층적 군집 분석** : K-means, DBSCAN
- **비지도 신경망** : SOM
• 차원 축소 기법에는 주성분 분석, 다차원 척도법 등이 있다.

21 ①

• **스피어만 상관계수**
- 범주형 자료 중에서 서열척도에 해당되는 데이터의 순서에 대해 의미를 부여한 자료로부터 상관계수를 구한다.
- 스피어만 상관계수는 두 변수의 순위를 비교하여 계산한다.

22 ①

• **SOM(Self-Organizing Maps, 자기 조직화 지도)**
- SOM 알고리즘은 비지도학습 기반의 신경망이다. 고차원의 데이터를 이해하기 쉬운 저차원의 뉴런으로 정렬하여 지도 형태로 형상화한다. 데이터의 유사성은 저차원의 격자상에서 인접한 뉴런들과의 연결로 표현된다. 이때, 저차원 격자에서의 유사도는 고차원 입력 공간에서의 유사성을 최대한 보존하도록 학습이 진행된다.
- SOM 모델은 차원 축소(Dimensionality Reduction)와 군집화(Clustering)를 동시에 수행하는 분류기법으로 사용된다.
- SOM 모델은 입력층과 경쟁층으로 신경망을 구성하며, 경쟁단계 → 협력단계 → 적응단계로 학습이 이루어진다.

23 ③

• **주성분 분석(PCA, Principal Component Analysis)**
- 여러 변수들의 변량을 주성분이라는 서로 상관성이 높은 변수들의 선형결합으로 만들어 기존의 상관성이 높은 변수들을 요약 및 축소하는 기법이다.
- 상관관계가 있는 고차원 자료를 자료의 변동을 최대한 보존하는 저차원 자료로 변환하는 방법이다.
- 독립변수들과 주성분과의 거리인 정보손실량에 대한 최소화 및 분산을 최대화한다.
- 주성분 분석을 통해 다중 공선성 문제를 해결할 수 있다.
- 군집 분석의 사전 분석 및 회귀 분석에서 설명변수의 개수를 결정하거나, 시계열 분석 등 다양한 분석에도 주성분 분석을 사용할 수 있다.

24 ③

독립 사건이란 A의 발생이 B가 발생할 확률을 바꾸지 않는 사건, 즉 서로 영향이 없는 사건이며, 두 사건 A, B가 독립이면 P(B|A)=P(B), P(A|B)=P(A), P(A∩B)=P(A) • P(B) 성립한다.
조건부확률 : 사건 B가 발생했다는 조건 아래서 사건 A가 발생할 조건부 확률이다.
조건부확률에서 P(A|B) = P(A∩B) / P(B), 단 P(B) 〉 0

25 ③

TV 광고가 증가함에 따라 Sales에 대한 분산이 커지는 것을 볼 수 있다.

26 ①

Salary 변수는 Median 〈 Mean이므로 오른쪽으로 꼬리가 긴 분포를 가진다.

27 ①

추출되었던 데이터를 다시 표본집단에 포함시켜 다시 추출될 수 있는 방법은 복원추출법이라고 하며 대표적으로 부트스트랩이 있다.

28 ①

sunflower의 경우 이상치가 존재한다.

29 ③

혈액형과 학력은 등간이 아닌 범주형에 해당된다.

- **명명(명목)척도** : 데이터 사이에 순서가 없고, 사칙연산이 불가능하며, 종류에 따라 빈도수를 계산한다.
  - **예** 혈액형, 성별, 국적, 출신학교 등
- **서열척도** : 데이터 사이에 순서가 있고, 사칙연산이 불가능하며, 데이터 값들 간의 간격이 다르다.
  - **예** 직급(사장, 부장, 차장, 과장, 사원) 등이 해당. 사장과 부장 간 차이와 부장과 차장 간의 간격이 다름
- **등간척도** : 데이터 사이에 상대적인 크기를 나타낸 것으로서, 데이터 값들 간의 차이가 동일하다는 간격 정보를 포함하는 척도이다. 절대 0의 값(절대 영점)을 가지고 있지 않다.
  - **예** 섭씨온도, 연도 등이 해당. 영점의 기준이 임의적이기 때문에 섭씨 10도는 섭씨 5도보다 수치값으로는 2배이나, 2배 더 따뜻한 것이 아님
- **비율척도** : 등간척도와 유사하며, 절대 영점이 있고, 사칙연산이 가능하며, 데이터 값들 간의 차이를 비교할 수 있다. 절대 0의 값(절대 영점)을 가지고 있다.
  - **예** 길이, 무게, 자녀의 수, 시간 등이 해당. 10미터는 5미터보다 수치값으로도 2배(곱셈)이며, 실제로도 2배 더 깊

30 ④

- **연관 분석 특징**
  - 데이터베이스에서 거래(사건)의 연관규칙을 찾는 데이터 분석기법이다.
  - 비지도학습에 의한 패턴 분석에 해당된다.
  - 조건반응(if~then)으로 표현되는 연관분석의 결과를 이해하기 쉽다.
  - 비목적성 분석 기법이다.
  - 대표적인 알고리즘으로 Apriori가 있다.
  - 지지도, 신뢰도, 향상도를 연관규칙의 평가 도구로 사용한다.
  - 거래량이 적으면 규칙 발견이 어려우므로 유사한 품목과 함께 범주 구성으로 해결한다.
  - 품목 수의 증가는 기하급수적인 계산량의 증가를 초래하며, 거래가 발생하지 않은 품목에 대해서는 분석이 불가능하다.
  - 고객 대상 상품 추천, 패키지 상품 판매 및 기획, 상품 디스플레이 설정, 추천 알고리즘 등에 활용된다.

31 ②

- **Training Data** : 학습용 데이터
- **Test Data** : 학습 종료 후 성능 확인(모델 평가)용 데이터
- **Validation Data** : 학습 단계에서 사용되며, 학습 중 성능 확인용 데이터라고 할 수 있다.

32 ③

- **표준오차**
  - 표본 집단의 평균값이 실제 모집단의 평균값과 얼마나 차이가 있는지 나타냄
  - 모집단에서 샘플을 무한 번 뽑아서 각 샘플마다 평균을 구했을 때, 그 평균들의 표준 편차
  - 모평균에 대해 추론할 때 표본 평균의 표준 오차를 사용

    $SE(\text{Standard Error}) = \dfrac{\sigma}{\sqrt{n}}$ (σ : 모-표준편차, n : 표본 수)

33 ②

지니 지수 : $1 - \Sigma$(각 범주별 갯수/전체 갯수)^2
$= 1 - ((1/5)^2 + (4/5)^2) = 1 - (1/25 + 16/25) = 8/25 = 0.32$

34 ③

지지도 = A와 B가 동시에 포함된 거래 수 / 전체 거래 수 = 3/6 = 0.5

35 ②

- **향상도** : A가 주어지지 않았을 때 B의 확률 대비 A가 주어졌을 때 B의 확률 증가 비율을 의미한다. 다시 말해, 아이템 B를 구매한 고객 대비 아이템 A를 구매한 고객 중에서 아이템 B를 구매하는 고객에 대한 확률을 말한다.
- 향상도 = P(B|A)/P(B) = P(A∩B) / (P(A)*P(B))
  - A=딸기, B=사과
  - 향상도 = (0.3) / (0.7*0.45)

36 ①

- **보팅(voting)** : 서로 다른 여러 개의 모형을 생성하고 결과를 집계하여 많은 표를 받은 것을 예측값으로 하는 방식
- **부스팅(boosting)** : 순차적인 학습과정을 수행하면서, 붓스트랩 표본을 구성하는 재표본 과정에서 분류가 잘못된 데이터에 더 큰 가중치를 주어 표본을 추출하는 기법
- **스태킹(stacking)** : 두 단계의 학습을 사용하는 방식으로 서로 다른 여러 모형의 예측 결과를 다시 학습 데이터로 사용하는 모델링 기법

37 ②

집단 간 이질화, 집단 내 동질화가 모두 높은 것을 군집으로 선택한다.

38 ④

- **AdaBoost**
  - 분류 작업에 사용되는 강력한 앙상블 학습 알고리즘이다.
  - 약한 학습기 (hypotheses)를 여러 개 결합하여 단일 강력한 학습기를 생성하는 앙상블 기법이다.

39 ③

추정된 회귀식은 weight = 24.4654 + 7.9879 * Time이므로 Time이 1 증가하면 weight가 평균적으로 7.9879 증가한다. t통계량 p-value가 0.0002974이므로 0.05보다 작아서 통계적으로 유의하다. 회귀식이 데이터의 95.88%를 설명하고 있다.

40 ①

- **다중 공선성**
  - 다중 공선성은 독립변수들 간에 강한 상관관계가 발생하여 데이터 분석에 부정적인 영향을 미치는 현상이다.
  - 다중 공선성이 있으면 회귀 계수에 대한 정확한 추정이 어렵다.
  - 다중 공선성을 해결하기 위해서는 선형관계가 있는 변수를 제거하거나 주성분 회귀를 수행하여 차원을 줄인다. 또한 표본의 크기를 늘리는 것이 다중 공선성을 완화시키는 해법이 될 수 있다.

단답형

01 SCM

02 DIKW

- **데이터(Data)** : 타 데이터와의 상관관계가 없는 가공하기 전의 순수한 수치나 기호
- **정보(Information)** : 데이터의 가공 및 상관/연관 관계 속에서 의미가 도출된 것
- **지식(Knowledge)** : 상호 연결된 정보 패턴을 이해하여 이를 토대로 예측한 결과물
- **지혜(Wisdom)** : 근본 원리에 대한 깊은 이해를 바탕으로 도출되는 아이디어

03 분석 인프라

04 디자인 사고

05 정상성

정상성 조건(평균 일정, 분산 일정, 공분산 일정)을 모두 만족해야 정상성 시계열 자료라고 할 수 있다. 만족하지 못하는 경우 비정상 시계열로 부른다. 정상성 시계열 자료는 데이터가 어떤 구간에서도 평균값과 분산이 일정하다.

06 1/5

- **오분류표를 활용한 평가 지표**
  F1 score = 2 * (precision * recall) / (precision + recall)
  precision = TP / (TP + FP) = 15 / 75 = 1/5
  recall = TP / (TP + FN) = 15 / 75 = 1/5
  그러므로,
  F1 score = 2 * (1/5 * 1/5) / (1/5 + 1/5) = 2/25 / 2/5 = 10/50 = 1/5

07 최장 연결법

- **최장 연결법**
  - 거리가 먼 데이터나 군집을 묶어서 형성한다.
  - 각 군집에서 관측값을 뽑았을 때 나타날 수 있는 거리의 최댓값을 군집 간 거리로 한다.
  - 군집들의 내부 응집성에 중점을 둔 방법이다.

08 유전알고리즘

09 86.75%

2개의 주성분이므로 Comp.2에 있는 Cumulative preportion에 있는 수치 값이 0.8675017이므로 약 86.75%가 설명 가능하다.

10 층화추출법

층화추출법은 모집단을 서로 겹치지 않게 여러 개의 집단 또는 층으로 나누고, 각 집단 내에서 원하는 크기의 표본을 단순 랜덤 추출법으로 추출한다.

- **층화 추출 과정**
  - 모집단을 특정 기준에 따라 층으로 나눈다.
  - 각 층의 크기를 계산한다.
  - 각 층에서 표본의 크기를 결정한다.
  - 각 층에서 단순 랜덤 추출법 또는 계통 추출법을 사용하여 표본을 추출한다.

기출문제 37회 (2023년 5월 시행) · 272p

01 ④	02 ④	03 ①	04 ①	05 ①
06 ④	07 ④	08 ②	09 ④	10 ①
11 ②	12 ①	13 ①	14 ①	15 ④
16 ①	17 ②	18 ①	19 ③	20 ④
21 ②	22 ①	23 ④	24 ①	25 ①
26 ③	27 ④	28 ②	29 ④	30 ④
31 ④	32 ②	33 ④	34 ④	35 ④
36 ①	37 ①	38 ①	39 ①	40 ④

단답형

01 정보(Information)
02 연관분석
03 정보전략계획(ISP)
04 프로토타이핑 모델
05 SOM
06 3
07 0.315
08 부스팅
09 잔차
10 1.33

I 데이터 이해

01 ④

알고리즘에 의해 부당하게 피해 입은 사람을 구제하는 역할은 알고리즘이스트가 한다.

02 ④

개인은 데이터를 활용할 수 있다.

03 ①

- ERP : 전사적 자원 관리 시스템
- ITS : 지능형 교통 시스템
- SCM : 공급망 체인 관리
- CRM : 고객 관리 시스템

04 ①

데이터웨어하우스로부터 특정 주제, 부서 중심으로 구축된 소규모 단일 주제의 데이터웨어하우스를 데이터 마트라고 하며, 전사적 차원보다는 특정 조직의 업무 분야에 초점을 맞추고, 사용자가 원하는 데이터를 검색할 수 있다.

05 ①

정형 데이터는 구조화된 데이터, 비정형 데이터는 구조가 정의되어 있지 않은 이미지나 음성 등의 파일을 의미한다. 반정형 데이터는 데이터 내부에 메타 데이터를 가지고 있다.

06 ④

데이터베이스는 데이터에 대해 최소한의 중복을 지향한다.

07 ④

구분	내용
데이터(Data)	데이터의 존재 형식을 불문하고, 타 데이터와 상관관계가 없는 가공 전의 수치나 기호 예 A 마트는 500원, B 마트는 300원에 볼펜을 판매한다.
정보(Information)	데이터의 가공 및 상관 관계, 연관 관계를 바탕으로 패턴을 인식하고 의미를 부여한 데이터 예 B 마트의 볼펜이 더 싸다.
지식(Knowledge)	상호 연결된 정보 패턴을 이해하여 이를 토대로 예측한 결과물 예 상대적으로 저렴한 B 마트에서 볼펜을 사야겠다.
지혜(Wisdom)	근본적인 원리에 대한 깊은 이해를 바탕으로 도출되는 창의적 아이디어 예 B 마트의 다른 상품도 A 마트보다 저렴할 것이다.

08 ②

비즈니스 성과는 고려해야 하는 사항이 아닌 가치 분석 결과에 관련된 내용이므로 거리가 멀다.

Ⅱ 데이터 분석 기획

09 ④

필요 데이터 정의는 데이터 준비 단계에서 수행된다.

10 ①

상향식은 분석 과제의 문제 정의가 어려운 경우에 데이터를 기반으로 문제의 재정의 및 해결방안을 탐색하고 이를 지속적으로 개선하는 방식이며, 하향식은 분석 문제가 주어지고 해법을 찾기 위해 체계적으로 분석하는 방법이다.

11 ②

분석 마스터 플랜은 기업에서 필요로 하는 데이터 분석 과제를 모두 도출한 후, 제한된 자원과 예산을 효율적으로 사용하기 위해 과제의 우선순위를 결정하고 단기 및 중장기로 나누어 계획을 수립하는 것이다. 분석 마스터 플랜 과정에서는 전략적 중요도, 비즈니스 성과와 ROI 및 분석 과제의 실행 용이성을 고려하여 과제의 우선순위를 설정한다.

12 ①

- 정밀도(Precision)는 모델을 반복적으로 수행했을 때 예측 값과 실제 값 사이의 편차의 수준을 의미한다. 또한, 모델이 True라고 분류한 것 중에서 실제 값도 True인 것의 비율을 나타낸다. Precision = TP / (TP + FP)
- 정확도와 정밀도는 트레이드 오프 관계로, 모델의 해석 및 적용 시에 사전에 고려해야 한다.
- 실제 True인 경우에서 True로 예측된 비율은 재현율(Recall)에 대한 설명이다.

13 ①

상향식 접근 방법은 문제의 정의 자체가 어려운 경우 사용되며, 다양한 데이터로부터 자체의 분석을 통한 통찰을 얻을 수 있는 방법이다. 또한 디자인 사고(씽킹) 중에는 발산에 해당된다.

14 ①

데이터 거버넌스 체계 요소 중 데이터 표준화는 데이터 표준 용어 설정, 명명규칙 수립, 메타 데이터 구축, 데이터 사전 구축, 데이터 생명주기 관리 등의 업무로 구성된다.

15 ④

기업의 분석 성숙도는 비즈니스 부문, 조직/역량 부문, IT 부문을 대상으로 성숙도 수준에 따라 도입, 활용, 확산, 최적화의 4단계로 구분해 살펴볼 수 있다.

16 ①

데이터마이닝 프로세스는 목표정의, 데이터 준비, 데이터 가공, 모델링, 모델 검증 단계로 진행되며, 변수를 정의하는 단계는 데이터 가공에서 수행한다.

Ⅲ 데이터 분석

17 ②

검증 데이터는 모델에 대해 과대적합 또는 과소적합에 대한 미세 조정을 수행하는 데 사용된다.

18 ①

weight의 평균값이 261.30이며, 중앙값(중간값)은 258.00이다.

19 ③

부트스트랩은 전체 데이터에 대해 복원추출을 수행한다. 따라서 뽑히지 않을 확률은 1−(1/d)이며, 샘플 추출을 d번 진행했으므로 $(1-(1/d))^d$이 된다.

20 ④

결측값을 확인하고 결측값이 있을 경우 제거하는 것은 바람직하지 않다. 무조건적인 제거가 아닌, 결측값을 의미 있는 다른 값으로 대체가 필요하다.

21 ②

유의수준 0.05일 때 귀무가설은 채택역에 없으므로 기각되었다.

22 ①

시차연관분석은 시간이 지남에 따라 어떤 결과를 보이는가에 대한 분석으로서, 원인과 결과의 형태로 해석이 가능해서 결과가 더욱 유용하게 쓰인다.

23 ④

p-value가 작을수록 귀무가설을 지지하는 정도가 약해지므로 귀무가설을 기각하게 된다.

24 ①

• 다차원 척도법은 고차원의 데이터를 저차원 데이터로 축소하는 방법이므로 독립변수들 간 다중 공선성 문제를 해결할 수 있다.
• 여러 변수들의 데이터를 서로 상관성이 높은 변수들의 선형결합으로 만들어 변수들을 요약, 축소하는 기법은 pca에 대한 설명이다.

25 ①

회귀분석은 독립변수와 종속변수의 사이 관계를 나타낸 모델이다.

26 ③

인공신경망의 은닉층 수와 노드의 수는 하이퍼 퍼러미터로서 사용자가 직접 지정해야 하는 값이다. 은닉층이 많을수록 예측력 향상에 도움이 될 수 있지만 과대적합의 위험이 있어 적절한 조정이 필요하다.

27 ④

임의추출한 두 표본에 대한 검정은 두 분산이 동일한가를 확인하는 것으로 f분포를 이용한다.

28 ②

활성화 함수(activation function) : 결과값을 출력할 때 사용하는 함수이며, 해결하고자 하는 문제 종류에 따라 활성화 함수의 선택이 달라진다.

29 ④

EM 알고리즘
• 혼합모형에서 모수와 가중치의 추정을 위해 사용하는 알고리즘이다.
• 모수에 대한 추정값으로 로그 가능도(log likelihood)의 기댓값(E)을 계산하는 단계와, 기댓값을 최대화(M)하는 모수 추정값들을 구하는 단계를 번갈아가면서 최적화 값을 찾아간다.
• 모델의 매개변수에 대한 초기 추정치를 필요로 하기 때문에 초기 클러스터의 개수를 정해줘야 한다.
• 통계 모델의 수식을 정확히 풀 수 없을 때 최대가능도/최대우도(Maximum Likelihood Estimation)를 구하는 데 사용한다.

30 ④

원변수의 선형결합 중 가장 분산이 큰 것을 주성분으로 설정한다.

31 ④

텍스트마이닝에서 평가지표로 재현율과 정밀도를 사용할 수 있다.

32 ②

• 최단 연결법이므로 처음에는 거리가 가장 가까운 d, e가 연결된다.
• d, e 군집과 a의 거리는 가장 가까운 a와 d 사이의 거리가 되므로 3.2가 된다.

33 ④

• ARMA(2, 0)은 d=0이므로 AR(2)와 같다.
• AR(2)는 PACF는 3차 항부터 절단 형태, ACF는 감소한다.

34 ④

①, ②는 MA(이동평균모델)에 대한 설명이며, MA는 현 시점의 자료를 유한개의 백색잡음의 선형결합으로 표현한다. 그렇기에 항상 정상성을 만족하며, 정상성에 대한 가정이 필요하지 않다.

35 ④

오차항의 분산 불편추정량은 MSE이다. MSR은 회귀제곱합이다.

36 ①

• 다중 공선성
  – 독립변수들 간에 강한 상관관계가 발생하여 데이터 분석에 부정적인 영향을 미치는 현상이다.
  – 다중 공선성이 있으면 회귀 계수에 대한 정확한 추정이 어렵다.
  – 분산팽창요인(VIF), 상태지수를 통하여 다중 공선성 여부를 확인할 수 있다.
  – 표본의 크기를 늘리는 것이 다중 공선성을 완화시키는 해법이 될 수 있다.
• **분산팽창요인(Variation Inflation Factor, VIF)** : 값이 1에 가까울수록 다중 공선성이 낮고, 10보다 크면 다중 공선성이 심각하게 존재한다고 판단한다.

37 ①

사회관계망분석에서 관계망을 표현하는 분석 방법
• 네트워크 그래프
• 영향력 분석
• 노드/엣지 리스트
• 인접 행렬

38 ①

39 ①

모형의 설명력은 −1에서 1 사이의 값을 갖는 결정계수를 확인

40 ④

중심성(Centraility)은 한 행위자가 전체 연결망에서 중심에 위치하는 정도를 의미한다.
사회관계망분석(SNA)에서의 중심성 분석 종류
• 연결 정도 중심성
• 근접 중심성
• 매개 중심성
• 위세 중심성

단답형

01 정보(Information)

02 연관분석

연관분석은 대량의 데이터에 숨겨진 연관규칙을 찾아내는 분석 기법으로서 장바구니 분석(market basket analysis)이라고도 한다.

03 정보전략계획(ISP)

정보화 전략계획은 기업의 비즈니스 전략을 효과적으로 지원하기 위해 정보화 전략과 비전을 정의하고 로드맵을 수립하는 활동이다.

04 프로토타이핑 모델

프로토타입 모델(Prototype Model)은 고객의 요구사항을 완전히 이해하고 있지 못하거나 완벽한 요구사항 분석의 어려움을 해결하기 위한 방식이다.

05 SOM

SOM 알고리즘은 비지도학습 기반의 신경망이다. 고차원의 데이터를 이해하기 쉬운 저차원의 뉴런으로 정렬하여 지도 형태로 형상화한다. 데이터의 유사성은 저차원의 격자상에서 인접한 뉴런들과의 연결로 표현된다. 이때, 저차원 격자에서의 유사도는 고차원 입력 공간에서의 유사성을 최대한 보존하도록 학습이 진행된다.

06 3

07 0.315

- 정밀도 = 30 / 30+70 = 0.3
- 재현율 = 30 / 30+60 = 0.33
- F1–score = 2*(0.3*0.33)/(0.3+0.33)

08 부스팅

부스팅은 일련의 약한 모델들을 순차적으로 학습시켜 나가면서, 이전 모델이 잘못 예측한 샘플에 가중치를 부여하여 학습한다.

09 잔차

10 1.33

(기저귀와 맥주 동시 등장 비율) / (기저귀 등장 비율 * 맥주 등장 비율) = (2/4) / ((3/4)*(2/4)) = 1.33

기출문제 36회 (2023년 2월 시행) 285 p

01 ②	02 ③	03 ①	04 ①	05 ②
06 ④	07 ③	08 ③	09 ④	10 ②
11 ①	12 ①	13 ④	14 ①	15 ②
16 ③	17 ③	18 ②	19 ②	20 ④
21 ①	22 ②	23 ④	24 ①	25 ①
26 ②	27 ②	28 ④	29 ③	30 ①
31 ④	32 ②	33 ④	34.③	35 ②
36 ②	37 ③	38 ①	39 ②	40 ①

단답형

01 블록체인

02 IoT

03 Value

04 시급성

05 AR 모형

06 랜덤 포레스트

07 6/19

08 0.2

09 95.25

10 가지치기

I 데이터 이해

01 ②

②는 '지혜(Wisdom)'에 대한 설명이다.

데이터의 정의

- 데이터는 객관적인 사실(fact)로서 추론, 전망, 추정, 예측을 하기 위한 근거(basis)로서 사용되는 특성을 지닌다.
- 데이터는 다른 객체와의 상호 관계를 바탕으로 가치를 가지게 된다.
- 데이터는 개별 데이터 자체로는 중요하지 않은 객관적 사실(fact)이다.
- 추정과 추론을 위한 근거가 되는 사실이다.

02 ③

빅데이터의 영향

- **기업** : 원가절감, 제품 차별화, 기업 활동의 투명성 제공 등에 활용함으로써 경쟁사보다 강한 경쟁력을 확보
- **정부** : 환경탐색, 상황분석, 미래대응에 활용, 기상, 인구이동, 각종 통계, 법제 데이터 등을 수집해 사회 변화를 추정, 각종 재해 관련 정보를 추출
- **개인** : 맞춤형 서비스를 저렴한 비용으로 이용

03 ①

데이터 위기요인의 종류에는 사생활 침해, 책임 훼손의 원칙, 데이터의 오용이 있다.

- 사생활 침해는 동의제를 책임제로 전환해야 한다.
- 책임원칙의 훼손은 기존의 책임원칙을 강화할 수밖에 없다.
- 데이터의 오용 문제는 데이터 알고리즘에 대한 접근권 허용 및 객관적 인증방안 도입이 필요하다.

04 ①

암묵지와 형식지 상호작용

- **공통화** : 다른 사람과의 상호작용을 통해 개인이 암묵지를 습득하는 단계로서, 암묵적인 지식 노하우를 다른 사람에게 알려주는 것
- **표출화** : 개인에게 내재되어 있는 암묵적 지식 노하우를 책이나 교본과 같은 문서나 매체로 저장하는 등 형식지로 만드는 것
- **연결화** : 형식지 간 상호 결합을 통해 새로운 형식지가 만들어지는 단계로서, 책이나 매뉴얼, 교본(형식지)에 자신이 알고 있는 새로운 지식(형식지)을 추가하는 것
- **내면화** : 형식지가 개인의 암묵지로 체화되어 있는 단계로서, 만들어진 책이나 매뉴얼, 교본(형식지)을 보고 다른 직원들이 암묵적 지식(노하우)을 습득하는 것

05 ②

빅데이터 비식별화 기법

- **데이터 범주화** : 홍길동, 35세 → 홍씨, 30~40세
- **데이터 마스킹** : 카드 번호 뒤 4자리 숨기기, 주민번호 뒤 6자리 숨기기
- **총계처리** : 데이터의 총합 값을 보여 개별 데이터의 값이 보이지 않도록 함 **예** 홍길동 180cm, 임꺽정 170cm, 이순신 170cm, 정조대왕 160cm → 인물들 신장의 합 680cm, 평균 키 170cm

06 ④

관계형 데이터베이스(RDBMS)는 데이터가 2차원 테이블로 저장되며, NoSQL은 key와 value 형태의 구조로 저장되므로, 모든 데이터가 2차원 테이블로 저장되는 것은 아니다.

07 ②

- 데이터웨어하우스는 기업 내의 합리적 의사결정을 위해 기업 내부 및 외부의 데이터를 하나로 통합한 데이터 저장소이다.
- 데이터웨어하우스로부터 특정 주제, 부서 중심으로 구축된 소규모 단일 주제의 데이터웨어하우스를 데이터 마트라고 한다.

08 ③

- 데이터 사이언스는 데이터로부터 의미 있는 정보를 추출해내는 학문이다.
- 정형, 반정형, 비정형의 다양한 유형의 데이터를 대상으로 한다.
- 분석뿐만 아니라 효과적으로 구현하고 전달하는 과정까지 포함한 포괄적 개념이다.
- 데이터 공학, 수학, 통계학, 컴퓨터 공학, 시각화, 해커의 사고방식, 해당 분야의 전문 지식을 종합한 학문으로서 총체적(holistic) 접근법을 사용한다.
- 데이터 사이언스는 과학과 인문의 교차로이며, 특히 시각화와 효과적 커뮤니케이션이 중요하다.

II 데이터 분석 기획

09 ④

- 데이터 분석 준비도는 기업의 데이터 분석 도입의 수준을 파악하기 위한 진단 방법으로서, 6가지 영역을 대상으로 현 수준을 파악한다.
- 6가지 영역에는 분석 업무 파악, 인력 및 조직, 분석 기법, 분석 데이터, 분석 문화, IT 인프라(분석 인프라)가 있다.

10 ②

데이터 분석 성숙도는 비즈니스 부문, 조직/역량 부문, IT 부문을 대상으로 성숙도 수준에 따라 도입, 활용, 확산, 최적화의 4단계로 구분해 살펴볼 수 있다.

11 ①

정확도(Accuracy)는 모델의 예측 값과 실제 값의 차이를 나타내며, 데이터 분석의 활용적인 측면에서 중요한 척도이다. 정밀도(Precision)는 모델을 반복적으로 수행했을 때 예측 값과 실제 값 사이의 편차의 수준을 의미한다. 다시 말해 정밀도는 모델을 지속적으로 반복했을 때의 편차의 수준으로써 일관적으로 동일한 결과를 제시한다는 것을 의미한다. 또한, 정확도와 정밀도는 트레이드 오프 관계로, 모델의 해석 및 적용 시에 사전에 고려해야 한다.

12 ①

분석 주제 유형 4가지

- **최적화(Optimization)** : 분석 대상이 무엇인지 인지하고 이해하며, 현 문제를 최적화의 형태로 수행한다.
- **솔루션(Solution)** : 분석 대상이 무엇인지 인지하고 있지만, 분석 방법을 알지 못하는 경우에는 솔루션을 찾는 방식으로 분석 과제를 수행한다.
- **통찰(Insight)** : 분석 대상이 불분명하고, 분석 방법을 알고 있는 경우에 사용하는 방법이다.
- **발견(Discovery)** : 분석 대상과 분석 방법을 모두 모르는 경우에는 발견을 통해 분석 대상 자체를 새롭게 도출한다.

13 ④

분석 과제 정의서(SOW, Statement Of Work)

- 프로젝트 작업 요구 사항에 대한 설명서
- 고객의 요구사항 및 프로젝트의 결과 등을 상세히 기술
- 상호 기대 사항을 공유하고 의사소통을 증진
- 필요한 소스 데이터, 분석 방법, 데이터 입수 난이도, 분석 과정 상세 등의 항목이 포함되어야 함

오답 피하기

①은 WBS(Work Breakdown Statement)를 의미한다.

14 ①

분석 마스터 플랜 수립 시 고려 요소

- 우선순위 고려 요소에는 전략적 중요도, ROI(투자자본수익률), 실행 용이성이 있다.
- 적용 범위 및 방식에 대한 고려 요소에는 업무 내재화 적용 수준, 분석 데이터 적용 수준, 기술 적용 수준이 있다.

15 ②

이행계획 수립

- 데이터 분석 체계는 데이터 수집 및 확보와 분석 데이터를 준비하는 단계를 순차적으로 진행하고, 모델링 단계는 반복적으로 수행하는 혼합형을 적용한다.
- 반복적인 정련 과정을 통해 프로젝트의 성능을 높이는 방식을 주로 사용한다.
- 데이터 분석체계의 특징을 고려한 세부적인 일정계획을 수립해야 한다.

16 ③

분석 기획의 정의 및 특징

- 실제 데이터 분석을 수행하기 전에 분석을 수행할 과제의 정의 및 의도했던 결과를 도출할 수 있도록 이를 적절하게 관리할 수 있는 방안을 사전에 계획하는 일련의 작업이다.
- 어떤 목표(what)를 달성하기 위해 어떤 데이터를 가지고 어떤 방식(how)으로 수행할지에 대한 일련의 계획을 수립하는 작업으로서, 성공적인 분석 결과 도출을 위한 중요 사전 작업이다.
- 해당 문제 영역에 대한 전문성 역량 및 통계학적 지식 등을 활용한 분석 역량과 분석 도구인 데이터 및 프로그래밍 기술 역량에 대한 균형 잡힌 시각을 가지고 방향성 및 계획을 수립해야 한다.

Ⅲ 데이터 분석

17 ③

실루엣 계수

- 각 데이터별로 그 데이터가 속한 군집 내부의 유사도와 인접한 군집의 유사도를 비교하는 지표이다.
- 군집 내부의 유사도는 크고, 인접한 군집 간의 유사도는 작게 나온다면 실루엣 계수 값은 커지며, 군집화가 잘 되었다고 판단할 수 있다.

18 ②

- ANOVA 분석은 변수 간의 인과성을 검증하는 방법이며, 상관관계는 파악할 수 없다.
- 관측치는 2998 + 2 = 3000이다. (n = Df + k + 1, k는 변수의 개수)
- MSE : Mean Sq와 Residuals의 교차 부분에 있는 값으로서 16750이다.

19 ②

- **웹 크롤링(Web Crawling)** : 웹페이지의 구조를 분석하여 웹 데이터를 자동으로 수집하는 것
- **FTP(File Transfer Protocol)** : 서버/클라이언트 사이의 파일 전송 규약
- **Streaming** : 멀티미디어 데이터를 실시간으로 송/수신하는 기술
- **Open API** : 서비스, 정보, 데이터 등 오픈된 정보로부터 API를 통해 실시간 데이터를 수집하는 기술

20 ④

활성화 함수 종류

- **sigmoid** : 결과가 두 개의 범주인 경우 사용하는 함수
- **softmax** : sigmoid 함수의 일반화된 형태로 결과가 다범주인 경우 사용, 각 범주에 속할 확률을 제공하는 함수

- **ReLU** : Hidden Layer에서 주로 사용되는 활성화 함수로 음수값은 0으로, 양수값은 그대로 출력하는 함수
- **항등 함수** : 그대로 출력하는 활성화 함수

21 ①

sigmoid 함수 : 연속형 0 ~ 1까지 범위로 출력하며, Logistic 함수라 불리기도 한다.

22 ②

- **유클리드 거리** : n차원의 공간에서 두 점 간의 거리를 구하는 알고리즘이며, L2 Disance라고 불린다. 거리를 구하는 가장 일반적인 방법이다.
- **맨해튼 거리** : 유클리드 거리와 함께 가장 많이 쓰는 알고리즘이며, L1 Distance라고 불린다. 두 점의 각 성분별 차의 절대값으로 거리를 구한다.
- **민코프스키 거리** : 맨해튼 거리와 유클리드 거리를 한 번에 표현한 공식이다.
- **마할라노비스 거리** : 변수의 표준화 및 상관성을 동시에 고려한 통계적 거리이다.

23 ④

연관분석(Association Analysis)

- 데이터베이스에서 거래(사건)의 연관규칙을 찾는 데이터 분석기법이다.
- 비지도학습에 의한 패턴 분석에 해당된다.
- 조건반응(if~then)으로 표현되는 연관분석의 결과를 이해하기 쉽다.
- 비목적성 분석 기법이다.
- 대표적인 알고리즘으로 Apriori가 있다.

24 ①

- **부호 검정** : 표본들이 서로 관련되어 있는 경우, 짝지어진 두 개의 관찰치들의 크고 작음을 +와 −로 표시하여 그 개수를 가지고 두 그룹의 분포 차이가 있는가에 대한 가설을 검증하는 방법
- **카이스퀘어 검정**
  - 한 개 범주형 변수와 각 그룹별 비율과 특정 상수비가 같은지 검정하는 적합도 검정
  - 각 집단이 서로 유사한 성향을 갖는지 분석하는 동질성 검정
  - 두 개 범주형 변수가 서로 독립인지 검정하는 독립성 검정

25 ①

척도의 종류

- **비율척도** : 등간척도와 유사하며, 절대 영점이 있고, 사칙 연산이 가능하며, 데이터 값들 간에 차이를 비교할 수 있다. 절대 0의 값(절대 영점)을 가지고 있다.
- **등간척도(구간척도)** : 데이터 사이에 상대적인 크기를 나타낸 것으로서, 데이터 값들 간의 차이가 동일하다는 간격 정보를 포함하는 척도이다. 절대 0의 값(절대 영점)을 가지고 있지 않다.
- **서열 척도** : 데이터 사이에 순서가 있고, 사칙 연산이 불가능하며, 데이터 값들 간에 간격이 다르다.
- **명명(명목) 척도** : 데이터 사이에 순서가 없고, 사칙 연산이 불가능하며, 종류에 따라 빈도수를 계산한다.

26 ②

- 오른쪽 꼬리가 긴 분포는 중앙값 〈 평균
- 왼쪽 꼬리가 긴 분포는 중앙값 〉 평균
- 정규분포는 중앙값 = 평균

27 ②

- 서로 다른 종류 타입을 갖는 벡터를 하나로 합칠 때 문자형 벡터가 포함되어 있으면 문자형 벡터가 됨
- 숫자형 벡터와 논리형 벡터를 하나로 합치면 숫자형 벡터가 됨

28 ④

모델링 단계 수행 작업에는 데이터 분할, 데이터 모델링, 모델 적용 및 운영 방안이 있다.

29 ③

- **회귀 모형 평가** : 결정계수
- **분류 모형 평가** : ROC 그래프
- **군집 모형 평가** : 실루엣 지수
- **불순도 측정** : 엔트로피

30 ①

분류 모형 평가의 종류 : 오분류표, 정확도, 정밀도, F1 점수, 특이도, 민감도, ROC 그래프 등

31 ④

다차원 척도법은 개체들 사이의 유사성과 비유사성을 2차원 혹은 3차원 공간상에 점으로 표현하여 개체 사이의 군집을 시각적으로 표현하는 분석 방법이다.

32 ②

각 모형의 상호연관성이 높을수록 정확도가 낮아진다.

33 ④

IQR은 Q1(1사분위수) − 1.5 * IQR보다 작거나, Q3 + 1.5 * IQR보다 큰 경우에 이상치로 간주한다.

34 ③

군집분석은 집단 간 이질성과 집단 내 동질성이 모두 높아지는 방향으로 군집을 만든다.

35 ②

의사결정나무는 비정상적인 잡음 데이터에 대해 민감하지 않으며, 가지치기(pruning)를 수행하여 잡음에 민감하지 않도록 할 수 있다.

36 ②

검증데이터는 학습과정에서 과적합 확인 및 조기 종료 등의 성능 확인용 데이터로 사용된다.

37 ③

확률적 표본추출 종류 : 단순 무작위 추출, 층화 추출, 군집 추출, 계통 추출

38 ①

- Examination의 회귀계수는 0.05보다 크므로 유의미하지 않다.
- 설명력은 70.67%이다.
- 데이터의 개수는 47개이다(41 + 5 + 1).

39 ②

데이터 특성을 파악하고 통찰을 얻기 위한 방법을 탐색적 데이터 분석(EDA)이라고 한다.

40 ①

구간화의 개수가 감소하면 정확도가 낮아지고 속도가 높아진다.

단답형

01 블록체인

블록체인은 금융회사의 중앙 집중형 서버에 거래 기록을 보관하는 방식에서 벗어나 거래에 참여하는 모든 사용자에게 거래 내용을 보내주며 거래 때마다 이를 대조하는 데이터위조 방지 기술이다.

02 IoT

03 Value

- **3V** : 데이터 양(Volume), 데이터 유형 및 다양성(Variety), 데이터 처리 속도(Velocity)
- **4V** : 3V + 데이터 가치(Value)
- **5V** : 4V + 데이터 신뢰성(Veracity)
- **7V** : 5V + 데이터 정확성(Validity) + 데이터 휘발성(Volatility)

04 시급성

05 AR 모형

- **자기 회귀 모형(AR, Autoregressive Model)**
  - 변수의 과거값에 대한 선형 조합을 통해 관심 있는 변수를 예측하는 방법이다.
  - AR 모형인지 판단하기 위해서는 자기상관함수(ACF)와 부분자기상관함수(PACF)를 이용한다.
  - 현시점의 자료가 p 시점 전까지 유한개의 과거 자료로 설명될 수 있으면 p차 자기 회귀 모형이라고 한다.
- **이동 평균 모형(MA, Moving Average Model)**
  - 현시점의 자료를 p 시점 전까지 유한개 백색잡음들의 선형결합으로 표현한다.
  - AR 모형은 과거의 값을 활용하여 미래를 예측하는 반면, MA 모형은 과거의 예측 오차를 활용하여 미래를 예측한다.
  - 불규칙성 또는 주기를 갖는 시계열 데이터의 특성을 바탕으로 과거 몇 개의 관측치들에 대해 평균을 계산하여 전반적인 추세를 파악하는 모형이다.

06 랜덤 포레스트

07 6/19

- 정밀도(Precision) = 30 / 90 = 1/3
- 재현율(Recall) = 30 / 100 = 3/10
- F1-score = (2 * Precision * Recall)/ (Precision + Recall) = (2 * 1/3 * 3/10) / (1/3 + 3/10) = 6/19

08 0.2

이산확률 변수의 기댓값 : $E(X) = \sum x \cdot f(x)$

X가 2일 때와 3일 때를 각각 p1, p2라고 한다면, 1*0.3 + 2*p1 + 4*p2 = 2.7이다.

→ p1 + p2 = 0.7

→ X = 1일 때 0.30이므로 p1 + p2 = 0.70이 된다.

따라서,

→ 0.3 + 2 * p1 + 4 * (0.7 − p1) = 2.7

→ 0.3 + 2 * p1 + 2.8 − 4 * p1 = 2.7

→ 0.4 = 2 * p1이므로, p1 = 0.2가 된다.

09 95.25

P(Z≤2.05)=0.980이므로 이 값은 상위 2%에 해당한다.

Z= (X−μ) / σ

X − 85 = 2.05 * 5

X = 95.25

10 가지치기

모든 터미널 노드의 순도가 100%인 불순도가 0인 상태를 Full Tree라고 한다. 이 경우는 분기가 너무 많아 과적합의 위험이 발생하게 되며, 이를 방지하기 위해 적절한 수준에서 terminal node를 결합해주는 것을 가지치 기라고 한다.

---

01 ②	02 ③	03 ①	04 ④	05 ①
06 ③	07 ④	08 ④	09 ①	10 ③
11 ②	12 ①	13 ②	14 ②	15 ①
16 ④	17 ③	18 ①	19 ①	20 ③
21 ②	22 ①	23 ③	24 ①	25 ③
26 ②	27 ①	28 ④	29 ①	30 ④
31 ①	32 ③	33 ④	34 ③	35 ③
36 ④	37 ①	38 ④	39 ①	40 ③

단답형

01 데이터베이스(Database)

02 유전 알고리즘

03 하향식 접근 방식

04 집중형 구조

05 코사인 유사도

06 후진 제거법(Backward Elimination)

07 홀드아웃(Hold-out)

08 0.4

09 포아송 분포

10 최단 연결법

I 데이터 이해

01 ②

DBMS는 다수의 사용자와 데이터베이스 사이에서 사용자의 요구에 따라 정보를 처리해주고 데이터베이스를 관리해주는 소프트웨어이다. 데이터베이스 사용자들은 데이터베이스의 정의, 조작, 제어 등 데이터베이스 관리 작업을 수행할 수 있다.

02 ③

데이터 사이언티스트는 데이터 해커, 애널리스트, 커뮤니케이션, 신뢰받는 어드바이저 등의 조합이라 할 수 있다. 훌륭한 데이터 사이언티스트는 데이터 처리나 분석 기술과 관련된 스킬뿐만 아니라 통찰력 있는 분석, 설득력 있는 전달, 협력 등의 스킬도 갖춰야 한다. 또한, 하드 스킬과 소프트 스킬 능력을 동시에 갖추고 있어야 한다.

– **하드 스킬(hard skill)** : 특정 업무를 수행하는데 필요로 하는 스킬

– **소프트 스킬(soft skill)** : 모든 직무에서 사용할 수 있는 스킬

03 ①

익명화(Anonymization) : 빅데이터 위기요인 중에 사생활 침해를 방지하기 위해 데이터에 포함된 개인 식별정보를 삭제하거나 알아볼 수 없는 형태로 변환한다.

04 ④

빅데이터 알고리즘에 의해 부당하게 피해를 본 사람을 구제하고 부당 피해를 막는 역할을 하는 전문 인력은 알고리즈미스트(Algorithmist)이다.
참고로, 빅데이터의 활용에 필요한 기본적인 3가지 요소에는 자원, 기술, 인력이 있다.

요소	설명
자원	• 활용할 수 있는 모든 것을 데이터화 • 웨어러블 단말기, 사물인터넷, CCTV 등 다양한 방법으로 데이터를 수집
기술	• 빅데이터 프로세스와 신기술 • 빅데이터 분석 방법이 발전
인력	데이터 사이언티스트, 알고리즈미스트, 인공지능 전문가

05 ①

빅데이터 출현 배경
• 학계에서 빅데이터를 활용하는 과학이 확산되었다.
• 빅데이터는 디지털화, 저장기술 및 인터넷 보급, 모바일 혁명, 클라우드 컴퓨팅 등 관련 기술 발전과 관련이 있다.
• 클라우드 컴퓨팅은 빅데이터 분석에 경제적 효과를 제공해준 결정적인 중요한 기술이며, 클라우드 분산 병렬처리 컴퓨팅 기술로 대용량 데이터를 처리하는데 소요되는 비용을 획기적으로 줄일 수 있었다.
• 소셜 미디어 서비스, 영상 등 비정형 데이터의 확산과 데이터 처리 기술 발전이 있었다.
• 기업의 고객 데이터 축적 및 활용 증가, 인터넷 확산, 저장 기술의 발전, 모바일 시대의 도래, 스마트 단말기 보급 증가, 클라우드 컴퓨팅 기술 발전, SNS, IoT 확산 등이 맞물려 데이터 생산이 폭발적으로 증가하면서 빅데이터 시대는 대세가 되었다.

06 ③

정부는 개인정보보호에 대한 가이드라인 제시 등의 역할을 수행해야 한다.
▶ **주체별 빅데이터 영향**

주체	영향
기업	• 빅데이터를 이용하여 고객들의 행동을 분석하고, 시장 변동성을 예측하여 비즈니스 모델을 혁신하거나 신사업 발굴에 활용 • 원가절감, 제품 차별화, 기업 활동의 투명성 제공 등에 활용, 강한 경쟁력을 확보하는 데 도움 • 기업들의 운용 효율성이 증가하면 산업 전체의 생산성이 향상하며 국가 전체로서는 GDP가 올라가는 효과
정부	• 환경탐색, 상황분석, 미래대응에 활용 • 기상, 인구이동, 각종 통계, 법제 데이터 등을 수집해 사회 변화를 추정, 각종 재해 관련 정보를 추출 • 미래 사회 도래에 대비한 법제도 및 거버넌스 시스템 정비 방향, 미래 성장 전략, 국가 안보 등에 대한 정보 제공
개인	• 맞춤형 서비스를 저렴한 비용으로 이용 • 적시에 필요한 정보를 얻어냄으로서, 다양한 형태로 기회 비용을 절약

07 ④

빅데이터 위기요인의 종류에는 사생활 침해, 책임 훼손의 원칙, 데이터의 오용이 있다.

08 ④

SQL은 DBMS에서 데이터를 관리하고 조작하기 위해 사용되는 표준화된 프로그래밍 언어이다. 사용자는 SQL을 통해 데이터베이스에 질의를 전달하여 원하는 정보를 얻거나 조작할 수 있다.

Ⅱ 데이터 분석 기획

09 ①

데이터 거버넌스 체계 요소는 다음과 같다.

체계 요소	설명
데이터 표준화	데이터 표준화는 데이터 표준용어 설정, 명명 규칙 수립, 메타 데이터 구축, 데이터 사전 구축, 데이터 생명 주기 관리 등의 업무로 구성
데이터 관리 체계	• 데이터 정합성 및 활용의 효율성을 위해 표준데이터를 포함한 메타 데이터와 데이터 사전의 관리 원칙을 수립 • 수립된 원칙에 근거하여 항목별 상세한 프로세스를 만들고 관리와 운영을 위한 담당자 및 조직별 역할과 책임을 상세하게 준비
데이터 저장소 관리	• 메타 데이터 및 표준 데이터를 관리하기 위한 전사 차원의 저장소를 구성 • 데이터 저장소는 데이터 관리체계 지원을 위한 워크플로우 및 관리용 응용 소프트웨어를 지원하고 관리 대상 시스템과의 인터페이스를 통한 통제가 이뤄져야 함 • 데이터 구조 변경에 따른 사전 영향 평가도 수행되어야 효율적으로 활용이 가능
표준화 활동	• 데이터 거버넌스 체계를 구축한 후, 표준 준수 여부를 주기적으로 점검하고 모니터링 실시 • 거버넌스의 조직 내 안정성 장착을 위한 계속적인 변화 관리 및 주기적인 교육 진행

10 ③

분석 조직 구조 유형별 특징은 다음과 같다.

구조 유형	특징
집중형 조직 구조	• 조직내 별도 독립적인 분석 전담 조직 구성, 분석 전담 조직에서 회사의 모든 분석 업무를 담당 • 현업업무 부서의 분석업무와 이중화 및 이원화 가능성이 높음
기능 중심조직 구조	• 일반적인 분석 수행구조 별도 분석 조직을 구성하지 않고 각 해당 업무부서에서 직접 분석 • 특정 업무 부서에 국한된 분석 수행 가능성이 높거나 일부 중복된 분석 업무를 수행할 수 있음
분산 조직 구조	• 분석 조직의 인력들이 협업부서에 배치되어 업무를 수행 • 전사 차원에서 분석 과제의 우선순위를 선정해 수행이 가능, 분석 결과를 신속하게 실무적용 가능

11 ②

• ROI투자비용 측면의 요소
 – **크기** : 데이터 규모 및 양
 – **다양성** : 데이터의 다양한 종류와 형태
 – **속도** : 데이터 생성 속도 또는 처리 속도

12 ①

사분면 영역에서 분석 과제 우선 순위는 시급성이 현재이고, 난이도가 쉬운 것부터 추진이 되어야 한다.

13 ②

프로젝트 위험 대응 방법으로는 회피, 전가, 완화, 수용이 있다.

14 ②

데이터 분석 준비도는 기업의 데이터 분석 도입의 수준을 파악하기 위한 진단 방법으로서, 6가지 영역을 대상으로 현 수준을 파악한다.
 – 6가지 영역 : 분석 업무 파악, 인력 및 조직, 분석 기법, 분석 데이터, 분석 문화, IT 인프라(분석 인프라)

15 ①

▶ 상향식 접근 방식의 절차

단계	내용
프로세스 분류	업무 프로세스를 가치 사슬 → 메가 프로세스 → 메이저 프로세스 → 프로세스 단계로 구조화
프로세스 흐름 분석	프로세스별로 프로세스 맵을 통해 업무 흐름을 상세하게 표현
분석 요건 식별	각 프로세스 맵 상의 주요 의사 결정 포인트 식별
분석 요건 정의	각 의사결정 시점에 무엇을 알아야 의사결정을 할 수 있는지 분석의 요건을 정의

16 ④

▶ 분석 거버넌스 체계 구성요소(POSHD)

구성요소	설명
프로세스(Process)	과제 기획 및 운영 프로세스
조직(Organization)	분석기획 관리 및 추진 조직
시스템(System)	분석 관련 IT 기술과 프로그램
인적 자원(Human Resource)	분석 관련 교육
자료(Data)	데이터 거버넌스

Ⅲ 데이터 분석

17 ③

유의성이 높은 경우 독립변수와 종속변수의 설명이 가능하다.

18 ①

이산확률변수 X 기댓값 :

$$E(X) = \sum_{x=1}^{N} xf(x) = 1 \times \frac{1}{3} + 2 \times \frac{1}{6} + 3 \times \frac{1}{2} = \frac{13}{6}$$

X가 1일 때 확률은 $\frac{1}{3}$, 2일 때 확률은 $\frac{1}{6}$, 3일 때 확률은 $\frac{1}{2}$이다.

X에 대한 전체 확률의 합은 $1 = \frac{1}{3} + \frac{1}{6} + \frac{1}{2} = \frac{2}{6} + \frac{1}{6} + \frac{3}{6}$
X가 1, 2, 3인 경우의 합이 1이므로 4일 경우의 확률은 0이다.

19 ①

민감도 = TP/(TP+FN) = 40/100 = 0.4

20 ③

종속 변수가 이산형인 경우에는 지니지수, 엔트로피 지수, 카이제곱 통계량를 사용하고, 연속형인 경우에는 분산 감소량, F-통계량을 이용한다..

알고리즘	이산형 목표변수(분류나무)	연속형 목표변수(회귀나무)
CART	지니지수	분산 감소량
C5.0	엔트로피지수	
CHAID	카이제곱 통계량	ANOVA F-통계량

21 ②

맨해튼 거리는 수평, 수직 방향의 이동 거리이다. 따라서, |165 - 170| + |70 - 65| = 10이다.

22 ①

EM(Expectation Maximizaion) 알고리즘은 혼합모형에서 모수와 가중치의 추정을 위해 사용되는 알고리즘으로서, 통계 모델의 수식을 정확히 풀수 없을 때 최대 가능도/최대 우도를 구하는 데 사용된다. EM은 모수에 관한 추정값으로 로그 가능도(log likelihood)의 기댓값을 계산하는 기댓값 단계와 이 기댓값을 최대화하는 모수 추정값들을 구하는 최대화 단계를 번갈아가면서 적용하며, 최적화 값을 찾아가는 알고리즘이다.
그림에서는 반복 횟수 2회 만에 로그-가능도 함수가 최대가 되었다.

23 ③

확률변수 X의 기댓값은 X와 P(X)를 모두 곱한 값들을 더한 값이다.

$$E(X) = \sum_{x=1}^{N} x f(x) = 1 \times 0.5 + 2 \times 0.3 + 3 \times 0.2 = 1.7$$

24 ①

데이터마이닝은 대용량 데이터로부터 의미있는 패턴, 관계, 규칙 등을 파악하거나 예측하여 의사결정에 활용하는 방법이다. 데이터마이닝 5단계에는 목적 설정→데이터 준비→데이터 가공→데이터 마이닝 기법 적용→검증이 있다.

25 ③

피어슨 상관계수로 표현할 경우 음의 상관관계로서 설명이 잘 된다.

26 ②

선형회귀 모델의 정규화 방법에 따라 라쏘 회귀, 릿지 회귀, 엘라스틱 넷이 있다.

항목	정규화 방법
라쏘 회귀 (Lasso regression)	비용 함수에 모든 추정 계수의 절대값에 대한 합을 최소로 하는 패널티를 부여
릿지 회귀 (Ridge regression)	비용 함수에 모든 추정 계수의 제곱합을 추가
엘라스틱 넷 (Elastic net)	비용 함수에 L1 노름, L2 노름을 추가

27 ①

- K-means Clustering의 단점
  - seed값에 따라 결과가 달라질 수 있다.
  - 사전에 주어진 목적이 없으므로 결과 해석이 어렵다.
  - 잡음이나 이상값의 영향을 많이 받는다.
  - 볼록한 형태가 아닌 군집(예를 들어 U형태의 군집)이 존재할 경우에는 성능이 떨어진다.
  - 이상값에 대한 영향을 많이 받는 단점을 보완하기 위해 평균값 대신 k-중앙값 군집을 사용할 수 있다.

28 ④

SOM은 전방 패스를 사용하며, 속도가 매우 빠르다.

29 ①

추세와 계절성을 차분을 이용해 제거하여 정상 시계열 형태의 데이터로 바꾸어준다.

30 ④

Age의 p-value값이 0.0901로서 0.05보다 크다. 따라서, 통계적으로 유의하지 않다.

31 ①

지지도 (Support)	A와 B가 모두 포함된 거래수 전체 거래수
신뢰도 (Confidence)	A와 B가 모두 포함된 거래수 A가 포함된 거래수
향상도 (Lift)	A가 포함된 전체 거래 중에서 B가 포함된 거래비율 전체 거래 중에서 B가 포함된 거래비율

32 ③

$$특이도 = \frac{TN}{TN + FP} = \frac{100}{100 + 300} = 0.25$$

33 ④

신경망에서 활성화 함수를 시그모이드 함수로 사용하면 로지스틱 회귀모형과 작동 원리가 유사하다.

34 ③

계층적 군집은 가장 유사한 개체를 묶어 나가는 과정을 반복하여 원하는 개수의 군집을 형성하는 방법으로서, n개의 군집으로 시작해 점차 군집의 개수를 줄여나가는 방법이다. 종류에는 최단 연결법, 최장 연결법, 평균 연결법, 와드 연결법이 있다.

35 ③

군집의 크기가 너무 작으면 추정의 정도가 떨어지거나 어려울 수 있다.

36 ④

과적합을 방지하기 위해 홀드아웃, 교차검증, 부트스트랩 알고리즘을 사용할 수 있다. 의사결정나무 알고리즘은 과대적합에 빠지기 쉬운 알고리즘이다.

37 ①

이진 분류 또는 다중 분류 알고리즘을 이용하여 데이터를 집단으로 나눌수 있다.

38 ④

연관 분석은 조건반응(if-then)으로 데이터 사이의 관계를 연결하고 표현하는 분석이다. 거래량이 적은 품목은 규칙 발견이 어렵고, 너무 세분화된 품목은 의미없는 결과를 도출한다. 데이터는 많으면 많을수록 연관성 분석의 정확도가 올라간다.

39 ①

로지스틱 회귀분석은 독립변수가 수치형이고 종속변수가 범주형일 경우 사용된다.

40 ③

다중 선형 회귀 모형에서 통계적 유의성은 F-통계량으로 확인한다.

단답형

01 데이터베이스(Database)
데이터베이스는 사용자가 데이터를 저장 및 공유하며 사용할 수 있는 데이터의 집합을 의미한다.

02 유전 알고리즘
유전 알고리즘은 최적화가 필요한 문제의 해결책을 자연선택, 돌연변이 등과 같은 메커니즘을 통해 점진적으로 진화시켜 나가는 알고리즘이다.
- **유전 알고리즘 사례**
  - 응급실에서 의사를 어떻게 배치하는 것이 가장 효율적인가?
  - 택배차량을 어떻게 배치하는 것이 비용 측면에서 가장 효율적인가?
  - 최대의 시청률을 얻으려면 어떤 프로그램을 어떤 시간대에 방송해야 하는가?

03 하향식 접근 방식
하향식 접근 방식은 분석 문제가 확실할 때 사용하며, 분석 문제가 주어지고 해법을 찾기 위해 체계적으로 분석한다. 전통적인 문제 도출 접근 방법으로서 지도 학습이 해당된다.

04 집중형 구조
집중형 구조는 조직 내 별도 독립적인 분석 전담 조직 구성, 분석 전담 조직에서 회사의 모든 분석 업무를 담당하는 구조이다. 전사분석 과제의 전략적 중요도에 따라 우선순위를 정해 추진하며, 일부 협업 부서와 분석 업무가 중복 또는 이원화될 가능성이 있다.

05 코사인 유사도
코사인 유사도는 두 개체의 벡터 내적을 이용하여 유사성을 측도한다.

06 후진 제거법(Backward Elimination)
후진 제거법은 독립변수 후보 모두를 포함한 모형에서 출발해 가장 적은 영향을 주는 변수부터 하나씩 제거하는 방식으로서, 더 이상 유의하지 않은 변수가 없을 때의 모형을 선택한다.

07 홀드 아웃(Hold-out)
홀드 아웃은 전체 데이터를 비복원 추출 방법을 이용하여 랜덤하게 훈련, 평가용 데이터로 나누어 검증한다.

08 0.4
두 사건 A, B가 독립이면 P(B|A) = P(B)이므로 0.4가 된다.

09 포아송 분포
포아송 분포는 단위 시간 내에 사건이 몇 번 발생할 것인지를 나타내는 이산형 확률분포 중의 하나이다.

10 최단 연결법
최단 연결법은 거리행렬에서 거리가 가장 가까운 데이터를 묶어서 군집을 형성한다. 각 군집에서 관측값을 뽑았을 때 나타날 수 있는 거리의 최소값을 군집 간 거리로 한다.

기출문제 34회 (2022년 8월 시행)   309p

01 ④	02 ①	03 ④	04 ②	05 ①
06 ①	07 ①	08 ①	09 ②	10 ①
11 ②	12 ③	13 ②	14 ①	15 ③
16 ②	17 ①	18 ③	19 ②	20 ④
21 ②	22 ③	23 ③	24 ④	25 ②
26 ②	27 ②	28 ③	29 ②	30 ①
31 ②	32 ④	33 ①	34 ②	35 ②
36 ②	37 ③	38 ③	39 ③	40 ③

단답형

01 정보(Information)
02 사물인터넷(IoT)
03 문제 정의(Problem Definition)
04 데이터 거버넌스(Data Governance)
05 랜덤 포레스트(Random Forest)
06 부스팅(Boosting)
07 실루엣 계수
08 역전파 알고리즘(Back Propagation Algorithm)
09 점 추정
10 지니 계수(Gini Index)

I 데이터 이해

01 ④
데이터 분석에서 데이터 양(Big)이 핵심이 아니며, 양보다 유형의 다양성이 중요하다. 또한 대용량 데이터를 관리하는 것보다 다양한 데이터를 분석할 수 있는 능력이 중요하다.

02 ①
데이터 활용 방식, 새로운 가치 창출, 분석 기술의 발전으로 인해 빅데이터 시대에는 가치를 정확하게 측정하는 것이 어렵다.

03 ④
분석 과제 정의서를 통해 분석 별로 필요한 소스 데이터, 분석 방법, 데이터 입수 및 분석의 난이도, 분석 수행 주기, 분석 결과에 대한 검증, 상세 분석 과정 등을 정의한다.

04 ②
데이터 사이언스 구성요소에는 IT, 분석, 비즈니스 컨설팅이 있다.
- **데이터 사이언스 의미**
  - 데이터 사이언스는 데이터로부터 의미 있는 정보를 추출해 내는 학문이다.
  - 분석뿐만 아니라 효과적으로 구현하고 전달하는 과정까지 포함한 포괄적 개념이다.

05 ①

빅데이터 위기 요인 중 사생활 침해 위기는 상업적 목적으로 데이터를 크롤링하여 개인정보를 수집하는 행위이다.

06 ①

데이터베이스 관리시스템(DBMS)은 다수의 사용자와 데이터베이스 사이에서 사용자의 요구에 따라 정보를 처리해주고 데이터베이스를 관리해주는 소프트웨어이다. DBMS로 데이터베이스 관리를 통해 모든 데이터 문제를 해결할 수는 없다.

07 ①

데이터 웨어하우스로부터 특정 주제, 부서 중심으로 구축된 소규모 단일 주제의 데이터 웨어하우스를 데이터 마트라고 한다. 데이터 마트는 생산, 재무와 같이 특정한 조직이나 특정한 업무팀에서 사용하는 것을 목적으로 한다.

08 ①

빅데이터에 대한 1차 분석으로 해당 부서와 업무에 효과를 얻을 수 있다.

▶ 빅데이터 이전과 이후 변화

빅데이터 이전	빅데이터 이후
사전처리	사후처리
표본조사	전수조사
질(Quality)	양(Quantity)
인과관계	상관관계

Ⅱ 데이터 분석 기획

09 ②

데이터 분석 프로젝트 관리 요소 중에서 시간(Time)은 분석 결과에 대한 품질이 보장된다는 전제로 업무 스케줄링을 최대한 세분화하여 우선순위에 따라 업무 시간을 할당하는 타임박싱(Time Boxing) 기법으로 일정 관리 진행이 필요하다.

10 ①

분석 준비도의 분석기법 영역에는 업무별 적합한 분석기법 사용, 분석업무 도입 방법론 사용, 분석기법 라이브러리 사용, 분석기법 효과성 평가 및 정기적 개선이 있다.

11 ②

분석 마스터 플랜은 기업에서 필요로 하는 데이터 분석 과제를 모두 도출한 후, 과제의 우선순위를 결정하고 단기 및 중/장기로 나누어 계획을 수립하는 것을 말하며, 모든 단계를 반복하기보다 데이터 수집 및 확보와 분석 데이터를 준비하는 단계를 순차적으로 진행한다.

12 ③

문제 탐색 단계에서는 도출한 분석 기회들에 대해 구체적인 과제로 만들기 전에 분석 유즈케이스로 정의하는 것이 필요하다. 분석 유즈케이스는 해결해야 할 문제에 대한 상세한 설명과 해당 문제를 해결했을 때 발생하는 효과를 명시함으로써 향후 데이터 분석 문제로의 전환 및 적합성 평가에 활용하도록 한다.

13 ②

CRISP-DM 분석 방법은 전 세계 비즈니스 현장에서 가장 많이 사용되는 데이터마이닝 표준 분석 방법론으로서, 단계, 일반 과제, 세부 과제, 프로세스 실행 등의 4가지 레벨과 6단계의 프로세스로 구성된 계층적 프로세스 모델이다. 평가 단계에서는 모델링이 잘 되었는지 확인하고, 모델링 결과가 적합하지 않을 경우에는 업무 이해 단계로 돌아간다.

14 ①

빅데이터 분석 절차는 분석 기획(Planning) → 데이터 준비(Preparing) → 데이터 분석(Analyzing) → 시스템 구현(Developing) → 평가 및 전개(Deploying) 과정으로 진행된다.
시스템 구현 단계는 시스템 분석 설계 및 구현, 시스템 테스트 및 운영을 한다.

15 ③

추가적인 데이터 확보가 필요한 경우에는 데이터 준비 단계에서 데이터 분석 단계 구간을 반복적으로 피드백을 수행한다.

16 ②

모델의 안정성 측면에서는 정밀도가 중요하고, 분석의 활용 측면에서는 정확도가 중요하다.

Ⅲ 데이터 분석

17 ①

박스 플롯으로 이상치(Outlier), 상위 경계(Upper Fence), 하위 경계(Lower Fence), 최대값, 수염, 1사분위수, 중위수, 3사분위수, 최소값, IQR을 알 수 있다.

18 ③

연관규칙	신뢰도		
A → C	$\dfrac{A와 C가 모두 포함된 거래수}{A가 포함된 거래수}$	$= \dfrac{5+15}{10+5+20+15}$	$= \dfrac{20}{50}$
C → A	$\dfrac{A와 C가 모두 포함된 거래수}{C가 포함된 거래수}$	$= \dfrac{5+15}{25+5+20+15}$	$= \dfrac{20}{65}$
B → C	$\dfrac{B와 C가 모두 포함된 거래수}{B가 포함된 거래수}$	$= \dfrac{5+20}{5+5+20+20}$	$= \dfrac{25}{50}$
C → B	$\dfrac{B와 C가 모두 포함된 거래수}{C가 포함된 거래수}$	$= \dfrac{5+15}{25+5+20+15}$	$= \dfrac{25}{65}$

19 ②

KNN 알고리즘은 예측 변수에 대한 정답(label) 데이터가 제공되는 지도 학습 모형이다.

20 ④

Apriori 알고리즘 분석 절차
− 최소 지지도를 설정
− 개별 품목 중에서 최소 지지도를 넘는 모든 품목을 찾음
− 찾은 개별 품목만을 이용하여 최소 지지도를 넘는 두 가지 품목 집합을 찾음
− 찾은 품목 집합을 결합하여 최소 지지도를 넘는 세 가지 품목 집합을 찾음
− 반복적으로 수행하여 최소 지지도가 넘는 빈발품목을 찾음

21 ②

연관 분석의 활용 분야에는 고객 대상 상품 추천 및 상품정보 발송, 패키지 상품 판매 및 기획, 상품 디스플레이, 추천 알고리즘 등이 있다.

22 ③

재현율(Recall)은 실제 True인 것 중에서 모델이 True라고 예측한 것의 비율이다.
TP / (TP+FN) = 정분류한 양성 클래스의 수 / 실제 양성 클래스의 수 = 300 / (300 + 200) = 0.6

23 ③

적절한 품목의 세분화로 연관 규칙을 찾을 수 있도록 한다. 만약, 너무 세분화된 품목으로 연관규칙을 찾으면 의미없는 분석이 될 수도 있으니 주의해야 한다.

24 ④

• 정규성은 잔차항이 정규분포의 형태를 이뤄야 한다는 특성으로 Q–Q plot에서는 잔차가 대각 방향의 직선 형태를 띠면 잔차는 정규분포를 따른다고 할 수 있다.
• 더빈–왓슨 검정을 통해 잔차와 독립변수 값이 서로 독립적이어야 한다는 성질을 확인할 수 있다.

25 ②

• PrivateYes의 표준 오차는 1.6708407로서 Books의 표준 오차 0.0030722보다 크다.
• Books의 회귀 계수는 0.279810으로서 0.05보다 크므로 유의미하지 않다.
• 회귀분석은 선형적 관계를 갖는 변수 두 개를 독립변수, 종속변수의 관계로 보았을 때 수치적으로 어떻게 관련되어 있는지를 보는 것이며, 인과관계를 분석하는 것이 아니다.

26 ②

의사결정나무 모델은 지도학습 알고리즘으로서 하향식 접근 방법을 이용한다.

27 ②

시그모이드 함수는 S 자형 곡선을 갖는 함수이며, $-\infty \sim \infty$의 범위로 입력되는 값을 $0 \sim 1$ 사이의 값으로 변환해주는 함수이다.

$$sigmoid(x) = \frac{1}{1 + e^{-x}}$$

28 ③

군집 분석은 객체들의 유사성을 측정하여 유사성이 높은 대상 집단을 분류하고 군집에 속한 객체들의 유사성과 서로 다른 군집에 속한 객체 간의 상이성을 규명하는 분석 방법이다. 비지도 학습이므로 교차 검증을 통해 안정성을 검토하지는 않는다.

29 ②

ROC 곡선은 FPR이 0이고, TPR이 1이므로 ROC 곡선의 좌측 상단에 위치할 때가 가장 이상적이다. 따라서, 좌측 상단(x=0, y=1)에 위치할수록 분류 성능이 우수하다.

30 ①

기울기가 0인 귀무가설은 회귀식이 유용하지 않다는 의미이다. 반면에 대립가설의 기울기가 0이 아니라는 것은 기울기가 있다는 것으로서, 회귀식이 유용하다는 의미이다.

31 ②

• 결정계수는 회귀 모델이 실제 데이터를 어느정도 잘 설명하고 있는지를 나타내는 통계량이다.
• 결정계수는 0~1 사이 값을 가지며, 1에 가까울수록 회귀 모델이 데이터를 잘 표현하는 것을 의미한다.
• 결정계수는 총변동 중에서 회귀분석함으로써 설명되는 부분에 대한 비율이라고 할 수 있다.

32 ④

상관관계가 있는 고차원 자료를 자료의 변동을 최대한 보존하는 저차원 자료로 변환하는 방법이다.

33 ①

공분산은 측정 단위에 따라 크게 달라진다.

34 ③

Rating, Limit 변수가 Age보다 상관관계가 더 높다.

35 ②

다양한 모형 간의 상호 연관성이 높을수록 정확도는 낮아진다.
• **앙상블 학습 특징**
  − **편향(Bias) 감소** : 치우침이 있는 여러 모델의 평균을 취하면 어느 쪽에도 치우치지 않는 결과를 얻을 수 있음
  − **분산(Variance) 감소** : 한 개 모형으로부터의 단일 의견보다 여러 모델의 의견을 결합하면 변동이 작아짐
  − **과적합(Overfitting) 감소** : 과적합이 없는 모델을 이용하여 결괏값들을 결합하여 투표하는 방식으로 채택

36 ②

K-평균 군집은 군집이 형성되는 과정에서 군집 내부의 개체들이 다른 군집으로 이동하는 과정을 반복적으로 수행하면서 군집이 형성된다.

37 ③

I는 Integrated의 약자이다.

ARIMA(자기 회귀 누적 이동 평균 모형)는 분기 또는 연간 단위로 예측하거나 주간 또는 월간 단위로 지표를 리뷰하여 트렌드를 분석하는 기법으로서, 기본적으로 비정상 시계열 모형이기 때문에 차분이나 변환을 통해 AR모형이나 MA모형, ARMA 모형으로 정상화할 수 있다.

- ARIMA(p, d, q) 에서 p는 AR 모형의 차수, q는 MA 모형에서 차수, d는 ARIMA에서 ARMA로 정상화할 때 차분 횟수를 의미한다.

38 ③

스크리 산점도에서는 기울기가 완만해지기 직전까지를 주성분 수로 결정한다. PC1, PC2는 합쳐서 약 97.8% 분산을 설명한다.

39 ③

독립변수와 종속변수 사이의 선형적인 관계를 도출해서 하나 이상의 독립변수들이 종속변수에 미치는 영향을 분석하고, 독립변수를 통해 종속변수를 예측하는 것은 회귀 분석이다.

40 ③

정상성은 시점에 관계없이 시계열의 특성이 일정함을 의미하며, 정상성 조건(평균 일정, 분산 일정, 공분산 일정)을 모두 만족해야 정상성 시계열 자료라고 할 수 있다.

단답형

01 정보(Information)

데이터를 가공 및 처리하여 얻을 수 있는 것이 정보, 지식, 지혜가 된다.

▶ DIKW 구분

구분	내용
데이터 (Data)	데이터의 존재 형식을 불문하고, 타 데이터와 상관관계가 없는 가공 전의 수치나 기호
정보 (Information)	데이터의 가공 및 상관 관계, 연관 관계를 바탕으로 패턴을 인식하고 의미를 부여한 데이터
지식 (Knowledge)	상호 연결된 정보 패턴을 이해하여 이를 토대로 예측한 결과물
지혜 (Wisdom)	근본적인 원리에 대한 깊은 이해를 바탕으로 도출되는 창의적 아이디어

02 사물인터넷(IoT)

IoT(사물인터넷, Internet of Thing)는 인터넷으로 연결된 기계마다 통신 장치를 갖추고 있는 환경에서 사람 또는 기계끼리 자동으로 통신하는 기술로서 사물과 사람, 사물과 사물 간의 정보를 상호 소통하는 방식이다.

03 문제 정의(Problem Definition)

분석 기획 단계
문제 탐색(Problem Discovery)
문제 정의(Problem Definition)
해결 방안 탐색(Solution Search)
타당성 검토(Feasibility Study)

문제 정의는 문제 탐색을 통해 식별된 비즈니스 문제를 데이터 분석 문제로 변환하여 정의하는 단계로서 무엇(What)을 어떤 목적으로(Why) 수행해야 하는지 관점에서 문제를 정의하는 단계이다. 또한, 분석 문제를 해결하기 위해 필요한 데이터 및 기법(How)을 정의하기 위한 데이터 분석 문제로 변환을 수행한다.

04 데이터 거버넌스(Data Governance)

데이터 거버넌스는 데이터 표준 및 정책에 따라 데이터를 생성 및 변경하고 데이터의 품질과 보안 등 전사적 차원에서 데이터 관리 체계를 구축하는 활동이다. 데이터 거버넌스의 주요 관리 대상에는 데이터 사전, 마스터 데이터, 메타 데이터가 있다.

05 랜덤 포레스트(Random Forest)

랜덤 포레스트는 분산이 큰 의사결정나무를 고려하여 배깅과 부스팅보다 더 많은 무작위성을 주어 약한 학습기들을 생성 후 이를 선형 결합하여 최종 학습기를 만드는 방법이다. 모델 구성 과정은 배깅과 유사하지만, 노드마다 모든 독립변수 안에서 최적의 분할을 선택하는 것이 아닌 독립변수를 임의로 추출하고 추출된 변수들 내에서 최적의 분할을 만들어 나가는 방법이다.

06 부스팅(Boosting)

부스팅은 분류 및 예측 정확도가 낮은 모형들을 결합하여 강한 분류 및 예측을 수행하는 모형을 만드는 방법이다. 배깅의 과정과 유사하지만, 부트스트랩 표본을 구성하는 재샘플링 과정에서 각 데이터에 동일한 확률을 부여하는 것이 아닌, 오차가 높은 데이터에 더 큰 가중치를 주어 표본을 추출한다. 또한, 부스팅에서는 부트스트랩 표본을 추출하여 모델을 구성한 다음, 모델 평가를 통해 각 데이터가 추출될 확률을 조정하고 다음 부트스트랩 표본을 추출하는 과정을 반복한다.

비교	배깅	부스팅
특징	병렬적 앙상블 채택 (각 모델은 서로 독립적)	연속적 앙상블 채택 (이전 모델의 오차를 고려함)
목적	분산감소	편향감소
적합한 상황	높은 분산, 낮은 편향	낮은 분산, 높은 편향
대표 알고리즘	Random Forest	XGBoost
샘플링	랜덤 샘플링	오차의 가중치를 반영한 랜덤 샘플링

07 실루엣 계수

군집화 평가 지수로서 실루엣 계수는 클러스터 안의 데이터들이 다른 클러스터와 비교해 얼마나 비슷한가를 평가한다.
- 1에 가까울수록 군집화가 잘 되었다고 판단
- 0.5 이상 : 결과가 타당한 것으로 판단
- 1 : 한 군집의 모든 개체가 딱 붙어있는 경우를 의미

08 역전파 알고리즘(Back Propagation Algorithm)

역전파 알고리즘으로 인공신경망의 출력층에서 입력층으로 오차를 전파해가면서 오차를 줄이기 위해 뉴런들을 서로 연결하고 있는 가중치(weight)를 조정한다.

09 점 추정

점 추정은 모수가 특정 값이라고 추정하여 하나의 값으로 모수의 값이 얼마인지 추측한다. 점 추정은 신뢰도를 나타낼 수 없어 주로 구간 추정을 사용한다. 점 추정에는 표본평균, 표본분산, 중위수, 최빈수 등이 있다.

10 지니 계수(Gini Index)

지니 계수는 얼마나 많은 데이터들이 섞여있는지를 나타내는 불확실성을 의미하며 0~0.5의 값을 갖는다. 지니 계수가 0이면 불확실성이 0이라는 것을 의미하며 같은 종류에 해당하는 데이터들끼리 잘 모여있는 경우라고 할 수 있다.

기출문제 33회 (2022년 3월 시행)   323p

01 ①	02 ④	03 ①	04 ①	05 ①
06 ③	07 ②	08 ①	09 ②	10 ①
11 ②	12 ③	13 ②	14 ①	15 ②
16 ①	17 ②	18 ①	19 ②	20 ③
21 ④	22 ③	23 ④	24 ①	25 ②
26 ④	27 ③	28 ④	29 ③	30 ④
31 ②	32 ③	33 ①	34 ③	35 ④
36 ①	37 ②	38 ①	39 ④	40 ③

단답형

01 데이터 웨어하우스(Data Warehouse)
02 데이터 사이언스
03 나선형 모델
04 통찰(Insight)
05 4개
06 제1종 오류
07 소프트맥스(Softmax)
08 특이도(Specificity)
09 기울기 소실
10 오즈(Odds)

I 데이터 이해

01 ①

- 데이터 사이언티스트의 역량 중 소프트 스킬
  - **통찰력 있는 분석** : 창의적 사고, 호기심, 논리적 비판
  - **설득력 있는 전달** : 스토리텔링 및 시각화
  - **다분야 간 협력** : 커뮤니케이션 능력
- 데이터 사이언티스트의 역량 중 하드 스킬
  - 머신러닝, 모델링, 데이터 다루는 기술
  - **빅데이터에 대한 이론적 지식** : 관련 기법에 대한 이해와 방법론 습득
  - **분석 기술에 대한 숙련** : 목적에 따른 최적의 분석 설계 및 노하우 축적

02 ④

TB(테라 바이트)	10^3GB = 10^{12}Bytes
PB(페타 바이트)	10^3TB = 10^{15}Bytes
EB(엑사 바이트)	10^3PB = 10^{18}Bytes
ZB(제타 바이트)	10^3EB = 10^{21}Bytes
YP(요타 바이트)	10^3ZB = 10^{24}Bytes

03 ①

• 데이터베이스의 일반적인 특징
  - 통합된 데이터(Integrated Data)
  - 저장된 데이터(Stored Data)
  - 공용 데이터(Shared Data)
  - 운영되는 데이터(Operational Data)

04 ①

사물인터넷은 인터넷에 연결되어 IoT 애플리케이션이나 네트워크에 연결된 장치, 또는 산업 장비 등의 다른 사물들과 데이터를 공유할 수 있으며, 인터넷에 연결된 장치는 센서를 사용하여 데이터를 수집하고, 수집된 데이터를 처리하고 분석하여 상황에 맞게 적절하게 반응한다.

05 ①

빅데이터는 제조업에서 예측 및 유지보수, 품질 관리, 생산 계획, 공정 최적화, 의사결정 지원 등 다양하게 활용되어 생산성을 향상시킬 수 있다.

06 ③

• 빅데이터 위기 요인과 통제 방안
  - 사생활 침해 → 동의제에서 책임제로 전환
  - 책임 원칙 훼손 → 결과 기반의 책임 원칙 강화
  - 데이터 오용 → 알고리즘 접근 허용

07 ②

• NoSQL은 MongoDB, Apache HBase, Redis 등이 있다.
• MySQL은 RDBMS이다.

08 ①

빅데이터에 대한 데이터 수집 및 처리 비용이 감소함에 따라 기존의 표본조사에서 전수조사로 변화하였다.

Ⅱ 데이터 분석 기획

09 ②

빅데이터 분석 절차는 분석 기획(Planning) → 데이터 준비(Preparing) → 데이터 분석(Analyzing) → 시스템 구현(Developing) → 평가 및 전개(Deploying) 과정으로 진행된다. 필요 데이터의 정의는 데이터 준비 단계에 해당된다.

10 ①

▶ 빅데이터 분석 방법론 3계층 구조

3계층	설명
단계(Phase)	• Phase는 빅데이터를 분석하기 위한 절차 • 각 단계에는 고객에게 제공될 산출물의 기준선(Baseline)을 설정 • 각 단계는 여러 개의 태스크로 구성됨
태스크(Task)	• 각 단계별로 수행해야 하는 단위 활동 • 각 태스크는 물리/논리 단위로 품질 검토의 항목이 될 수 있음
스텝(Step)	• WBS에서 1~2주 이내에 완료 가능한 산출물을 의미하는 Work Package에 해당 • 입력자료→도구→출력자료로 구성된 단위 프로세스

11 ②

비용 범위 등은 시급성이 아닌 난이도의 판단 기준이다.

12 ③

• 분석 마스터플랜 수립 순서
  분석 과제 → 우선순위 고려 요소 → 적용 우선 순위 결정 고려 요소 → 분석 구현 로드맵 수립
• 분석 마스터플랜 수립 기준
  - 우선순위 고려 요소 : 실행 용이성, ROI(투자자본수익률), 전략적 중요도
  - 적용 우선 순위 결정 고려 요소 : 기술 적용 수준, 분석 데이터 적용 수준, 업무 내재화 적용 수준

13 ②

하향식 접근 방식은 분석 과제가 정해져 있는 상태에서 과제를 체계적으로 분석하는 방법으로서, 분석 과제 발굴 절차는 문제 탐색 → 문제 정의 → 해결방안 탐색 → 타당성 평가이다.

14 ①

상향식 접근 방식은 분석 과제의 문제 정의가 어려운 경우에 데이터를 기반으로 문제의 재정의 및 해결방안을 탐색하고 이를 지속적으로 개선하는 방식이다. 상향식 접근 방식으로 분석 과제를 도출하는 방법론에는 디자인 씽킹, 프로토타이핑 모델, 비지도 학습이 있다.

15 ②

시급성이 높고 난이도가 낮은 과제부터 우선적으로 분석을 수행한다.

16 ①

적용 우선 순위를 시급성에 둔다면 Ⅲ → Ⅳ → Ⅱ 영역 순서로 선정한다.

Ⅲ 데이터 분석

17 ②

- 정확도(Accuracy) = (TP+TN)/(TP+FP+TN+FN) = 제대로 분류한 데이터 수/전체 데이터 수
- 재현율(Recall) = 실제 True인 것 중에서 모델이 True라고 예측한 것의 비율

18 ①

이산형 확률변수 X의 기댓값 $E(X) = \sum x f(x)$

19 ②

$$Precision = \frac{TP}{TP+FP} = \frac{200}{500} = 0.4$$

$$Recall = \frac{TP}{TP+FN} = \frac{200}{500} = 0.4$$

$$F1 = 2 \times \frac{Precision \times Recall}{Precision + Recall} = 2 \times \frac{0.4 \times 0.4}{0.4 + 0.4} = 0.4$$

20 ③

둘레(circumference)와 수령(age)에 대한 산점도로는 종별 관계를 전혀 알 수 없다.

21 ④

K-means 군집은 비계층적 군집의 종류이며, 계속 군집을 이동시켜서 최적화시킨다.
한 번 군집이 형성되면 군집에 속한 개체들은 다른 군집으로 이동할 수 없는 것은 계층적 군집의 대표 특징이다.

22 ③

연관 분석은 대량의 데이터에 숨겨진 항목간의 연관규칙을 찾아내는 기법으로서 다른말로 장바구니 분석이라고 한다.
연관 분석은 분석 대상 품목 수가 증가하면 분석에 필요한 계산은 기하급수적으로 증가하게 되며, 너무 세분화된 품목은 의미 없는 결과를 도출하게 된다. 또한, 거래량이 적은 품목은 규칙 발견 시 제외가 된다.

23 ④

유클리드 거리는 다차원 공간에서 두 점 사이의 거리를 계산하는 방법이다.

$$d(x,y) = \sqrt{(x_1 - y_1)^2 + ... + (x_p - y_p)^2}$$
$$= \sqrt{(175-180)^2 + (45-50)^2} = \sqrt{50}$$

24 ①

- 스피어만 상관계수 – 서열(순위)척도
- 피어슨 상관계수 – 등간척도 또는 비율척도
- 카이제곱 검정 – 명목척도 또는 서열척도

25 ②

SOM은 사람이 눈으로 볼 수 있는 저차원(2차원 내지 3차원) 격자에 고차원 데이터의 각 개체들이 대응하도록 인공신경망과 유사한 방식의 학습을 통해 군집을 도출해내는 기법이다. 고차원의 데이터 원공간에서 유사한 개체들은 저차원에 인접한 격자들과 연결된다. 이때 저차원 격자에서의 유사도는 고차원 입력 공간에서의 유사도를 최대한 보존하도록 학습한다. 또한 SOM은 경쟁 학습 방법으로 학습하며 비지도 신경망이다.

26 ④

과적합은 생성된 모델이 훈련 데이터에 너무 최적화되어 테스트 데이터의 작은 변화에 민감하게 반응하는 경우를 의미한다. 따라서, 훈련 데이터에 대한 예측/분류 결과는 좋지만, 테스트 데이터에 대한 예측/분류 결과는 좋지 못하다.

27 ③

① 지지도 = $\frac{\text{햄버거와 피자를 포함하는 거래수}}{\text{전체 거래 합계}} = \frac{2000}{5000} = 0.4$

② 정확도는 연관규칙에 존재하지 않는 척도이다. 따라서 구할 수 없다.

③ 향상도 (피자 → 햄버거) = $\frac{\text{(피자와 햄버거 동시 거래수/피자 거래수)}}{\text{(햄버거 거래수/전체 거래수)}}$

$= \frac{(2000/3000)}{(2500/5000)} = \frac{(2/3)}{(1/2)} = \frac{4}{3}$. 향상도가 1보다 크므로 햄버거와 피자 사이에 연관성이 높다고 할 수 있다.

④ 신뢰도 (피자 → 햄버거) = $\frac{\text{피자와 햄버거 동시 거래수}}{\text{피자 거래수}} = \frac{2000}{3000} = \frac{2}{3}$
$= 0.67$

신뢰도 (햄버거 → 피자) = $\frac{\text{햄버거와 피자 동시 거래수}}{\text{피자 거래수}} = \frac{2000}{2500} = \frac{4}{5}$
$= 0.8$

피자 → 햄버거의 신뢰도는 0.67이며, 햄버거 → 피자의 신뢰도는 0.8이다. 따라서 햄버거 → 피자의 신뢰도가 더 높다.

28 ④

④번은 배깅에 대한 설명이다. 부스팅은 배깅 과정과 유사하지만, 부트스트랩 표본을 구성하는 재샘플링 과정에서 각 데이터에 동일한 확률을 부여하는 것이 아닌, 오차가 높은 데이터에 더 큰 가중치를 주어 표본을 추출한다.

29 ③

신뢰수준 95%의 의미는 같은 조사를 100번 수행하면 오차범위 내 동일한 결과가 나올 횟수가 95번이라는 뜻이다. 다시 말해 5% 확률로 다른 결과가 나올 수 있다.

30 ④

전진 선택법은 변수를 추가할 때 기존에 선택된 변수들의 중요도에 영향을 받는다.

31 ②

제2 주성분(Comp.2)의 로딩 벡터(Loadings)는 음의 방향을 가지고 있다.

32 ③

표본 편의(Sampling Bias)는 표본을 선택하는 과정에서 표본이 체계적, 확률적으로 모집단을 대표하지 못하는 경우 발생하는 오차로서, 확률화에 의해 최소화할 수 있다.

33 ①

베이즈 정리

$$P(A|B) = \frac{P(B|A) \times P(A)}{P(B)}$$

P(질병|양성) = P(양성|질병)*P(질병)/P(양성) = 0.8*0.3/0.4 = 0.6

34 ③

재현율(Recall) = 민감도(Sensitivity) = TP/(TP+FN) = 300/(300+1500) = 3/18

35 ②

- 독립변수들과 주성분과의 거리인 '정보손실량'을 최소화하거나 분산을 최대화한다.
- 주성분 분석은 변동 폭이 큰 축을 선택한다.
- 주성분 분석은 척도에 영향을 받으므로 정규화 전후의 주성분 결과는 다르다.

36 ①

주성분 개수 선택 방법으로는 평균 고윳값, 분산의 비율, 스크리 산점도(Scree Plot)가 있다.

37 ②

분해 시계열(Time Series Decomposition)은 시계열에 영향을 주는 요인을 분해식을 사용하여 시계열에서 분리하여 분석하는 기법이다. 이동 평균 모형은 과거로부터 현재까지의 시계열자료를 대상으로 일정기간별 이동 평균을 계산하고 이들의 추세를 파악하여 다음 기간을 예측하는 방법이다.

38 ①

분리 변수의 P차원 공간에 대한 현재 분할은 이전 분할에 영향을 받는다.

39 ④

year 변수는 p-value가 0.000646으로서 0.05보다 작으므로 wage에 대해 유의하다.

40 ③

summary 함수는 최솟값, 1사분위수, 중위수, 평균, 3사분위수, 최댓값을 구할 수 있다.
IQR = 3사분위수 − 1사분위수 = 8870 − 5305 = 35650이다.
area와 shape 변수 간의 통계적 유의성은 F-통계량을 구하여 확인할 수 있다.

단답형

01 데이터 웨어하우스

데이터웨어하우스는 기업 내의 합리적 의사결정을 위해 기업 내부 및 외부의 데이터를 하나로 통합한 데이터 저장소이다.
- **데이터 웨어하우스 4가지 특성**
  - **통합성** : 데이터들은 전사적 차원에서 일관된 형식으로 통합
  - **시계열성** : 데이터들은 시간의 흐름에 따라 변화하는 값을 저장 및 반영
  - **주제 지향적** : 기능이나 업무 중심이 아닌, 특정 주제에 중심적으로 데이터들이 분류, 저장, 관리
  - **비소멸성(비휘발성)** : 적재 완료시 읽기 전용 형태의 스냅샷 형태로 존재하며, Batch 작업에 의한 갱신 이외에 변하지 않음

02 데이터 사이언스

데이터 사이언스는 데이터로부터 의미있는 정보를 추출해내는 학문이며, 정형, 반정형, 비정형의 다양한 유형의 데이터를 대상으로 한다. 데이터 사이언스는 데이터 분석뿐만 아니라 효과적으로 구현하고 전달하는 과정까지 포함한 포괄적 개념이다.

03 나선형 모델

나선형 모델(Spiral Model)은 반복을 통해 점증적으로 개발하는 방법으로 처음 시도하는 프로젝트 적용에 용이한 방법이다.

04 통찰(Insight)

- **최적화(Optimization)** : 분석 대상이 무엇인지 인지하고 이해하며, 현 문제를 최적화의 형태로 수행
- **솔루션(Solution)** : 분석 대상이 무엇인지 인지하고 있지만, 분석 방법을 알지 못하는 경우에는 솔루션을 찾는 방식으로 분석 과제를 수행
- **통찰(Insight)** : 분석 대상이 불분명하고, 분석 방법을 알고 있는 경우에 사용
- **발견(Discovery)** : 분석 대상과 분석 방법을 모두 모르는 경우에는 발견을 통해 분석 대상 자체를 새롭게 도출

05 4개

덴드로그램을 통해 항목간의 거리, 군집간의 거리를 알 수 있고, 항목 간 유사정도를 파악하여 견고성을 해석할 수 있다.
문제의 덴드로그램에서 height가 4일 때의 군집(클러스터)의 개수는 4개이다.

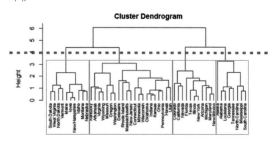

06 제1종 오류

- **1종 오류(Type 1 error)** : 귀무가설이 참인데 기각할 때 발생하는 오류
- **2종 오류(Type 2 error)** : 귀무가설이 거짓인데 기각하지 않았을 때 발생하는 오류

07 소프트맥스(Softmax)

소프트맥스 함수는 다중 분류를 수행하기 위한 목적으로 사용되며, 출력값을 확률로 변환해주는 함수이다.

08 특이도(Specificity)

특이도는 실제 '음성'인 데이터 중에서 '음성'으로 올바르게 예측한 비율이다.

TN / (TN+FP) = 제대로 분류한 음성 데이터 수 / 전체 음성 데이터 수

09 기울기 소실

기울기 소실 문제는 역전파 알고리즘이 출력층에서 입력층으로 갈수록 기울기가 점차 작아져 0에 수렴하게 되면서 가중치(weight)가 업데이트 되지 않는 현상을 말한다. 활성화 함수로 시그모이드 함수를 사용할 때 발생하며, Relu, LeakyRelu 등 다른 활성화 함수를 사용하여 해결할 수 있다.

10 오즈(Odds)

오즈비(Odds ratio)는 특정 사건이 발생할 확률과 사건이 발생하지 않을 확률에 대한 비율이다.

$$Odds(p) = \frac{p}{1-p} = 성공확률 / 실패확률$$

기출문제 32회 (2022년 2월 시행)   338p

01 ②	02 ③	03 ①	04 ②	05 ④
06 ①	07 ④	08 ②	09 ②	10 ②
11 ④	12 ④	13 ④	14 ④	15 ②
16 ②	17 ③	18 ①	19 ③	20 ①
21 ③	22 ②	23 ③	24 ④	25 ①
26 ①	27 ③	28 ②	29 ②	30 ②
31 ③	32 ①	33 ③	34 ④	35 ①
36 ④	37 ①	38 ①	39 ④	40 ③

단답형

01 사물인터넷(IoT)
02 SCM
03 활용
04 프레이밍 효과
05 분해 시계열
06 자기 회귀 모형(AR 모형)
07 과적합(과대적합, Overfitting)
08 인공신경망
09 향상도 곡선(Lift Curve)
10 데이터 마트(Data Mart)

I 데이터 이해

01 ②

DML 명령어 : SELECT(검색), INSERT(추가), UPDATE(갱신), DELETE(삭제)

02 ③

고객 한 명이 상품 한 개와 대응되고, 고객 두 명이 상품 한 개에 대응되므로 고객은 N명이면서 상품은 1개인 관계다.

03 ①

ERP는 기업 내의 생산, 물류, 영업, 회계, 구매, 재고, 주문, 고객 서비스, 공급자와의 거래 등 업무 프로세스들을 통합적으로 관리하는 시스템이다.

오답 피하기

② **SCM** : 공급망 관리, 기업의 생산, 구매, 유통 등 모든 공급망 단계를 최적화해서 고객이 원하는 제품을 원하는 시간과 장소에 제공할 수 있도록 하는 것
③ **CRM** : 고객 관계 관리, 기업이 고객 관련 자료를 분석해 상품이나 서비스를 고객이 지속적으로 구매할 수 있도록 하기 위한 전략
④ **BI** : 데이터 웨어하우스에 저장된 데이터에 접근하여 의사결정에 필요한 정보를 얻고 활용하는 것

04 ②

변인 간에 주목할 만한 상관관계가 있는지 찾는 방법은 연관 분석이다.

오답 피하기

① **회귀 분석** : 독립변수들이 종속변수에 미치는 영향을 추정하는 통계 기법

③ **군집 분석** : 데이터 간의 유사도를 정의하고 그 유사도에 가까운 것부터 순서대로 병합하는 방법으로 군집(클러스터)를 생성

④ **감성(감정) 분석** : 특정 주제에 대해 말하거나 글을 쓴 사람의 감정을 분석하거나 소셜 미디어에 나타난 의견을 바탕으로 고객이 원하는 것을 찾아낼 때 활용하는 분석 방법

05 ④

분류 분석, 회귀 분석, 인공신경망 분석은 정답(label)이 있는 데이터로 학습하는 지도 학습에 해당하고, 군집 분석은 정답(label)이 없는 데이터로 학습하는 비지도 학습 방법이다.

06 ①

빅데이터 활용에 필요한 기본적인 3요소에는 데이터, 기술, 인력이 있다.

07 ④

최근의 사회경제적 환경의 변화(인문학 열풍의 이유)

· 단순한 세계에서 복잡한 세계로 변화함으로서 다양성과 각 사회의 정체성, 연결성, 창조성 키워드가 대두되었다.

· 제품 생산에서 서비스로 비즈니스의 중심이 이동함으로서 고객에게 얼마나 뛰어난 서비스를 제공할 수 있는지의 여부가 관건이다.

· 경제와 산업의 논리가 생산에서 시장 창조로 바뀜으로서 무형자산이 중요해졌다.

08 ②

데이터 분석 알고리즘으로 피해를 입은 사람을 구제하는 전문가는 알고리즘미스트이다.

Ⅱ 데이터 분석 기획

09 ②

빅데이터 4V에는 크기(Volume), 다양성(Variety), 속도(Velocity), 가치(Value)가 있으며, 이 중에서 비즈니스 효과 요소는 Value이다. Volume, Variety, Velocity는 투자비용 요소이다

10 ②

데이터 표준화는 데이터 표준용어 설정, 명명 규칙 수립, 메타 데이터 구축, 데이터 사전 구축, 데이터 생명주기 관리 등의 업무로 구성된다.

오답 피하기

① 데이터 관리 체계

③ 데이터 저장소 관리

④ 표준화 활동

11 ④

데이터 거버넌스는 데이터 표준 및 정책에 따라 데이터를 생성 및 변경하고 데이터의 품질과 보안 등 전사적 차원에서 데이터 관리 체계를 구축하는 활동이다.

12 ④

SOW는 프로젝트 작업 요구 사항에 대한 설명서로서, 고객의 요구사항 및 프로젝트의 결과 등을 상세히 기술해 놓은 명세서이다.

오답 피하기

① 데이터 정의서는 데이터 준비 단계에서 작성한다.

② WBS는 전체 업무를 분류하여 구성 요소로 만든 것이며, 프로젝트 정의 및 계획 수립 단계에서 작성한다.

③ 위험 관리 계획서는 빅데이터 분석 프로젝트를 진행하면서 발생 가능한 모든 위험을 식별하기 위해 프로젝트 위험계획 수립 단계에서 작성한다.

13 ④

시장의 니즈 탐색 관점 분석모델은 고객, 채널, 영향자들의 관점에서 분석하는 모델이다.

거시적 관점 분석 모델(STEEP)은 사회(Social) 영역, 기술(Technological) 영역, 경제(Economic) 영역, 환경(Environmental) 영역, 정치(Political) 영역으로 나누어 비즈니스를 분석한다.

14 ④

상향식 접근 방식은 분석 과제의 문제 정의가 어려운 경우에 데이터를 기반으로 문제의 재정의 및 해결방안을 탐색하고 이를 지속적으로 개선하는 방식이다.

15 ②

분석 준비도 프레임워크 6가지 영역에는 분석 업무 파악, 인력 및 조직, 분석 기법, 분석 데이터, 분석 문화, IT 인프라(분석 인프라)가 있다.

16 ②

빅데이터 분석 방법론의 분석 절차 : 분석 기획(Planning) → 데이터 준비(Preparing) → 데이터 분석(Analyzing) → 시스템 구현(Developing) → 평가 및 전개(Deploying) 과정으로 진행된다.

Ⅲ 데이터 분석

17 ③

· 비모수 검정은 모수에 대한 가정을 전제로 하지 않고, 모집단의 형태와 관계없이 주어진 데이터에서 직접 확률을 계산하여 통계적으로 검정하는 방법이며, 부호검정, 윌콕슨의 순위합 검정, 윌콕슨의 부호 순위합 검정, 만-위트니의 U검정, 런 검정, 스피어만 순위 상관계수 등이 해당된다.

· 모수 검정은 집단 전체를 조사하는 것이 불가능하므로 샘플(표본)을 추출하여 도출된 평균, 표준편차, 분산등의 통계량으로 모집단을 추정하는 방법이며, 단일 표본 T-검정, 독립 표본 T-검정, 대응 표본 T-검정 등이 있다.

18 ①

- 전체 거래(transaction)는 5건이고, 빵과 우유를 동시에 구매한 거래는 2건, 빵을 구매한 거래는 4건이다.
- 연관규칙(빵 → 우유)에 대한 신뢰도는 전체 거래 중에서 빵을 포함한 거래 중에서 빵, 우유가 모두 포함될 확률이다.
  P(빵∩우유) / P(빵) = 빵과 우유가 동시에 포함된 거래 수 / 빵이 포함된 거래 수 = 2/4 = 0.5

19 ③

A를 커피, B를 김밥이라고 할 경우, 향상도는 다음과 같다.

- **향상도**
  - A가 주어지지 않았을 때 품목 B의 확률에 비해 A가 주어졌을 때의 품목 B의 확률의 증가 비율
  - P(A ∩ B) / P(A) × P (B) = P(B | A) / P(B) : A와 B가 동시에 일어난 횟수 / A와 B가 독립사건일 때, A와 B가 동시에 일어날 확률

커피 → 김밥 연관규칙의 향상도 = (커피를 구매한 사람중에 김밥을 구매한 거래수 / 커피 거래수) / (김밥 거래수 / 전체 거래수) = (300/600) / (600/1000) = 0.5/0.6 = 0.833... = 83.3%

20 ①

민감도 = TP/(TP+FN) = 40/100 = 0.4

21 ③

사실인데 사실이 아니라고 판단할 확률의 최대 크기는 유의 수준이다.

기각역	귀무가설이 맞다는 전제하에 구한 검정 통계량의 분포에서 확률이 유의수준인 부분(반대: 채택역)
베타수준	허용되는 2종의 오류를 범할 최대확률
유의수준	허용되는 1종의 오류를 범할 최대확률
신뢰수준	귀무가설이 사실일 때 이를 사실이라고 판단하는 확률

22 ②

산포의 측도에는 분산, 표준편차, 사분위수 범위, 사분위수, 평균의 표준오차가 있다. 자료들의 중간 50%에 흩어진 정도를 나타내는 통계량은 사분위수 범위(InterQuartile Range, IQR)이다.

23 ③

주성분 분석은 여러 변수들의 변량을 주성분이라는 서로 상관성이 높은 변수들의 선형결합으로 만들어 기존의 상관성이 높은 변수들을 요약·축소하는 기법이다.

오답 피하기
① 다중 회귀 분석은 독립변수의 수가 2개 이상인 경우이며 종속변수와의 관계가 선형(1차 함수)인 회귀 분석 기법이다.
② 판별 분석은 분류된 집단 간의 차이를 설명해 줄 수 있는 설명해줄 수 있는 판별식(판별함수)를 만들고, 이 것을 활용해서 나누어진 집단의 체계를 판별하는 기법이다.
④ 요인 분석은 수집된 많은 변수들을 유사한 항목(공통차원)들끼리 묶어 적은 수의 요인으로 축소시키는 분석방법이다.

24 ④

마할라노비스 거리는 변수의 표준화, 상관성을 동시에 고려한 통계적 거리이다.

25 ①

파생 변수는 기존 변수에 특정 조건 혹은 함수 등을 사용하여 새롭게 재정의한 변수이다.

26 ①

특이도 = $\dfrac{TN}{TN + FP}$, 실제 False(Negative)인 것 중에서 예측을 False(Negative)로 정확하게 한 비율

27 ③

박스 플롯에서 가운데 선은 중앙값이다.

28 ②

K-평균 군집의 절차 : 원하는 군집의 갯수(=K)와 초기값(seed)들을 정해 seed 중심으로 군집을 형성 → 각 데이터를 거리가 가장 가까운 seed가 있는 군집으로 분류 → 각 군집의 seed값을 다시 계산 → 모든 개체가 군집으로 할당될 때까지 위와 같은 과정 계속 반복

29 ②

- **혼합 분포 군집**
  - 데이터가 k개의 모수적 모형(정규분포 혹은 다변량 분포를 가정)의 가중합으로 표현되는 모집단 모형으로 부터 나왔다는 가정하에서, 모수와 함께 가중치를 자료로부터 추정하는 방법

오답 피하기
① DBSCAN : 밀도 기반 클러스팅으로 점이 세밀하게 몰려있어 밀도가 높은 부분을 클러스팅하는 방법으로서 어느 점을 기준으로 반경 내에 점이 n개 이상 있으면 하나의 군집으로 인식하는 방식
③ EM 알고리즘 : 기댓값 최대화 알고리즘, 혼합모형에서 모수와 가중치의 추정을 위해 사용되는 알고리즘으로서 통계 모델의 수식을 정확히 풀 수 없을 때 최대 가능도 / 최대 우도를 구하는데 사용
④ SOM : 자기조직화지도 알고리즘, 코호넨에 의해 제시되었으며, 비지도 신경망으로 고차원의 데이터를 이해하기 쉬운 저차원의 뉴런으로 정렬하여 지도 형태로 형상화

30 ②

모델이 True라고 분류한 것 중에서 실제 True인 것의 비율은 정밀도이다.

정확도	$\dfrac{TP + TN}{TP + TN + FP + FN}$
정밀도	$\dfrac{TP}{TP + FP}$
재현율	$\dfrac{TP}{TP + FN}$
특이도	$\dfrac{TN}{TN + FP}$

31 ③

데이터 마이닝 기법 중에서 연관 분석은 같이 팔리는 물건과 같이 아이템의 연관성을 파악하는 분석하는 것으로서, 물건 배열 계획, 카탈로그 배열 및 교차 판매, 공격적 판촉행사 등의 마케팅 계획에 사용된다.

오답 피하기
① **회귀 분석** : 하나 이상의 독립변수들이 종속 변수에 미치는 영향을 추정할 수 있는 기법
② **의사결정나무** : 의사 결정 규칙을 나무 구조로 나타내 전체 자료를 몇 개의 소집단으로 분류하거나 예측하는 방법
④ **군집 분석** : 데이터를 여러 개의 특성들로부터 유사도 거리를 구하여 n개의 군집으로 집단화하는 집단의 특성을 분석하는 기법

32 ①

시계열 자료는 시간의 흐름에 따라 관찰된 값으로서 미래 값 예측, 시계열 데이터 특성 파악(경향, 주기, 계절성, 불규칙성 등)에 사용된다. 잡음은 피할 수 없는 외부 요소로 발생하게 되며, 잡음에 대한 원인을 찾기가 어렵다.

33 ③

벡터(Vector), 행렬(Matrix), 배열(Array)은 한 가지 데이터 타입을 갖는 데이터들만 저장할 수 있고, 리스트(List)와 데이터 프레임(Data Frame)은 다양한 타입을 갖는 데이터들도 저장할 수 있다.

34 ④

LOOCV(leave one out cross validation)는 교차 검증 방법중의 하나로 폴드 하나에 샘플 하나만 들어있는 k-fold 검증 기법이다. 폴드 하나에 테스트 데이터가 하나만 있고, 나머지는 트레이닝 데이터로 사용된다. 즉, k=1일 때의 k-fold Cross Validation이 LOOCV 기법과 같다고 할 수 있다.

35 ①

데이터를 여러 개의 특성들로부터 유사도 거리를 구하여 n개의 군집으로 집단화하는 집단의 특성을 분석하는 기법은 군집 분석이다.

36 ④

비표본 오차는 표본 오차를 제외한 조사, 집계, 분석 과정에서 발생할 수 있는 모든 오차이다.
- 설문/측정 방식이 잘못됨, 자료기록 및 처리의 오류, 무응답 / 오응답 오류 등
- 비표본 추출 오차는 표본의 크기에 비례하여 커짐, 표본의 크기가 크다고 반드시 좋은 것은 아님

37 ①

시계열 데이터는 일정 시간 간격으로 시간의 흐름에 따라 관찰된 값이다.

38 ①

주성분 분석에서 제1 주성분은 데이터 분포의 분산이 가장 큰 방향을 나타낸다.

39 ④

$IQR = Q3 - Q1 = 18 - 14 = 4$
상위 경계(Upper Fence) = 3사분위수 + 1.5*IQR = 18 + 1.5*4 = 24
하위 경계(Lower Fence) = 1사분위수 + 1.5*IQR = 14 - 1.5*4 = 8

40 ③

- **정상성 조건**
  - 평균이 일정
  - 분산이 시점에 의존적이지 않음
  - 공분산은 시차에만 의존하며, 시점에는 의존하지 않음

단답형

01 사물인터넷(IoT)

인터넷으로 연결된 기계마다 통신 장치를 갖추고 있는 환경에서 사람 또는 기계끼리 자동으로 통신하는 기술로써 사물과 사람, 사물과 사물 간의 정보를 상호 소통하는 방식이다.

02 SCM

- 기업이 외부 공급업체 또는 제휴업체와 통합된 정보시스템으로 연계하여 시간과 비용을 최적화시키기 위한 것이다.
- 자재구매 데이터, 생산, 재고 데이터, 유통/판매 데이터, 고객 데이터로 구성된다.

03 활용

능력 성숙도 통합 모델(Capability Maturity Model Integration, CMMI)
: 소프트웨어 개발 및 전산장비 운영 업체들의 업무 능력 및 조직의 성숙도를 평가하기 위한 모델
- 비즈니스 부문, 조직/역량 부문, IT 부문을 대상으로 성숙도 수준에 따라 도입, 활용, 확산, 최적화의 4단계로 구분해 살펴볼 수 있다.

04 프레이밍 효과

- **기업의 합리적 의사결정 장애 요소**
  - **고정 관념** : 구성원들의 전형적인 특징에 대한 고정된 생각
  - **편향된 생각** : 어느 한 쪽으로 크게 치우쳐 있는 편견
  - **프레이밍 효과** : 동일한 사건이나 상황임에도 불구하고 사람들의 선택이나 판단이 달라지는 현상

05 분해 시계열

시계열에 영향을 주는 일반적인 요인을 시계열에서 분리해 분석하는 방법이다.

06 자기 회귀 모형(AR 모형)

자기회귀 모형(AR)은 현 시점의 자료가 p 시점 전까지 유한개의 과거 자료로 설명될 수 있는 모형이다(p차 자기회귀모형). 또한, AR 모형인지 판단하기 위해 자기상관함수(ACF)와 부분자기상관함수(PACF)를 이용한다.

07 과적합(과대적합, Overfitting)

모델이 훈련 데이터에 대해서는 정확도가 높지만, 일반화 성능이 좋지 못하여 테스트 데이터에 대해서는 상대적으로 정확도가 낮을 때 발생하는 현상이다.

08 인공신경망

인공신경망은 인간의 뇌를 기반으로 한 추론 모델로서 기본적인 정보처리 단위인 뉴런들이 가중치가 있는 링크들로 연결되는 네트워크이다.

09 향상도 곡선(Lift Curve)

분류 분석 모형의 성과 평가 방법으로는 혼동 행렬, ROC 그래프, 이익 도표, 향상도 곡선 등이 있다. 이 중에서 향상도 곡선은 랜덤 모델과 비교했을 때 해당 모델의 성과가 얼마나 향상되었는지를 각 등급별로 파악하는 그래프이다.

10 데이터 마트(Data Mart)

데이터 웨어하우스로부터 특정 주제, 부서 중심으로 구축된 소규모 단일 주제의 데이터 웨어하우스를 데이터 마트라고 하며, 데이터 마트는 데이터 웨어하우스의 부분이라고 할 수 있으며, 대개는 생산, 재무와 같이 특정한 조직이나 특정한 업무팀에서 사용하는 것을 목적으로 한다.

기출문제 31회 (2021년 11월 시행)   350p

01 ③	02 ①	03 ④	04 ①	05 ②
06 ④	07 ①	08 ③	09 ③	10 ③
11 ②	12 ④	13 ①	14 ②	15 ③
16 ②	17 ②	18 ③	19 ③	20 ②
21 ①	22 ①	23 ④	24 ②	25 ④
26 ③	27 ④	28 ④	29 ④	30 ④
31 ③	32 ③	33 ④	34 ③	35 ④
36 ①	37 ④	38 ③	39 ③	40 ②

[단답형]

01 머신러닝(기계학습)
02 KMS(지식관리시스템)
03 ISP(정보전략계획)
04 IT 인프라
05 나이브 베이즈 분류
06 최단연결법(단일연결법)
07 스테밍(stemming, 어간 추출)
08 차분
09 57.5%
10 배깅(Bagging, Bootstrap Aggregating))

I 데이터 이해

01 ③

사물인터넷(Internet of Things)은 인터넷으로 연결된 기계마다 통신 장치를 갖추고 있는 환경에서 사람 또는 기계끼리 자동으로 통신하는 기술로써 사물과 사람, 사물과 사물 간의 정보를 상호 소통하는 방식이다. 지능적 서비스로서 사물에서 생성되는 각 데이터를 활용한 분석을 할 수 있다.

02 ①

기능구조는 일반적인 분석 수행구조 별도 분석 조직을 구성하지 않고 각 해당 업무부서에서 직접 분석한다.

03 ④

통합된 데이터는 동일한 내용의 데이터가 중복되어 있지 않다는 것을 의미한다.

04 ①

▶ **DIKW 구분**

구분	내용
데이터 (Data)	데이터의 존재 형식을 불문하고, 타 데이터와 상관관계 가 없는 가공 전의 수치나 기호
정보 (Information)	데이터의 가공 및 상관 관계, 연관 관계를 바탕으로 패턴 을 인식하고 의미를 부여한 데이터
지식 (Knowledge)	상호 연결된 정보 패턴을 이해하여 이를 토대로 예측한 결과물
지혜 (Wisdom)	근본적인 원리에 대한 깊은 이해를 바탕으로 도출되는 창의적 아이디어

05 ②

재무관리 분석 유스 케이스에는 일별로 예정된 자금 지출과 입금을 추정
하는 자금 시재예측이 있다.
거래처 선정은 공급체인관리로 연결하는 것이 더 적절하다.

06 ④

(가) 익명화는 사생활 침해에 대한 근본요인을 차단하기 어렵다.
(다) 개인정보 사용자의 정보사용에 대한 무한책임의 한계로 개인정보 사
용에 대한 동의제에서 책임제로 전환해야 한다.
(라) 빅데이터 사전 성향 분석을 하게 되면 책임 원칙을 훼손하게 된다.

07 ①

데이터베이스는 종속성과 중복성을 배제한다.

08 ③

빅데이터는 데이터 수명 주기 관리를 하지 않으면 데이터 가용성 및 관리
비용이 증대되는 문제가 발생할 수 있다.

II 데이터 분석 기획

09 ③

분산조직 구조는 분석 조직의 인력들이 협업부서에 배치 되어 업무를 수
행한다. 전사 차원에서 분석 과제의 우선순위를 선정해 수행이 가능하고,
분석 결과를 빠르게 실무에 적용하는 것이 가능하다.

10 ③

솔루션(Solution)은, 분석 대상이 무엇인지 인지하고 있지만, 분석 방법을
알지 못하는 경우에는 솔루션을 찾는 방식으로 분석 과제를 수행한다.

11 ②

분석 유스케이스는 해결해야 할 문제에 대한 상세한 설명과 해당 문제를
해결했을 때 발생하는 효과를 명시함으로써 향후 데이터 분석 문제로의
전환 및 적합성 평가에 활용하도록 한다. 도출한 분석 기회들에 대해 구체
적인 과제로 만들기 전에 분석 유즈케이스로 정의하는 것이 필요하다.

12 ④

나선형 모델은 반복적으로 위험분석을 수행하여 위험을 관리하며 순환적
으로 개선하는 방식이다.

13 ①

상향식 접근 방식은 분석 과제의 문제 정의가 어려운 경우에 데이터를 기
반으로 문제의 재정의 및 해결방안을 탐색하고 이를 지속적으로 개선하는
방식이다.

14 ②

(A) 단순히 데이터를 수집하는 것보다는 데이터를 분석을 어떻게 수행할
것인가가 중요하다.
(B) 빅데이터는 데이터 수명 주기 관리방안이 확보되어 있지 않으면 데이
터 가용성 및 관리비용이 증대되는 문제가 발생할 수 있다.

15 ③

전략적 통찰력을 얻기 위해서는 사업의 내부 문제 및 외부 환경을 함께 분
석한다.

16 ②

- **분석 마스터플랜 수립 과정** : 분석 과제 → 우선순위 고려 요소 → 적용
  우선 순위 결정 고려 요소 → 분석 구현 로드맵 수립
- **분석 마스터플랜 수립 기준**
  - **우선순위 고려 요소** : 실행 용이성, ROI(투자자본수익률), 전략적 중
    요도

III 데이터 분석

17 ②

데이터 마트는 단일 주제에 초점을 맞춘 단순한 형태의 데이터 웨어하우
스이다.

18 ①

지지도(support)는 전체 거래 중에서 A와 B라는 두 개의 품목이 동시에 포
함된 거래의 비율로, 지지도가 높다는 것은 그 두개의 아이템이 같이 잘 팔
린다는 것을 의미한다.

19 ③

향상도(A→B) = P(B|A) / P(B) = (300/600) / (600/1000) = 0.5/0.6 = 약
83%

20 ②

$$1 - (\frac{2}{5})^2 - (\frac{3}{5})^2 = 0.48$$

21 ①

MAE(Mean Absolute Error, 평균절대오차)는 실제값과 예측값의 차이를 절대값으로 변환한 다음 합산하여 평균을 구한다.

0.1 + 0.2 + 0.5 + 1 = 1.8/4 = 0.45 = 45%

MAPE(Mean Absolute Percentage Error, 평균절대비율오차)는 MAE를 비율, 즉 퍼센트로 표현하여 스케일에 의존적인 문제점을 개선할 수 있으며, 값이 낮을수록 좋다.

$$MAPE = \frac{100}{n}\sum_{i=1}^{n}\left|\frac{y-\hat{y}}{y}\right|$$
$$= \frac{100}{4}\left(\left|\frac{1-0.9}{1}\right|+\left|\frac{2-1.8}{2}\right|+\left|\frac{5-4.5}{5}\right|+\left|\frac{10-11}{10}\right|\right)$$
$$= \frac{100}{4}(0.1+0.1+0.1+0.1) = 10\%$$

22 ①

평균은 이상치에 민감하므로 군집의 가장 중심에 있는 값 medoid를 사용하여 클러스터링 하는 방법이 k-medoids 클러스터링이다.

23 ②

부스팅은 분류 및 예측 정확도가 낮은 모형들을 결합하여 강한 분류 및 예측을 수행하는 모형을 만드는 방법이다. 부스팅에서는 부트스트랩 표본을 추출하여 모델을 구성한 다음, 모델 평가를 통해 각 데이터가 추출될 확률을 조정하고 다음 부트스트랩 표본을 추출하는 과정을 반복한다.

24 ②

일반적으로 학습모형의 유연성이 클수록 분산은 높고 편향은 낮다.

25 ④

데이터마이닝은 기업이 사용 가능한 원천데이터를 기반으로 감춰진 지식, 규칙 등을 발견하고 이를 실제 비즈니스 의사결정 등에 활용하고자 하는 일련의 작업이다.

26 ③

Estimate 값으로 표현되는 회귀계수는 Intercept의 회귀계수와의 차이를 의미한다. 따라서, 종속변수 wage의 평균 값과의 차이가 아니다.

27 ④

SOM은 비지도 학습이다. 나머지는 지도 학습에 속한다.

28 ④

①, ②, ③번은 군집 분석 알고리즘이며, ④번은 차원 축소 기법이다.

29 ④

Q1 − 1.5*IQR ≤ 데이터 ≤ Q3 + 1.5*IQR의 범위를 벗어난 데이터를 이상치라고 한다. 박스 내부에 점선으로 표현된 값은 중위수이며 1600이다. 3사분위수보다 높은 가격 데이터는 25%가 있으며, IQR 값은 Q3−Q1= 200−140=60이다.

30 ④

층화 추출법은 모집단을 서로 겹치지 않게 여러 개의 집단 또는 층으로 나누고, 각 집단 내에서 원하는 크기의 표본을 단순 랜덤 추출법으로 추출한다. 각각의 층은 성별, 나이대, 지역 등 차이가 존재하는 각 그룹이며, 이질적인 원소로 구성된 모집단에서 각각의 계층을 골고루 대표할 수 있게 추출하는 방법이다. 즉 유사한 원소끼리 층을 생성한 다음, 각각의 층에서 랜덤하게 추출하는 방식이며, 종류로는 비례 층화 추출법, 불비례 층화 추출법이 있다.

31 ③

연관 분석은 대량의 데이터에 숨겨진 항목간의 연관규칙을 찾아내는 기법으로서 장바구니 분석(market basket analysis)이라고도 한다. 예를 들어 치킨을 구매한 고객은 콜라를 구매할 확률이 높다와 같이 고객들의 구매 패턴을 분석하여 의미있는 규칙을 나타내는 분석방법을 말한다.

32 ③

스피어만 상관계수는 범주형 자료 중에서 서열척도에 해당되는 데이터의 순서에 대해 의미를 부여한 자료로부터 상관계수를 구한다.

33 ④

노드 A에 직접 연결되어 있는 링크의 개수이다.

34 ③

마할라노비스 거리는 통계적 개념이 포함된 거리로서, 변수들의 산포를 고려하여 표준화한 거리이다.

35 ④

분류분석은 데이터가 어떤 집단에 속하는지 예측하는데 사용되는 기법이다. 예를 들어, 고객 이탈 모형, 고객 세분화 모형 등을 개발할 때 사용된다.

36 ①

matrix 함수는 행렬을 생성하는 함수이다.
c(1,2,3,4,5,6) 벡터에 대해 열의 개수를 2개(ncol=2)로 설정하고, 행우선(byrow=T) 방식으로 데이터를 채워넣는다.

37 ④

가, 다, 마는 지도학습에 해당되고, 나, 라는 비지도 학습에 해당된다.

38 ③

- 다중 공선성은 독립변수들 간에 강한 상관관계가 발생하며, 회귀 계수에 대한 정확한 추정을 어렵게 한다. 다중 공선성 검사는 분산팽창요인, 상태지수를 통하여 다중 공선성 여부를 확인할 수 있다.
- 분산팽창요인(VIF, Variation Inflation Factor)은 값이 1에 가까울수록 다중 공선성이 낮고, 10보다 크면 다중 공선성이 심각하게 존재한다고 판단한다. VIF는 회귀식의 기울기와는 관계가 없다.

39 ③

분해 시계열(Time Series Decomposition)은 시계열에 영향을 주는 요인을 분해식을 사용하여 시계열에서 분리하여 분석하는 기법이다.

▶ **시계열 정보 구성 요소**

구성 요소	설명
추세 요인	• 상승, 하락, 이차식, 지수식 형태 • 관측값의 전반적 상승 또는 하락과 같은 경향을 나타냄
계절 요인	요일, 월, 분기 등 고정된 주기에 따른 변화
순환 요인	명백한 이유없이 알려지지 않은 주기를 가지고 변화
불규칙 요인	• 위 세 가지 요인으로 설명할 수 없는 회귀분석의 오차에 해당하는 요인 • 특정한 규칙으로 설명할 수 없는 오차를 나타내는 성분

40 ②

평균 고유값 방법은 고유값들의 평균을 구한 후 고유값이 평균값 이상이 되는 주성분을 설정하는 것이다.

단답형

01 머신러닝(기계학습)

머신러닝은 인공지능의 한 분야로서 경험을 통해 자동으로 개선하는 컴퓨터 알고리즘이다. 또한, 머신러닝은 컴퓨터가 학습할 수 있도록 하는 알고리즘과 기술을 개발하는 분야라고 할 수 있다.

02 KMS(지식경영시스템)

지식 관리 시스템은 조직 내의 인적 자원들이 축적한 개별적인 지식을 체계적으로 관리하는 시스템이라고 할 수 있다.

03 ISP(정보전략계획)

정보화 전략 계획은 기업의 비즈니스 전략을 효과적으로 지원하기 위해 정보화 전략과 비전을 정의하고 로드맵을 수립하는 활동이다.

04 IT 인프라

IT인프라(분석 인프라)는 운영 시스템 데이터 통합, 통계 분석 환경, 빅데이터 분석 환경, 비주얼 분석 환경 등을 진단한다.

05 나이브 베이즈 분류

나이브 베이즈 분류는 베이즈 정리를 바탕으로 데이터가 어떤클래스에 속하는지 분류하는 알고리즘이다.

06 최단 연결법(단일 연결법)

최단 연결법은 거리행렬에서 거리가 가장 가까운 데이터를 묶어서 군집을 형성한다. 즉, 각 군집에서 관측값을 뽑았을 때 나타날 수 있는 거리의 최소값을 군집 간 거리로 한다.

최단 연결법   최장 연결법   중심 연결법   와드 연결법

07 스테밍(stemming, 어간 추출)

스테밍은 형태론 및 정보 검색 분야에서 어형이 변형된 단어로부터 접사 등을 제거하고 그 단어의 어간을 분리해 내는 것을 의미한다.

08 차분

차분은 시계열 데이터에서 이전 시점과의 차이를 계산하는 작업이다. 차분을 통해 시계열 데이터를 정상성을 가진 데이터로 변환할 수 있다. 정상성을 가진 데이터는 추세나 계절성 요소가 제거된 상태이므로, 시계열 분석 기법을 적용하기 쉽다.

09 57.5%

Proportion of Variance(분산비율)은 각 분산이 전체 분산에서 차지하는 비중으로서 첫 번째 주성분 축의 분산비율(Proportion of Variance)은 0.5748331로 나타났다.

10 배깅(Bagging, Bootstrap Aggregating)

배깅(Bootstrap Aggregating)은 자료에서 여러 개 자료를 부트스트랩 방식으로 생성하고 각 자료에 대한 예측 모형을 만든 후 결합하여 최종 예측 모형을 만드는 방법이다.

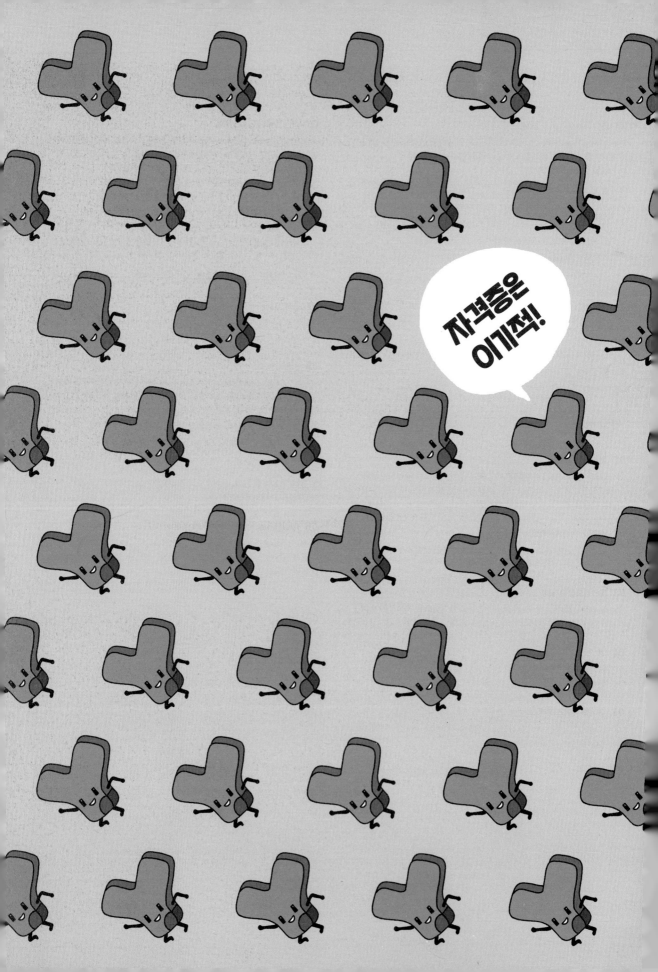